走向法治

献给党的百年华诞

杨泉明 著

四川大学出版社
SICHUAN UNIVERSITY PRESS

项目策划：蒋姗姗
责任编辑：蒋姗姗
责任校对：周　颖
封面设计：阿　林
责任印制：王　炜

图书在版编目（CIP）数据

走向法治 / 杨泉明著. — 成都：四川大学出版社，2021.4
ISBN 978-7-5690-3519-3

Ⅰ.①走… Ⅱ.①杨… Ⅲ.①社会主义法制—法制史—研究—中国 Ⅳ.① D929.7

中国版本图书馆CIP数据核字（2021）第071727号

书　名	走向法治
著　者	杨泉明
出　版	四川大学出版社
地　址	成都市一环路南一段24号（610065）
发　行	四川大学出版社
书　号	ISBN 978-7-5690-3519-3
印前制作	四川胜翔数码印务设计有限公司
印　刷	四川盛图彩色印刷有限公司
成品尺寸	170mm×240mm
印　张	30.25
字　数	435千字
版　次	2021年7月第1版
印　次	2021年7月第1次印刷
定　价	128.00元

版权所有 ◆ 侵权必究

◆ 读者邮购本书，请与本社发行科联系。
　电话：(028)85408408/(028)85401670/
　(028)86408023　邮政编码：610065
◆ 本社图书如有印装质量问题，请寄回出版社调换。
◆ 网址：http://press.scu.edu.cn

四川大学出版社
微信公众号

序

自从有了人类，其交往就离不开规则。自从有了国家，人们就开始摸索最好的治理办法。

法治，一个承载文明与进步，彰显正义与理性，平凡而神圣、无华而闪光的词汇。

为了它，无数仁人志士进行了艰辛的探索。多少人付出毕生精力和智慧，多少人献出热血和生命，又有多少人对它寄托无限的希望和梦想。

一国之治，千头万绪，机杼万端。良法善治，民之所向，大势所趋。中国历史王朝更迭，既有蝉蜕交代，也有深刻变革。兴衰交替、治乱循环，历历沧桑、其来有自。法令行则国治，法令弛则国乱；法治兴则国家兴，法治衰则国家衰；奉法者强则国强，奉法者弱则国弱。古往今来，历史一再向人们诉说着这样的深刻道理。

小智治事，中智治人，大智奉法，历史上成功的执政者，无不视立法为治国理政之要务。今天，人民信仰法律，百姓呼唤法治，是因为公平正义能在法治中被伸张，幸福安康能在法治中被呵护。法治，是中华民族发展进步的必然选择，国家社会长治久安的必由之路。

五千年中华文明的发展历程孕育出灿烂的法治文明，生长出辉煌的中华法系。中华法治文明源远流长，绵延不绝，代有兴革，独树一帜。史料浩若烟海，星光异彩纷呈，在跌宕起伏的长期发展中，留下了治国理政、立法建制的宝贵经验。这是一个极其宏大的知识之库、智慧之库。

近代中国,风云激荡。为了救亡图存,各种政治力量纷纷登台,出演了一幕幕历史的活剧。戊戌变法和辛亥革命,猛烈地冲击了封建专制的罗网,促进了民族的觉醒和民主法治思想的传播,推动了社会的变革和法制的转型。而只有伟大的人民革命,才使法治文明走向了新生。

在新中国法治建设的征途中,我们经历了奠基时期的雄心豪迈,也经受了内乱时的撕心裂肺,既有迎来春色的心花怒放,也有迈入新时代的昂首阔步。经验弥足珍贵,教训刻骨铭心。最深刻的变革是执政理念的变革,最重大的成就是依法治国基本方略的形成并由此开启建设法治国家的宏伟征程。由刀"制"而水"治",绽放出一枝耀眼的花朵,"法治"二字写入蓝天大地,走进百姓心中。它体现的是观念的变革,升华的是法律的价值,展现的是文明的进步和民族的希望。区区一字之变,浓缩波澜壮阔,吐放万丈光芒。

展开中华法治文明的历史长卷,打开中国法治的开卷新篇,若干"重大"贯通其中,引领其发展,影响其进程,包括:重大的历史人物,重大的历史事件,重大的历史进程,重大的历史变革,重大的历史转折,重大的历史命题,重大的历史规律,重大的历史走向。

有哲人说,"用法律去阐明历史,用历史阐明法律"(孟德斯鸠语);面对历史,我们的任务在于:"通过一切迂回曲折的道路去探索这一过程的依次发展的阶段,并且透过一切表面的偶然性揭示这一过程的内在规律性。"[①]

你要知道法治的真谛吗?你必须通过这若干"重大",走进中华法治文明的神圣殿堂和新时代中国法治的伟大实践,去感知我们是从哪里来,我们将向何处去,去领悟我们将建设一个什么样的法治国

---

① 《马克思恩格斯选集》第三卷,人民出版社1972年5月版,第63页。

家，我们将怎样建设法治国家。

不忘初心，牢记使命。我们既不能忘记法治为了人民、造福人民、保护人民的初心，也不能忘记弘扬和光大优秀传统法律文化的使命。民族复兴的根本是文化的复兴，中华法系承载着中国法治文明的全部文化传统。由此时代正向我们提出这样的任务：在实施全面依法治国战略中重塑和再造中华法系，在民族复兴中实现中华法系的复兴和再生。中华法系的复兴是中华民族伟大复兴的一项基础工程和一个重大标志。

历史述说过去，历史也指点未来。

我们已经站在过去和未来的交汇点上。登高望远，居安思危，中国共产党人为民族复兴计，为长治久安计，为子孙万代谋。全面推进依法治国，一个重大战略谋定形成；努力建设法治国家，一幅宏伟蓝图激情绘就。法治巨轮，全速起航。

梦想不是镜花水月，实现目标绝非轻而易举。我们应该以怎样的智慧、意志和勇气汇聚起磅礴澎湃的时代伟力，在通向法治中国的道路上斩关夺隘、破冰前行？每一个中国人又应以怎样的姿态面向未来、走向明天？

自然界有一种物质，它照亮了这个世界，给人类带来无限光明。

社会运行中有一种机理，它支撑着这个世界，给人类带来无穷力量。

法治是引擎，法治也是灯塔。

法治之光，是文明之光，智慧之光。

法治之光，是希望之光，幸福之光。

目 录

上 篇

第一章　源远流长 …………………………………………（003）
一、群星异彩，代有兴革 ……………………………………（003）
二、儒法之争与礼法并治 ……………………………………（011）
三、中华法系的辉煌与命运 …………………………………（021）

第二章　近世风云 …………………………………………（032）
一、寻找救亡图存的武器 ……………………………………（032）
二、伪法统的气数 ……………………………………………（047）
三、跳出"周期律" …………………………………………（056）

第三章　宏伟基业 …………………………………………（069）
一、从"苏维埃"起步 ………………………………………（069）
二、顶层设计 …………………………………………………（078）
三、废与立 ……………………………………………………（088）
四、治国须有大法 ……………………………………………（096）

第四章　历史转折 …………………………………………（103）
一、未来的昭示 ………………………………………………（103）
二、拨乱反正 …………………………………………………（107）
三、正义的审判 ………………………………………………（111）

第五章　新征程（上） (116)
　　一、修宪引领 (117)
　　二、治国方略确立 (123)
　　三、法律体系构建 (131)
　　四、法治政府和法治社会建设 (140)

第六章　新征程（下） (157)
　　一、活水源头 (157)
　　二、监察重构 (165)
　　三、司改破冰 (171)
　　四、法律职业与法治队伍建设 (179)
　　五、法治文化建设与全民守法 (190)

下　篇

第七章　依法执政 (203)
　　一、执政方式的重大变革 (203)
　　二、依法治国与依规治党 (216)
　　三、抓住"关键少数" (223)
　　四、"最有力量"的法治 (235)

第八章　依宪治国 (252)
　　一、一个来自基层的问题 (252)
　　二、宪法权威与"两个首先" (257)
　　三、宪法监督体制建设 (264)
　　四、党内宪法监督的加强 (272)
　　五、百姓宪法观与宪法诉讼 (280)

第九章　法治命题 (287)
　　一、民主法治化与法治民主化 (287)
　　二、从人治走向法治 (298)

三、政策法律互联互动…………………………………(304)
　　四、规范教化　德法并举………………………………(312)
第十章　法治道路……………………………………………(323)
　　一、中国模式的"红色密码"……………………………(323)
　　二、法治中国的道路规制………………………………(338)
　　三、优势引领发展………………………………………(345)
　　四、人民主体　唯此为大………………………………(353)
　　五、法治的改革之路……………………………………(360)
第十一章　法治良序…………………………………………(372)
　　一、总抓手·总格局·总目标…………………………(372)
　　二、良法善治与公平正义………………………………(381)
　　三、安邦定国之基………………………………………(399)
　　四、政治稳定　人民居安………………………………(411)
　　五、网络空间不是法外之地……………………………(425)
第十二章　法治信仰…………………………………………(435)
　　一、信仰的力量…………………………………………(435)
　　二、信仰的培育…………………………………………(443)
　　三、励志谱………………………………………………(450)
　　四、青年　青年…………………………………………(462)

上篇

第一章 源远流长

一、群星异彩，代有兴革

中国是古人类的著名故乡之一。

中国是世界公认的文明古国。

中国是文明古国，首先在于她具有五千多年未曾中断的历史，这在世界独一无二。更重要的是，在华夏民族这个伟大的摇篮里，不断孕育生长出优秀的文明基因；在中国这片伟大的土地上，创造了辉煌的中华文明，积累了十分丰厚的文明遗产，这在世界也不多见。

辉煌的中华文明，包含灿烂的法律文化，灿烂的法治文明。

中华文明源远流长，法制文明源远流长。自从有了法律，法律与文明总是相生相伴，融为一体。早在西周时，人们就开始研究"礼"的问题，研究"刑"是什么，研究法律的本质和作用。这其中既有早期对法律的研究，还有早期法律，《周礼》就是当时具有法律性质的成文典籍。此后历朝历代，众多思想家、政治家与法制结缘。他们研究法律，阐释律令，著书立论，不乏建树。就对法律的研究而言，他们有的专攻法律，有的兼攻法律，大多兼攻法律。他们有的是思想家，有的既是思想家又是政治家。不少进步的思想家和开明的政治家重视法律之治，有的还献身于革新变法，在法制历史上树起一座座丰碑。

历代统治者，运用法律武器，维护社会秩序，发展社会生产，调整社会关系，也积累了历史的正反两方面的经验。整体而言，旧中国的法律思想和法律制度，其科学性、进步性要受到政治的、历史的局限，不同的思想家、政治家在历史上所起的作用也有不同，有的思想家、政治家的主张，其历史的反动性作用甚至大于进步性作用。但从历史发展长河来看，历代思想家的智慧，历朝制度上的积累，总的趋势是推动了人类从野蛮向文明的进步，促进了中华法系的形成，使中国古代法治文明达到相当的高度，长时期居于世界法治文明的前列，并对日本、朝鲜、越南等相邻国家的法律产生深远的影响，故而将其一并归于"中华法系"。

对于我国古代法治文明的形成和发展，历代进步思想家贡献巨大。展开一部中国法律思想史和法律制度史，你会感觉眼花缭乱。在中国历史上，涉及法律思想的人物之众多，史料之浩瀚，学说之丰富，世界少见，令人叹服。在中国法律思想史上，从春秋战国至辛亥革命，榜上有名的大思想家不下百数，其中够得上世界级的也不乏其人。

仅从这一历史时期的首尾来看，就有一大批彪炳史册甚至学贯中西的大思想家。如春秋战国时期的管仲、子产、邓析、老聃、孔丘、墨翟、李悝、吴起、商鞅、慎到、申不害、孟轲、庄周、荀况、韩非等，戊戌变法时期的康有为、梁启超、谭嗣同、严复、沈家本，辛亥革命时期的孙中山、章太炎。从首尾往中间看，各个历史时期都产生了一批重要的思想家，如秦汉时期的董仲舒、王充，隋唐时期的魏征、韩愈、柳宗元，辽宋金元时期的包拯、王安石、司马光、朱熹，明清时期的张居正、黄宗羲、王夫之，鸦片战争时期的魏源、林则徐等，都是在中国法律思想史和中国法制史上影响深远的思想家。

中国法制历史上思想家群星璀璨，那么是否存在一个"法学家阶层"呢？我国法律史学研究中有一种认识："正因为中国古代包括中世纪社会始终以自然经济为基础，商品生产和交换的不发达，又受儒家正统思想的严重束缚，所以在中国古代根本不可能有恩格斯在《论住宅问题》中所谈到的形成一个法学家阶层。"① 也有学者认为，中国虽然没有形成如大陆法系、英美法系的职业法学家阶层，但形成了一个"律家群体"，这一群体包括了政治家、行政与司法官吏以及士大夫阶层，他们不仅著书立说，从事法学教育，传授法律知识，还参与国家的立法与司法活动，担任法律顾问，如魏征、包拯、王安石、苏轼、耶律楚材、丘濬等。② 西方人总是以其庞大的法学家集团而自豪，并认定西方早在古罗马帝国前期就出现了一个"法学家阶层"，我们认定古代中国没有一个"法学家阶层"。怎样才算得上"法学家阶层"，"法学家阶层"成立的条件和标准是什么，如果"律家群体"的说法能够成立，律家与法学家是什么关系，他们与法学家有无本质区别，这些问题是不是需要进一步研究呢？

有无"法学家阶层"是一回事，众多思想家彪炳史册却是不争的事实。

在世界级的思想大师中，首先要讲到的当然是孔子。孔子名丘字仲尼（前551—前479），鲁国陬邑（今山东曲阜）人。孔子早年生活贫困，管理过仓库，看管过牛羊。中年时代，深研学问，聚徒讲学，创立儒家学派。五十岁左右当过鲁国地方官，去职后率弟子周游列国，宣传他的主张，晚年潜心教育。孔子学识博大精深，是我国历史上影响极其深远的思想家和教育家。孔子是"仁爱"之师，"仁"的学说是其思想的核心，也是他的政治法律思想的出发点，他主张将

---

① 张国华主编：《中国法律思想史新编》，北京大学出版社1991年版，第11页。

② 何勤华：《以古代中国与日本为中心的中华法系之律家考》，《中国法学》，2017年第5期。

"仁"作为处理各种关系的基本原则。作为孔子思想核心的"仁"学也可说是一种人际关系学，着意研究和调整人际关系，是孔子思想的一大特点，也是以儒学为主体的中国传统文化的一大特色。[①] 孔子是"礼治"之师，他基于"仁爱"竭力提倡"礼治"，强调"为国以礼"，要求人们"克己复礼"，"非礼勿视，非礼勿听，非礼勿言，非礼勿动"；孔子是"德治"之师，他竭力提倡"为政以德""以德服人""德主刑辅""以德去刑"和"宽猛相济"；孔子还是"人治"之师，他在提倡"礼治"与"德治"的同时，还提出"为政在人"，"贤者"当政，竭力主张"举贤才"。孔子关于礼、德、人相结合的治理思想，对我国后世政治法律思想产生着深远影响，特别是他提出的"为国以礼""德主刑辅"和"宽猛相济"等思想主张，在我国政治法律思想领域长期处于支配地位，被历代统治集团奉为精神武器。

今天，孔子走向了华夏大地。全国到处都有文庙，文庙都有孔子像。"文化大革命"毁了的，重塑；原来没有的，新塑。孔子已经成为中国传统文化的象征。

孔子的影响，已经远远超越国界。早在400多年前，记录孔子言行的《论语》一书就被译成拉丁文，孔子学说开始向欧洲传播。而今，孔子的名字已经成为我国文化"走出去"战略的一张亮丽名片和重要标签，孔子已走向了五大洲。

孔子的魅力，是孔子思想的魅力，孔子治理学说的魅力。

中华民族约在公元前21世纪进入阶级社会，自此揭开了奴隶制的历史篇章。在夏、商、周奴隶制形成和发展时期，奴隶主贵族主要利用神权和宗法思想来进行统治，法律思想也受这二者的支配。西周是中国奴隶制法制发展的高峰，不仅形成了一定的法律体系，而且在

---

① 李锦全：《儒家思想的演变及其历史评价》，《孔子研究》，1986年第4期。

"明德慎罚"的思想指导下,还形成了一整套断罪量刑的具体原则。

经过夏、商、周三代,公元前475年封建制社会确立。中国封建制法制的历史也和整个社会历史一样,经历了漫长而缓慢的发展过程。从最早的封建成文法《法经》,到最后一部封建法典《大清律》,我们可以看到其间陈陈相因的历史沿革。在两千多年的历史发展中,中国封建法制经历了由战国至秦汉的奠基时期、由魏晋南北朝至隋唐的成型时期、由宋至明清的进一步发展时期,形成了沿革清晰、结构完整、独树一帜的法律系统。①

在中国古代法制的历史沿革中,统治者的立法指导思想经历了几次大的演变。

首先是从神权法思想和"礼治"思想向以法为主思想的演变。

在夏、商、西周奴隶制社会,与作为统治者的奴隶主贵族在意识形态上维护神权和宗法思想相适应,当时在政治法律领域占统治地位的思想,主要是奴隶主贵族"受命于天""恭行天罚"的神权法思想与维护"亲亲""尊尊"宗法等级原则的"礼不下庶人,刑不上大夫"的礼治思想。

在奴隶制向封建制过渡的春秋战国时期,社会的大变革带来思想领域的空前活跃,出现了"百家争鸣"的繁荣局面,原来维护奴隶主贵族统治的神权法和"礼治"思想受到极大冲击,神权动摇,礼崩乐坏。在这个过程中,法家大领风骚,提出了完整的以法治国主张,并经由秦王朝变成了广泛的社会实践。在这次立法指导思想的转变中,法家代表人物发挥了关键性作用。

其次是从以法为主到以儒为主思想的演变。

以法家思想为指导建立起来的秦王朝,举国皆有法式,实行严刑峻法,同时在政治上、文化上推行极端的专治主义,横征暴敛,致使民怨日深,最终由陈胜、吴广领导的农民起义一举推翻。代秦而起的

---

① 张晋藩:《中国法制史发展概论》,《中国法学》,1984年第2期。

西汉，镜鉴前朝统治思想，曾试图利用道家之长补救法家之短，但道家思想的消极一面又不利于巩固中央集权。恰逢此时，出现了董仲舒。

董仲舒是西汉时儒家春秋公羊学派的大师。他精心揣摩汉武帝巩固"大一统"局面的圣意，在《春秋繁露》等著述中，以儒家思想为中心，吸收道家、法家、阴阳五行说以及殷周的天命神权等学说中各种有利于巩固集权统治的思想因素，提出了系统的旨在加强封建专制统治的神学政治法律观，形成了统治中国长达两千多年之久的封建正统儒家思想。这套理论将封建宗法思想归纳为"君为臣纲、父为子纲、夫为妻纲"，把以君权为核心的"三纲"神化，将封建政权、族权、神权、夫权拧成束缚民众的"四大绳索"，并将儒家的"德主刑辅"赋予天意。"三纲"和"德主刑辅"在董仲舒的学说中被绝对化和永恒化了。此后，在漫长的封建社会，以"三纲"为核心的封建礼教逐步成为立法、司法的基本原则，"德主刑辅""文武兼用"被奉为统治社会的基本方法。董仲舒的政治法律观适应了进一步巩固封建专制统治的需要，汉武帝接受董仲舒的建议，开始"罢黜百家，独尊儒术"。"罢黜百家，独尊儒术"的主张，是董仲舒政治法律观的立足点，但被董仲舒改造后的儒家，已经不再是先秦的儒家，而是儒法合流（甚至多家合流）、以儒为主的思想体系了。这一思想被奉为封建正统儒家思想，因此在秦汉到鸦片战争的漫长封建社会中占据统治地位的封建正统法律思想，也就是经董仲舒集成的封建正统儒家思想。汉初叔孙通帮助刘邦建立了儒家的礼仪制度，使儒家的政治性功能开始复苏，董仲舒则促使汉武帝确立了儒家意识形态及其统治地位。尽管汉以后朝代反复更替，但儒家意识形态的正统地位却一直没有改变。[①]

---

① 林甘泉、张海鹏、任式楠：《从文明起源到现代化》，人民出版社2002年2月版，第405页。

第一章　源远流长

旧中国法制指导思想的第三次大的变化是从固守成法转向师夷变法。

在封建正统法律思想统治下，也不是没有不同声音。从两汉到明清，一些进步的思想家、政治家先后主张进行局部变革，宋代王安石便是其中的一个。王安石出生于小官僚地主家庭，于1042年考中进士，并名列前茅，其政治生涯从任州县官吏开始，一直做到宰相。他所处的时代，是我国封建专制统治开始走下坡路的历史转折时期。为了扭转宋王朝积贫积弱、内外矛盾重重的局面，他提出对内反对大地主兼并土地，对外反对屈膝投降的主张，并围绕这一主张建议宋神宗"变风俗，立法度"，变革法制，重振帝业。王安石的变法主张具有明显的改良色彩，其主要寄希望于最高统治者的支持，因此当宋神宗一死，变法即遭失败。变法虽失败了，但王安石作为地主阶级政治改革家的变法主张是有其历史进步意义的。明清之际，以黄宗羲、王夫之、顾炎武、唐甄等为代表的启蒙思想家提出以"天下之法"取代"一家之法"，历史上一些唯物主义思想家如桓谭、王充、柳宗元等对神学目的论也进行过批判，历史上还出现过一大批引经注律的大律学家，但他们的思想都没有走出封建正统法律思想的范围，只有历代农民起义对"三纲"乃至封建正统思想产生了直接冲击。

真正对封建正统法律思想带来全面冲击的是鸦片战争。鸦片战争前的中国封建社会如同"一潭积水"，鸦片战争则是投入了一块巨石，"终将使整潭积水激荡起来"①。鸦片战争以后，中国逐步沦为半殖民地半封建社会，社会经济结构和阶级结构发生了重大变化，传统的法制秩序已经不可能继续维持，正统的法律思想因为受到冲击也在发生重大变化。这一变化的基本方向，就是由固守祖宗成法转向"师夷变法"，其根本动因就是一批有识之士看到了社会的弊端，力图从西方

---

① 胡绳：《从鸦片战争到五四运动》，人民出版社1981年6月版，第86页。

世界获得自救的方法，将西方资产阶级法律思想作为救亡图存的武器。鸦片战争前后，以龚自珍、包世臣、魏源、林则徐等为代表的地主阶级改革派率先提出"变法图强"。戊戌变法时期，以康有为、梁启超、谭嗣同、严复为代表的资产阶级改良派以"三权分立"为武器，打起"孔子改制"旗帜，主张"君主立宪"。辛亥革命时期，以孙中山、章太炎为代表的资产阶级革命派，提出实行"三民主义""五权宪法"，建立资产阶级共和国。这一时期，真可谓思想激荡，有声有色。他们的主张，冲破了封建正统法律思想的闸门。

这一时期，除了地主阶级改革派、资产阶级改良派、资产阶级革命派，还有一个从晚清统治者内部分化出来的洋务派以及维护封建统治的顽固派。洋务派以李鸿章、张之洞、刘坤一为代表，他们提出"中学为体，西学为用"，客观上推动了西方法律思想的引入。封建统治的顽固派以慈禧为首，其迫于革命大势和历史潮流的压力，也接过资产阶级改良派"变法维新"的口号，下诏"变法"和"预备立宪"，[①] 并将修律提上日程。

晚清修律主要是在学贯中西的法学家沈家本的主持下进行的。沈家本，光绪九年（1883年）中进士，先后任天津知府、保定知府、山西按察使、刑部左侍郎、大理寺正卿、刑部右侍郎以及资政院副总裁，1902年（光绪二十八年）兼任修订法律大臣。沈家本曾在多岗任职，特别是长期任职刑部，一生中大部分时间主管司法工作，洞悉中国古代法律。他学贯中西，既对中国法律有很深的研究，又潜心研究西方法律。选择沈家本任修订法律大臣主持修律，说得上是知人善任。

晚清修律从1902年开始，其指导思想是"参考古今，博辑中

---

① 预备立宪指清末政府迫于压力，在辛亥革命前宣布为预备实行君主立宪所采取的有关措施，内容包括官制改革、设立议会、地方自治等。预备立宪又称筹备立宪。

外",特别强调"兼取中西",坚持中法与西法的结合。经沈家本主持修订的法律,主要有《大清现行刑律》《大清新刑律草案》《法院编制法》《违警律草案》《大清商律草案》《刑律诉讼律草案》《民事诉讼律草案》《国籍条例》以及《禁烟条例》等。这次修律取消了旧律中最野蛮、最落后的部分,如凌迟、枭首、戮尸、刺字等酷刑以及缘坐、买卖人口等规定。这次修律不仅产生了一系列新法新律,还引发和推动了全国的司法改革和新式法律教育。当然,这次修律没有也不可能完成清除封建正统法律思想的历史任务,一些破除封建纲常的主张先后遭到晚清礼教派的猛烈攻击,沈家本对此未能进行有力回击。但通过这次修律,以封建法制为中心的中华法系的完整性因西方法律思想的引入而被冲破,这推动了中国法制近代化序幕的揭开。

在中国法律思想史上,沈家本是具有"承上启下"作用的重要思想家。杨鸿烈曾说:"沈氏是深了解中国法系且明白欧美日本法律的一个近代大法家,中国法系全在他手里承先启后,并且又是媒介东方西方几大法系成为眷属的一个冰人。"① 杨鸿烈对沈氏的这一评价,应该说是比较公允的。

中国古代法治文明源远流长,内容博大精深,它是重大的历史遗产,也是宝贵的精神财富。要用好这笔精神财富,必须客观公正地对待历史人物、历史事件,注重研究古代法制的历史进程和成败得失,揭示推动法制进步的历史动因和规律,做到以古鉴今,择善而用。

二、儒法之争与礼法并治

在我国古代法制的历史沿革中,春秋战国时期的儒法两家及其所展开的"法治"与"礼治"的论战,在历史上留下厚重的一笔,并对后世产生了深远影响。

---

① 杨鸿烈:《中国法律发达史》,上海书店 1990 年版。

在奴隶制向封建制过渡的春秋战国时期，社会大变革带来了思想领域的大活跃，出现了"百家争鸣"的繁荣局面。百家争鸣，百家异说。以孔丘、孟轲为代表的儒家仍然坚持维护"礼治"，其他各家几乎都反对"礼治"，并提出了各自的政治法律主张。以老聃、庄周为代表的道家崇尚自然法，主张"无为而治"；以墨翟为代表的墨家主张以"兼相爱，交相利"的互爱互利思想作为立法的原则，反对贵族的宗法世袭制；以李悝、吴起、商鞅、慎到、申不害和韩非等为代表的法家，则坚决主张"不别亲疏，不殊贵贱，一断于法"的"法治"，坚决反对"礼治"。

在这场论战中，法家是新兴封建势力的代表者和新兴地主阶级的代言人，因而也是维护"礼治"的儒家学派的主要对立面。他们在制度上要求以维护封建专制中央集权的新的官僚等级制和郡县制，取代维护贵族世袭特权的旧的宗法等级制和分封制；在政治法律思想上要求以"法治"取代"礼治"。他们所主张的"法治"，不仅反对"礼治"，还反对儒家从"礼治"中引申而出的"德治""仁政"和"人治"。"法治"和"礼治"的论战，成为当时政治法律思想领域中最主要的斗争，论战双方的主角，就是法家和儒家。当时"法治"和"礼治"的论战实际上就是儒法论战。

法家思想的产生并不是偶然的，它是社会变革不可逆转的必然产物。法家能顺应历史潮流，成为当时历史的主导者，与它的一批代表人物密不可分。魏国人李悝是法家的开山之人，他编撰了我国历史上第一部比较系统的封建法典《法经》，并以"魏文侯相"的身份主持变法。出生卫国的商鞅，公元前361年入秦，取得秦孝公信任，主持变法。商鞅先后两次变法，内容包括改法为律，厉行法治；奖励军功，取消世卿世禄；奖励耕织，重农抑商；废除奴隶主井田制，确立封建土地私有制以及推行县制、统一度量衡等。商鞅变法的广度和深度都是空前的，变法使秦国兵革大强，后来居上，为其后来统一中国奠定了基础。由于商鞅变法损害了贵族利益并曾刑太子师傅，故遭到贵族强烈反对，于公元前 338 年秦孝公去世后被杀，且遭车裂。商鞅以先秦法家中变法最有成效的政治家青史留名，他以重法变法著称，是法家完整思想体系形成的奠基者之一。

一般认为，法家思想的发展经历了两个阶段，第一阶段是先秦时期各诸侯国的变法运动，第二阶段是法家思想的集大成者韩非思想的形成和发展。[①] 先秦法家代表人物都主张"法治"，但在怎样实行"法治"上却各有侧重。商鞅重"法"，慎到重"势"，申不害重"术"，韩非却集法家之大成，把法、势、术结为一体，建立了法家完整的政治法律思想体系。韩非思想仍以"法治"为核心，其突出贡献在于，通过系统总结和整合前期法家法、势、术各派的思想主张，建立起一个"以法为本"，法、势、术三者紧密结合的完整体系，这个体系包括厉行法治的"法治"本论和法、势、术相结合的"法治"方法。韩非出身韩国贵族，他的思想适应了建立中国统一的封建专制主义中央集权国家的客观需要，为这一封建专制集权制的建立奠定了思想基础。后来秦始皇看到他的著作欣赏至极。公元前 233 年，韩非为韩使于秦，遭李斯、姚贾陷害，被迫服毒自杀。商鞅和韩非，是法家代表人物中的代表，一个因变法被杀，一个遭陷害自杀，这是历史的悲剧。

公元前 221 年，秦统一中国。秦王朝是在法家思想指导下建立起来的，并以法家思想作为其统治思想。一套法治理论催生并支撑着一个大一统的中国，足以说明其在当时的历史进步性，这也标志着我国先秦时期法律思想已经发展到了一个相当高的水平。

在欧洲古罗马帝国前期，也有一批法学家十分活跃。最著名的古罗马法学家有伯比尼安、保罗、盖尤斯、乌尔比安和莫迪斯蒂努斯等，即所谓"五大法学家"。他们从理论上论证了自然法、万民法和市民法的关系，确立和阐述了以商品生产和交换为中心的法律概念、

---

① 许志杰：《论法家思想的历史命运及评价》，《求索》，1988 年第 5 期。

法律框架和法律关系。他们的学说在当时具有法律效力，直接指导立法，推动罗马法走向完备，支撑着罗马帝国的大厦，并且对后世许多国家的法律和法学发展产生了深远影响。我国先秦时期的法家代表人物对当时历史产生的影响也是巨大的。

大一统的秦王朝的建立离不开法家思想的指导，法家思想的形成也离不开当时思想领域的活跃。没有当时的"百家争鸣"，很难说会有法家思想的广泛影响。这是中国古代少有的历史现象。随着专制主义的强化，延续两千多年的封建社会充满保守性，严重禁锢人们的思想，法制发展缓慢，法学门庭冷落，这又进一步助长了政治上的专制。法学的活跃、法制的进步与政治上的开明成正比，与政治上的专制成反比，这是透视中国封建法制所得出的历史结论。这一历史结论，也揭示了法学盛衰的历史规律。沈家本在《法学盛衰说》一文中说，法学在战国之时最盛，此后遂衰，从汉到宋有所复兴，由元至清，此学又衰也。为什么呢？因为"法学之盛衰，与政治忽实息息相通"[①]。沈家本所言极是。

应当指出，法家思想在当时虽具有历史的进步性，但它并不具备长期占据历史主导地位的特质和条件。因为它的基本政治主张是维护君主专制，它强化了对社会的统治和镇压。在经过秦王朝的实践以后，封建统治者认识到，要维护统治，一味地强调镇压是不行的，在推行法制的同时，还必须有另外一手，搞法德共治，而经董仲舒改造集成的儒家思想更能适应这一需要。因此，汉武帝以后，儒家取得独尊地位，法家思想主导意识形态和称雄历史的时代就此结束。

法家思想结束称雄时代，并不意味着它的影响完全消失。事实上，法家维护君主专制的主张，始终为历代统治者所利用。同时，法家有关法治的主张也进入了儒学，董仲舒提出的正统儒家思想就是以

---

① 张国华主编：《中国法律思想史新编》，北京大学出版社1991年版，第398—399页。

儒为主、儒法合流的思想体系。法家思想的儒学化，使它的影响长留于世。

儒家思想产生于封建制代替奴隶制的大变革时代。相传儒家学派创始人孔子少年时即热衷于学礼，后来还做过帮助奴隶主贵族主办丧事赞礼一类的"儒"，因此由他创立的学派就被称为"儒家"学派。早期的儒家学说，其主要宗旨在于"复礼"，以挽救"礼崩乐坏"的局面，这显然有违于历史变革的趋势。但孔子思想高度重视人与人关系的和谐、协调和平衡，基于这一价值取向提出"仁"的学说，并以"仁"的学说为核心提出"礼治""德治"和"人治"，强调"为国以礼""德主刑辅"和"宽猛相济"的思想主张，其因与我国传统伦理文化相契合，而深深植根于民族伦理文化的土壤之中。

因为当时不合时宜，所以在与法家的论战中败下阵来；因为植根于民族伦理文化，而具有良好的发展基因。儒家思想在经过儒法合流的再造之后，一举成为统治中国两千多年的正统思想，在两千多年来的中国传统文化中一直占据主导地位。

在儒家学派创立和演变过程中，孔子是宗师，董仲舒当然也是大师级的思想家。在封建正统法律思想的形成过程中，董仲舒是集大成者。在中国历史上，主张以儒为主使儒法合流，以礼为主使礼法统一，从而影响和促成了封建正统法律思想的形成，还有一位先行者，他就是战国末期儒家的另一代表人物荀况。荀况即孙卿，是极富批判精神的思想家，先秦诸子中未受到过他的批评的不多。他继孔孟之后扛起儒家大旗，但他又不同于孔孟，他既隆礼又重法，主张儒法合流和礼法统一。当然他的基本立足点仍偏重于儒家。荀况在政治法律思想上既区别于法家，又不同于儒家，对于封建正统法律思想的最终形成产生了重要的影响。董仲舒洞悉其旨，专门"作书美孙卿"。

在汉代到鸦片战争的漫长封建社会中占据统治地位的封建正统法律思想，也就是经荀况先行改造，又经董仲舒集成的封建正统儒家思想。这一思想的创始人是孔子，把孔子思想传承下来，历史上起关键作用的无疑是荀况和董仲舒，特别是董仲舒。没有荀况的儒法合流，就没有董仲舒的独尊儒术；没有董仲舒的独尊儒术，就没有孔子思想对中国两千多年的统治。

在历史上，荀况由于其唯物论立场，对神权、君权均有冒犯，因此在封建社会地位低下，甚至进不了孔庙。在中国文化史上，荀况作为大思想家的地位是抹杀不了的。历史上荀况地位低下，董仲舒却受到汉武帝的极力推崇。公元前104年，董仲舒病卒，葬于西汉京师长安西郊。一次汉武帝经过他的墓地，有感于他对汉王朝的贡献和忠心，特下马相拜。因此，董仲舒的墓地，又名"下马陵"。

历史的影响至深，才有现实的影响至广。封建正统儒家思想能成为占统治地位的指导思想并统治中国长达两千年之久不是偶然的，孔子成为中国传统文化的偶像和名片也不是偶然的。为什么说不是偶然的？这一重大历史现象背后的历史动因是什么？它对未来中国和未来中国的法治建设还会产生什么影响？我们应该以怎样的态度对待这一重大的历史遗产？这无疑是需要进行深入研究和思考的。

中国法制历史上，要论思想和学派的知名度，没有能超过儒法两家的。要论思想和学派给后来政治生活带来的影响，也没有能超过儒法两家的。不仅曾带来影响，还带来太多的是非曲直。其实，作为思想体系，作为文化遗产，儒法两家都有可取的成分，也都有不可取的成分。

法家开厉行法治之先河，其可取的是对法治的崇尚。但其把法治放在了一个绝对的位置上，禁止与法不合的思想主张，特别是坚决反对"仁政""礼治"和"德治"，描绘出一幅封建专制主义的"法治国"蓝图，从而也开了"法治专制主义"之先河。尽管法家学说也承认礼的作用，但法家的基本主张还是法治专制。这就与科学的法治精神相去甚远。秦始皇奉行法家主张，还把这套主张发展到极端的地步,他只知道使用严刑峻法这一手,而不懂得还要同时使用"仁政""礼治"和"德治"这一手。法治专制主义与文化专制主义是联系在一起的,他容不得任何不同主张,特别是"儒生"的意见,他采纳李斯的建议,发布"焚书令",制造了历史上的"坑儒"惨案。鲁迅先生曾针对秦始皇的"焚书坑儒"说:"秦始皇已经死了二千多年,看看历史,是没有再用这种政策的了。然而,那效果的遗留,却久远得多么骇人呵!"法治专制主义与文化专制主义的结合,其后果必然是暴虐横行,天下怒愤,不可收拾。

相对而言,儒家既强调"仁政""礼治"和"德治",又不完全否认法的作用,提出"德主刑辅""宽猛相济"的主张,这就比较接近于社会治理的客观规律。但儒家思想把法治放在一个很次要的位置上,仅仅把法作为一种辅助性手段,这又有违于法治社会的客观规律和基本要求。

综观历史,儒家与法家的礼治与法治之争仅是春秋战国时期的特有现象,历史进入封建社会以后,实际上已无纯粹的儒家与法家之分,更不存在贯穿中国社会历史始终的所谓儒法斗争这条主线。

中国法制的历史没有儒法斗争这条主线,却有一条基本线索和脉络,表现为从礼治到法治,再从法治到礼法融合与并治。[①]

我国奴隶制时期,占统治地位的法律思想是神权法思想和礼治思想。到了西周时期,礼治更加兴盛起来。

春秋战国是从礼治到法治的过渡时期。儒法两家对峙,激烈论战。最后,法家的"法治"主张为秦国统治者所采纳,以此为指导建立起一统天下的秦王朝。

秦朝是全面实行"法治"的时期。秦始皇结束了春秋战国以来百

---

① 余经林、江汉卿:《中国法律思想的历史发展及其基本特点》,《学术界》,1996年第3期。

家议政、礼法相争的局面，全面推行法家的主张，强化专制集权，实行严刑峻法，结果使社会矛盾不断激化，秦朝最后被农民起义一举推翻。

秦王朝的骤亡，迫使封建统治集团不得不总结历史的教训，寻找更为适宜的统治思想，董仲舒的以儒为主、儒（礼）法合流的新儒学应运而生。由于这套学说更能适应封建统治的需要，因此汉代统治者赋予它以独尊的地位。

董仲舒的新儒学，集中体现了始于汉代的礼法融合与并治的发展新趋势，并为这一发展新趋势奠定了理论基础。董仲舒新儒学独尊地位的确立，标志着礼法融合与并治隆重地登上中国历史舞台，并主导着此后中国政治和法律制度的历史发展。

礼法融合与并治的提出，首先是基于对历史经验教训的总结。战国时期政治斗争实践证明，儒家原来所维护的那套纯"礼治"，在现实政治中显得不无迂腐，而法家的主张却显示出空前的威力和功效，因此法家学说就成为秦统一中国的指导思想。运用法家主张，秦始皇建立起中国历史上第一个统一的中央集权的封建国家，但其一味地搞法治高压，实行法治专制，又导致了秦王朝的覆灭。秦王朝的灭亡，在客观上宣告了法治专制理论在政治上的破产。历史的经验教训证明，单纯一味地搞礼治还是搞法治都是不行的。

礼法融合与并治主张的提出，还因为礼与法本来并非水火不容，从来就是你中有我，我中有你的[①]。

西周所制的礼，实际上是道德与法律的统一体。它既是道德规范，又是法律规范，其中许多规定具有法律的效力。如果不赋予其法律的效力，礼是无法全面推行的。

儒法两家虽相互对峙，但是在基本立场和基本主张上对峙，并不

---

① 史凤仪：《中国法制历史中礼与法的关系》，《中国法学》，1988年第3期。

意味着儒家完全排斥法律的作用，法家绝对杜绝礼的主张。孔子只是主张以礼为主，以刑为辅，他的说法是"德主刑辅""宽猛相济"，可见其并不反对法律的作用。董仲舒则将德与刑比作阳与阴，"阳不得阴之助，亦不能独成岁功"。意思是法律并非礼教所能完全替代，必须运用法律作为辅助手段才能治理好国家。汉代以后的儒学者中，更未见有人完全反对用法的。从史实看，法家虽然主张厉行法治，但也都承认贵贱、尊卑、长幼、亲疏之礼和劝善、止恶两手之治。《管子》："上下无义则乱，贵贱无分则争，长幼无等则倍，贫富无度则失。"《商君书》："圣人之为国也，一赏，一刑，一教。"韩非曾说："明主之所导制其臣者，二柄而已矣。二柄者，刑德也。何谓刑德？曰：杀戮之谓刑，庆赏之谓德。为人臣者畏诛罚而利庆赏。故人主而自用其刑德，则群臣畏其威而归其利矣。"可见，不仅儒中有法，而且法中有儒。法家承认礼的一面在历史上往往被忽略，这恐怕与秦始皇把法家厉行法治的主张推向极端不无关系。

关于礼法并用的道理，唐代白居易讲得更为透彻。他认为刑、礼、道三者废一不可。他说："刑者，可以禁人之恶，不能防人之情；礼者，可以防人之情，不能率人之性；道者，可以率人之性，又不能禁人之恶。循环表里，迭相为用。"礼的作用在于通过引导和教化，使"人知耻格"，而刑的作用则在于"纠人恶"，使"人知劝惧"。他进一步说："当其惩恶抑淫，致人于劝惧，莫先于刑。划邪窒欲，致人于耻格，莫尚于礼。反和复朴，致人于敦厚，莫大于道。是以衰乱之代，则弛礼而张刑；平定之时，则省刑而弘礼；清净之日，则杀礼而任道。"意思是说，行拨乱之政，应以刑为先，治平世则隆礼省刑，这如同每逢寒冷季节，"疏水而附火"，处在炎热季节，则"远火而狎水"。他认为，"顺岁候者，适水火之用；达时变者，得刑礼之宜。适其用，达其宜，则天下之理毕矣，王者之化成矣"。可见，白居易不仅主张礼法并用，而且进一步强调要根据不同的形势，采取不同的治理方法，达到治理的目的，这无疑是深刻而精辟的。

其实，白居易的论述揭示了中国封建社会一个普遍的历史现象，即历代统治集团都是软硬两手兼采，坚持礼法并用。其无非是根据客观形势的变化，时而更加强调礼的作用，时而更加突出法的威力，在立法指导思想上，要么坚持以法为主，要么坚持以礼（儒）为主，礼法并用的主线格局是始终没有改变的。没有完全脱离法的礼治，也没有完全抛弃礼的法治。因此可以说，中国古代法制的历史就是礼法并治的历史。礼法并治是中华法系的显著特征。

礼法并治就是礼法合治，不是礼法分治，即不是分出哪些是礼治，哪些是法治，哪些领域搞礼治，哪些领域搞法治，而是在礼法高度融合的基础上达到共治的目的。因此礼法并治的前提是礼与法的融合。礼与法，在统治者的价值定位上，礼的地位更高，礼是具有最高纲纪性的总的行为规范，中国古代法制始终受到礼的支配和影响。礼支配和影响法，并不是站在一边指挥法，而是要走进法律，融入法律，其走进和融于法律的过程也就是以礼入法的过程，以礼入法是礼法融合的必然选择。在封建正统儒家思想取得独尊地位以后，从理论层面看，法律思想的儒家化（也可说是儒家思想的法律化）完成；从现实层面看，礼法融合、以礼入法开始成为广泛的法制实践。而"一准乎礼"的《唐律》的诞生，则标志着礼法融合的最后完成。①

以礼入法，表现形式多种多样。首先表现在制定法律时以"礼"作为立法根据和指导思想。唐以后历代立法都"一准于礼，以为出入"，将礼作为立法依据。《唐律疏义解》对此说得十分明白："论者谓，唐律一准于礼，以为出入，得古今之平，故宋世多采用之。元时断狱亦每引为据。"其次是将许多礼制规则直接编入法典，直接移植为法律规范。如唐代以后的法典都将《礼记》《仪礼》规定的亲属等级、《周礼》规定的"八议"和"十恶"确定为适用法律的标准和原

---

① 杨鹤皋：《谈谈中国法律思想发展的基本线索》，《法学》，1986年第2期。

则。再次，以礼制经义的原则精神注释法律和审判案件。汉代董仲舒的《公羊董仲舒治狱十六篇》为以礼制经义释法判案提供了范例。礼法融合、以礼入法一个重要表现形式就是"《春秋》决狱"，它是直接引用《春秋》经义指导司法的一种制度，其最大特点就是"以经断狱"，其兴盛于正统法律思想形成时的汉中期。[①] 汉代以后，以礼释法判案的风气一直盛行。

考察中国法制的历史，我们可以清晰地看到，礼法并治既是中国古代法制的显著特征，也是中国古代法制的文化精髓，既具有悠久的社会历史基础，又具有深厚的人文伦理基础，它是我国古代法制中一笔灿烂而珍贵的思想文化遗产。以礼入法作为礼法并治的实现途径，在礼法并治理论中占有重要的地位，是其重要组成部分。

明辨历史，昭示未来。今天，在全面推进依法治国的进程中，我们提出必须坚持依法治国和以德治国相结合，必须把社会主义核心价值观融入法治建设的全过程和各方面，绝不是突然冒出来的灵感和凭空想出来的主意，而是在历史文化传统与现实发展需要紧密结合的基础上所作出的战略选择和谋篇，是全新时代全新意义上的"礼法并治"和"以礼入法"。在深入推进法治中国建设的今天，深入挖掘礼法并治的思想内涵，对于更好地坚持依法治国和以德治国的结合，充分发挥社会主义核心价值观在法治建设中的引领作用，是具有重要现实意义的。

三、中华法系的辉煌与命运

法系是对法律的传统、特征和影响进行比较归类而形成的专有概念。神学家要对宗教进行分类，政治学家要对政体进行分类，法学家

[①] 李文兰：《试论中国古代法律思想的基本特征》，《法学研究》，2013年第2期（上）。

也要对法律进行分类。

不同的标准，不同的角度，产生不同的分类。美国学者威格摩尔将世界法律划分为十六个法系，英国学者泰尔划分为七个法系，日本学者穗积陈重划分为五个法系。一些社会主义国家的学者将世界各国的法律划分为资产阶级法系和社会主义法系。①

在西方国家学者的法系划分中，大陆法系和英美法系是公认的对世界影响最大的两大法系。中华法系也是公认特色鲜明、独树一帜的一大法系。

有人说，中华法系实质上就是中国封建社会的法律制度，或者说就是中国封建社会的法律体系，或者干脆说就是中国封建时代的法律。中华法系的形成当然离不开中国封建社会的法律，但就其源头和流变来说，绝不仅仅限于中国封建社会。中国奴隶制时期的"礼治"对中华法系形成所产生的影响是不可小视的，封建社会解体后中华法系也不是戛然而止，封建法律的被推倒不等于作为法系的文化影响和传承被消灭。

同时，中华法系的范围，在世人看来不只限于中国，而及于以中国为中心的东亚。一个法系要想成立，不仅要有自身特色和历史传统，而且还要有世界性影响。这实际上是构成一个法系必须具备的两个前提条件。中华法系具备这两个条件。它之所以被公认为一大法系，一是因为它具有独立的传统、鲜明的特征；二是因为它得到广泛的传播和具有影响，被东亚国家广泛认可、接受和传承。因此，中华法系既是中国的，也是东亚的、世界的。

我们还要进一步看到，从法系这个概念所承载的实际内容和话语体系来看，它绝不仅限于法律制度，还包括与法律制度相联系的法律思想文化。法律制度和法律思想文化在法系中都占有重要的分量，而

---

① 法系的划分多种多样，但世界上比较公认的有五大法系：大陆法系、英美法系、中华法系、伊斯兰法系、印度法系。

且法律思想文化在一个法系中还具有支配地位。只有二者的结合，才能形成一个法系自身的特征、传统和影响。中华法系也不例外，就其内涵来说，中华法系包括法律思想和法律制度两个部分。

在中国法律思想史上，由于儒家法律思想作为封建正统思想长期占据统治地位，并且它的源流和影响远不限于封建社会，因此中华法系的思想特点必然被深深打上儒家法律思想这一封建正统法律思想的鲜明印记。这些思想特点包括：宗法思想渗透一切，全面维护皇权至上，等级特权森严壁垒，强调重德轻刑与重义轻利，等等。

以家族为本位的宗法思想始终是历代立法的基本原则，而且渗透到法制的各个方面。宗法思想的核心是维护家长制，因此历代统治者都强调要"孝治天下"。家长制和"孝治天下"都是为维护皇权作支撑的。董仲舒的"三纲"的实质就是宗法加皇权，皇帝是以天下最高家长身份来进行统治的。神权也是服务于皇权的，在中国没有与王权对抗甚至高于王权的神权。中国的皇帝是天子，天子是神圣不可侵犯的，对皇帝尊严的维护是十分严格的，包括皇帝从北京出巡时，在他要经过的街道上，门窗都得紧紧关闭，百姓不能随便目睹"圣颜"，同时禁止说写皇帝的真名实姓，必称"万岁"。因此，法自君出是天经地义的事情，皇帝是最高立法者，法律的立改废权柄都握于皇帝之手，皇帝凌驾于一切法律之上而不受任何约束。历代封建法律的主要锋芒都是"治民"，其主要功能都是维护统治秩序。为了"治民"，也有"治吏"的规则，却从无治君之法。在皇帝之下，尊卑贵贱，等级森严，天有十日，人有各等，等级越高，特权愈多。至于重德轻刑，重义轻利，主要也是出于维护专制统治的考虑。教化可以防患于未然，比严刑峻法更利于统治。而重义轻利的导向，则可以压抑人们的权利欲望，防止民众侵犯统治者的既得利益。可见，中国封建社会是十分精致的君主专制，封建正统法律思想是以维护皇权为中心的十分精致的专制思想体系。这一思想体系，指导封建立法长达两千年之久，这在世界所有法系中是绝无仅有的。

在中华法系的思想成分中，也有不少明显进步的思想主张。比如以法治国、厉行法制；礼德刑政、综合而治；援法断案、罪刑法定；兴法治吏、相辅相成；顺应民心、重民恤民，等等。特别是礼法并治的思想主张，在中华法系的思想体系中占有十分重要的地位。其他方面的思想主张，不少是不同的政治家、思想家在不同历史阶段提出并在不同历史时期产生重要影响的思想主张，或者是在某一个方面发挥重要作用的思想主张。而礼法并治的思想主张，是贯穿整个法制历史的基本思想主张，是在中国法制的全局上和长远中产生重大影响的思想主张。因此可以说，礼法并治是中华法系最显著的特征。

中华法系蕴含着十分丰富的思想智慧和资源，这在世界各大法系中是十分突出的，为我们深入挖掘和大力传承中华法律思想文化精华提供了充分的条件。

就其制度内容来说，一般认为，中华法系包含的法律制度主要是中国封建社会的法律制度。中国封建社会的历代统治集团，对法律作用的认识虽有不同，但不仅没有完全排斥法律的，而且一般都比较重视立法工作。法律的发展演变是社会变动的结果，法制的兴废又是衡量国家治乱和社会文明进步的重要尺度。中国封建专制始于秦朝，在两千多年的发展演变中，总的趋向是越来越走向极端，但不排除阶段性的政治开明和法纪昌明。历史上苛法酷刑往往是阶级矛盾激化的重要原因，而法纪荡然腐化盛行也是一个王朝行将覆亡的前兆。新生王朝为了缓和矛盾，恢复生产，大都要调整法制思路，既注重以法相约束又主张轻刑慎罚。历史上所谓"盛世"总是与法制严明息息相关。因此沈家本说："萧何造律而有文景之刑措，武德修律而有贞观之治。"在历史上，比较兴盛的朝代在法制建设上都多有建树。文景之治、贞观之治、康乾盛世等都与重视法制相关联。

中国封建法制在战国至秦汉时期奠定基础，在经过魏晋南北朝至隋代的发展以后，到了唐朝进入了定型化和完备化阶段。唐朝是我国历史上一个著名的强盛朝代，也是在封建法制建设上影响巨大的一个朝代。公元618年，李渊父子建立唐朝，这个王朝自成立至灭亡，是中国封建社会统治时间最长的朝代之一。唐初统治者认真总结隋灭亡的历史教训，除了在经济、政治领域进行一系列重大改革以外，还积极修订法律，大力改革和完善法律制度。在法制建设上奉行"德主刑辅"的法律思想，在立法上实行"约法省刑"，注重法律的连续性和稳定性，特别是把建立和维护封建法制的权威性作为"安人宁国"的基本国策和重要措施。

唐代大规模的立法活动，主要是在武德、贞观、永徽等几个著名年号间。唐太宗李世民统治时期就进行了大量的立法，唐代立法的高潮是在唐高宗李治统治的时期，被后世称之为《唐律疏义》的《永徽律疏》就是在这个时期制定的。《唐律疏义》是我国历史上一部最完备最具代表性的封建法典，它以其完备的体例、严谨的结构、丰富的内容、确切的条疏成为以后各代封建法典的楷模和样本，在我国封建法律制度的发展史上，具有承前启后、继往开来的重要作用和深远影响。唐代标志性的法典除《唐律疏义》外，还有《唐六典》，《唐六典》是中国古代最早的一部行政法典，古代行政立法自此成为独立的法律部门。唐律标志着我国封建法律制度和法律的儒家化都发展到了一个极高的水平。我国宋、元、明、清几代的法律都是沿袭唐律的。唐律作为中华法系的标志性法典和代表，还对亚洲不少国家法律产生了重要而深远的影响。

在我国封建法律制度中，在《唐律疏义》之后，《大明律》和《大清律例》也是具有重要影响的封建法典。《大明律》的编撰完成于洪武三十年（公元1397年）。从明代起我国进入封建社会后期，封建君主专制已发展到极端形态。"重刑"思想是明代的重要立法原则，而且贯穿在整个立法和司法过程的始终。明律渊源于唐律，但又不同于唐律，在加强封建专制中央集权上比唐律有了进一步的发展。明朝还建立了充分体现极端君主专制的司法制度，特务机构（厂卫系统）可以直接行使审判权。明太祖朱元璋在制订大明律的同时，还连续编制了四编《大诰》，称为《明大诰》。① 《大清律例》经多年修订，于乾隆五年完成，它是以明律为蓝本的中国历史上最后一部封建法典。《大清律例》渊源于明律又有别于明律，其一方面总结、综合了历代（特别是唐代以后）封建统治的历史经验教训，尤其是明代加强司法镇压的历史经验，集中体现了清朝专制皇权的高度发展，另一方面也反映了中国封建社会末期错综复杂的政治、经济和民族关系，《大清律例》中大大增加了维护满族特权的条款，使其带有维护民族统治的突出特征。我国的唐律、明律和清律，都对邻国法律产生了重大影响，而明律渊源于唐律，清律效仿于明律，因此，在中国封建社会中，影响最大的、最具标志性和代表性的法典还是唐律。

在中国古代历史上，唐、明、清几个朝代，都是社会相对比较稳定、经济社会发展比较有成就的朝代。唐朝统治289年，明朝统治276年，清朝统治268年，这与这些朝代重视法制是分不开的。就其对世界特别是对东亚国家法律的影响来看，以唐、明、清律尤以唐律为大。

中华法系因其思想丰富、制度完备、特色鲜明且源远流长著称于世，它对世界特别是对亚洲国家产生重大影响是必然的。

中华法系定型于唐，唐代的法制是中华法系的成熟形态，唐律成为不少亚洲国家的法律蓝本，具有重要的示范作用。②

---

① 《大诰》的体例来自周公东征时对臣民的训诫。朱元璋所编大诰的基础内容是惩治犯罪的具体案例。通过编撰案例，"著为条目，大诰天下"，昭告善恶祸福的标准，使人们"趋吉避凶"，社会减少犯罪。这实际上是当时的一种特殊的法制宣传教育。

② 张晋藩主编：《中国法制通史》（第4卷），法律出版社1999年版，第718—743页。

日本天智元年制定的《近江令》，是日本历史上第一部成文法。《近江令》是根据唐《武德律》《贞观律》《永徽律》等七律制定的。

日本天武天皇年间制定了具有日本历史标志性意义的《大宝律》和《大宝令》。此律此令总体采用唐律，根据日本国情稍加酌动而成。

日本元正天皇年间出台了其历史上最完备的法典《养老律》和《养老令》。此律此令其篇名篇数和内容基本沿袭唐律，只是条文略少。

在朝鲜，高丽一代之制，大抵皆仿于唐。《高丽律》不仅在篇目体例上与唐律相同，在内容方面，如刑名种类和对特权阶层的优待条款等，也都与唐律极为相似。

在越南，李朝颁布的《刑书》、陈朝颁布的《国朝刑律》、黎朝颁布的《鸿德刑律》，其内容大都依循唐律，关于十恶、八议等规定，均自唐律。

以唐律为蓝本制定的中国明律、清律等法律，也对邻国法律产生了重大影响。

《大明律》曾被日本全面效仿。日本学者宇田尚说："通观德川时代三百年之法规，抽出其全体之道德要素厥为儒教。"江户时代的《刑法草书》，其内容、形式均源自《大明律》。明治维新后出台的《新律纲领》，也"系以中国之'唐明清律'为蓝本，而一如日本旧律之稍加改变"而成。这话也是日本学者穗积陈重所说。

《大明律》对朝鲜的影响也很大。朝鲜王朝建立以后，积极示好中国，太祖李成桂即位时说："自今京外刑决官，凡公私罪犯必该《大明律》。"郑道传在《朝鲜经国典》中说："其议刑断狱以辅其治者，一以《大明律》为据。"中国皇帝对此却表达了大国的大度和谦逊，明太祖曾在诏书中说，朝鲜"据数千里之地，自为声教"。建文帝在朝鲜求取《大明律》时也说，还是"仪从本俗，法守旧章"为好。礼数归礼数，朝鲜对明律还是要认真习用的。

综上可见，中国古代法律对邻国的影响之大。正是日本、朝鲜等国的加入，才使东亚地区形成一个以中国法律为核心、以周边国家法律为成员，具有相似内容、原则和特征的"法律大家族"。[①] 说这些国家的法律属于中华法系是理所当然的。

其最大的受益者当然是日本。唐律、明律乃至清律的精神和内容都渗透于日本的法律当中，深刻影响着日本法律制度和法律思想文化的发展。明代应日本人之求，将大批法律书籍如《大明律附例》《大明律例释义》《大明律例附解》等源源不断运往日本，日本朝野深为喜爱，孜孜研读。这一切，今天的日本人，今天的日本当局未必都了解，未必都记得。

推而广之，从汉字到围棋，从《论语》到《法华经》，日本人几乎一成不变地从中国学去了中华文化，历史上没有任何一个国家像中国这样对日本人以如此巨大的影响和滋养。如果是一个不忘历史、正视历史的国家，应当将这些连同曾经给中国人造成的巨大伤害，一并写进自己的历史教科书。

19世纪末20世纪初，在内外诸多因素的共同作用下，特别是西方法律思想的引入和清末修律，以中国封建法制为中心的中华法系的完整性逐步被冲破，中国法制开始近代化的转型。

中华法系的完整性被冲破，是不是中华法系的完全解体和终结呢？一种观点认为，中华法系由此而终结解体，完全转型进入大陆法系，我国开始依照大陆法系来建立法律体系。对中华法系这个归宿的认定是不是完全合适呢？

事实上，从制度和思想两个方面看，中华法系在近代以来不仅受到大陆法系的影响，也受到英美法系的影响，引进和介绍西方法律思想，除了大陆法系国家的法律思想，也有英美法系国家的法律思想。同时，中华法系受到冲击甚至完整性被破坏，恐怕不能简单地认定其

---

① 冯玉军：《法治中国：中西比较与道路模式》，北京师范大学出版社2017年1月版，第132页。

完全解体和终结消失。事实上，近代以来中华法系并没有完全丧失自身的影响力，特别是中华传统法律文化的影响一直延续至今。制度可以打破、解体并终结，法律思想文化传统的影响是中断不了的。

自此，我们可以对中华法系作出这样一个总括性的描述：中华法系是发源于夏、成型于唐、转型于清，以礼法并治为其主要特征，其影响覆盖东亚诸国的法律思想和制度体系。

在中华民族伟大复兴的背景下，我们应当郑重地提出中华法系的复兴和重塑问题。

中华法系蕴含着十分丰富的智慧和资源，在世界几大法系中独树一帜，在我国古代历史上曾大放异彩。我国在历史上树起了这面旗帜，在民族复兴的大业中不能丢掉这面旗帜。

从历史看，中华法系的近代转型不等于它的完全终结和消失。中华法系的民族基因、文化脉络并不因为受到冲击就不再延续，就不需要再延续。

从现实看，不用"中华法系"这一概念，将使我们陷入极大的困境。放弃"中华法系"这一概念后，该用什么来表述中国法治从古至今并走向未来的文化传统？是用大陆法系，还是用社会主义法系，或者干脆不称法系？问题的核心是，"中华法系"还需不需要存在，还需不需要走向未来。特别是在全面推行依法治国的今天，不用"中华法系"，我们用什么表述来统筹面向世界的法治话语，用什么来与世界接轨与对话，用什么来提升我们的话语权？

我们还应从实现中华民族伟大复兴的历史使命的角度来认识中华法系复兴的必然性，从文化复兴在民族复兴中的地位和作用来看为什么提出中华法系的复兴和重塑问题。民族的复兴最根本、最重要的是文化的复兴，文化复兴既是民族复兴的重要基础和标志，又是民族复兴的重要引力和支撑。而在中华民族优秀传统文化中，优秀的法律传统文化始终占有极重的分量，法治文化始终是中华文化的十分重要的组成部分，古代中华文化影响世界的一个重要体现和窗口就是中华法系对世界的影响。中华法系承载着中华传统法律文化的历史传统，是整个中华法治文明的基本载体。民族的复兴必须有文化的复兴，文化的复兴必须有中华法系的复兴。没有中华法系的复兴，中华文化就实现不了全面的复兴；没有中华文化的复兴，民族复兴就缺乏最基础、最根本、最持久的力量和支撑。因此可以说，中华法系的复兴是中华民族伟大复兴的一个基础工程和重大标志。

需要特别强调的是，法治文明是中华文明的重要组成部分，中华法系承载着中华法治文明的历史传统。文明要发展，法治要进步，法系要更新。中华法系随着社会的变革而进步，随着时代的发展而焕新，这不是既符合逻辑又符合历史发展规律的很自然的事情吗？

中华法系在经过初发、定型、转型以后，必定要走向复兴。

在20世纪三四十年代，中国法学界就展开过有关法系问题的讨论。陈顾远、丁元普、程树德等学者发表文章，解说法系，并提出中华法系的复兴问题。当时的讨论对中华法系的历史地位评价极高，认为"吾中华法系精神之表现，亦即中华民族精神之表现也"，中华法系"在世界法系中，本其卓尔不群之精神，独树一帜"。因而中华法系"赖有新的改进，而续其运命"，应在原有中华法系的基础上建立"中国本位新法系"，并且指出"中华民族之复兴，与中华法系之复兴，实为一贯而不可分"。当时讨论中华法系问题时，人们所抱以的一个重要愿望，就是要通过重振中华法系来摆脱当时所面临的日本帝国主义侵略的威胁，以谋求中华民族的复兴。[①] 但是人们并不知道，就当时来说，解决中华民族的内忧外患，首要和根本的任务远不是重塑法系。同时，当时也并不具备实现中华法系复兴的历史条件。尽管如此，前人关于中华法系复兴的认识，对今天的我们是不无启迪的。

---

① 张晋藩：《再论中华法系的若干问题》，《中国政法大学学报》，1984年第2期。

改革开放以来，随着中国国力的不断提升，中华民族伟大复兴进程的加快和对优秀传统法律文化的重视，中华法系的复兴问题重新进入人们的视野，中华法系的重塑成为一个重大的时代课题。①

正如中华法系的转型是一个十分复杂的过程一样，中华法系的复兴和重塑也是一个十分复杂的过程。这绝不是一件一说即成、一蹴而就的事情，对其需要进行历史的和现实的深入思考和通盘设计，并需要进行长期的探索和艰苦的努力。在中华法系重塑问题上，学界比较一致地认为，无论是重塑还是复兴，都不是简单化的复活旧体或盲目复古，而是要对其进行全面的改造和创新，使之与法治文明的时代发展相适应。这就需要对中华法系进行理性的批判性的全面总结，一方面剔除其中的封建糟粕和陈腐落后的成分，另一方面挖掘、吸收和传承其民主进步的精华，使其优秀成果和传统得以发扬和光大。同时还要借鉴吸收当今世界法治中的有益成分，在与世界的联系中不断对其进行完善。中华法系重塑的过程就是立足中国、面向世界、不断创新的过程，是深入研究我国古代法制传统和成败得失，深入挖掘和传承中华优秀法律文化精华，汲取营养，择善而用并不断将其弘扬和光大的过程。

中华法系的复兴，是中华民族伟大复兴的必然要求和重要体现，是这个时代所肩负的重要使命。

中华法系的命运与民族的命运息息相关。中华民族伟大复兴之日，就是中华法系重放异彩之时。

---

① 进入 21 世纪以来，中华法系成为一个重要课题。学界对中华法系的历史发展、理论基础、基本内涵、基本特征、价值和当代意义以及与东亚法文化的发展等问题进行了深入讨论，形成了不少共识。参见张明新：《中华法系国际学术研讨会综述》，中国政法大学学报，2006 年第 6 期。

第二章 近世风云

一、寻找救亡图存的武器

鸦片战争以后,历史向中国人提出了一个生死攸关的时代课题。这就是:拯救民族危亡,实现民族复兴。为了实现民族复兴,首先是要寻找救亡图存的武器。

为回答这一沉甸甸的问题,各种政治力量纷纷登台,出演了中国近代史上一幕幕历史的活剧。

封建专制统治的历史包袱,到晚清时已越来越重,清政府不堪重负。鸦片战争前几十年,清王朝的统治就危机四伏了。由于土地兼并,农民失去土地,流离失所,社会生产衰败。封建统治集团腐朽不堪,政治黑暗,阶级矛盾十分激化。

朝廷的腐败和无能,必然带来国家的衰弱,军队的衰弱。1840年第一次鸦片战争,迫使清政府签订《南京条约》,割让香港,赔款2100万两白银,而做到以上这一条大英帝国只用了28艘军舰,15000人。1860年第二次鸦片战争,英法联军只用2.52万人的兵力来入侵一个泱泱大国的首都,便长驱直入,所向无敌,杀人放火,将圆明园洗劫一空,付之一炬。1894年中日甲午战争,日本人也是轻易取胜,《马关条约》割让辽东半岛和台湾,赔款白银 2 亿两,开创割地赔款新纪录。1900 年八国联军侵占北京,号称八国,但实际出兵总共一万八千余人,仅用十天就攻陷北京。这一次中国兵力是多少呢?北京一带清军有十五六万人,义和团民兵有五六十万人。

面对侵略,皇帝会逃跑,当然也会哭泣,但是不忘享受。1860 年面对英法联军的长驱直入,咸丰皇帝天不亮就仓皇出逃北狩热河。出逃时,社稷江山可以不顾,却忘不了自己还要喝鹿血,遂命"率鹿以行"。大臣劝他说,情况紧急,率鹿不便,等事态过去,再饮鹿血为好,他才作罢。据载咸丰帝因打败第二次鸦片战争终日泪流满面。

咸丰的哭,是悲伤的哭,也是自恨的哭。自恨,恨铁不成钢。咸丰本来是一位富有生气,很想有作为的皇帝。他鼓励直言进谏,反对挥霍无数、吃喝无度和不查真情。他重用林则徐,撤办投降派,还敢扣押外国人,也敢向外国人开炮,中国近代历史上外国人向中国人举起的第一面白旗就是向他举起的。他立志为其父道光皇帝败于鸦片战争报仇雪耻,于 1860 年 9 月 12 日下达诏书,公开对英法联军宣战,再次向西方列强说"不"。

中国近代历史上第一个向外国人说"不"的是道光。道光接手的是一个腐败无能的清王朝,他立志重振大清雄风,整肃吏治,节俭从严,并力排众议,坚决主张禁烟。1841 年 1 月 27 日,道光正式下诏对英宣战。

结果怎样呢?父亲打败了第一次鸦片战争,儿子打败了第二次鸦片战争。儿子比父亲败得更惨,一个《北京条约》不仅导致了更大的割地和更多的赔款,而且致使圆明园遭洗劫烧毁。因两次鸦片战争的失败,父亲潦倒不堪,儿子饮恨热河。

中国近代史上还有两次宣战。一次是 1894 年 8 月 1 日光绪皇帝对日宣战;一次是 1900 年 6 月 21 日慈禧太后对诸国宣战。慈禧"垂帘听政",可不是一件轻松享乐的事情,既然皇帝被"垂帘"了,你就必须思政、主政,维持局面,包括直面西方列强。慈禧宣战的诸国，包括英、俄、德、法、美、意、奥、日、荷、比、西，共十一国。她不仅宣战的国家多，抵抗外敌入侵的决心也惊人的大。为了表示决一死战，她先以通敌的罪名杀掉反对宣战的五名大臣。结果又怎样呢？太后的宣战诏书很快变成了《辛丑条约》，先于她前的光绪的宣战诏书很快变成了《马关条约》。

可见，清末的统治者在外国列强面前是说过"不"的，并不是如过去所说一点反抗也没有。问题在于这种"不"没有足够的力量支撑，国力弱，朝廷弱，军队弱，谈何取胜。更重要的是，说"不"表面上是保社稷江山，实则是保"大清皇权"和自己的皇帝宝座，一旦自身受到威胁，"不"字马上就会变成"和"字。每每宣战很快变成"谈和"，宣战诏书很快变为不平等条约，玄机就在这里。

弱在朝廷，弱在军队，也弱在民众。朝廷的腐败无能，国家的积贫积弱，使民众丧失了对朝廷的信心。同时由于缺乏救亡图存的国民教育和广泛的民众发动，本来"一盘散沙"的民众不可能齐心"天下为公"。在前面提到的几次战争中，一些中国人不仅不帮助朝廷抵抗侵略者，反过来帮侵略者的忙。一是挥刀杀人。八国联军在北京杀人，往往指定中国人捆中国人，中国人杀中国人。二是提供保障服务。一些民众主动向侵略者出售牲畜、粮食和蔬菜，帮助侵略者推小车运输物资，为入侵者指路带路等。三是趁火打劫。英法联军火烧圆明园时，一些民众趁机哄抢园内珠宝和财物。① 何等可悲可怕！尽管干这些事的中国人只是少数。

政治上的黑暗与腐败，必然反映在立法和司法上。清代的法律不可谓不完备，还与唐律、明律一并影响到邻国，但其野蛮性、残酷性却是很突出的。大清律完全援用"十恶"这一封建法典的核心条款，对"十恶"之罪的处刑较明律更严。清朝以严酷的刑罚惩治所谓的

---

① 金一南：《心胜》（2），长江出版传媒　长江文艺出版社2016年3月版，第55页。

"异端"思想,制造"文字狱"便是一个突出的表现。康熙、雍正、乾隆三朝迭兴文字狱百余起,以"莫须有"的罪名株连、滥杀无辜,这在历史上是少见的。顺治、康熙年间,浙江富户庄廷鑨招集学人编辑《明史》,因称努尔哈赤为建州都督,不书清帝年号,而书隆武、永历等南明年号而被告发。其时庄廷鑨已死,但朝廷仍不放过,下令开棺戮尸,并株连其兄弟、子侄、刻者、读者、保存者,甚至事先未察觉的地方知府,共70余人全部处死。① 清代的刑制突出镇压,其刑罚广泛采用迁徙、充军、发遣、凌迟、枭首等重刑。其中的凌迟刑,集中体现了统治者的野蛮和暴虐。清代的凌迟执行方法比明代更为残酷,适用范围也明显扩大,陆续增加了劫囚、发冢、谋杀人等9条13罪。凌迟犯在行刑前如自然死亡,仍须戮尸。即便是经晚清政府修订后的新刑律,其对民众的钳制和镇压的指向仍不改变。虽然废除了一些野蛮的刑罚方法,但又新设了"侵犯皇室罪"和"内乱罪"等新的罪名,清政府还制定了《结社集会律》《违警律》等单行法规,使刑法的镇压和钳制功能进一步强化。

黑暗腐败,清王朝已经是一座破房子,一尊稻草人,一推即倒,一踹即坍,所面临的是寿终正寝。

积贫积弱,亡国灭种,中华民族已经到了最危险的时候。

救亡图存!这是民族的呼唤,人民的呼唤。大批有识之士、热血男儿扛起救亡图存的旗帜,走上救亡图存的道路。

首先是寻找救亡图存的武器。

1840年鸦片战争以后,中国逐步成为半殖民地半封建社会,国家蒙辱、人民蒙难、文明蒙尘,中华民族遭受了前所未有的劫难。从那时起,拯救民族危亡,实现中华民族伟大复兴,就成为中国人民和

---

① 张晋藩主编:《中国法制通史》(第8卷),法律出版社1999年版,第220页。

中华民族最重大的历史任务和最伟大的梦想。

近代历史任务对准的是中国近代的基本历史问题。胡绳说:"在近代中国面前摆着两个问题:即一、如何摆脱帝国主义的统治和压迫,成为一个独立的国家;二、如何使中国近代化。"① 刘大年说:"中国近代110年的历史基本问题是两个。一是民族不独立,要求在外国侵略压迫下解放出来;二是社会生产落后,要求工业化、近代化。"② 基本历史问题决定基本历史任务,两位中国近代史学界的著名学者关于中国近代历史基本问题的论述,明显意涵着中国近代的历史任务,而首要任务就是救亡图存。

救亡图存,在辛亥革命前,涉及六种政治力量:地主阶级改革派,地主阶级洋务派,地主阶级顽固派,太平天国农民革命力量,资产阶级改良派,资产阶级革命派。

辛亥革命后,封建地主阶级被推翻,阶级力量对比关系发生了重大变化。涉及的政治力量主要是民族资产阶级、北洋军阀政府、国民党政府以及新生的中国共产党。

在救亡图存的问题上,各种政治力量的出发点、态度和作用是不一样的。

以龚自珍、包世臣、魏源、林则徐等为代表的地主阶级改革派,出于爱国救国的良知和志士之责,在鸦片战争前后首先提出了"变法图强"的口号,主张向西方国家寻找救亡图存的武器,起到了推动历史进步的作用。

以从清朝统治集团分化出来的以李鸿章、张之洞、刘坤一等为代表的洋务派,有别于地主阶级顽固派,他们提出"中学为体,西学为

---

① 胡绳:《关于近代中国与世界的几个问题》,《胡绳全书》第三卷(上),人民出版社1998年版,第77页。
② 刘大年:《当前近代史研究的几个理论问题》,《刘大年集》,中国社会科学出版社2000年版,第5页。

用",客观上为引进西学西法打开了缺口。

以慈禧为代表的封建地主阶级顽固派迫于形势,为抵制革命并最终巩固皇权,也接过了戊戌变法时资产阶级改良派的口号,下诏"变法"和"预备立宪",并于1902年开始修订法律。清末修律推动了中国法制近代化的转型。

以洪秀全、洪仁玕等领导的太平天国农民革命,提出取消封建土地所有制和主张发展资本主义。太平天国革命是中国历史上规模最大的一次农民革命运动,是我国近代史上反帝反封建的民主革命的第一个高潮,揭开了民主主义革命的序幕。

以康有为、梁启超、谭嗣同、严复等为代表的资产阶级改良派以西方"三权分立"学说为武器,主张实行"君主立宪",并推动了资产阶级改良主义运动"戊戌变法"。

以孙中山、章太炎等为代表的资产阶级革命派,接受西方"自由、平等、博爱"和"民有、民治、民享"思想,并汲取中国古代大同思想和民本思想因素,提出实行"三民主义""五权宪法",建立资产阶级共和国,并领导和发动辛亥革命,一举推翻封建王朝统治。

窃取革命成果而形成的北洋军阀政府和其后的国民党政府,总体上看是"穿新衣,卖旧药"的政府。但迫于压力,作为当权政府,其在民族危亡面前也不得不做一点事,包括国民党的对日作战。

中国共产党作为真正代表中华民族和历史前进方向的新生政治力量,从一诞生开始,就把为中国人民谋幸福、为中华民族谋复兴确立为自己的初心使命。一百年来,中国共产党团结带领中国人民进行的一切奋斗、一切牺牲、一切创造,归结起来就是一个主题,这就是实现中华民族的伟大复兴。为了实现民族伟大复兴,中国共产党进一步提出了"两个一百年"的奋斗目标,并为此进行着不懈的奋斗。在2021年7月1日中国共产党百年华诞庆祝大会上,习近平总书记代表党和人民庄严宣告,经过全党全国各族人民持续奋斗,我们实现了第一个百年奋斗目标,在中华大地上全面建成了小康社会,历史性地解决了绝对贫困问题，正在意气风发向着全面建成社会主义现代化强国的第二个百年奋斗目标迈进。

  中国近代史上早期的"一批仁人志士"，主要是指资产阶级改良派和资产阶级革命派的代表人物，也包括地主阶级改革派的代表人物和农民革命领袖人物，主力是资产阶级改良派和资产阶级革命派，特别是革命派。因此，研究辛亥革命前的救亡图存，要特别研究资产阶级改良派和资产阶级革命派的思想和行动。

  毛泽东说："自从一八四〇年鸦片战争失败那时起，先进的中国人，经过千辛万苦，向西方国家寻找真理。洪秀全、康有为、严复和孙中山，代表了在中国共产党出世以前向西方寻找真理的一派人物。"① 向西方寻找真理时，美国、欧洲很远，日本却很近，而且思想比较活跃。戊戌变法前后，东渡日本学习新思想便成为一种趋势。康有为、梁启超、孙中山、黄兴等都先后东渡日本学习。毛泽东说，十月革命一声炮响，给我们送来了马克思主义。这主要是从马克思主义在苏联取得实践上的成功的示范意义上来讲的，其实十月革命之前马克思主义已经经日本传入中国。日本人于1904年翻译了英文版《共产党宣言》，同盟会党人朱执信对日文版《共产党宣言》进行了转译，并于1906年1月在东京出版的同盟会机关报《民报》上摘要发表，这样马克思主义就介绍到了中国。因此，毛泽东又说："马克思主义的传播日本比中国早，马克思主义的著作是从日本得到手的。"②

  马克思主义经日本传到中国，西方资产阶级民主宪政思想的很多东西也是经日本传到中国的。西方法文化输入的另一个重要媒介是传教士。教士韦廉臣1887年在上海创立广学会，这是一个具有代表性的文化出版机构，翻译出版了不少西方著作，介绍了西方的民主法治

---

  ① 《毛泽东选集》第四卷，人民出版社1966年7月版，第1358页。
  ② 金一南：《苦难辉煌》，华艺出版社2010年6月版，第61页。

思想，这在向西方寻求救国真理的中国知识分子中产生了很大影响。梁启超1890年在上海接触大批西方书籍，他认为这一年是"伟大的世界开始对他说话的一年。"西方法治思想对他影响至深，因此他强调"法治主义，为今日救时惟一之主义"。①

资产阶级改良派的代表人物是康有为、梁启超、谭嗣同、严复等。1895年以后，康有为等改良派代表人物开始在北京、上海、湖南等地设立学会，开办讲堂，出版刊物，广泛进行变法维新的宣传活动。其通过广泛宣传发动，使变法维新逐步从少数人的思想主张发展成为一种社会思潮，并最终发动了戊戌变法。

改良派的变法主张和方案，招牌是孔子改制或托古改制；基本主张和要求是按照西方"三权分立"思想，设议院，开国会，定宪法，实行"君主立宪"；方式是通过一个开明的皇帝来进行自上而下的改革；目的就是变法维新，救亡图存。

戊戌变法的思想发动者和组织领导者是资产阶级改良派代表人物，但光绪皇帝的作用是不可小视的。他是皇帝，他不下诏，无从变法。光绪皇帝于1898年6月11日下诏"明定国是"，宣布变法。新政即从此日开始，到同年9月21日慈禧太后发动政变变法失败，共103天。历史上把这一百多天的变法称为"百日维新"。因这一年是戊戌年，故又称"戊戌变法"。光绪采纳改良派的思想主张宣布变法，变法过程中还采取措施对改良派代表人物实施了一定的保护。他虽是封建皇帝，但历史不应忽略这位皇帝在变法维新中所起到的独特作用。

光绪新政诏书颁布以后，慈禧太后立即采取各种抵制措施，光绪对此也进行了反击，但终因袁世凯的告密，慈禧太后于9月21日发动政变，囚禁光绪，并以皇帝名义，发布吁请太后"训政"的诏书，

---

① 《论中国宜讲求法律之学》，《饮冰室文集》之一，《饮冰室合集》第1册，中华书局1989年版。

慈禧太后又一次"垂帘听政"，并下令搜捕和屠杀维新人士。9月28日，谭嗣同、杨锐、林旭、刘光第、康广仁、杨深秀被杀于北京菜市口，世人称之为"戊戌六君子"。大批参与新政和支持变法的官吏陆续被革职和流放，新政措施几乎全部被取消，只有京师大学堂予以保留。变法维新运动最终以光绪帝退位和改良派流血而告终。

慈禧太后将发动政变的消息，9月初光绪即获悉。光绪帝采取的第一个措施就是保护维新派人士的人身安全。他于9月14日叫杨锐带出一密诏，要康有为等"妥速密筹，设法相救"，但密诏被杨锐搁置起来。17日光绪又下一密诏，要康有为等赶紧逃离。两道密诏直至18日才由林旭一并带出。康有为等接到密诏后紧急磋商，寻找救路。维新派领袖人物，在变法维新中如何对待个人安危问题，态度截然不同：康有为在英国人保护下出走香港，梁启超在日本人掩护下出走日本。严复因在维新变法中没有积极参加相关实际活动，没有太大安全问题。当时，大家也劝说谭嗣同抓紧设法逃离，谭嗣同却选择了留下来。谭嗣同也可以走。在慈禧囚禁光绪以后，谭嗣同已得到了消息，大家劝他赶紧走，日本使馆也答应将他送至日本。他却没有走，并且讲了这样一段话：

  各国变法无不从流血而成，今日中国未闻有因变法而流血者，此国之所以不昌也。有之，请自嗣同始。①

流血，请自嗣同始！一个"请"字，体现了何等的不畏牺牲精神！他为了变法，视死如归。

为了个人安危，康有为走了，梁启超走了。为了变法图存，谭嗣同留下来了，并列为"戊戌六君子"之首。他在狱中写下"我自横刀向天笑，去留肝胆两昆仑"的豪迈诗句。临刑之前，他发出这样的慨叹："有心杀贼，无力回天；死得其所，快哉快哉！"这年，谭嗣同

---

① 杨廷福：《谭嗣同年谱》，人民出版社1957年版，第117页。

33岁。他用热血和生命的壮举召唤和激励着后来的人。

骨气，血性，坚贞，信仰。在变法图新的道路上，需要更多的人有这种骨气、血性、坚贞和信仰。这种骨气、血性、坚贞和信仰不是靠讲出来的，而是经过炉火锻造，在危难时刻，在生与死的关头所表现出来的。

历史应该大书谭嗣同，历史应该记住"戊戌六君子"。"戊戌六君子"是推行"百日维新"的中坚力量。谭嗣同、刘光第、杨锐、林旭时称"军机四卿"，专门为皇帝颁布新政诏书拟稿，他们抓住时机，把自己的新政主张通过皇帝诏书变为新政大计。在103天中，光绪颁布新政诏令达110多起，内容涉及经济、政治、教育与国家机关活动等多方面。因为骨干，所以被杀。"戊戌六君子"的名字会永远留在中华民族变法图强的史册上，留在中国百姓的心目中。

四川富顺县有一个烈士陵园，为纪念历次革命战争中牺牲的数百名富顺籍革命烈士而修建。在烈士陵园里面，有一个刘光第墓园，这是烈士陵园中唯一的个人墓园，尽管刘光第没有在"革命烈士"的名单中。在刘光第墓园中，塑有刘光第的雕像和墓碑，在雕像正面写着八个大字："变法图强，凛然大义。"墓园介绍了刘光第的生平和著述，特别介绍了胡锦涛于1984年作出的对刘光第的评价：刘光第与林则徐、孙中山、洪秀全、邓世昌、谭嗣同是中国近代史六位爱国主义重要人物。并说谭嗣同、刘光第是"奋力图强革新的慷慨志士"。富顺还有一个文庙，文庙主要是纪念孔子的，而在文庙里，很多画板都是介绍刘光第的生平的。可见，富顺人没有忘记刘光第，富顺人以刘光第为荣，富顺人应该这样做。"戊戌六君子"中的其他五君子，在其家乡一定也会有同样的荣誉。

康有为、梁启超、谭嗣同、严复等同为资产阶级改良主义运动的领袖人物，他们在变法维新的道路上却走出了不同的人生轨迹。康有为是向西方寻找救亡图存武器的开创性人物，是近代中国第一次思想解放潮流的主将，是戊戌变法的主要领导者，而在戊戌维新失败以后，却渐渐变成一个时代的落伍者，并且参加了1917年的"丁巳复辟"。梁启超是我国近代历史上著名的思想启蒙者和政治活动家，他的思想主张对于转型时期的中国社会产生了深远的影响，但在戊戌变法失败以后，他的思想也发生了变化，由维新派倒向保皇派。严复是中国近代历史上民主启蒙的最初倡导者，他从民主启蒙入手挽救时局，他的维新思想在当时独树一帜，而在他的后期，却渐渐倒向旧学，思想观点和社会活动明显趋向保守。应该说，康有为、梁启超、严复都有辉煌的前期，也都有落伍、黯淡甚至转向的后期。唯有谭嗣同，不仅对几千年的封建思想和传统进行了猛烈的批判，成为冲破封建罗网的闯将，而且身体力行力推变法，并用一腔热血护法警世。因此相形之下，康有为、梁启超、严复就必然成为有争议的人物。就康有为、梁启超、严复等近代中国向西方寻找救国真理的突出代表而言，无论是对他们辉煌的前期还是显得黯淡、落伍甚至转向的后期，都应进行客观、全面、公正的评价。① 有些方面可能今天能看清楚，有些方面可能要随着历史的推移在将来更大的历史空间中才能看清楚。我们应当为全面公正评价这批重要思想家和政治活动家留下历史的余地。

回顾戊戌变法的历史，必然涉及其发生的原因，失败的原因，内中确有一个时机成熟不成熟、条件具备不具备的问题。但是我们看历史上任何一个革命性事件，不能完全用后来人的眼光来评价，更不能

---

① 关于戊戌变法及其代表人物的历史评价，一直是我国近代史研究中的重大理论问题。对这一问题的讨论可参见王毅：《戊戌维新与晚清社会变革》（《清史研究》2009年第2期）。张喜云：《改革开放以来学界关于戊戌变法研究综述》（《焦作大学学报》2017年第1期）。马洪林：《再论康有为的历史评价问题》（《上海师范大学学报》1988年第1期）。席志武、于瑞：《近百年来梁启超评价史述评》（《广东技术师范学院学报》2014年第1期）。萧致治、刘振华：《评戊戌维新中的谭嗣同》（《武汉大学学报》1998年第4期）。梁柱：《先驱者的历史功绩与历史评价——纪念严复逝世80周年》（《高校理论战线》2001年第12期）等文。

用共产党闹革命夺取政权的水准来衡量。如按后来的眼光和水准,这次变法在思想准备上,组织准备上,依靠力量上,社会基础上,战略策略和方式手段上都有欠缺。百余天新政,新政诏书就达一百多道,很多都没有实施的基础和条件。特别是变法的中坚力量,大多是热血青年,其思想上、政治上的成熟度和组织领导能力也还不到位。但就是这样一批人,为了救亡图存,以极大的勇气和献身精神,发起了这场变法维新。历史看重的,首先是这批人的革命献身精神,是这场变法对中国社会产生的强烈震撼和对历史产生的深远影响。

范文澜曾说:"旧民主主义革命时期,中国资产阶级在政治上做了两件大事,一件是1898年的戊戌变法运动,即改良主义运动。更大的一件是1911年的辛亥革命运动。"他还指出,戊戌"变法运动代表着中国社会发展的趋势,赋有进步的意义","戊戌变法运动是思想的第一次解放"。① 把戊戌变法定位为资产阶级改良主义运动,主要是从维新派的阶级构成以及他们在戊戌变法中所提出的变革内容和变革方式来立论的,它是一场依靠皇帝来推行的自上而下的局部变革,因此说是改良。但改良不等于落后,更不能以传统的教条为标准,一概将其视为反动。戊戌变法是改良主义运动,也是重要的政治变革运动,它在中国近代历史上的进步意义是突出而明显的。没有戊戌变法,很难有辛亥革命。没有戊戌变法和辛亥革命,就没有中国后来的历史续篇。

孙中山是中国民主革命伟大的先行者。毛泽东曾经指出:"中国反帝反封建的资产阶级民主革命,正规地说起来,是从孙中山先生开始的。"② 要特别注意这里的"正规地说起来",反帝反封建的斗争,

---

① 范文澜:《戊戌变法的历史意义》,《范文澜历史论文选集》,中国社会科学出版社1979年版,第190、193页。

② 《毛泽东选集》第二卷,人民出版社1966年7月版,第527页。

对资产阶级民主的追求，在孙中山以前就发生了。但像孙中山这样，建立完整的思想体系，提出完整的革命纲领，形成完整的政策主张，作出完整的方案设计，特别是以坚决的革命态度，以武装起义的革命手段一举推翻封建专制统治，建立资产阶级共和国，这在孙中山以前是未曾有过的。什么叫革命？革命有革命的规格，革命的标准。因此，"正规地说"，或者从严格意义上说，孙中山是资产阶级民主革命的伟大先驱，是中国革命的伟大先行者。

孙中山从小受到太平天国革命的影响，后入英美教会学校读书，接受西方资本主义教育，接受了资产阶级民主主义思想，希望从西方政治法律制度中探寻救国的真理和道路。他于1894年11月创立中国早期的资产阶级革命团体兴中会。兴中会的成立，标志着孙中山资产阶级民主革命思想的初步形成及其革命活动的正式开始。

孙中山革命的思想主张、政策纲领和目标设计，集中体现在他所提出的"三民主义""五权宪法"和"三大政策"。以民权主义、民族主义、民生主义构成的"三民主义"是孙中山革命的基本纲领和立法的指导思想，三者之中尤以民权最为重要。孙中山说："三民主义就是救国主义。"孙中山最得意的是他的"五权宪法"设想。"五权宪法"的具体内容如何呢？孙中山说："就是把宪法分作立法、司法、行政、弹劾、考试五个权，每个权都是独立的，五权的关键是去掉君权，五权的独创是设立考试权。"孙中山把这五权称作"治权"，把国民大会对于中央政府官员的选举权、罢免权和对于中央法律的创制权、复决权称作"政权"。"政权"就是人民权，"治权"就是政府权。他说："用人民的四个政权来管理政府的五个治权，才算得上是完全民权的政治机关。"孙中山"五权宪法"的设计是很缜密和完整的。他说，这种五权分立，"不但在各国制度上所未有，便是学说上也不多见。可谓破天荒的政体"。他进一步说："我们要想把中国弄成一个富强的国家，有什么方法可以实现呢？这个方法，就是实行五权宪法。"实行五权宪法,"便可以破天荒在地球上造成一个新世界"①。

孙中山的"三大政策"即"联俄、联共、扶助农工",三大政策来源于共产国际代表的建议,成为孙中山后期革命活动的重要政策主张。

孙中山不仅有革命的思想主张、政策纲领和目标设计,而且将其付诸革命的实践。

这里,可以列出孙中山革命实践的主要活动清单:

一是组织发动。从1894年创立兴中会正式开始,孙中山进行了大量的组织发动工作,特别是1905年创立中国第一个资产阶级革命政党——中国同盟会,鲜明地提出"驱除鞑虏,恢复中华,建立民国,平均地权"的政治纲领。

二是武装起义。1895年10月筹备发动广州起义,这是"孙中山战争事业"的起点。在1907年至1911年的4年间,孙中山领导革命党人连续不断组织了10多次武装起义。1911年10月10日,武昌起义成功,辛亥革命胜利。

三是建国立法。一边举行武装起义,一边拟订建国方案。1912年元旦,孙中山到南京就职,宣布中华民国成立。立法工作紧锣密鼓,3月11日,《中华民国临时约法》公布。

四是护法斗争。由于封建势力与帝国主义的勾结,资产阶级的软弱妥协,辛亥革命胜利成果被袁世凯所窃取。当袁世凯的真面目暴露后,孙中山主张武力讨袁,发动领导了二次革命和护法运动。

五是国共合作。十月革命的胜利和中国共产党的成立,给孙中山带来新的希望,开启了他一生的重大转变。孙中山建立了第一次国共合作统一战线,发动北伐战争,把旧三民主义发展成为新三民主义。1924年1月国民党第一次全国代表大会召开,制定了反帝反军阀的

---

① 张国华主编:《中国法律思想史》,法律出版社1982年6月版,第498、502页。

新三民主义纲领，提出了联俄、联共、扶助农工三大政策，这标志着孙中山完成了从旧民主主义革命向新民主主义革命的转变。

辛亥革命是一次胜利而不彻底的革命，这是历史注定了的。这当中有成果没有及时巩固的因素，更有阶级软弱性和道路选择的因素。

虽不彻底，但孙中山领导的革命在中国历史上，创下了几个辉煌的第一和唯一。

第一次举起武装革命的旗帜，推翻中国两千多年的封建专制统治。

建立第一个资产阶级性质的共和国中华民国。

制定颁布第一部具有资产阶级共和国性质的宪法性法律《中华民国临时约法》。

以上几个第一，同时也是唯一。

因此，历史对孙中山作出了如下定位：

中国民主革命的伟大先驱。

这是历史的定位，也是中国共产党人的至高评价。这一定位和评价，是孙中山本人的历史贡献使然，同时也体现了中国共产党人着眼于中华民族大局之大局的政治眼光、宽广胸怀和宏大气度。

因为孙中山不是共产主义者，他追求的目标不是社会主义、共产主义的中国，他认为中国不能搞社会主义。1923年1月，孙中山与苏联来华全权大使越飞公开发表《孙文越飞联合宣言》（以下简称《宣言》）。《宣言》公开宣布："孙逸仙博士以为共产组织，甚至苏维埃制度，事实均不能引用于中国。因中国并无使此项共产制度或苏维埃制度可以成功之情况也。此项见解，越飞君完全同感。"① 他开始对共产党也并不看好，"联共"的政策在某种程度上说也是个中有因、不得已的事情。

---

① 《共产国际、联共（布）与中国革命文献资料选辑》第2卷，北京图书馆出版社1997年版，第409页。

但是，从中国革命的历史脉络和历史源流来看，从追求民主和民族振兴的革命大业来看，我们与孙中山从事的是同一事业，更何况他是先行者，他的奋斗为救亡图存和民族复兴奠定了重要基础。

因此，民族伟业需要对孙中山作出这样的定位和评价，在中华民族的革命史册上，不能没有孙中山的名字，不能没有孙中山的旗帜。

我们不仅突出孙中山的历史地位和历史功绩，而且还把他视为同毛泽东一样的历史伟人。诞辰"逢十"都要召开高规格的会议隆重纪念，每逢重大节日或庆典，他的巨幅画像都会定时出现在天安门广场人民英雄纪念碑之前。

孙中山生前最得意之作是他的"五权宪法"。今天，孙中山的"五权宪法"已经成为历史的陈典，中华人民共和国的新宪法真正实现了孙中山先生的夙愿。

综观中国近代历史，为了拯救民族危亡，中国人民奋起反抗，仁人志士奔走呐喊，太平天国运动、戊戌变法、义和团运动、辛亥革命接连而起，提出各种救国方案，但都以失败而告终。中国迫切需要新的思想和新的革命力量。中华民族命运的根本改变，是在中国共产党诞生以后。

二、伪法统的气数

1975年蒋介石刚去世，对中国颇有研究的美国人布赖恩·克罗泽就出版了一本书，书名叫《丢失了中国的人》，该书试图解读蒋介石失败的原因。

1937年7月，蒋介石发表"庐山讲话"。讲话不长，但多次提到国家之弱，包括国力弱、军力弱、装备弱、训练弱等等弱。

1948年1月，面对节节败退，蒋介石声色俱厉地说："老实说，在古今中外任何革命党都没有像我们今天这样颓唐腐败；也没有像我们今天这样没有精神，没有纪律，更没有是非标准。这样的党早就应该被消灭、被淘汰了。"1949年2月，面对全面崩溃，蒋介石进一步反省说："为政二十年，对于社会改造和民众福利着手太少，而党政军事教育人员，更未注意三民主义之实行，今后对于一切教育，皆应以民生为基础。亡羊补牢未始已晚也。"①

蒋介石未必看到了这样一点：他代表少数人的利益，代表四大家族的利益。正是因为没有看到这一点，所以蒋介石终生困于国民党政权到底败在哪里。

国民党政府的前身是北洋军阀政府，北洋军阀的开山之人是袁世凯。

袁世凯是近代中国历史上的一个闹剧人物。他凭借钻营和实力，并利用革命派的软弱妥协，窃取辛亥革命的成果，1912年3月建立了第一个北京政府，开始了北洋军阀的统治。他倒台后，军阀连年混战，争夺中央政权。皖系军阀段祺瑞，直系军阀曹锟、吴佩孚，奉系军阀张作霖先后把持北京政府。国民党政府是蒋介石1927年发动四·一二反革命政变后建立起来的。国民党政府是北洋军阀政府的继续，但其性质不再是军阀独裁专制，而是封建买办独裁专制。北洋军阀政府维持15年，除军阀混战、复辟闹剧和权力争夺外，别无多少建树。国民党政府维持22年，主要做了两件事，一是"围剿"中国共产党，二是对日宣战。

戊戌变法、辛亥革命以后，中国的情况发生了巨大变化，资产阶级民主法治思想在中国社会广泛传播。特别是辛亥革命推翻帝制，建立资产阶级共和国后，民主共和的思想已经深入人心。北洋军阀登台后，在其统治时段，孙中山先生健在，孙中山盯着他们，反对其倒行逆施，他们对孙中山也惧怕三分，不敢公开反对民主共和。蒋介石就

---

① 谢春涛主编：《历史的轨迹》，新世界出版社2012年4月版，第22、24页。

更不用说，其自视为孙中山的接班人，是中华民国的正宗延续者，就更不能公开抛弃三民主义，反对民主共和。这是北洋军阀政府和国民党政府遇上的一个新情况。但是老情况、老家底仍然未变，那就是必须延续专制统治。新情况、老情况叠加在一起，就是辛亥革命以后中国的一个基本国情。无论北洋军阀政府还是国民党政府，为了维持统治，必须从这一基本国情出发。其立法指导思想也必须发生相应的变化。

辛亥革命以前，统治集团的立法指导思想已经发生过三次转变。第一次是从神权法思想和"礼治"思想向以法为主思想的转变，第二次是从以法为主思想向以儒为主思想的转变，第三次是从固守成法向师夷变法的转变。在第三次转变过程中，一批"有识之士"向西方寻求救亡图存的武器，开展变法和发动革命，先是戊戌变法，再是辛亥革命。其顶点是孙中山发动革命，推翻帝制，建立资产阶级共和国，并制定资产阶级性质的宪法。但新的局面很快被改变，北洋军阀登台后，民主共和的牌子不敢丢，但却实实在在地续上了封建专制统治这根弦。这意味着，在当时的中国，完全的师夷变法是行不通的了，必须将师夷变法与固守成法相结合，而以师夷变法来固守成法，说得更明了一点，就是必须用共和来包装专制。从师夷变法向以共和包装专制的转变，就成为旧中国统治者立法指导思想的第四次转变。这次立法指导思想的转变，鲜明地体现了半殖民地半封建的社会性质。

以共和包装专制统治，一个最好的做法就是举起"立宪"的旗帜。

其实，"立宪"的旗帜，早在清末就举起来了。因为，北洋军阀政府和国民党政府面对的基本国情，早在晚清时期就出现了。1908年8月，清政府迫于大势，颁布了《钦定宪法大纲》。《钦定宪法大纲》共23条，包括正文"君上大权"和附录"臣民权利义务"。宪法大纲规定"大清皇帝统治大清帝国万世一系，永永尊戴""君上神圣尊严，不可侵犯"。至于臣民的"言论、著作、出版、集会、结社等事",均须在法律范围以内,并且皇帝有权随时颁布诏令予以剥夺。可见,《钦定宪法大纲》不过是用宪法的形式把封建皇帝的绝对权力进一步加以了确认。清府统治者自己也说:"宪法者所以巩固君权,兼以保护臣民者也。"《钦定宪法大纲》是近代中国历史上第一部"宪法",它的颁布,标志着旧中国这块土地上第一次出现了近现代意义上的宪法。1911年10月武昌起义爆发后,晚清政府仅用三天时间又制定颁布了《宪法重大信条十九条》,扩大了国会的权力,但其基本精神和《钦定宪法大纲》完全一致,仍把"大清帝国皇统万世不易""皇帝神圣不可侵犯"写在首位。更为出奇的是《宪法重大信条十九条》对公民的民主权利只字未提。

这就是晚清政府所谓的"宪法"。这是对宪法的亵渎,是宪法这个神圣概念的不幸,它在中国土地上一出现就采取了伪宪法的形式。晚清政府是伪宪法的先行者,也是伪法统的启蒙师。

北洋军阀政府和国民党政府更需要举起"立宪"的旗帜。

北洋军阀统治期间,几度建立、废除和恢复国会,制造伪宪法的闹剧轮番上演,帷幕起落频繁。先是袁世凯1913年的《天坛宪草》和1914年的《中华民国约法》,再是曹锟1923年的《中华民国宪法》。《中华民国约法》又称"袁记约法",其基本内容是,规定实行总统制,但取消国会制,授予袁世凯总统以君上大权。曹锟的《中华民国宪法》又叫"贿选宪法"。1923年曹锟想当总统而急不可耐,于是凭借武力威胁,金钱利诱,包围国会,用1356万大洋向议员行贿,买到一个大总统职务,再用不到一个星期的时间,匆匆拼凑出一部宪法。相对于"袁记约法",《中华民国宪法》规定了国民主权,但其重心仍然是确保大总统的绝对权力。

搞宪法,国民党政府同样高产。国民党政府时期出台的宪法有1931年的《训政时期约法》,1936年的《中华民国宪法草案》,1946年的《中华民国宪法》。相较于晚清政府和北洋军阀政府的宪法,这几部宪法的民主色彩更浓一些,维护专制独裁统治的规定更精巧一些。《中华民国宪法草案》和《中华民国宪法》都套用了孙中山"五权宪法"的形式,在中央政府设总统、行政院、立法院、司法院、考试院和监察院,通过五院与总统职权划分的规定,把"五权"最终集于总统一身。

针对北洋军阀政府的宪法,陈独秀、李大钊和大批进步人士都发表过很多评论。认为中华民国及其宪法都是一个"假招牌","仍然卖的是中华帝国的药"。所谓民主政治不过是"武人专制的政治""宰猪场式的政治",无非是一批政客"抱住了强盗的大腿转来转去,混一口饭吃"。

对于北洋军阀和国民党政府的宪政和宪法,毛泽东更是进行了彻底的揭露。他说,有些历来反对宪政的人,也在口谈宪政了。他们"提高嗓子在叫:'我们是一贯主张宪政的呀!'吹吹打打,好不热闹。多年以来,我们就听到过宪政的名词,但是至今不见宪政的影子。他们是嘴里一套,手里又是一套,这个叫做宪政的两面派。""他们的宪政,是骗人的东西。""宪法,中国已有过了,曹锟不是颁布过宪法吗?但是民主自由在何处呢?""他们的宪法也好,总统也好,都是假东西。""他们口里的宪政,不过是'挂羊头卖狗肉'。他们是在挂宪政的羊头,卖一党专政的狗肉。"毛泽东还特别解释说:"我并不是随便骂他们,我的话是有根据的,这根据就在于他们一面谈宪政,一面却不给人民以丝毫的自由。"[①] 毛泽东的话,可以帮助我们彻底认清旧中国伪法统的本质。

现在我们来看看"伪法统"这个概念。这里的"伪法统",是为近代中国旧法制量身定做的一个专有概念,特指民主外衣包裹下的专制法制的统治之道和管制之术。"挂羊头,卖狗肉",是对这种"伪法统"形象而经典的诠释。"伪法统"源于晚清政府,盛行于北洋军阀和国民党政府统治时期。

---

① 《毛泽东选集》第二卷,人民出版社1966年7月版,第693—694页。

北洋军阀政府和国民党政府除了搞宪法，还制定了其他很多法律。在立法上，国民党政府下的功夫更足。

国民党政府的法律体系包括成文法和判例、解释两个部分。成文法包括宪法、民法、刑法、商法、诉讼法和法院组织法等"六法"以及其他单行法规，"六法"和其他单行法规编纂一起统称"六法全书"，体系可谓完整。国民党立法吸收了西方法治的一些原则，引进了西方国家相关法律的不少规定。特别是规定了所谓人民的各项民主自由权利，包括无分男女、宗教、种族、阶级、党派的平等权；身体、居住、迁徙、言论、讲学、著作、出版、秘密通讯、信仰宗教、集会、结社的自由权；生存权、工作权和财产权；请愿、诉愿、诉讼、考试权；选举、罢免、创制和复决权等。从国民党立法规定的人民自由权利的内容范围和数量看，是清末以来的立法无法相比的。同时，还增加了有关判例和解释例的规定。采取这种比较灵活的法律形式，有利于填补法律条文上出现的漏隙。

但无论怎样变化，国民党政府借助各种立法技术和法律实施手段的转换，使其法制始终定位在维护专制独裁的统治上。

首先是立法权的分离。国民党政府法律文件中的相当一部分，不是由立法机关按照立法程序制定和颁布，而是由行政机关（如行政院）或军事机关（如军事委员会）强行公布的，有的是由国民党中央或各地党部秘密颁行的。特别是蒋介石的各种"手令"，不仅具有法律的效力，而且具有最高的效力。1928年3月公布的《立法程序法》规定："中央政治会议议决一切法律，由中央执行委员会交由国民政府公布之。"这就赋予了国民党中央政治会议以最高立法权。1939年1月公布的《国防最高委员会组织大纲》规定："国防最高委员会委员长对于党政军一切事务，得不依平时程序，以命令为便宜之措施"，公开赋予蒋介石超越一切法律的特权及其命令以最高法律效力。1940年底，蒋介石给江西省主席熊式辉密传电令："凡查有共党嫌疑之人，可免宣布罪状，立行枪毙。"这一密令成为当时反动当局残杀共产党人和爱国人士的最高法律。

除开立法权的变异，国民党法制还有诸多维护专制独裁的特别手段。

以特别法规取代普通立法，甚至凌驾于普通法律之上。特别立法形式灵活，针对性强，因时因势而制定，在专制、管制中更管用更实效，因此大量采用，并被赋予高于普通法律的效力。1931年公布的《危害民国紧急治罪法》就是一个典型的特别法规，其规定了以危害民国为目的的"扰乱治安者"，一律处死刑；以文字图画进行危害民国之"宣传者"，处死刑或无期徒刑。许多优秀的共产党人，如恽代英、邓中夏、蔡和森、彭湃、方志敏等，就是牺牲在这个特别法下的。特别法规林林总总，数以百计，包括《暂行反革命治罪法》《共产党人自首法》《维持治安紧急办法》《惩治盗匪暂行办法》《共产党问题处置办法》《防止异党活动办法》《妨害兵役治罪条例》《戡乱总动员令》《国家总动员法》《戒严法》《戡乱时期危害国家紧急治罪法》《维持社会秩序暂行办法》《特种刑事法庭组织条例》以及《紧急经济措施方案》，等等。大量的特别法规都是针对所谓"异党活动"和进步人士的。

以商事立法突破民事平等原则，确保四大家族的经济垄断。以商事立法特别是《中华民国公司法》（以下简称《公司法》）的制定和修改来维护官僚资本经济势力的利益，是国民党政府立法的又一显著特点。1946年修订后的《公司法》，缩小了企业小股东的权利，增加了许多保护大股东利益的条款，扩大了董事会的权限，特别是把欧洲垄断资本主义的"参与制"写进了《公司法》。按照"参与制"，大公司可以购买股票的方式进入其他公司和企业，并得成为他公司之董事和监察人，这就为官僚资本进入和控制其他公司和企业提供了法律依据。"参与制"是四大家族官僚资本鲸吞民族资本，进行经济扩张，垄断和控制整个国民经济的重要保障。《公司法》还特别保护四大家族和外国资本合资创办"特种股份有限公司"，这种公司名义上由政府主办，实际上是四大家族控制的企业。

以"保安处分"撕破民权保障，强化社会管控与镇压。国民党政府的刑事立法，沿用了 20 世纪 30 年代世界资本主义经济危机时期德奥等国的保安处分原则。在"保安""感化"等名义下，国民党政府可以不问任何情由，不经任何法律手续，把一个人抓起来关进劳动场、集中营和反省院，进行"训育"和"矫正"，不少人在遭受惨绝人寰的肉体和精神折磨后含恨死去，或被秘密杀害。在罪犯的判期执行完毕以后，国民党政府还可不讲任何依据，对其实行无限期监禁。国民党政府在当时首都南京和各省市普遍设立了反省院，其直接由国民党中央、省党部、最高法院、高等法院派员"督导"。"保安处分"的设立，是国民党政府刑事立法法西斯化的一大标志，它的主要锋芒是对准共产党人和革命志士的。

以军队、警察、宪兵、特务直接参与和干预司法活动，肆意践踏"司法独立"，疯狂推行法外制裁。按照相关法律规定，设置在各级法院的检察官有权指挥司法警察官，甚至可以请求派遣军队协助侦查；法院在审理反革命案件时，必须由国民党党部指派六人组成陪审团以便控制；特种刑事法庭的庭长及审判官由司法官及军法人员分别派任。国民党政府还仿效墨索里尼和希特勒，建立了庞大的特务组织，直接从事司法活动和实施特务统治。国民党特务组织最大的有两个，一个是国民党中央调查统计局（中统），一个是国民政府军事委员会调查统计局（军统）。这两个特务组织的分支遍布全国各个领域各个地区，其成员搜罗了汉奸、敌探、托匪、地痞流氓和无赖等最堕落、最凶狠、最无耻的社会渣滓。特务组织不经任何法定手续，肆意进行监视、搜查、殴打、扣押、绑架、逮捕乃至暗杀等大量非法活动。特务组织设立有自己的法庭和秘密监狱，较大的有重庆、上饶、息烽、西安、天水等集中营。重庆的白公馆和渣滓洞，就是特务秘密监狱，在这里杀人如麻，白骨成堆。1949 年 11 月 27 日，被囚禁在这里的近五百名革命者惨遭杀害并被焚化。与"保安处分"一样，国民党特务统治的主要锋芒也是对准共产党人和进步人士的，它是国民党统治法西斯化的又一显著标志。

很多从旧中国走过来的人，都会用一个词——白色恐怖来形容国民党政权的统治。恐怖既有法制的恐怖，更有政治的恐怖。政治恐怖决定法制恐怖，法制恐怖助纣政治恐怖。

有人说，国民党政权在中国造成的白色恐怖，是世界顶尖级的白色恐怖。从中山舰事件、"四·一二"事变、皖南事变到进攻中原解放区，蒋介石每每是在突然间向共产党人举起屠刀。中共的大批优秀领导者和优秀成员，如前述恽代英、邓中夏、蔡和森、彭湃、方志敏，还有罗亦农、赵世炎、陈延年、李启汉、萧楚女、邓培、向警予、熊雄、张太雷、瞿秋白，等等，以及数万万热血青年和进步人士，都是在蒋介石政权的屠刀下惨遭杀害的。周恩来曾痛心地说，"敌人可以在几分钟内毁灭了我们革命的领袖，我们却不能在几分钟内锻炼出我们新的领袖"[①]。国民党爱国将领陈铭枢也说：国民党为"救党"而屠杀了中国数百万有志有识的青年。这个损失是中国空前的损失，即秦始皇之焚书坑儒亦必不至于此。

解放前夕的旧中国，到处是饥民、贫民和乞丐，是流浪无助的残疾人，是公开营业的大烟馆，是随处可见的破破烂烂，无孔不入的肮脏和飞蝇，无处不在的土匪和妓女。这个社会没有信念，没有追求，没有主心骨，只是一个空心的存在，是一个等候历史处决的死囚犯。

国民党统治中国22年，人民对这个党完全失望了。最为失望的是一大批进步知识分子。爱国大作家、清华著名教授朱自清先生，宁肯饿死也不吃政府笼络高级知识分子的所谓"平价面粉"，他在贫病交加中去世，去世时，体重只有70余斤。1949年国民党曾大量动员

---

① 周恩来：《彭杨颜邢四同志被敌人捕杀经过》，刊载于1930年8月30日中共中央机关报《红旗日报》。文中所称"彭杨颜邢四同志"指彭湃、杨殷、颜昌颐、邢士贞。

高级知识分子跟他们去台湾,但大多数人都不去。82名中央研究院院士,两位当时已去世,9位留在了国外,去台湾的只有12人,其余全部选择留在大陆。著名学者季羡林晚年回忆说:"我同当时留下没有出国或到台湾去的中老年知识分子一样,对共产党并不了解;对共产主义也不见得那么向往;但是对国民党我们是了解的。因此,解放军进城我们是欢迎的,我们内心是兴奋的,希望而且也觉得从此换了人间,觉得从此河清有日,幸福来到了人间。"①

国民党气数已尽,旧中国气数已尽,伪法统气数已尽。

三、跳出"周期律"

历史上,西方人对中国人,对中国历史有不少评论,不少说法。其中有两句话最为尖酸刻薄。

一句话是"东亚病夫"。这是近代列强说中国人的话。近代历史是中国人受凌侮的历史,国家积贫积弱,政府弱,军队弱,社会弱,人也弱。外国人眼中的中国人,没有精气神,病病歪歪,偏偏倒倒,一击即垮,一踹即倒,恰似病夫一个。因此,外国人极端瞧不起中国人,不把中国人当正常人来看,在外国租界很多场合的门口都竖起牌子:"华人与狗莫入。"

另一句话是中国"没有历史"。这是大名鼎鼎的思想家黑格尔说的话。黑格尔在《哲学史讲演录》中,对中国传统社会进行了全面批判。他认为:中国自秦始皇创立"农奴制度"后,在各方面就已经达到和现在(即清末)一样的水平,但是"因为它客观的存在和主观运动之间仍然缺少一种对峙,所以无从发生任何变化,一种终古如此的

---

① 谢春涛主编:《历史的轨迹》,新世界出版社2012年4月版,第21页。

固定的东西代替了真正的历史的东西"①,因此社会"没有展示出发展",中国是"永无变动的单一"②,中国历史是"非历史的历史"③。概括地说,黑格尔认为:从本质上看中国是没有历史的,其历史只是君主覆灭的一再重复而已,任何进步都不可能从中产生。

  关于黑格尔对中国历史的评价,学术界已有很多讨论,反驳和肯定的意见都有。公正地说,黑格尔的说法,是一种明显的历史偏执与误解。中华文明是世界上无争议的几大主要文明之一,其以独特的形式为人类文明作出了独特的贡献,在人类文明史上长期占有重要地位。一个国家的政治史与这个国家的整个文明史是密不可分的,不能单以政治社会的状况概论中国历史,代替中国历史。再则,一切社会政治现象的发生,都有其时空和条件,今天看来不可思议甚至荒诞的事情,在当时却是一定规律下的"历史运动"的必然结果。单以中国古代社会的政治运行来看,也有其自身的规律,历史的因果,历史的量变,法律上就有几次立法思想的演变,正是这些演变,推动了从野蛮向文明的进步,你能说中国没有历史吗?资本主义数百年,基本的政治机理都一样,能不能说资本主义社会没有历史呢?因此,黑格尔的话,如果不是对中国人的歧视和贬损,就是对中国历史的误读和曲解。

  另一方面,我们要看到,黑格尔的话是一种"深刻而怪诞"的说法。因为他说出了一个实情,这就是在中国封建社会的两千多年中,只有周而复始的王朝更迭。

  王朝更迭,周而复始,这循环长达两千多年。这可是一个需要中国人来深思的问题。

  "东亚病夫",记录了中国的屈辱历史。经过中华民族的浴血奋斗,今天再也没人敢把中国人称作"东亚病夫","东亚病夫"的帽子

---

①②③ 黑格尔:《历史哲学》,上海书店出版社2001年版,第117、108、115页。

早已甩到了太平洋里去。倒是黑格尔的话，不能不引起我们深深的思索。

中国政治能否走出这一历史的怪圈，跳出这一历史的"周期律"呢？

1945年6月，黄炎培、褚辅成、冷遹、王云五、傅斯年、左舜生、章伯钧等七位国民参政会参政员联名致电毛泽东、周恩来，提出希望访问延安，以为两党谈判搭桥。中共中央赓即回电表示欢迎。

7月1日，联名致信的七名参政员除王云五因病止行，其他六位全部飞往延安。毛泽东、周恩来、朱德等中共领导人亲往机场迎接。延安访问期间，黄炎培一行，与中共领袖多次交谈，参观考察延安各处，留下深刻印象。

在参观考察即将结束时，毛泽东在窑洞中再次与黄炎培交谈。毛泽东问黄炎培有什么感想，黄炎培坦率地说："我生六十多年，耳闻的不说，所亲眼看到的，真所谓'其兴也勃焉'，'其亡也忽焉'，一人，一家，一团体，一地方，乃至一国，不少单位都没有能跳出这周期律的支配力。"黄炎培进一步说："一部历史'政怠宦成'的也有，'人亡政息'的也有，'求荣取辱'的也有。总之没有能跳出这周期律。中共诸君从过去到现在，我略略了解的了。就是希望找出一条新路，来跳出这周期律的支配。"黄炎培的话，可谓深刻，可谓坦诚。听了黄炎培这番话，毛泽东自信地回答说："我们已经找到新路，我们能跳出这周期律。这条新路，就是民主。只有让人民来监督政府，政府才不敢松懈。只有人人起来负责，才不会人亡政息。"对毛泽东的回答，黄炎培是满意的。他对毛泽东说："这话是对的。只有大政方针决之于公众，个人功绩欲才不会发生。只有把每一地方的事，公之于每一地方的人，才能使地地得人，人人得事。把民主来打破这周期律，怕是有效的。"①

这就是毛泽东和黄炎培关于历史周期律的"延安对话"。

黄炎培是著名的爱国民主人士。1938年当选国民参政会参政员，1941年发起成立中国民主同盟并任第一任主任委员，1945年创立中国民主建国会并任第一任主任委员。中华人民共和国成立后被任命为政务院副总理兼轻工业部部长。黄炎培是共产党的诤友，身居要职后仍保直言本色。为商谈国事，他亲笔给毛泽东写信一百多封，毛泽东回信六十多封，其建议大多被采纳。对于毛泽东的从善如流，黄炎培多有赞叹。

他的赞叹从延安访问就开始了。他在毛泽东专设宴会上说，延安"就我所看到的，没有一寸土地是荒着的，也没有一个人好像在闲荡。有一位朋友告诉我，政府对于每个老百姓的生命和生活好像都负责，这句做到，在政治上更没有其他问题了"。回到重庆后，黄炎培闭门谢客，在夫人姚维钧的帮助下，写出《延安归来》一书，引起强烈社会反响。

黄炎培一直坚信共产党"在政治上更没有其他问题了"。在新中国成立一段时间后，他甚至认为中共已经走出了历史周期律。1951年他在《中国共产党三十年》一文中说："对人要和大众紧密联系，对己要自我批评，这些武器，会从人群中放出万丈光芒。只有流水是不腐的，事实已经证明，并不是夸张。到今天，我识得了，当时延安一席谈，我估计低了，所得到的答复，是正确的。'只有人人起来负责，这好政府才会长久。'"1952年8月，在全国政协常委会议上，黄炎培又当面向毛泽东表达他对当年"窑洞对"的拜服："'三反五反'胜利结果，证明1945年在延安毛主席答复中共能用民主打破历

---

① 黄炎培：《延安归来》，载《八十年来》，文史资料出版社1982年版，第148—149页。

史传统的兴亡反复的周期律是正确的。"①

黄炎培的赞叹,反映了一种历史的期盼。他赞叹毛泽东找到了一条真正的新路,这就是民主之路。毛泽东把跳出历史周期律的希望和力量,牢牢地定位在"民主"上面。至于怎么样走这条新路,人民怎么来负责,怎么来监督政府,毛泽东在延安时没有具体说。但是毛泽东毕竟破了题,指明了要朝什么方向走。以毛泽东为代表的共产党人,朝着这个方向,不停地思考,不停地探索,从延安到西柏坡,从西柏坡到北京。

黄炎培提出的历史周期律问题,其实就是我国封建社会"君子之泽,三世而竭"的历史现象。黄炎培把这一历史现象称为"周期律",毛泽东也说了"周期律",于是这一历史现象也就成为历史周期律了。

黄炎培对中国历史的观察是深刻而准确的。自公元前221年秦朝统一中国到1911年辛亥革命推翻清朝统治,中国历史上先后共产生62个正式王朝,其中26个王朝统治时段超过40年,多数王朝在40年以下。实现统一或大体实现统一的王朝有秦、西汉、新、东汉、西晋、隋、唐、北宋、元、明、清等11个,其中西汉、东汉、唐、北宋、明、清几个朝代,都是统治者较有作为,社会较为稳定的时期,先后出现过诸如"文景之治""光武中兴""贞观之治""康乾盛世"等比较繁荣的时期。但即使是这几个朝代,其统治时段也只是分别在200~300年上下,仍然没有摆脱历史的周期律现象。②

其实,对如何解决"人亡政息"的问题,古人早已开始了探索。

根据《礼记》记载,鲁哀公曾问政于孔子,孔子说,"为政在人""文武之政,布在方策,其人存,则其政举;其人亡,则其政息"。就

---

① 李砚洪:《思想奠基》,《北京日报》,2015年8月26日。
② 林甘泉、张海鹏、任式楠主编:《从文明起源到现代化》,人民出版社2002年2月版,第381页。

是说，政事的兴与废，都取决于统治者个人是否英明。能否解决"人亡政息"，关键是能否实行"贤人政治"。孔子这一思想，引起了孟轲的共鸣。在他看来，要想天下太平，就必须由尧、舜那样的圣贤出来治理，并认为这样的圣贤大概每隔五百年左右必出一个，所以他说："五百年必有王者兴。"孔子与孟轲，都是"人治论"的倡导者。

同样把治乱兴衰定位在人的作用上，另外一种主张中的"人"，不是统治者个人，不是"王者"，而是指吏群，指人才。康熙是清代一个较有作为的皇帝，在位六十一年，他认为，"治国家者，在有治人"，"为政全在得人"，国家要治理得好，最重要的是要有一批奉公守法、勤业清廉的官吏，因此必须重视"吏治"。龚自珍是近代思想解放的先驱者，他认为国家治乱全在人才，清朝封建官僚集团庸碌无能，一个重要原因就是腐朽的科举制度，造成"左无才相，右无才史，阃无才将，庠序无才士"。因此他大声呼号："九州生气恃风雷，万马齐喑究可哀。我劝天公重抖擞，不拘一格降人才。"他期望"万一禅关砉然破，美人如玉剑如虹"，以使"衰世"起死回生。梁启超说："晚清思想之解放，自珍确与有功焉；光绪间所谓新学家者，大率人人皆经过崇拜龚氏之一时期"，品读龚氏文集，"若受电然。"

在中国历史上，也有一批思想家、政治家把国家治乱兴衰的决定性因素定位在"百姓"上。汉文帝刘恒与儿子汉景帝刘启之所以能创造"文景之治"，一个决定性因素就是文景两代，将"与民休息"政策一以贯之，从而实现"政宽人和"的"太平盛世"。唐太宗李世民，曾目睹农民起义的巨大威力，认识到百姓的力量之所在，因此他说："为君之道，必须先存百姓，若损百姓以奉其身，犹割股以啖腹，腹饱而身毙。"他还用古人的话说，"舟所以比人君，水所以比黎庶。水能载舟，亦能覆舟"，所以"国以民为本"，民心向背乃是国家存亡的关键。这些认识，无疑是形成"贞观之治"治世局面的一个关键因素。包拯是中国历史上清官的典型，他的基本理念就是"国家富有天下，当以恤民为本""大本不固，则国家从何而安哉!"在这一思想指导下，他不畏权贵，执法如山，为民请命，深得后世颂扬。

在中国历史上，还有一批重要的法治论者，他们认为国家治乱，政事存亡，全仗于法。先秦时期的法家代表人物便是这一主张的最早倡导者，他们提出"民一于君，事断于法，是国之大道也""治国无其法则乱"，因此必须实行"法治"。陈亮是我国封建制衰落时期的一名重要思想家，他提出只有"正纪纲，修法度"，做到"纲纪总摄，法令明备"，才能为国家建立长久"太平之基"。清末法学家沈家本则指出，"法者，天下之程式，万事之仪表"，国家兴衰同法治好坏关系密切，"朝政明，而法度立"；也只有"法度立"，才能实现国家"长治久安"。孙中山则把国家兴旺发达的希望寄托在他的"五权宪法"上，他认为，他提出的"五权分立"，可谓是"破天荒的政体"。他指出："我们要想把中国弄成一个富强的国家，有什么方法可以实现呢? 这个方法就是实行五权宪法。"实行五权宪法，"便可以破天荒在地球上造成一个新世界。"

还有提出其他思想主张的。比如唐代著名思想家柳宗元十分"重势"，即历史的必然之势，他指出历史上政治的兴衰，都取决于历史的必然之势，符合"势"则兴盛，背离"势"则亡国。白居易是唐代大诗人，也是政治思想家，他认为，历史上成康、文景之治与"贞观之大和，开元之至理"，都是遵循"礼乐为先"这个治国原则的结果。为政之要，在于毫不动摇地奉行列祖"成式"，不必再立更多新规，"前事之不忘，后事之元龟"。宋代思想家司马光，修有《资治通鉴》二百九十四卷，他也认为，礼仪纪纲是万古不变的教条，是国家治乱兴亡之根本，"祖宗之法不可变"，不要轻易更改法度。

可见，历史的"处方"是多种多样的。先哲们的探索是有益的，特别是他们关于民治的主张，关于法治的主张，为后世提供了重要的思想素材。

西方国家有没有治乱兴衰、人亡政息的问题呢？

其实，西方思想家的很多政治主张、政治设计实际上也是针对这一问题的，以英国的洛克和法国的孟德斯鸠为主要代表的"三权分立"学说便是如此。孟德斯鸠有一句名言："权力必需牵制权力。"①他认为，必须把国家权力划分为立法权、行政权和司法权，并分别由议会、政府和法院来行使，这样才能保证权力的有序和实现公民的自由。"三权分立"首先强调要分权，国家权力不能集中在一个国王或一个机关之手，必须由立法、行政、司法机关分而治之。三权之内，还要细分，特别是议会的立法权。在很长一段时期内，西方政治家和法学家对议会采取一院制还是两院制争论不休，但从实践来看，各主要资本主义国家议会已经普遍实行两院制。而在亚、非、拉新独立的民族主义国家中，有许多实行的是一院制。②"三权分立"还强调各种权力之间要制衡，主张通过立法、行政、司法之间的相互制约和钳制，达到权力的平衡，防止任何一种权力的专横。两院制则是立法权内部的再平衡。孟德斯鸠认为：暴虐的议会不亚于专横的行政机关，只有立法机关由两部分组成时，它们方可通过相互的反对权实现彼此间的钳制。英国法学家蒲莱斯也说，美国采用两院制与古罗马国家设置两个执政官，其意义都在于防止专制。狄骥在其名著《宪法论》中说：两院分别容纳社会上的各种势力，其结果是在政治上产生一种缓和作用，使支配社会的各种力量相互调整与平衡，杜绝草率立法。西方大多国家实行两院制，无疑是受到这些思想的影响。

"三权分立"是让政治有序运行的一种思想主张，它已被西方国家普遍采纳，并已成为西方国家的制度安排。"三权分立"是根植并

---

① 《法学流派与法学家》，上海社会科学院法学研究所编译，知识出版社1981年12月版，第291页。

② 杨柏华、明轩：《资本主义国家政治制度》，世界知识出版社1984年10月版，第128—130页。

生存于西方政治文化土壤的政治设计,对"三权分立"不可照搬。

毛泽东把跳出历史周期律的新路定位在"民主",这首先体现了毛泽东与人民之间深厚的感情。毛泽东是一位具有深厚人民情结的领袖。他从人民中来,闹革命是为了人民,搞建设是为了人民。干任何事情,想到的是人民,依靠的是人民。他说:"人民,只有人民,才是创造世界历史的动力。"他又说:"我们共产党人好比种子,人民好比土地。我们到了一个地方,就要和那里的人民结合起来,在人民中间生根开花。"当然,跳出"历史周期律"更要依靠人民。

毛泽东选定的方向无疑是正确的。如果始终沿着这一方向不走神,不分心,不折腾,始终沿着这一方向按照正确的路径去探索人民当家做主的有效办法,始终沿着这一方向去精心做好民主的制度设计和安排,并且使这种制度具有极大的权威和得到法治的切实保障,我们就完全可能实现一种最好的政治。

毛泽东完全可能做到这几个"始终"。其人民情结,人民史观,为绝大多数人谋利益的价值追求,为这几个"始终"奠定了坚实基础;从根据地建设开始,毛泽东就进行了多方面的探索,积累了有益的经验;中华人民共和国成立前后,围绕新中国的制度设计和民主法制建设,毛泽东做了大量开创性的工作。毛泽东高度重视法治建设,亲自挂帅搞宪法,并明确提出还要搞刑法和民法。在毛泽东的推动下,新中国成立初期的民主法制建设呈现出可喜的上升势头。

但是后来分心了,转向了。1957年反右运动以后逐步形成的"左"的指导思想,使我们的探索偏离了正确的方向。

新的探索,是由中国改革开放的总设计师——邓小平来向前推进的。

邓小平的探索,是从深刻总结历史的经验教训,特别是"文化大革命"的沉痛教训入手的。

为什么新中国成立之初形成的良好势头会发生逆转？为什么党内很多正确的主张提不出来，即使提出来不仅得不到采纳还要受到批判？为什么"文化大革命"能够发动起来并延续十年之久？这些为什么，需要从历史的教训中寻找答案。

邓小平进行了严肃认真的反思。他说："斯大林严重破坏社会主义法制，毛泽东同志就说过，这样的事件在英、法、美这样的西方国家不可能发生。他虽然认识到这一点，但是由于没有在实际上解决领导制度问题以及其他一些原因，仍然导致了'文化大革命'的十年浩劫。这个教训是极其深刻的。"①

他还说："我们过去发生的各种错误，固然与某些领导人的思想、作风有关，但是组织制度、工作制度方面的问题更重要。这些方面的制度好可以使坏人无法任意横行，制度不好可以使好人无法充分做好事，甚至会走向反面。"②"如果一个党、一个国家把希望寄托在一两个人的威望上，并不很健康。那样，只要这个人一有变动，就会出现不稳定。"③"不出事没问题，一出事就不可收拾。"④"我历来不主张夸大一个人的作用，这是很危险的，难以为继的。"

在南方谈话中邓小平进一步说："还是要靠法制，搞法制靠得住些。"⑤邓小平多次强调制度问题更带有根本性、全局性、稳定性和长期性，国家的长治久安必须"依靠制度"。

"文化大革命"给中国带来深重灾难，因此邓小平的反思特别聚焦"文化大革命"。他说："为什么我们能在七十年代末和八十年代提出了现行的一系列政策，就是总结了'文化大革命'的经验和

---

①② 《邓小平文选》第二卷，人民出版社1994年10月第2版，第333页。

③④⑤ 《邓小平文选》第三卷，人民出版社1993年10月版，第272、311、379、54—55页。

教训。"①

邓小平对教训的总结是深刻的。在他的论述中，贯穿着三个关键词，一是民主，二是法制，三是制度。过去的一切问题，一切灾难，都与民主、法制、制度的不健全和受破坏直接相关联。过去的各种失误，最大的失误是忽视了民主、法制和制度的建设。

教训昭示出路。邓小平说："为了实现四个现代化，必须发扬社会主义民主和加强社会主义法制。""要继续发展社会主义民主，健全社会主义法制。这是三中全会以来中央坚定不移的基本方针，今后也决不允许有任何动摇。"②

邓小平还特别讲了下面这段话："为了保障人民民主，必须加强法制。必须使民主制度化、法律化，使这种制度和法律不因领导人的改变而改变，不因领导人的看法和注意力的改变而改变。"③

名篇出名句。邓小平的这段话，选自被誉为改革开放政治宣言书的《解放思想，实事求是，团结一致向前看》这篇重要讲话中，是邓小平关于民主、法制、制度建设的一段名言。

简洁而朴素的语言，却体现了邓小平精准的政治洞察力和对未来设计的高屋建瓴，它是关于中国民主、法制、制度问题精辟而经典的论述。这段话点中了中国问题的要害、中国教训的关键。历史上的"人亡政息"，十年"文化大革命"的主要问题，根源都在于没有从制度上解决好"领导人"这个关键"个数"，没有从制度上解决"因领导人的改变而改变，因领导人的看法和注意力的改变而改变"的问题。邓小平把主要注意力牢牢地放在"制度"和"领导人"上面。

按照邓小平的思路，一是必须大力发扬社会主义民主。民主是社会主义的本质特征，没有民主就没有社会主义。二是必须使民主制度

---

① 《邓小平文选》第三卷，人民出版社1993年10月版，第172页。
②③ 《邓小平文选》第二卷，人民出版社1994年10月第2版，第359、146页。

化、法律化。民主不能采取"运动民主"和"大民主"的形式，而必须走上法制化的轨道。三是必须为民主的制度和法律设置可靠的保障机制，使民主的制度和法律不至因为领导人的改变而改变，不至因为领导人的看法和注意力的改变而改变。这样，中国要走的民主之路就有了明确的方向。

在邓小平去世后，中国共产党人又一次次提出如何跳出历史周期律，如何实现党和国家长治久安的问题。在党的十八届四中全会上，习近平总书记再一次提出这一严肃的问题。

改革开放以来，我们在国家和社会治理上所作出的一切努力，从根本上说，都是为了写好跳出历史周期律这篇大文章。

理论在不断创新，实践在不断深化。党的十五大确立了依法治国的基本方略，提出了建设社会主义法治国家的明确目标。党的十八届四中全会第一次以中央全会名义专门研究法治建设问题并作出相应的《决定》，进一步勾画出依法治国的宏伟蓝图。党的十九大精心规划了全面建成小康社会后建设现代化强国和法治国家的两个"十五年"，党的十九届四中全会又专门研究制度建设问题并作出相应的《决定》。在我们探索的道路上立起了一座座新的里程碑。

当社会主义法治国家建成的时候，面对历史我们就可以欣慰地说，中国的长治久安已经有了可靠的保证。

当然，探索还会有很长的路要走。薄一波曾说："历史发展的客观进程，使我们深深地感到，开拓'民主新路'，打破这'周期律'，不可能一次完成，也不可能一劳永逸。不但今天我们还不能说已经完全跳出这'周期律'，就是在今后相当长的时期内，我认为也不要去说这个话。任务尚未完成，全党仍需努力！"[①] 这一认识对我们是会有很大启示的。

[①] 薄一波：《若干重大决策与事件的回顾》（上卷），中共中央党校出版社1991年版，第157页。

雄关漫道真如铁,而今迈步从头越。坚持正确的方向,沿着正确的路径,历史一定会给黄炎培提出的世纪之问交上一份满意的答卷。

第三章　宏伟基业

一、从"苏维埃"起步

20世纪30年代,是中国现代史上大事频发、极不寻常的一个年代。

这一年代发生的每一件大事,都足以决定中国的命运,足以改写中国的历史。

首先是惊天动地的二万五千里长征。1934—1936年的长征,是中国工农红军的战略大转移,也是中共革命史上最重大的战略行动。1935年12月,毛泽东在《论反对日本帝国主义的策略》一文中说:"长征是历史纪录上的第一次,长征是宣言书,长征是宣传队,长征是播种机。""它向十一个省内大约两万万人民宣布,只有红军的道路,才是解放他们的道路。""长征是以我们胜利、敌人失败的结果而告结束。"试想,如果没有二万五千里长征,我们的后来会是什么样子,我们的今天又会是什么样子?

接着是红军长征途中的遵义会议。经过14年艰苦探索,一系列挫折告诉中共领导层,必须请毛泽东出来指挥。1935年1月15日,中国共产党终于迎来了遵义会议。会议的一个最重大成果,就是明确毛泽东"为恩来同志的军事指挥上的帮助者"。毛泽东虽还未成为一号领导人，但毛泽东至此回到军事领导岗位，并逐步成为党的最高领袖。毛泽东选择了中国共产党，中国共产党也最终选择了真正成熟的领袖毛泽东。遵义会议不仅是中国革命史上重大的历史转折，也是中国共产党由不成熟走向成熟的重要里程碑。

再接着是1936年12月12日的"西安事变"①。西安事变发生，举国震惊，世界瞩目，各种政治力量纷纷研究对策，表明立场。以毛泽东为代表的中共领导层以高超的政治智慧促成事变的和平解决，使中国现代历史发生了又一次重大转折。

于是，在抗日战争爆发的时候，就有了国民党与中国共产党的第二次合作，就有了新的统一战线，就有了蒋介石的对日宣战。日本人松本重治也认为，西安事变不仅是中国现代史的重大转折，也是"决定日本命运的时刻"。由西安事变推动的全面抗战，更是决定中国命运的又一个历史大事件。

20世纪30年代发生的这些历史大事件具有惊人的内在历史联系。没有红军万里长征，就没有遵义会议的召开，就没有红军与东北军、西北军的历史交汇；没有三军的历史交汇和成熟的中共领导集体的形成，就没有西安事变及事变的和平解决，进而就没有第二次国共合作和全面抗战。20世纪30年代，由一系列历史大事件结成的历史大链条，牵引中国发生一次又一次重大的质变。20世纪30年代，是真正决定中国革命和中华民族命运的一个年代。

在20世纪30年代的历史大链条中，还有一个作为开篇的历史大事件。这就是1931年11月，在江西瑞金召开中华工农兵苏维埃第一次全国代表大会，通过《中华苏维埃共和国宪法大纲》，并于会后庄

---

① 西安事变又称"双十二事变"。1936年12月12日张学良和杨虎城为了达到劝谏蒋介石改变"攘外必先安内"的既定国策，停止内战，一致抗日的目的，在西安发动"兵谏"。1936年12月25日，在中共中央和周恩来主导下，以蒋介石接受"停止内战，联共抗日"的主张而和平解决。西安事变的和平解决为抗日民族统一战线的形成创造了重要条件。

严宣告中华苏维埃共和国成立。中华苏维埃共和国是中国历史上第一个工农民主共和国,《中华苏维埃共和国宪法大纲》是第一个由人民政权制定的具有彻底民主主义性质的宪法性文件。民主共和国的成立及共和国宪法大纲的颁布,是革命根据地苏维埃政权建设经验的积累总结,也是后来红色政权建设的一个崭新起点。这一历史大事件的示范牵引作用,一直贯通 20 世纪 30 年代、40 年代,并对新中国的政权和法制建设产生了深远影响。

十月革命一声炮响,给我们送来了马克思列宁主义,也给我们送来了"苏维埃"。

"苏维埃"是十月革命胜利后,由苏联建立的一种新的政权组织形式。苏维埃实行"议行合一":国家权力机关兼管行政与立法,选举并监督国家行政机关执行其通过的法律和决议。

最早在中国宣传介绍苏维埃制度的是李大钊。1918 年底他在《新青年》撰文,介绍了布尔什维克党建立的新政权。[①]

最早向毛泽东介绍苏维埃制度的是蔡和森。1920 年 8 月他在致毛泽东的信中指出,苏维埃是无产阶级革命后的政权组织形式,阶级斗争就是打破中产阶级的国会政府,必须"建设无产阶级那架机器——苏维埃"。[②]

中国共产党从成立开始就宣布承认苏维埃。1921 年 7 月,中共一大明确指出:"本党承认苏维埃管理制度,把工农劳动者和士兵组织起来,并承认党的根本政治目的是实行社会革命。"

但后来中共对苏维埃的认识出现了反复,甚至产生过怀疑。1927年 4 月,陈独秀在《汪陈联合宣言》中声称:"苏维埃政权虽然能在

[①] 《Bolshevism 的胜利》,1918 年 12 月,《李大钊文集》(上),人民出版社 1984 年版。

[②] 《蔡和森文集》(上),湖南人民出版社 1978 年版,第 23 页。

苏俄建立，是否能在殖民地半殖民地的国家以同样的形式和经过同样的阶段建立，仍是值得怀疑的，至于中国，不论是现在，还是将来，都不会发生建立苏维埃政权的问题。"陈独秀还说，建立工农政府自然不是一个很坏的事，可是现在就主张实行起来，便是大错。

共产国际、斯大林是什么态度呢？斯大林指出目前中共的任务还是宣传苏维埃思想，并告诫中共领导人"不要冒进，不要立即成立苏维埃，要记住只有在强大的革命高涨的条件下苏维埃才能兴盛起来"。①

孙中山也认为苏维埃制度在中国行不通。1923年1月《孙文越飞联合宣言》发表，宣言称孙逸仙博士以为共产组织甚至苏维埃制度均不能引用于中国，越飞君对此表示完全同意。

中国到底能不能实行苏维埃？中国的红色政权能不能存在，在哪里存在？这一问题的答案，最终是由毛泽东在中国这块土地上找到的。

1928年10月5日，毛泽东写就战略名篇《中国的红色政权为什么能够存在？》。在此文中毛泽东指出："一国之内，在四周白色政权的包围中，有一小块或若干小块红色政权的区域长期地存在，这是世界各国从来没有的事。"② "这种奇怪现象必定伴着另外一件奇怪现象，那就是白色政权之间的战争。"③

毛泽东找到了适合于红色政权扎根的土地，那就是国民党统治的最薄弱环节——贫困落后的山区边区。在那里，储备着火山般的革命能量，具有生存给养和顽强战士的充足来源以及足够的回旋空间。红色政权在这里生存，农村包围城市，武装夺取政权的道路从这里开始。

1927年八一南昌起义，打响了武装反击国民党的第一枪。"八

---

① 《斯大林全集》第九卷，人民出版社1954年版，第323页。
②③ 《毛泽东选集》第一卷，人民出版社1966年7月版，第48、49页。

七"会议，确定了实行土地革命和武装起义的总方针。秋收起义、广州起义和其他许多地区的武装起义先后爆发。毛泽东于 1927 年 9 月领导的秋收起义，开辟了井冈山第一个农村革命根据地。其他地区通过武装起义也先后开辟了若干革命根据地。至 1930 年，全国在十余省三百余县境内创建了十几个根据地，根据地内普遍建立各级苏维埃政权工农民主政府。

在"中华苏维埃共和国"诞生之前，根据地已在中国大地星罗棋布，根据地内的民主政府已全面开始运转。

红色政权与白色政权之间的斗争，实际上是中国共产党与国民党的比拼。比拼什么？拼主义，拼枪杆，拼力量。

通过各种"比拼"，在中国贫穷土地上的革命根据地，在根据地中的红色政权苏维埃，从星星点点走向星罗棋布，走向 1931 年，走向 1949 年。

苏维埃政权的产生，是通过政治的、武装的手段实现的。而它的组建、运转及管理，必须通过法制的手段来实现。

立法制，首先要立宪法。伴随中华苏维埃共和国的诞生，1931 年 11 月颁布了《中华苏维埃共和国宪法大纲》。作为苏区第一部宪法，其囿于政权建设的经验不足，总的看是不够成熟的。1934 年 1 月，中华工农兵苏维埃第二次全国代表大会召开，对这部宪法大纲进行了必要的修改，主要修改点是增加了"同中农巩固的联合"等内容。

新修定的宪法大纲规定："中华苏维埃共和国是工人和农民的民主专政国家。苏维埃政权是属于工人、农民、红色战士及一切劳苦民众的。"苏维埃制度是共和国的根本政治制度。宪法大纲还对工农民主政权的基本任务，施政方针，公民的权利义务，民族政策以及外交方针等作出了原则性规定。此后，1941 年 11 月又颁布了《陕甘宁边区施政纲领》，1946 年 4 月颁布了《陕甘宁边区宪法原则》，这两个宪法性文件，进一步总结和确认了新政权建设的经验。

在宪法的基础上，中华苏维埃共和国先后制定了大量的法规，形成了比较完备的苏区法律体系。其数量是可观的，各类法规总计120余部；其内容是全方位的，涉及政治、经济、管理、土地、劳动、文化、教育、司法等各个方面。根据内容，这些法规可大体分为六类：一是国家根本法宪法大纲、国家政权机关组织法及选举法规；二是苏维埃共和国行政法规，包括行政管理、公安管理、民政管理、民族管理、文教卫生管理以及红军建设的法规法令；三是苏维埃共和国刑事法规；四是苏维埃共和国民事法规；五是苏维埃共和国经济法规，这类法规占比最大，数量约50件；六是苏维埃共和国司法制度方面的法规法令。① 各类法规适应苏区建设需要的立法特点也是鲜明的，较好地体现了革命性与民主性、原则性与灵活性的统一。

革命法制建设为根据地的发展和红色政权的作用发挥提供了重要保障，也为新中国法制建设积累了宝贵经验。

中华苏维埃共和国的法制建设，也曾受到王明"左"倾错误的严重干扰。不少规定照搬苏联，存在不少"左"倾错误条文。如在最先出台的宪法性法律中规定新中国实行联邦制，允许少数民族独立，实行土地国有，剥夺民族资本，不保护一切宗教等；在有关土地法规中规定地主不分田，富农分坏田；在有关经济法规中规定解散商会；在刑事法规中对不少犯罪不分情节轻重，一律定为死罪，审判不重事实根据，导致一些冤假错案。

苏区法制建设的沉痛教训，也是中国革命的沉痛教训。

一个中国，两种政权，两种法制，两片天地。这是少有的历史现象。

---

① 舒龙、凌步机主编：《中华苏维埃共和国史》，江苏人民出版社1999年版，第355—357页。

中国百姓的视角,在这多个"两种"之间频繁转换。横着看,纵着比,几多经受,几多悲恸,几多欢欣。

"解放区的天是晴朗的天,解放区的人民好喜欢。民主政府爱人民呀,共产党的恩情说不完。"扭不完的秧歌,唱不完的欢乐。中国百姓从苏区看到了希望,找到了归宿。河清终有日,苏区就是幸福的"天堂"。

1945年,毛泽东在党的七大的讲话中,一连讲了解放区"十个没有":一没有贪官污吏,二没有土豪劣绅,三没有赌博,四没有娼妓,五没有小老婆,六没有叫花子,七没有结党营私之徒,八没有萎靡不振之风,九没有人吃摩擦饭,十没有人发国难财。毛泽东自豪地说:"这十个方面,国民党统治区全都有,而共产党没有。"①

1944年7月,美国人谢伟思来到延安。他说:"我在延安看到的是一次具有政治和经济纲领的、组织得很好的运动,它正在能干的领导人的领导下成功地完成着","人们不能不得到一种感觉:这一运动是强大和成功的,它后面有某种动力,而且它把自己和人民联系得如此密切,因而将不会被轻而易举地扼杀掉。"他特别写道:"这里到处都强调民主和同老百姓的鱼水关系","这里也完全没有贴身保镖、宪兵和重庆官僚阶层中的哗众取宠的夸夸其谈。初来乍到者在延安看不到警察,也很少看到士兵。也没有乞丐,也没有令人绝望的贫困迹象。"②谢伟思曾任美国驻华使馆外交官,他是以"美国军事观察组"成员的身份来到延安的。就在来延安一个多月前,他还给美国国务院呈送了一份名为"中国的局势和关于美国政策的建议"的报告,在这份报告中,他历数了国民党统治区的贪污腐败、纲纪废弛、人心涣

---

① 《毛泽东选集》第二卷,人民出版社1991年6月版,第718页。
② (美)约瑟夫·W. 埃谢里克编著:《在中国失掉的机会:美国前驻华外交官约翰·S. 谢伟思第二次世界大战时期的报告》,国际文化出版公司1989年版,第181—185页。

散、民心低落。

红区白区两重天。这是苏区政权的力量，革命法制的力量。

人民把情记在中国共产党。他们把"最后一块布、最后一碗米、最后一个儿子"交给共产党。

国民党把气发在共产党。蒋介石向红军、向苏区发起了一次又一次大围剿、大扫荡。

红色土地催生革命法制，革命法制为新中国法制奠立基础。

"三三制"是延安时期创立的一种政权组织形式，在陕甘宁边区革命根据地率先实行。按照"三三制"的设计，在组织边区政权时，三个方面的代表各占三分之一。一是共产党员占三分之一，主要代表无产阶级和贫农利益；二是非党的左派进步分子占三分之一，主要代表小资产阶级利益；三是不左不右的中间分子占三分之一，主要代表中等资产阶级和开明绅士的利益。"三三制"原则不仅要体现在民意机关，在政府机构中也要体现。这个设计的关键是把非党的左派进步分子特别是不左不右的中间分子纳入政权之中，这鲜明地体现了共产党人不搞"清一色"，反对"一党专政"，主张"联合专政"。毛泽东1954年12月在一次同参加全国政协会议的部分党内外人士座谈时说："瑞金时代是最纯洁、最清一色的了，但那时我们的事特别困难，结果是失败了。所以真理不在乎是不是清一色。"① 可见"不搞清一色"，是中国共产党人法宝之一的统一战线的精髓所在，延安时期的成功实践，使我们看到了它的政权建设的智慧之光。谢觉哉说："陕甘宁边区的民主政治，已经为和平民主团结统一富强的新中国打下了

---

① 许崇德：《中华人民共和国宪法史》（上卷），福建人民出版社2005年5月版，第50页。

基础，为全国人民所向往。"①

民主政治的第一道工序就是建立民主选举民意机关。选民目不识丁，怎么选呢？革命根据地找到了一种特殊的选举方式——"豆选"。工具很简单，豆子加上碗。方法也简单，有几个候选人就摆上几只碗，选民同意谁就把豆子放到谁的碗里去。实施起来可不简单，因为要保证秘密投票，要防止选举舞弊。怎么保证秘密呢？有的地方在碗里加上水，投票时别人难以听出豆子投给了谁；有的地方发给选民与候选人数相等的豆子数，以豆子的颜色区分赞成或反对，别人只能看见给每个候选人投了豆，却看不见投了什么颜色的豆。怎么防止作弊呢？为了防止有人私下多带豆子给他满意的人多投票，有的地方开选时临时决定豆子的品种，有的地方把用于选举的豆子涂上特别的颜色；为了防止有人悄悄从这个候选人的碗里拿出豆子放到那个候选人碗里，有的地方坚持纸糊大碗开小孔，从小孔里把豆子投下去。不管哪种方法，都要确定监票员、计票员，对发豆、领豆、投豆、计豆进行全程监督。这不就是一部虽无文字表达，要素却很齐全的选举程序法？据载，"豆选"是时任中华苏维埃中央政府西北办事处内务部部长的谢觉哉，在延安三台区麻子沟乡试验乡选时，与群众一起想出的一个简便易行的"土办法"。②"金豆豆，银豆豆，豆豆不能随便投。选好人，办好事，投在好人碗里头。"豆子虽小，意义重大。"豆选"伴随苏区民主法制建设的进程，从根据地时期一直延续到了中华人民共和国成立之初。

苏区司法制度的一个核心原则是"法律面前平等"。按此原则要求，首长和士兵、干部和群众，不看资格老不老，功劳大不大，地位

---

① 《陕甘宁边区参议会（资料选辑）》，中共中央党校科研办 1985 年编，第 555 页。

② 张宝砚：《折射中国特色民主的"豆选"》，《中国民政》，2015 年第 16 期。

高不高，只要犯了法，都必受处理。1937年10月，老红军、老党员黄克功因逼婚未遂，枪杀陕北公学学员刘茜，被边区高等法院判处死刑。这时有人向毛泽东求情，说黄克功不同于普通的人。毛泽东就此案致信审判长雷天经："正因为黄克功不同于一个普通人，正因为他是一个多年的共产党员，是一个多年的红军，所以不能不这样办。"黄克功案的审理判决，其标杆意义、警示意义，直至今天也丝毫没有过时。

苏区还确立了人民调解制度，人民陪审制度，马锡五审判方式①，还进行了婚姻变革，狱政改造，禁娼禁赌。革命法制，亮点纷呈。它伴随红色政权，不断成长，不断壮大。这预示着人民革命的最后胜利，就要到来。

二、顶层设计

新中国就要诞生了。

用什么来迎接新中国，怎样设计新中国？以毛泽东为代表的中共领导层将此提上最重要的议事日程，各个党派，各方面人士对此也给予了最大的关注。

首先是为这个"伟大的新生儿"取一个什么名。

凡有国家，都有国号。美利坚合众国，法兰西共和国。孙中山用中华民国，蒋介石也用中华民国。

国号是国家头等重要和严肃的问题。严肃就严肃在，它必须与国家的生命相符，必须准确精当地表达国家的本质内涵。

---

① 陕甘宁边区陇东专署专员，兼高等法院陇东分庭庭长马锡五，把群众路线的工作方法运用到审判中去，创造了贯彻司法民主的审判方式——马锡五审判方式。马锡五审判方式坚持实事求是、依靠群众和方便群众的原则，纠正了不少错案，解决了不少疑难案件，减轻了人民群众的讼累，深受群众欢迎，他也被边区人民称为"马青天"。

在讨论建国纲领的过程中，关于新中国的国号，有过一些不同意见。①

民主定国事，共和出大智。通过反复讨论，1949年9月29日通过的《共同纲领》确认的国号是：中华人民共和国。

国号是国体和政体的浓缩，国体和政体是国号的展开。在建国纲领的顶层设计中，国体与政体同样十分重要。

《共同纲领》关于新中国的国体主要做了两项规定："中华人民共和国为新民主主义即人民民主主义的国家，实行工人阶级领导的、以工农联盟为基础的、团结各民主阶级和国内各民族的人民民主专政"；"中国人民民主专政是中国工人阶级、农民阶级、小资产阶级、民族资产阶级及其他爱国民主分子的人民民主统一战线的政权，而以工农联盟为基础，以工人阶级为领导。"

两项规定，高度浓缩了人民革命的经验成果，充分展示了新中国政治设计的非凡智慧。

首先，这两项规定将新民主主义与人民民主主义并列等同。中国共产党提出新民主主义，各民主党派信奉人民民主主义，不论它们有多大差别，总之没有本质差别。以新民主主义即人民民主主义为中华人民共和国建国的政治基础，中国共产党满意，各民主党派满意。

其次，这两项规定将人民民主专政与人民民主统一战线的政权并列等同。说人民民主专政，是直陈国家本质，说人民民主统一战线的政权，主要为突出这个政权的鲜明特征。不论它有多大差别，总之也没有本质差别。将二者并列等同，广大人民满意，统一战线中的全体朋友们也都满意。

关于国体，还有一个写不写进"社会主义"的问题。写不写进，有两种意见，最后未写。当时社会是新民主主义性质的，提出社会主

---

① 殷啸虎：《新中国宪政之路》，上海交通大学出版社2000年7月版，第15—17页。

义还为时过早。还有一个重要因素是当时各民主党派对"社会主义"还不了解,有些还可能不拥护社会主义,大家共同接受的是新民主主义。如这时就提出搞社会主义,不仅可能得不到普遍认同,还会影响统一战线的团结基础。

关于新中国的政体,《共同纲领》也有两项重要规定:一是"中华人民共和国的国家政权属于人民,人民行使国家政权的机关为各级人民代表大会和各级人民政府"。二是"中国人民政治协商会议为人民民主统一战线的组织形式,在普选的全国人民代表大会召开以前,由中国人民政治协商会议的全体会议执行全国人民代表大会的职权"。

这两项规定明确的重大定位是:人民代表大会制度是新中国的政权组织形式;在普选产生全国人大以前,全国政协是国家的权力机关,在普选产生全国人大以后,政协还要发挥重要作用。

综上可见,关于国体,有一个最大的关注点。关于政体,也有一个最大的关注点。国体政体的最大关注点高度聚焦于统一战线。

为什么要高度聚焦于统一战线?人民民主专政,人民代表大会制度,已经是中国革命的水到渠成。在新中国的政治架构中,要处理好统一战线的问题,必须定位、巩固、发展好统一战线。

事实上,在筹备建国过程中,中央领导层已经提出了党派和政协今后要不要长期存在的问题。

一些人认为,待普选的人大召开以后,就再也不需要政协这样的组织了,党派的存在也不会很久了。对此,毛泽东在七届二中全会上明确说:"我党同党外民主人士长期合作的政策,必须在全党思想上和工作上确定下来。"① 毛泽东还强调:要向大家讲清楚,从长远和整体看,必须要民主党派。要给事做,尊重他们,对他们要平等,不能"莲花出水有高低"。在新政协筹备会和政协全体会议上,周恩来也对此作出说明和阐述,使大家明确了在全国人大产生以后,政协将

---

① 《毛泽东选集》第四卷,人民出版社1966年7月版,第1327页。

作为统一战线组织长期存在,对政权机关"起协商、参谋和推动作用"。①

长期坚持多党合作,巩固发展统一战线,是历史之必然,是大势之所趋。统一战线的发起远在第一次国内革命战争时期,中共的努力,促成了国共合作,胜利举行了北伐。之后中共每走一步,都是与友党携手前行。风雨同舟,肝胆相照,荣辱与共,一路走来,中国共产党与各民主党派已经形成水乳交融、不可分割的"钢筋混凝"。统一战线是中国共产党命运之所系,是各民主党派命运之所系,是中华民族命运之所系。

于是就不难理解,中国共产党的领袖们,特别是毛泽东、周恩来为什么花那么大的精力去做统战工作。非凡的政治智慧与历史自觉使毛泽东、周恩来成为中国共产党内最杰出的"统战专家",烈火的锻造使统一战线成为与党的领导、武装斗争齐名的中国革命三大法宝之一。一些外国人不明白,中国政治架构的最大奥妙就在统一战线,最大优势就在统一战线。

蒋介石也是后来才明白。1947年6月,蒋介石踌躇满志地说,"综览各方之情况,一切可能之条件,皆操之在我,我欲如何,即可如何"②。后来完全不是这么一回事。中国共产党能从小到大,从弱到强,统一战线发挥了关键性作用。据说蒋介石最害怕的是中国共产党的统一战线,他自叹不如的也是中国共产党的统一战线。

于是也就不难理解,在新中国即将诞生的时候,为什么要千方百计把各方面民主人士接来解放区。

早在1948年上半年,中共中央就决定邀请各民主党派领导人及其他民主人士和海外华侨代表前来解放区,共商建国大计。当时形势异常复杂,国民党特务活动猖獗,因此该项工作由中共中央直接领

---

① 《周恩来选集》上卷,人民出版社1980年版,第368页。
② 刘宝东:《为什么能建立新中国》,《学习时报》,2011年4月11日。

导，由周恩来亲自指挥。工作分为南北两线，接待地点一是中共中央东北局所在地哈尔滨，一是中共中央统战部所在地河北平山李家庄。北线负责北平、上海等地民主人士的接送，南线负责会聚香港民主人士的接送。任务最艰巨的是南线，当时为了不少民主人士的安全筹划去香港，怎样安全北上，这是关天的大事。党组织经周密安排，从1948年秋开始，先后四批成功地将香港的民主党派领导人和其他民主人士接送到哈尔滨。①

精诚所至，金石为开。百川归流，众星拱月。历史盛会开幕在即。

在筹划新中国的时候，面临的最大的现实是，军事行动尚未完全结束，人民群众尚未充分组织起来，在全国实行普选的基础上召开全国人大的条件还不具备。因此，关于建国纲领的顶层设计，不仅要考虑建一个什么样的国，还要考虑用什么办法来建国。

中央决定由全国政协代行全国人大的职权，由政协制定《共同纲领》代行宪法的作用，采取两项重大的应时之策，来完成一个重大的历史性过渡。

因此，第一届全国政协会议，具有政治协商和行使国家权力的双重性质。其既是中华人民共和国的开国盛会，也是一次开国的制宪会议。

1949年9月21日至30日，中国人民政治协商会议第一届全体会议在北平中南海怀仁堂隆重举行。出席会议的代表662人，代表着所有的民主党派、人民团体、人民解放区、各地区、各民族和国外华侨。会议通过了《中国人民政治协商会议共同纲领》《中国人民政治协商会议组织法》《中华人民共和国中央人民政府组织法》以及中华人民共和国国都、纪年、国歌、国旗等议案。选举产生了中国人民政

---

① 何定华主编：《中国人民政协史》，武汉出版社1989年版，第57页。

治协商会议第一届全国委员会，选举产生了中华人民共和国中央人民政府主席、副主席和委员，毛泽东为中央人民政府主席，朱德、刘少奇、宋庆龄、李济深、张澜、高岗为副主席。10月1日，中央人民政府委员会在首都北京就职，宣告中华人民共和国中央人民政府成立，任命周恩来为中央人民政府政务院总理兼外交部长。毛泽东为中央人民政府人民革命军事委员会主席，朱德为人民解放军总司令，沈钧儒为中央人民政府最高人民法院院长，罗荣桓为中央人民政府最高人民检察署检察长。

会议通过的这些事项，都是开国的重大事项，新中国建国的顶层设计就此实现。

会议的另一项重大成果就是促进了全国人民的大团结和思想的大统一。从毛泽东的开幕词到各位代表的大会发言，无不体现这一重大主题。

毛泽东在开幕词中说："我们的会议是一个全国人民大团结的会议。"[①] 他庄严地向世界宣告："占人类总数四分之一的中国人从此站立起来了。""让那些国内外反动派在我们面前发抖罢，让他们去说我们这也不行那也不行罢，中国人民不屈不挠的努力必将稳步地达到自己的目的。"[②]

大会发言成为最亮丽的风景。

首先是刘少奇代表中共讲话，接下来是各位代表人士发言。其实，讲话也是发言，发言也是讲话。因为刘少奇代表中共，所以大会议程列为讲话。刘少奇说：人民政协的开幕，标志"中国的历史已经进入一个完全新的时代——人民民主时代"。"中国人民政治协商会议，是中国人民民主统一战线的组织形式，是中国人民实行革命大团结的一种最重要的具体方式。""中国共产党将为人民政治协

[①②] 《五星红旗从这里升起》，文史资料出版社1984年版，第305、307—308页。

商会议的最高威信而奋斗，不允许任何人来破坏人民政治协商会议。""不独是今天实现新民主主义需要全国人民的革命大团结，就是到将来实现社会主义的时候，一样地需要全国人民的革命大团结。"①

特邀代表宋庆龄、民革代表李济深和何香凝、民盟代表张澜和沈钧儒、民联代表陈铭枢、农工代表彭泽民、民建代表黄炎培、救国会代表沙千里、致公代表陈其尤、民进代表马叙伦、九三代表许德珩、台盟代表谢雪红、华侨代表陈嘉庚和司徒美堂、无党派民主人士代表郭沫若等先后进行大会发言，大会发言人数达到60多位。

特邀代表宋庆龄在发言中说："我们达到今天的历史地位，是由于中国共产党的领导。这是唯一拥有人民大众力量的政党。孙中山先生的民族、民权、民生三大主义的胜利实现，因此得到了最可靠的保证。"②

民盟代表张澜在发言中说："中国今天这个新民主主义的局面，是中国共产党和毛泽东主席英明领导的结果，是中国人民解放军的英勇战斗，和全国各民主党派各民主阶级的民主分子奋斗牺牲的结果。""我们要在毛主席领导下，精诚团结，共相勉励，以完成这个建设新中国新社会的历史使命。"③

民革代表何香凝在发言中说："今天我们各党派在中共毛主席的领导下，团结一堂，我庆祝这新的人民民主共和国千秋万岁。"④

农工代表彭泽民在发言中说："这次会议是象征了中国人民的大团结。"他表示坚决拥护刘少奇提出的，"不仅在新民主主义时期，就是走向社会主义还愿与大家一道"的建议，接受共产党的领导，与共

---

①②③④ 《五星红旗从这里升起》，文史资料出版社1984年版，第310—313、314、320—322、317页。

产党长期合作下去。①

无党派民主人士代表郭沫若在发言中说：这次会议"三个建国的人民大宪章"，是"人民意志的总表现。我们要以最大的热诚，表示无条件地接受，彻底的拥护"。"我们坚决地相信，在中国共产党的领导之下，生产力获得了彻底解放的工农大众是能够创造出无数类似神话的奇迹出来的。"②

民建代表黄炎培的发言内容尤为特别。他生动地把即将建立的新中国比做"一所新的大厦"。他说：中国共产党、各民主党派、各人民团体、各民族、人民解放军等是"撑起大厦的柱子"；工人阶级、农民阶级、小资产阶级、民族资产阶级和其他爱国民主分子所组成的人民民主统一战线是大厦的"钢骨水泥"；马克思列宁主义、毛泽东思想是"大厦的基础"；新民主主义是飘扬在大厦顶尖上的"一面大旗"；新大厦有五个大门，每个门上写着两个字，分别为独立、民主、和平、统一、富强；新大厦的墙壁上还写着一排金色的大字："中国人民政治协商会议共同纲领。"黄炎培说："我们全国人民要感谢领导建造这所新的大厦的空前的伟大工程的中国共产党主席毛泽东先生。"③这位在延安就对毛泽东表示赞赏的著名民主人士，在建国盛典上对毛泽东及其领导的事业给予了高度赞扬。

这次大会所显示的空前大团结和大统一，极大地振奋了国人，也赢得了世界的赞誉。苏联塔斯社记者罗果夫说，他在中国二十多年，第一次看到中国人这样空前的团结。意大利团结报记者斯巴诺说，他在大会上充分地注意到，民众的团结在这里是如此有力地、广泛地、深切地获得了实现。④

---

①②③ 《五星红旗从这里升起》，文史资料出版社1984年版，第410—411、448—450、329—331页。

④ 何定华主编：《中国人民政协史》，武汉出版社1989年版，第67—68页。

同第一届全国政协会议具有双重性质一样，会议通过的《共同纲领》也具有双重性质。

《共同纲领》既是政协组织的行动纲领，又是新中国的开国大典和临时宪法。

作为政协组织的行动纲领，它规定了参加新政协的一切组织和个人共同的指导思想、政治基础和行动要求，政协内的一切组织和个人必须一体遵循。

作为开国大典和临时宪法，它规定了新中国一系列基本原则和方针政策问题。内容包括序言、总纲、政权机关、军事制度、经济政策、文化教育政策、民族政策和外交政策。

《共同纲领》最重要的内容之一是确立了新中国政治架构中的两项重要制度，一是作为根本政治制度的人民代表大会制度，一是作为重要政治制度的中国共产党领导的多党合作和政治协商制度。当时的文本虽未用这样明确的语言表述，但两项制度的基本要素尽在其中了。

有一种认识，认为《共同纲领》作为临时宪法，到1954年就不再生效，仅仅是一部历史文献了。这种认识没有错，但我们不能忽略《共同纲领》深远的历史意义。它关于国家政治制度的源头性、奠基性规定，影响一直延续至今。今天的政治制度从这里出发，从这里起步，一步一步走向完善。

也不要淡忘了人民政协的历史功绩。今天一说到人民政协，更多的人知道它是统一战线的组织形式。人们可曾记得，在新中国降生的时候，是人民政协为这个"伟大的新生儿"接生，是人民政协为这个"伟大的新生儿"整装，是人民政协撑起了新中国这所崭新的大厦。在全国人大产生以后，人民政协作为统一战线的组织载体，继续发挥着不可替代的重要作用。西方的政治词汇里，找不到"人民政协"。有人说政协相当于西方国家的上院，这是没有读懂中国的人民政协。

人民政协是人民的大家庭，首先是各民主党派的大家庭。新中国成立之初，各民主党派适应新的形势和任务，相继召开各自的全国性会议，进一步明确本党的政治纲领、工作方针，并进行了必要的组织调整，正式形成了八个民主党派长期共存的基本格局。这八个民主党派是：中国国民党革命委员会、中国民主同盟、中国民主建国会、中国民主促进会、中国农工民主党、中国致公党、九三学社、台湾民主自治同盟。此外，还有中华全国工商联合会，它是一个具有统战性质的人民团体。

在新政协筹备期间，出现过一个很有意思的插曲。社会上一些来历不明的党派团体自称民主党派，要求参加政协，如孙文主义革命同盟、中国农民党、中国民治党、中华平民教育促进会、人民民主自由联盟、民主进步党、中国人民自由党等，筹委会收到这方面的来函共有28件。周恩来代表筹委会明确了参加政协的民主党派的标准：他们应是在反对帝国主义、封建主义、官僚资本主义和国民党反动派的共同斗争上多少尽了力的，是在1948年"五一"前就建立了组织或已开始建立组织，并且很快地响应了中共"五一"号召的，符合这些要求就可以作为参加单位。① 中共在1948年纪念五一节的口号中，号召"各民主党派、各人民团体、各社会贤达，迅速召开政治协商会议，讨论并实现召集人民代表大会，成立民主联合政府"。"五一"号召发出后，各进步党派和团体纷纷响应。经查，当时提出参加政协的这些组织，有的来历不明，有的组织严重不纯，有的并无民主运动的历史和表现，有的还有过反动行为记录，有的甚至是招摇撞骗的反动组织，他们都不符合或者不完全符合参加新政协的标准，因此不予考虑其参加新政协。具体处理办法是，要求他们宣告结束，对于其中的有一定代表性的民主分子可以个人身份参加政协。

9月27日，人民政协第一届全体会议通过四项议案，明确中华人民共和国国都定于北平，自即日起改名北京；国家纪元采用公元纪

---

① 《周恩来统一战线文选》，人民出版社1984年版，第133页。

年,当年为1949年;国歌在正式制定以前,以《义勇军进行曲》为代国歌;国旗为五星红旗。一年以后,中央人民政府又公布了国徽方案。这样,就完成了对新中国从内容到形式的完整设计。

三、废与立

有人说,中国共产党1949年的胜利,超出了人们的预期。

也有人说,中国共产党能不能站住脚,还是未知加未必。

新中国的建立为奄奄一息的旧中国带来了全新的风景,但中国共产党从国民党手中接过来的却是一个千疮百孔、满目疮痍的烂摊子。经济的烂摊子,社会的烂摊子,也是旧法统的烂摊子。

军事上可以打十分,治理这个国家能得多少分?

中国共产党确实面临前所未有的大考验。

1949年2月,中共中央发布《关于废除国民党的六法全书与确定解放区的司法原则的指示》(以下简称《指示》)。同年4月,华北人民政府颁发《废除国民党的六法全书及一切反动的法律的训令》。这两个文件,特别是中共中央的指示,明确了建国初法制建设亟待明确的重大问题。

反动的法律和人民的法律,没有什么"蝉脱交代"可言。[①]《指示》宣布:"国民党的六法全书应该废除,人民的司法工作,不能再以国民党的六法全书为依据。"

人民司法工作必须以人民政府新的法律为依据。《指示》明确指出:"在人民的法律还不完备的情况下,司法机关的办事原则应该是:有纲领、法律、命令、条例、决议规定者,从纲领、法律、命令、条例、决议之规定;无纲领、法律、命令、条例、决议规定者,从新民

[①] 《董必武政治法律文集》,法律出版社1986年版,第46页。

主主义的政策。"

教育和改造司法干部的指导原则是什么。《指示》指出："司法机关应该经常以蔑视和批判六法全书及国民党其他一切反动的法律、法令的精神，以蔑视和批判欧美、日本资本主义国家一切反人民法律、法令的精神，以学习和掌握马列主义、毛泽东思想的国家观、法律观及新民主主义的政策、纲领、法律、命令、条例、决议的办法来教育改造司法干部。"

从以上精神看，中共中央指示实际上为新中国成立后的法制建设确立了两项基本原则：

一是有法律依法律，无法律依政策。

二是全盘否定旧法律及西方国家的法律和精神。

中共中央指示也明确了新中国成立后法制建设的两项基本任务，一是废除旧法制，二是建立新法制。又废又立，废中有立，立中有废，边废边立。

《共同纲领》将中共中央《指示》精神作为新中国成立的法制原则加以明确："废除国民党反动政府一切压迫人民的法律、法令和司法制度，制定保护人民的法律、法令，建立人民司法制度。"

毫无疑问，中共中央的《指示》为新中国成立后法制建设提供了总的指导方针，在建国后法制建设中发挥了重要的指导性作用。今天再来看这个文件，可以看出它完全是从当时的实际情况出发的，适应了建国初期法制建设须具有"革命性""过渡性"的客观需要。至于这个文件明确的两项基本原则，后来在理解上、实践上出现了什么新情况，那是需要我们进行认真总结的。

要废除旧法制，建立新法制，首要的任务是立法。新中国成立之初的立法工作采取的是什么方针呢？

时任全国人大常委会副委员长彭真说："目前还不宜追求制度上一些既不成熟，又非急需的完备、细密的成套的法规，以致闭门造车；应当按照当前的中心任务和人民急需解决的问题，根据可能与必要，把成熟的经验定型化，由通报典型经验并综合各地经验逐步形成制度和法律条文，逐步地由简而繁，由通则而细则，由单行法规而形成整套的刑法、民法。"①

方针很明确，一是适应中心任务，二是坚持由简而繁。据此方针重点进行了几个方面的立法工作。

为了加强国家政权组织建设，在《共同纲领》和全国政协组织法、中央人民政府组织法基础上，制定了中央政府各部委、地方政权机关、司法机关的组织通则或条例。

为了维护社会秩序，制定了《惩治反革命条例》《管制反革命暂行办法》《惩治土匪暂行条例》，城市、农村《治安条例》等法律法规。

为了稳定经济秩序，恢复和发展国民经济，制定了《全国税政实施要则》《关于统一财政经济工作的决定》《妨碍国家货币治罪条例》《劳动保险条例》《私营企业暂行条例》《惩治贪污条例》等法律法规。

为了推进土地改革，制定了《土地改革法》《关于划分农村阶级成分的决定》《关于土地改革中对华侨土地财产的处理办法》等法律法规。

为了推进社会变革，制定了《婚姻法》《关于严禁鸦片烟毒的通令》等法律法规。

为了提升和健全立法，1950年7月开始着手《刑法大纲》《诉讼程序通则》《公司法》等法律的起草工作。

粗略统计，在《共同纲领》时期，由全国政协、中央人民政府、政务院及其各部门先后颁布并在全国范围施行的法律、法令、办法、条例等150件左右。在抓紧立法的同时，我国加强了司法机构和队伍建设，实施了司法改革运动，创建了行政监察制度和行政法制机构。

---

① 《彭真文选》，人民出版社1991年版，第212页。

这样，在新中国成立头几年，就形成了一个虽显粗略，但其涵盖部门也较全面的法制基本框架。

这个法制基本框架带有明显的基础性和革命性特点。基础性，是说很多工作都是奠基性和初创性的。革命性，是说这几年的法制仍带有明显的革命时期的特点。

革命性体现得最充分的法律之一是镇压反革命和惩治土匪方面的法律。新中国成立之初，仍有上百万国民党军队负隅顽抗，解放区内国民党暗留大批残余力量，有的以特务身份暗中破坏，有的成为土匪，以游击方式扰乱社会秩序。有的地方反革命活动十分猖獗，土匪肆意横行。要巩固新生政权和新民主主义社会秩序，就必须严厉镇压一切反革命的破坏活动。

《土地改革法》同样是革命性的法律。中国革命的首要问题是农民问题，农民的根本问题是土地问题。要让农民获得土地，就必须在农村进行彻底的土地改革，而土地改革就是从地主、富农手中剥夺土地，分给农民。通过土地法夺回土地分给农民，这不是一场艰巨的革命吗？

《婚姻法》体不体现革命性呢？倡导男女平等、实行婚姻自由、打碎封建婚姻的锁链，是新中国推进社会变革，实现社会解放的重要标志，也是中国共产党从根据地开始就提出的一个响亮口号并将长期推行的革命主张。这一口号曾激励千百万热血青年投身革命，其中包括大批青年知识分子和富家子弟，特别是大批女青年。土地改革调动的是农民；婚姻变革调动的是青年。这两支力量，不就是中国革命所依靠的主要力量吗？这样我们就不难理解，为什么《婚姻法》连同《土地改革法》，从最早的革命根据地开始，始终都是重点立法。

《婚姻法》不仅是重点立法，也是新中国颁布实施的第一部法律。该法自1950年4月13日颁布以后，政务院、最高人民法院、司法部、内务部、人民监察委员会先后发布一系列指示、通知，对其实施提出要求。中央和地方政法各部门还就该法实施组织专门检查。在此基础上，1953年3月，政务院决定在全国开展贯彻实施《婚姻法》运动，这是新中国成立初规模最大的一次法律实施运动。

婚姻法宣传队深入每一个乡村，每一条街道，每一所学校，每一个家庭，讲解《婚姻法》的条文，回答大家提出的问题，并告诉广大妇女，你们是自己婚姻的主人，你们是自己命运的主人。

中华人民共和国成立之初，新政权面对的不仅是国民党政府遗留下来的残余的反动力量，还有许多丑恶的社会现象。当时烟毒泛滥，妓院林立。这些丑恶现象不仅继续污染社会，许多烟馆、妓院还成为反革命分子和盗匪的藏身之地和活动窝点。能不能割除烟毒和娼业这两块毒瘤，对新的执政党来说是一个重大考验。

林则徐是我国近代抵制鸦片的一面旗帜。今天，矗立在北京天安门广场的人民英雄纪念碑上有很多幅浮雕，其中第一幅记录的就是虎门销烟的壮烈场面。林则徐是近代中国第一个睁眼看世界的人，当然也是最早看到鸦片危害的人。他生长在福州，福州是较早受到西方殖民主义侵扰的对外贸易港口，他目睹了鸦片在福州、厦门地区的泛滥。自然也看到了鸦片在旧军队中的危害。吸食鸦片的兵丁随身带着两杆枪，一杆是打仗的枪，枪身生锈；一杆是吸烟的枪，油光发亮。这样的军队，岂能打胜仗？1839年3月，林则徐抱着救国之志，负命广州，站在了反对鸦片侵略的最前哨，创造了"虎门销烟"的壮举，也走进了人民英雄纪念碑的第一块浮雕中。

早在17世纪，大英帝国就企图打开中国的大门。他们发现销售鸦片既能获得高额利润，又能达到使中国人"意志瓦解"的目的，于是通过印度这一跳板，扩大鸦片生产，再通过走私把鸦片运到中国。年复一年，输入中国的鸦片数量不断增加，从1800年的4500箱增至1838年的40000箱。

中华人民共和国成立初期，全国约有2000万人吸毒，占当时全国总人口的 4.4%，差不多 25 人中就有 1 名吸毒者，① 这在历史上是一个很高的比例。为了彻底割除旧中国留下的这块毒瘤，20 世纪 50 年代初，全国组织开展了一场声势浩大的禁烟禁毒运动。这场运动实行举国体制，多方协同，综合施策。各级人民政府及公安机关针对毒品种、运、贩、吸 4 个主要环节，着力采取"力堵两头、斩断中间"的策略，把打击的重点放在运、贩毒品上。② 禁毒工作自 1950 年 2 月政务院发布《关于严禁鸦片烟毒的通令》开始，到 1952 年 12 月中共中央转发公安部部长罗瑞卿《全国禁毒运动总结报告》结束，历时近 3 年。通过强力整肃，全国禁毒，贻害中国一百多年的鸦片烟毒得到清除，禁烟禁毒运动取得巨大成功。运动结束后，禁毒转入正常工作，坚持抓好成果巩固，此后的 20 多年时间里，我国一直是举世闻名的无毒国。

旧中国留下来的另一块毒瘤是娼业。

娼业，从汉唐至民国，已有 2000 余年的历史，远远长于鸦片泛滥的历史。娼业到民国初期已发展到空前的规模。新中国成立之初分布在全国城市、集镇、码头的妓院近万家，上海 800 多家，天津 500 多家，西安 370 多家。还有一批游妓暗娼遍布社会各个角落。一些大城市的妓女数与当地人口的比例在 1∶150～1∶200 之间。卖淫嫖娼致使性病流行蔓延，中华人民共和国成立初期性病患者已逾千万，妓女是性病的主要传染源，往往患有多种性病。③

中华人民共和国成立后，各级人民政府同时部署全面禁娼。根据不同情况禁娼工作采取不同的策略。④

一是寓禁于限，逐步取缔。在天津等大中城市，依靠娼业糊口的人数众多，围绕妓院往往形成了一个"就业群"，新中国成立之初百

---

① 谢春涛主编：《历史的轨迹》，新世界出版社 2012 年 4 月版，第 40 页。
②③④ 马维纲编：《禁娼禁毒——建国初期的历史回顾》，警官教育出版社 1993 年版，第 3、7、8—12 页。

废待兴，如立即取缔妓院，无法安置相关人员。因此这些城市采取"寓禁于限"的策略，通过"限制"使娼业逐步萎缩。

怎么限制？首先限制妓院和妓女。国家对妓院老板和妓女实行严格的审查登记，从严发放执照和许可证；未满18周岁的妓女不得接客，患有性病和怀孕已逾4个月及分娩后未满3个月的妓女不得接客，不得引诱未满20岁的狎客及接待军政公务人员，禁止妓女外出狎宿；妓院不得聚众赌博，不得窝匪、私藏毒品和枪支，不得打骂妓女并强迫其接客，妓院必须组织妓女定期定点体检。同时釜底抽薪，限制嫖客：妓院老板必须每天严格登记留宿狎妓嫖客的姓名、职业、年龄及住址，并将登记簿于当日交当地派出所，以便派出所作出相应处置，该"曝光"的曝光，该教育的教育；每天晚上，巡警对妓院进行检查，盘问核对嫖客身份。这套办法的诀窍就是"麻烦"，麻烦妓院，麻烦妓女，麻烦嫖客。这套"麻烦"战术，大大限制了妓院的生意，妓院纷纷歇业或转营饭馆旅店等其他行业。不到一年，不少大中城市的妓院就减少过半。

另一种方式是集中力量，一举封闭。在一些基础工作比较扎实，准备工作比较充分的大中城市，统一时间，采取果断措施，集中封闭妓院。1949年11月21日，北京市人民代表会议作出《关于封闭妓院的决议》，在决议通过后的12小时内，市公安、民政和妇女联合会统一指挥，组织2000多人的执法队伍，分成27个行动小组，一举封闭全市范围内的妓院224家，收容妓女1288名，拘捕妓院老板和领家424名。北京一举封闭妓院的壮举，在全国产生了重大影响和示范效应，推动了全国各地查封妓院的工作进程，大部分城市在1953年底前对妓院进行了查封。到20世纪50年代中期，在中国持续2000多年的娼业被禁绝。

禁娼工作严格执行相关政策。除不杀不足以平民愤的外，妓院院主绝大部分被判处有期徒刑等刑罚。对妓女则采取了完全人性化的处理。妓女中的绝大多数是为生活所迫或受人贩子逼迫才为娼的。人民政府组织妓女集中学习，对其加以训练，改造其思想，医治其性病，有家者送其回家，有结婚对象者助其结婚，无家可归、无偶可配者组织学艺，从事生产。

新中国成立初期的禁毒禁娼工作取得了重大成就，写下了辉煌篇章，赢得了人民的赞誉，也产生了广泛的国际影响。

中国社会改造的成果来之不易，绝对不能在我们手上丢掉。我们不能忘记烟毒和娼业给中国社会带来的巨大危害。过去"东亚病夫"的称号，国民党统治时社会的糜烂，都与烟毒和娼业有关。中国社会不能再生出这样的毒瘤。近年艾滋病患者数量上涨，这是要引起高度警觉的。要坚决打击贩毒吸毒和卖淫嫖娼，还要高度警惕丐帮群落、血奴群落、地下代孕群落和酒托群落背后的黑幕，特别是要坚决打击黑恶势力。各种社会丑恶现象之间具有千丝万缕的联系，要坚持露头就打，决不能让其形成气候。这是法治中国建设的一项基础工程，也是一项重要的民生工程。

在废除旧法统，建立新法制的过程中，还有一个没有硝烟的大战场。

建立新中国，敌人不甘心。于是，扰乱与反扰乱的计划部署周密，破坏与反破坏的斗争刀光剑影。

1949年的北平本来就不平静。北平曾是国民党政权的北方指挥中心，由于其和平解放，国民党大量的反动军、警、宪、特人员趁机潜伏下来。他们勾结流氓恶霸，杀害干部群众，盗窃国家机密，纵火爆炸，制造谣言，煽动闹事，印刷伪钞，扰乱金融，破坏经济社会秩序，无所不用其极。开国大典在即，他们更是蠢蠢而动。通过惊心动魄的伟大斗争，中国共产党终于粉碎了反动残余势力的各种破坏，保证了开国大典的顺利进行，捍卫了新生的红色政权。

四、治国须有大法

新中国成立后的头几年,见证了国家脚踏实地、高歌奋进的一段历史,也见证了国家取得辉煌成就、阶段"考试合格"的一段历史。

以毛泽东为核心的中央领导集体殚精竭虑,以极大的勇气探索新中国建设的实践,努力推动经济状况和经济制度的改变,生产关系和上层建筑的改变,社会结构和社会面貌的改变。

通过几年革命和建设实践,政权得到巩固,经济状况实现好转,人民生活初步改善。废除旧法统,建立新法制的工作也取得重要成果,社会秩序实现了根本性好转。

胜利的取得,大大地提高了人民的组织程度和觉悟程度,为制定实施第一个五年建设计划奠定了基础,也为普选产生各级人民代表大会奠定了基础。1953年1月13日,中央人民政府委员会第20次会议决定通过普选召开各级人大,并在此基础上制定宪法。同时决定成立以毛泽东为主席的中华人民共和国宪法起草委员会。宪法起草工作自此拉开序幕。

经过一年八个月的认真起草,宪法草案由中央人民政府委员会第34次会议讨论通过,并提请1954年9月15日开始举行的一届全国人大一次会议审议。这次全国人大会议,听取了刘少奇代表宪法起草委员会所作的关于宪法草案的报告,经过代表大会认真审议,全国人大于9月20日庄严地通过《中华人民共和国宪法》。这是新中国第一部正式宪法,又称"五四宪法"。

新中国成立前后,毛泽东思考最多的问题是新中国建立后怎么把这个国家治理好。他经过深思认为:治国,须有一部大法。在中央人民政府委员会第30次会议上,毛泽东说,一个团体要有一个章程,一个国家也要有一个章程,宪法就是一个总章程,是根本大法。用宪法这样一个根本大法的形式，把人民民主和社会主义原则固定下来，使全国人民有一条清楚的轨道，使全国人民感到有一条清楚的明确的和正确的道路可走，就可以提高全国人民的积极性。1953年12月，他在率队赴杭起草宪法的途中对随行人员说："治国，须有一部大法。我们这次去杭州，就是为了能集中精力做好这件立国安邦的大事。"毛泽东赴杭途中所说的话，如今已被镌刻在杭州五四宪法历史资料陈列馆序厅的墙壁上，在中国宪法的历史上留下了西湖印记。①

抓紧制定宪法，也听取了斯大林的意见。

1949年12月，毛泽东访问苏联，斯大林向毛泽东提出过三条建议，其中一条就是建立人民代表大会制度和制定宪法。②

新中国成立初期是否有必要制定一部宪法，还是一个中共领导层正在考虑中的问题。起初，中共中央曾设想，待将来资产阶级问题解决，中国基本进入社会主义社会以后再制定宪法。1952年，刘少奇率中共代表团访问苏联时，受毛泽东委托，于10月20日致信斯大林，就宪法制定问题征求斯大林的意见。刘少奇在信中说：在中国党内提出了制定宪法的问题，但是中国是否现在就要制定宪法也还可以考虑。因为中国已有了一个《共同纲领》，如果要在目前制定宪法，其内容绝大部分特别是对资产阶级和小资产阶级的关系也还是要重复共同纲领，基本上不会有什么改变，不过是把条文的形式及《共同纲领》的名称加以改变而已。因此，刘少奇说："我们考虑在目前过渡时期是否可以暂时不制定宪法，而以共同纲领代替宪法，共同纲领则可以在历次政协全体会议或全国人民代表大会加以修改补充，待中国目前的阶级关系有了基本的改变以后，即中国在基本上进入社会主义

---

① 金春华、张梦月：《中国宪法史上的西湖印记》，《浙江日报》，2016年12月5日。

② 薄一波：《若干重大决策与事件的回顾》（上卷），中共中央党校出版社1991年版，第29—30页。

以后，再来制定宪法。而那时我们在基本上就可以制定一个社会主义的宪法。"①

斯大林收信后，于10月24日、28日同刘少奇进行了两次会谈。斯大林对刘少奇说："同意你们目前使用《共同纲领》，但应准备宪法。"② "你们不制定宪法，不进行选举，敌人可以利用两种方法向工农群众进行宣传反对你们：一是说你们的政府不是人民选举的；二是说你们的国家没有宪法。"斯大林进一步说："我同意你们把《共同纲领》改变成宪法，这种宪法自然是一种粗制品，但有一个宪法，比没有要好。"斯大林还明确地说："我想你们可以在1954年搞选举和宪法。我认为这样做，对你们是有利的。"③斯大林还就宪法条文怎么写讲了自己的看法和意见。

对于斯大林的意见，刘少奇的回应是："在1954年进行选举和制订宪法，我想是没有特殊困难的。"斯大林赞赏道："那你们这样做是比较要好些的。"④

1952年11月，中共中央决定立即着手准备召开全国人民代表大会，制定宪法。

毛泽东加快推进了宪法的制定，亲自拟定并提出宪法起草委员会成员名单，并在中央人民政府委员会第20次会议上亲自做说明。宪法起草委员会由毛泽东任主席，委员有朱德、周恩来、刘少奇等32人。

为了保证宪法起草工作顺利进行，1953年底中共中央决定另成立一个宪法起草小组，其任务是为宪法起草委员会提出宪法草案初稿。起草小组成员有陈伯达、胡乔木和田家英，由毛泽东亲自领导。

1953年12月27日，毛泽东调开其他工作，带领宪法起草小组成员等赶赴杭州，在那里开始了长达两个月又18天，完全封闭的宪

---

①②③④ 《建国以来刘少奇文稿》第4册，中央文献出版社2005年版，第530、535、536、537页。

法起草工作。1954年3月15日返京以后,继续主持宪法草案的修改讨论工作,前后共计8个多月。

五四宪法的制定,树立起了民主立法的一面旗帜。五四宪法的起草,既充分发扬了高层民主,又大力坚持了群众路线,充分体现了领导机关和群众路线的紧密结合。

宪法起草委员会对宪法草案先后进行过7次讨论,1954年3月底又将宪法草案交给全国政协、各民主党派、各人民团体、中央和地方机关、军队以及其他各方面代表进行讨论,广泛征求意见。全国政协的讨论分17个小组进行,分组讨论进行了40多天,参加讨论的达500余人,提出意见、建议3900余条。地方单位与军事单位提出意见、建议和疑问6800余条。其他各个方面都提出大量的意见和建议。这一轮讨论直接参加的人数达8000余人,历时两个多月。对各方面的意见、建议和疑问进行归类、整理后,总的意见建议达5900多条,宪法起草委员会对其进行了认真研究和讨论,应采纳的都采纳。

紧接着的是全民大讨论。6月14日中央人民政府委员会决定公布宪法草案时,同时决定在全国范围进行宪法草案的学习与讨论。

6月16日公布宪法草案,《人民日报》当日发表题为"在全国人民中广泛地展开讨论中华人民共和国宪法草案"的社论。宪法草案的学习与讨论自此全面展开。

为了搞好草案的学习与讨论,全国各地普遍成立了宪法草案讨论委员会,有组织地开展宪法草案的学习讨论和宣传活动。

学习讨论宣传活动形式多样,生动活泼。各地普遍组织报告员深入工厂、农村、机关、学校、街道、建筑工地作报告,并以诗歌、晚会、黑板报等多种形式作宣传。

宪法草案学习讨论到9月中旬结束,历时3个月,参加人数在1.5亿以上。讨论中,全国人民对宪法草案及国务院组织法等其他"五法"草案共提出118万多条意见,其中提出有关宪法草案的意见、建议52万余条。宪法起草委员会办公室对这些意见建议进行了整理分类，编印《全民讨论意见汇编》16册，供宪法起草委员会研究讨论。① 全民大讨论中提出的有关民族语言文字自由、生产资料所有制、农民土地所有权和其他生产资料所有权、手工业者和其他非农业的个体劳动者的生产资料所有权、资本家的生产资料所有权、人民代表大会的代表组成、法院审判工作以及检察机关相关规定等方面的合理的意见和建议，都得到了采纳。

全民大讨论，保证了宪法的高质量，使宪法的规定更加符合人民意愿和社会实际。其更重要的意义在于，通过这场广泛深入的宪法学习宣传和思想教育活动，使宪法知识、宪法精神、宪法权威深入人心，提高了全社会的宪法意识，增强了广大民众的权利义务观念，营造了宪法实施的良好环境，大大促进了自觉遵守宪法，自觉维护宪法权威的社会风气的形成，同时也广泛调动了广大人民群众建设美好国家的积极性和主动性。

五四宪法也是科学立法的成功范例。五四宪法既坚持了本国经验和国际经验的结合，又坚持了原则性和灵活性的结合。五四宪法所体现的原则性，一是民主原则，一是社会主义原则。

为了更好地坚持本国经验和国际经验的结合，毛泽东认真阅读和研究了中外大量的宪法性法律。同时要求政治局委员及在京的中央委员也进行阅研。

为了充分体现原则性和灵活性的结合，宪法草案一方面以人民民主原则和社会主义原则为不可动摇的基本原则，另一方面又从我国当时的基本国情出发，对许多问题作出灵活性的规定。一时办不到的事逐步去办，公民权利的物质保障逐步扩大。特别是关于生产资料所有制形式和少数民族问题的规定，突出地体现了原则性和灵活性的

---

① 韩大元：《1954年宪法与中国宪政》，武汉大学出版社2008年10月第2版，第234页。

结合。

怎样才算科学立法？一是要充分反映人民意志，充分体现人民的根本利益；二是要坚持一切从实际出发，切实尊重客观规律。五四宪法的起草很好地坚持了这两条。

我们讲五四宪法具有科学性，是一部好宪法，并不是说五四宪法十全十美。从内容上看，五四宪法的一些规定特别是经济关系、经济政策方面的规定还带有突出的过渡性；关于国家机构、公民的基本权利和义务的规定也有不够完善的问题。特别是对于宪法的实施问题未能给予充分的关注，未能从制度层面建立起有效的宪法实施监督机制。宪法虽规定全国人大监督宪法的实施，但无专门机构和程序的规定。

1954年9月20日，一届全国人大一次会议全票通过《中华人民共和国宪法》。当大会执行主席宣布宪法"通过"后，全场起立，掌声欢呼声经久不息。

同日，全国人民代表大会发布公告，公布宪法。全国各地，广大民众立即沉浸在欢乐的海洋中，纷纷以各种形式表达庆贺之情。各个城市的大街小巷和高层建筑悬挂五星红旗，游行队伍川流不息。各种形式的庆祝会、报告会、座谈会在全国各地纷纷举行。各大报刊和各种媒体迅速掀起学习、宣传新宪法的热潮。人们以各种形式庆贺新宪法，赞美新宪法。黄炎培先生为了纪录和歌颂这一历史盛事，也写出长诗一篇，题目叫作"人民的宪法"。[①]

五四宪法是新中国的第一部宪法，也是中国历史上第一部社会主义类型的宪法。毛泽东说："我们的这个宪法，是社会主义类型的宪法，但还不是完全社会主义的宪法，它是一个过渡时期的宪法。"按

---

① 许崇德：《中华人民共和国宪法史》（上卷），福建人民出版社2005年5月版，第172—174页。

照毛泽东的意思，我们这部宪法，既是社会主义的宪法，又是建设社会主义的宪法。刘少奇说：中国百年来革命同反革命激烈斗争反映在国家制度问题上，"表现为三种不同的势力所要求的三种不同的宪法"。一种是清末、北洋军阀及蒋介石的伪宪法；一种是资产阶级民主共和国的宪法；一种是工人阶级领导的、以工农联盟为基础的人民共和国的宪法。在中国出现的真正的宪法，"只能是人民民主主义和社会主义的宪法"[①]。刘少奇所称"人民民主主义和社会主义的宪法"，就是指五四宪法。

五四宪法具有重要的历史地位。它是自根据地建设到出台1982年宪法之间我国民主法制建设的一个制高点和里程碑，它所承载的历史跨度长达半个多世纪。一方面，它是此前历史的一个高汇点。这部宪法是人民革命胜利的产物，是新中国成立以来新胜利和新发展的产物，也是自革命根据地建设以来民主法制建设成功经验的集中概括。另一方面，它又是此后发展的一个新基点。它所确立的基本原则及根本制度性规定，包括自身的体系结构，对后来的宪法都具有奠基性意义，并产生着深远的影响。七五宪法在特殊的历史背景中产生，背离了五四宪法的基本精神，七八宪法有所回归，但其回归没有到位。尽管如此，五四宪法确定的社会制度、国家体制以及自身结构等内容，在这两部宪法中也都仍然得到确认。八二宪法总结历史的经验教训，在其基本精神和基本原则上，真正回归到五四宪法的基点上，八二宪法是以五四宪法为基础的。

五四宪法的历史命运，与国家政治生活状况的变化密切相关。在其颁布后的前几年，宪法受到普遍尊重，宪法实施状况总体良好，并引领整个法制建设呈现上升势头。

---

① 刘少奇：《关于中华人民共和国宪法草案的报告》，1954年9月15日，载《刘少奇选集》（下），人民出版社1985年版，第138页。

第四章 历史转折

一、未来的昭示

从新中国成立到 1956 年,我国有步骤地实现从新民主主义到社会主义的转变,迅速恢复了国民经济并开展了有计划的经济建设,基本上完成了对生产资料私有制的社会主义改造,经济社会发展取得重大成就,民主法制建设也呈现出健康向上的良好势头。

在新中国成立初,我们党对法制是很重视的。特别是在五四宪法颁布后的头几年,毛泽东非常重视和强调宪法的实施,宪法的实施状况总体良好。首先按照宪法的规定组建新的全国政权机关,落实了宪法规定的各项任务,并在宪法的基础上大力推进立法工作。全国人大及其常委会先后制定了全国人大组织法、国务院组织法、人民法院组织法、人民检察院组织法、地方人大和地方政府组织法、逮捕拘留条例、人民警察条例、治安管理处罚条例等法律、法令。1957 年刑法草案起草第 22 稿。全国人大常委会还批准了国务院关于劳动教养的决定,国家行政机关工作人员的奖惩暂行规定等。国务院也制定了一批经济和行政管理的法规。这个时期,党和政府对法制是重视的,在决定重大问题时,比较注意其是否与宪法相一致。在此基础上,1956

年召开的党的八大进一步明确了加强法制建设的方针。

总的看,从新中国成立初至五四宪法颁布后的头几年,我国法制建设和宪法实施是受重视的,并取得了突出成就,呈现出稳步上升的良好势头。但这个局面在20世纪50年代后期发生逆转,宪法实施和法制建设受到严重干扰,"文化大革命"时更遭受严重破坏。

发生在20世纪50年代后期的法制"转向",是新中国法制史上一个值得认真研究的问题。总结回顾新中国成立后法制的历史发展,不能不高度关注这一"转向"。一个好端端的势头,为什么发生了逆转?这一逆转的影响何在,教训何在?弄清楚这些问题,对于从容地打开历史新的一页,走好未来的发展道路,是至关重要的。今天,历史的经验教训没有失去意义,而是有着更深刻、更重要的意义。

十年"文化大革命",党、国家和人民遭受的挫折和损失是新中国成立以来最严重的,法制建设所遭受的破坏当然也是最严重的。但我们的党没有被摧毁并且还能维持统一,党、人民政权、人民军队和整个社会的性质都没有改变,我国社会主义制度的根基仍然保持着,国务院还能进行许多必要的工作,社会主义经济建设还在进行并且继续取得进展,国家仍然保持统一并在国际上发挥重要作用。十年"文化大革命"中,党尽管遭到林彪、江青两个反革命集团的严重破坏,但党和人民最终战胜了他们。以上重要事实证明,人民是伟大的人民,党和社会主义制度具有伟大而顽强的生命力。[1]

中共中央《关于建国以来党的若干历史问题的决议》(以下简称《历史决议》)深刻分析了"文化大革命"发生的原因和教训。在分析"文化大革命"发生的原因时,指出了毛泽东在阶级斗争理论和实践的错误、个人专断和制造个人崇拜以及林彪、江青等对这些错误的利

---

[1] 《中国共产党中央委员会关于建国以来党的若干历史问题的决议》,人民出版社,2009年1月版,第33页。

用和助长。正是这些因素导致了"文化大革命"的发动。党的《历史决议》还从社会主义的历史运动、我们党的历史特点以及国际斗争的影响等方面进一步分析了"文化大革命"发生的具体原因，最后落脚到这样一段话："长期封建专制主义在思想政治方面的遗毒仍然不是很容易肃清的，种种历史原因又使我们没有能把党内民主和国家政治社会生活的民主加以制度化、法律化，或者虽然制定了法律，却没有应有的权威。这就提供了一种条件，使党的权力过分集中于个人，党内个人专断和个人崇拜现象滋长起来，也就使党和国家难于防止和制止'文化大革命'的发动和发展。"[①]

《历史决议》在讲"文化大革命"时，首尾都在讲原因，从原因导入，以原因立论，其历史用意是十分深刻的。

"文化大革命"结束后，邓小平、彭真等老一辈革命家在总结10年"文化大革命"的教训时，曾从不同角度指出："文化大革命"的灾难是我们为轻视法制、否认法制甚至自毁法制所付出的代价。这一思想是十分深刻的，并在党的《历史决议》中得到了充分的体现。轻视法制、否认法制就是自毁法制。

轻视法制、否认法制甚至自毁法制也曾发生在苏联共产党内。苏共从俄共布尔什维克夺取政权开始执政，几十年后垮台。人们总结的苏共垮台的原因多种多样，而其中一个十分重要的原因就是这个党轻视法制甚至不守法。苏联制定了大量的法律，包括宪法在内的不少法律被视为社会主义国家立法的蓝本，但法律却没有对苏联共产党产生过必要的监督和约束，特别是没有对苏共高层形成监督和约束，不守法直接导致党内的严重腐败和各方面的混乱，致使苏共最后被人民所抛弃。

在我国，轻视法制的危害也是严重的，特别是"文化大革命"给

[①] 《中国共产党中央委员会关于建国以来党的若干历史问题的决议》，人民出版社，2009年1月版，第35—36页。

党和国家带来空前的浩劫和灾难。但我们党认真总结了我国社会主义和国际共运的历史经验,坚决地进行了拨乱反正,坚定地高举起法治的旗帜,在建设中国特色社会主义的宏伟事业中全面推进依法治国的伟大实践,取得了建设社会主义法治国家的重大成就。

抚今追昔,法制的被践踏,导致国家遭遇空前灾难;法治的兴盛,引领和推动民族走向伟大复兴。中国法治的新局面是来之不易的。越是深化依法治国,越是要深刻汲取历史的经验教训,越是不能忘记邓小平等老一辈革命家的告诫,要从制度上铸牢法治之基。也就是必须真正树立宪法和法律的神圣权威,并切实保障这种权威不被任何力量所侵犯、所撼动。为此,必须编织严密的制度笼子,牢牢守住几个"绝不容许":绝不容许任何组织和个人不受宪法和法律的约束,绝不容许任何组织和个人凌驾于宪法和法律之上,绝不容许任何组织和个人以任何理由破坏宪法和法律。

1976年,是中国历史上一个十分特殊的年份。

这一年之初,共和国总理周恩来逝世。7月,人民军队的主要缔造者之一,全国人大常委会委员长朱德元帅病故。9月,党和国家的最高领导人毛泽东主席又离开了人世。

这一年又发生了数百年不遇的特大自然灾害。7月28日,河北唐山—丰南一带发生300年来京津唐地区破坏性最大的一次强烈地震。唐山顷刻夷为废墟,死亡24万多人,重伤16万多人。四川松潘、云南龙陵等地也发生了里氏7级以上的强烈地震。地震对人民生命财产造成的巨大损失,是历史上少有的。

就在这伟人陨落、山崩地裂的危急关头,江青一伙加快实施篡夺党和国家最高领导权的阴谋活动。

面对生死存亡,同年10月6日晚,华国锋、叶剑英等代表中央政治局执行党和人民的意志，对"四人帮"① 及其在北京的帮派骨干实行隔离审查，毅然粉碎江青反革命集团。

粉碎"四人帮"，结束了"文化大革命"，我国的社会秩序开始恢复，党和国家工作开始重新走上正常轨道。

二、拨乱反正

1976年粉碎"四人帮"的胜利，从危难中挽救了党，挽救了革命，实际上宣告了"文化大革命"的结束，使我国进入了一个新的历史发展时期。

1976年底至1978年底，是中华人民共和国成立后一个特殊的历史阶段。这两年中，国家有发展和进步，也有原地踏步和徘徊。

粉碎"四人帮"后，中央大力进行了揭发批判江青反革命集团和清查其反革命帮派体系的工作，开始了对"文化大革命"中某些冤假错案的改正工作，全国逐步出现了安定的局面；开始重视社会主义经济建设和民主法制建设。1977年8月召开的党的十一大，1978年3月召开的五届全国人大一次会议，相继提出要在20世纪内把我国建设成为农业、工业、国防和科学技术现代化的社会主义强国，强调要充分发扬社会主义民主，健全社会主义法制。由此，被"四人帮"破坏的民主法制逐步开始恢复；教育、科技、文化、卫生工作开始走向正常。一系列重要会议召开，特别是1977年10月恢复高校招生考试

---

① "四人帮"是指由王洪文、张春桥、江青、姚文元四人在"文化大革命"期间所结成的政治帮派和反革命集团。"四人帮"的称谓最早由毛泽东1974年1月批评江青等人时提出。中共十大以后，王洪文任中共中央副主席、中共中央政治局常委，张春桥任中共中央政治局常委、国务院副总理、解放军总政治部主任，江青与姚文元任中共中央政治局委员。江青是旗帜性人物。四人结成反革命集团，大搞宗派活动，妄图篡党夺权，毛泽东逝世以后，加紧进行夺取党和国家最高领导权的阴谋活动。1976年10月6日四人被隔离审查。

制度，对拨乱反正产生了"突破性"影响。

但是，这时在指导思想上还没有认识到必须从根本上否定"文化大革命"，必须从根本上纠正延续多年的"左"倾错误。

社会主义民主法制的恢复和全面发展，首先取决于总体上的拨乱反正。

从"文化大革命"造成的实际危害来看，要实现拨乱反正，必须从思想和组织两方面入手。在思想上，要彻底打破"左"的禁锢，实现思想的解放；在组织上，要彻底平反冤假错案，实现组织的解放。

全面的思想大解放，是从1978年5月开始的关于实践是检验真理的唯一标准的全国性大讨论开始的。围绕真理标准问题而展开的这场思想解放运动，对冲破"两个凡是"的严重束缚，为党的十一届三中全会重新确立党的马克思主义思想路线作了重要的理论准备，成为拨乱反正和改革开放的思想先导，对党和国家的历史进程产生了深远的影响。

这场思想解放运动，是由邓小平等老一辈革命家领导和支持的，相关理论工作者和各报刊作出了重要的贡献。大量的文献和理论研究成果，都对此作了充分的介绍和高度的肯定。

在真理标准问题大讨论所作的思想准备的基础上，中共中央在1978年11月9日至12月13日，召开了中央工作会议。这次会议，起到了扭转局势的重要作用。这次会议在充分发扬民主的氛围中，总结工作，肯定成绩，批评错误，分清是非，冲破了会前设定的框子，认真地讨论了许多重大问题，并严肃地开展了批评与自我批评。邓小平在闭幕会上发表了《解放思想，实事求是，团结一致向前看》的重要讲话，为即将召开的中共十一届三中全会确定了主题和基调。

中共十一届三中全会于1978年12月18日至22日在北京举行。这次会议恢复和确立了马克思主义的思想路线，恢复和确立了党的正确的政治路线和组织路线，总结了新中国成立以来经济建设的经验教训，实现了党和国家工作重心的转移，强调了要加强和健全社会主义民主和法制，解决了一批重大冤假错案和一些重要领导人的功过是非问题，并在组织人事上作出了重大的调整。党的十一届三中全会实现了新中国成立以来中国共产党历史上具有深远意义的伟大转折。① 在党的历史上，其意义可与遵义会议相提并论。

完成党的指导思想拨乱反正的关键工作是中共中央《关于建国以来党的若干历史问题的决议》（以下简称《决议》）的起草和通过。②《决议》的起草始于 1980 年 3 月，1981 年 6 月在党的十一届六中全会上正式通过。《决议》所要解决的主要问题，即拨乱反正中最关键的问题，就是如何正确地认识党内长期存在的"左"倾错误，特别是毛泽东晚年的错误。关键中的关键，就是如何正确评价和对待党的领袖毛泽东。《决议》的基本精神和中心思想就是既对多年来的"左"倾错误和毛泽东晚年的错误做了科学的分析和批评，又坚决地维护了毛泽东思想的科学真理和毛泽东的历史地位，坚决地维护了党在长期斗争中形成的优良传统。邓小平说："决议中最核心，最根本的问题，还是坚持和发展毛泽东思想。"③ 《决议》的形成，充分体现了以邓小平为代表的中国共产党人的成熟和高超的政治智慧。《决议》的正式通过，标志着中国共产党胜利地完成了指导思想上的拨乱反正。党的十一届六中全会也以完成在党的指导思想上的拨乱反正的历史功绩而载入史册。党的十一届六中全会还改选和增选了中央主要领导成员。

---

① 《中国共产党中央委员会关于建国以来党的若干历史问题的决议》，人民出版社 2009 年 1 月版，第 37—38 页。

② 《中国共产党中央委员会关于建国以来党的若干历史问题的决议》的起草工作，是在中央政治局、中央书记处领导下，由邓小平、胡耀邦主持进行的，起草小组主要由胡乔木负责。在起草过程中，邓小平先后进行过九次谈话，对决议起草进行了直接领导和指导。

③ 《邓小平文选》第二卷，人民出版社 1994 年 10 月第 2 版，第 296 页。

春风拂面,春水激荡,思想大解放推动了我国法制、法学领域的拨乱反正。在思想大解放推动的历史转折时期,我国法制、法学领域发生的根本性变化主要表现在三个方面:首先,系统总结"文化大革命"教训,明确提出加强法制的方针和任务。党的十一届三中全会和党的历史《决议》系统总结了"文化大革命"破坏民主与法制的深刻教训,着重提出了健全社会主义民主和加强社会主义法制的任务,使我国民主法制建设全面步入正轨。1978年我国修改宪法,1979年制定颁布了刑法等一批重要的法律,彻底结束了"文化大革命""无法无天"的历史和"文化大革命"结束后无法可依的局面,为我国法制建设的大踏步前进奠定了基础。其次,思想观念上实现了正本清源。过去被错误批判的一系列正确的法制原则得以重新恢复和确立,"阶级斗争法学"得到全面清理,法学研究、法学教育得到恢复并逐步走向繁荣发展。再次,思想大解放推动了法制、法学领域的冤假错案的纠正和改正,包括对右派问题的复查,彻底打掉了套在人们身上的枷锁,推动实现了法制、法学领域全面的拨乱反正。总之,没有思想的大解放,就没有民主法制建设的新局面和法学的大繁荣大发展。

拨乱反正的另一项重大任务,就是彻底平反冤假错案。平反冤假错案,是思想大解放的结果,同时又是拨乱反正的重大任务之一。如果说思想大解放为法制建设营造了良好的思想理论环境,那么,平反冤假错案本身就是对法制公正的全面恢复。

在平反冤假错案的过程中,邓小平、陈云等老一辈革命家发挥了重要的领导和推动作用。从1978年至1982年底,在大规模的平反冤假错案中,经中央批准平反的影响重大的冤假错案有30多件,全国共纠正了300多万名干部的冤假错案,47万多名党员恢复了党籍,另有大量无辜受株连的干部和群众得到了解脱。[1]

---

[1] 刘金田:《评反冤假错案要加快》,载《邓小平:一个世纪的传奇》,湖南人民出版社2014年5月版,第331页。

得到平反昭雪的案件，不仅包括发生在"文化大革命"中的冤假错案，还包括革命战争年代和中华人民共和国成立前后历次政治运动中发生的冤假错案；不仅包括发生在中央层面的冤假错案，还包括发生在全国各地的冤假错案。在平反昭雪的人员名单中，不仅有刘少奇、邓小平、陶铸、彭真、薄一波、彭德怀、贺龙、杨尚昆、谭震林、乌兰夫等党和国家领导人，还有军队和中央及国家机关部门负责人，省及省以下各级负责人，科学家、艺术家和专家学者，民主爱国人士和其他干部群众。纠正冤假错案的工作坚持的基本原则是实事求是、客观公正、有错必纠。

这是一次集中、全面、彻底的平反昭雪。平反冤假错案使我们卸下了沉重的政治包袱，其意义不亚于思想的大解放。思想的大解放，冤假错案的纠正，使党和国家实现了彻底的拨乱反正。党和国家的各项事业，包括社会主义法制建设迎来了真正的春天，一个全面开创社会主义现代化和民主法制建设新局面的时机来到了。

三、正义的审判

"文化大革命"结束后，如何处理林彪、江青两个反革命集团案，对中国领导人是一次新的考验。

林彪、江青两个反革命集团案，是新中国成立以来发生的特别重大、特别复杂、危害特别严重的案件。如何处理，举国关注，世界瞩目。

1976年10月粉碎"四人帮"后，中央曾组织专案组对"四人帮"进行审查。党的十一届三中全会后，中央纪律检查委员会根据十一届三中全会决定又成立了林彪、"四人帮"案件审理领导小组，对两个集团的罪行进行了深入的审查。经审查，大量事实证明，林彪、江青反革命集团案的主犯触犯了刑法。据此，党中央提出"严肃对待，慎重行事"的指导思想，决定交由司法机关依法追究刑事责任，公开审判。

这是一个让世人眼睛一亮的决定。因为在中国共产党的历史上，过去的类似问题都是用政治的手段来解决的，即通过政治上的盖棺定论来了结。这次中国领导人却第一次决定用法律的手段来解决两个反革命集团案的问题，这无疑彰显了中央领导集体坚决实行法治的决心。

鉴于两案特别重大，采取的措施都是特别的。

1980年3月，中央决定成立中央"两案"审判指导委员会，统一领导"两案"的审判工作。指导委员会由七人组成，彭真任主任，彭冲任副主任。①

1980年9月，五届全国人大常委会十六次会议作出《关于成立最高人民检察院特别检察厅和最高人民法院特别法庭检察、审判林彪、江青反革命集团案主犯的决定》，任命最高人民检察院检察长黄火青兼特别检察厅厅长，喻屏、史进前为副厅长；最高人民法院院长江华兼特别法庭庭长，伍修权、曾汉周、黄玉昆为副庭长。决定特别法庭设两个审判庭，第一审判庭审理江青反革命集团主犯，曾汉周为第一审判庭审判长；第二审判庭审理林彪反革命集团主犯，伍修权为第二审判庭审判长。

中央为两案组建了高规格的"两案"审判指导委员会，高规格的特别检察厅和特别法庭。

更为重要的是，中央政治局、中央书记处对这场特殊的审判自始至终给予了高度的关注，并实施了直接的领导。中央政治局常委几次召开会议，听取审判工作汇报，研究有关重大政策问题。

在彭真主持下，审判指导委员会反复审议依法审判的人员。两案主犯共16人，其中有6人已死亡，最后报请中央决定，特别法庭只

---

① 刘荣刚：《审判林彪、江青反革命集团时的彭真》，《党史博览》，2003年第10期。

审判 10 名主犯，其他案犯由所属各地方的法院审理。

江青反革命集团中的康生、谢富治两犯，罪行严重，但都已死亡。因此只审判江青、张春桥、王洪文、姚文元和陈伯达 5 人。

林彪反革命集团中林彪、叶群、林立果、周宇驰已死，因此只审判黄永胜、吴法宪、李作鹏、邱会作和江腾蛟 5 人。

1980 年 11 月 20 日，最高人民法院特别审判庭正式受理此案。从此日至 1981 年 1 月 25 日，特别法庭对 10 名被告进行了公开审判。对已死亡的 6 名主犯，按照刑事诉讼法的有关规定，不再追究刑事责任。第一、第二审判庭共开庭 42 次，开庭期间有 49 名证人和被害人出庭作证，审查各种证据 873 件。根据刑法的规定，特别法庭最后认定 10 名主犯犯有颠覆政权罪、分裂国家罪、武装叛乱罪、反革命杀人、伤人罪、反革命诬告陷害罪、组织领导反革命集团罪、反革命宣传煽动罪、刑讯逼供罪、非法拘禁罪。1981 年 1 月 25 日上午 9 时，最高人民法院特别法庭开庭，特别法庭庭长江华宣布对林彪、江青反革命集团案 10 名主犯的判决。判决分三个档次：

第一个档次为死缓：判处江青、张春桥死刑，缓期二年执行，剥夺政治权利终身。

第二个档次为无期徒刑：判处王洪文无期徒刑，剥夺政治权利终身。

第三个档次为有期徒刑：判处姚文元有期徒刑 20 年，陈伯达、黄永胜、江腾蛟有期徒刑 18 年，吴法宪、李作鹏有期徒刑 17 年，邱会作有期徒刑 16 年，以上 7 名罪犯均被剥夺政治权利 5 年。①

从 1980 年底至 1983 年初，相关地方和军队的法院，审判了林彪、江青两个反革命集团案在各地和军内的骨干分子。

对两案的公开审判，赢得了国内外的一致好评。两案的公审，对

---

① 廖盖隆主编：《新中国编年史·1949—1989》，人民出版社 1989 年版，第 470 页。

林彪、江青反革命集团，对"文化大革命"的危害从法律上进行了彻底的清算，它宣告践踏法制的"无法无天"的时代的结束，标志着一个依法办事的新时代的开始。

1981年那场正义的审判，对于中国民众来说，无疑是一堂生动的法治课。

这场审判，是对"文化大革命""群丑"罪恶的清算，是对无数冤魂的良心告慰，是一次对正义的大伸张。林、江两个集团在"文化大革命"中干尽了坏事，残害了无数忠良和无辜，他们是国家和民族的祸星，理应受到正义的惩罚。在"文化大革命"中，人们私下说，不是不报，时候未到。正义伸张终有日。把他们抓起来时，人民欢欣鼓舞。当时人们普遍吃闸蟹、喝喜酒，闸蟹喻义这帮人过去横行霸道。对他们进行公开审判时，人民又一次欢欣鼓舞。两案公审，对于当时的国人来说，都是天大的新闻。公审阶段，一到晚上，人们就围在电视机旁，大家把收看公开审判，作为一种特别的见证。

这场审判，是从法律上完成的对"文化大革命"危害的最后清算。清算"文化大革命"的危害，从粉碎"四人帮"后就开始了，但前两年的清算总的来看是面上的，主要涉及帮派体系的一些人，并未涉及深层问题特别是极左错误。真正全面清算是由党的十一届三中全会来进行的，并由党的十一届六中全会作出党的《历史决议》来实际完成的。这期间，关于真理标准问题的大讨论与平反冤假错案，发挥了关键性作用。但对"文化大革命"危害的清算还必须有一道重要的工序，即一个组织和法律的手续，也就是要对两个作乱集团的人物作出处理，明确他们的性质和归宿。这道工序就是由两案公审来完成的。

这场审判，宣告了"无法无天"的历史的终结，标志着厉行法治新时期的到来。两案公审的实质意义是伸张正义，伸张法治。在中国共产党的历史上，第一次用法律手段对高层反革命集团进行盖棺定论，这一决策意义非凡。这是加强法制的一个重大举措，是依法治国的一个重大标志，彰显了对"无法无天"的根本否定，展示了厉行法治的坚定决心。两案的公审向世人宣告，超越法律、践踏法制的状态，再也不能容许重演。

在中国，每年要进行多少场审判，而1980年底1981年初的那场审判将以其特别意义载入史册。

第五章　新征程（上）

中国的改革开放已经走过40多年的光辉历程。

当历史的镜头切换到40多年前，面对"文化大革命"的种种遗患，面对关系中华民族的命运的抉择，一位饱经沧桑的老人向中国和世界发出了振聋发聩的呐喊："一个党，一个国家，一个民族，如果一切从本本出发，思想僵化，迷信盛行，那它就不能前进，它的生机就停止了，就要亡党亡国。"①

邓小平——中国改革开放的总设计师，向全党和全国人民发出了庄严的号召："解放思想，实事求是，团结一致向前看！"中国改革开放的号角响彻了华夏大地，中国经济社会发展和民主法治建设的战鼓轰然擂动。沿着中国特色社会主义理论指引的正确方向，中国这艘巨轮开始扬帆远航，民主法制建设的春风正向我们迎面扑来。

1978年12月18日至22日，是在中国历史上具有里程碑意义的重要时间段，党的十一届三中全会在北京胜利召开，标志着中国改革开放一个新的时代的到来。"改革开放40年来，从开启新时期到跨入新世纪，从站上新起点到进入新时代，40年风雨同舟，40年披荆斩棘，40年砥砺奋进，我们党引领人民绘就了一幅波澜壮阔、气势恢

---

① 《邓小平文选》第二卷，人民出版社1994年10月第2版，第143页。

宏的历史画卷，谱写了一曲感天动地、气壮山河的奋斗赞歌。"① 这是不断激发和展现全民族的高度智慧和创新活力的40年，是不断解放和发展社会生产力、努力实现现代化的40年，是不断革故鼎新、探索和推进社会主义制度自我完善和发展的40年，也是不断取得中国特色社会主义伟大事业的新成就，迈入中国特色社会主义新时代，不断开创伟大事业和伟大工程新局面，奋力实现两个百年奋斗目标和中华民族伟大复兴的40年。

中国改革开放40年，实现了中国历史上最重大的变革和腾飞。

"日出江花红胜火，春来江水绿如蓝"。在改革开放40年的宏伟征程中，我国民主法治建设伴随中国特色社会主义事业前进的步伐，沐浴着改革开放的春风，肩负使命，大步前行，取得了举世瞩目的光辉成就。

一、修宪引领

宪法作为国家的根本大法，在社会主义法治建设中发挥着重要的统率和引领作用。全面总结"文化大革命"的教训，全面加强社会主义法治建设，必须首先抓好宪法的建设。在新时期的开端，法治建设的首要任务就是全面修宪，制定一部适应新时期发展需要的好宪法。

1976年，正义战胜了邪恶，"文化大革命"结束，我国进入了一个新的历史时期。当时我国面临的一项根本性任务，就是彻底肃清"四人帮"在国家政治生活中的影响，重建社会主义法制秩序。七五宪法作为"文化大革命"的产物，当然在纠正之列，为了重建法制秩序，必须对七五宪法进行修改。在大的变迁之后，首先修改宪法，这也是现代国家的普遍做法。因此，中共中央早在1977年上半年就考

---

① 习近平：《在庆祝改革开放40周年大会上的讲话》，人民出版社2018年12月第2版，第10页。

虑尽快召开五届全国人大,修改七五宪法。

1977年10月23日,四届全国人大常委会四次会议召开。中共中央正式向会议提出召开五届全国人大和修改宪法的建议。经过几个月的工作,1978年3月5日,五届全国人大一次会议通过了1978年宪法(简称七八宪法)。

七八宪法纠正了七五宪法中的一些错误,恢复了五四宪法中的一些正确规定。七八宪法第一次把四个现代化的建设目标以宪法的形式确立下来,强调要发展社会主义民主和加强社会主义法制,恢复并完善了国家机关的职能,充实了有关公民基本权利的规定,确立了国家在政治、经济、文化、外交等各个领域的一些正确的制度和原则。

另一方面,由于七八宪法是在特殊的历史过渡背景下出台的,它未能也不可能彻底清除"左"倾错误的影响,不少具体规定仍然带有"左"的痕迹。如把无产阶级专政下的继续革命作为新时期总任务的内容,保留"革命委员会"这一"文化大革命"的产物,肯定了公民"四大"的权利,经济上对个体经济作过多限制,没有保护私有财产权和继承权的规定,主张实行全面计划等。

随着拨乱反正的迅速推进,七八宪法的局限性日益凸现。它出台后的两年时间内年年修改。第一次修改是1979年7月,这次修改主要是为了适应国家机构建设的需要,修改后的内容包括:在县和县以上地方各级人大设立常委会,将地方各级革命委员会改为地方各级人民政府,将县级人大代表由间接选举改为直接选举,将人民检察院的上下级关系由监督改为领导等。第二次修改是1980年9月,这次修改是取消原宪法第45条中公民"有运用大鸣、大放、大辩论、大字报的权利"的规定。①

---

① 七八宪法一颁布就年年修改,这是新中国宪法发展史上的特有现象,体现了党的十一届三中全会以后各方面的重大变化和改革开放对加强法制的迫切要求。

党的十一届三中全会恢复确立了马克思主义的思想路线、政治路线和组织路线，实现了指导思想的拨乱反正和工作重心的转移，其后国家的政治生活、经济生活和文化生活都发生了巨大的变化和发展，七八宪法已经不能适应我国社会主义现代化建设的客观需要。尽管进行了两次小的修改，但已经解决不了根本问题，必须进行全面的修改。

1980年9月，五届全国人大三次会议接受中共中央关于修改宪法的建议，决定系统修改1978年宪法。中央高度重视这次宪法修改。这次宪法修改是在时任全国人大常委会委员长叶剑英（宪法修改委员会主任委员）主持下进行的。在制定修改过程中，邓小平对一些重大问题作出一系列指示，中央政治局和中央书记处专门讨论了8次，宪法修改委员会召开了5次会议。① 在修改宪法的过程中，广泛征集和认真研究了各地区、各部门、各方面的意见和建议。1982年4月，宪法修改委员会提出了宪法修改草案，草案由全国人大常委会公布，并交付全国各族人民进行了4个月的讨论。通过广泛的民主讨论，人民群众的智慧得到了更好的集中，使宪法修改草案更加科学和完善。在此基础上，1982年12月4日，五届全国人大五次会议审议通过了新的《中华人民共和国宪法》。这是我国第4部社会主义宪法，也是我国的现行宪法。

1982年宪法是根据党的十一届三中全会后确立的路线、方针、政策制定的，以党在新时期的基本路线作为总的指导思想，彻底清除了"左"的错误对宪法的影响。它集中体现了全国各族人民的共同意志和根本利益，明确地把社会主义现代化建设作为国家今后的根本任务，在继承五四宪法精神和原则基础上，结合我国改革开放的社会实践，适应新时期发展的需要，对国家政治制度、经济制度、社会制度

---

① 王汉斌：《邓小平同志亲自指导起草一九八二年宪法》，《法制日报》，2004年8月19日。

的基本原则和各方面的重大政策作出了明确规定。它很好地坚持了四项基本原则与改革开放的科学统一，坚持了物质文明建设和精神文明建设有机结合，发扬社会主义民主和健全社会主义法制有机结合，高度的原则性和充分的灵活性有机结合以及立足本国经验和借鉴外国经验有机结合。1982年宪法还实现了内容和形式的科学统一，它虽仍然包括序言和四章，但对结构作了大的调整，将公民的基本权利和义务放入国家机构之前，同时宪法条文和文字适度，结构浑然一体。实践证明，1982年宪法是一部具有中国特色的好宪法，在保障社会主义现代化建设顺利进行，促进改革开放事业不断发展，推动社会主义民主和法制建设不断加强等方面，发挥了重要的根本大法的作用。

我们也应看到，1982年宪法是在1980年开始着手修改的，宪法的规定贯穿党在新时期的基本路线的精神，但党的基本路线及相应的整套方针政策在实践中有一个不断丰富、完善和发展的过程，我们的认识不可能在当时就一次完成；宪法的规定虽把握住了时代的主题，反映了建设中国特色社会主义的必然趋势和方向，但在如何建设中国特色社会主义的问题上以及改革开放的基本走向上，我们的认识毕竟才刚刚起步。随着改革开放的不断深入，对于如何建设中国特色的社会主义，如何确立经济体制改革的目标等重大问题，我们有了许多行之有效的成功经验和新的认识，与党的基本路线相适应的一整套方针政策也在不断丰富和发展，在很多方面有了重大突破。这使1982年宪法在某些方面已不能适应后来国家政治、经济和社会生活现实发展的客观需要，某些提法在现实生活中也已过时。因此，依照法定程序对1982年宪法进行及时的局部修改和补充是十分必要的。

八二宪法颁布以后，曾先后进行了五次局部修改。

1988年4月12日，七届全国人大一次会议通过了两条宪法修正案。一是确立私营经济的法律地位；二是规定土地使用权可以依照法律规定而转让。这两项新规定，对于发展私营经济和有效使用土地资源，促进经济的发展和生产力的解放，发挥了十分重要的作用。

1993年3月29日，八届全国人大一次会议通过9条宪法修正案。这次修宪以党的十四大精神为指导，突出建设有中国特色社会主义理论和党的基本路线，并着重对社会主义经济制度的有关规定做了修改和补充，其中最重要的是规定国家实行社会主义市场经济，使我国宪法更加符合我国的现实情况和发展的需要。

1999年3月15日，九届全国人大二次会议通过6条宪法修正案。这次修宪最重要的是增加了中国特色社会主义道路，邓小平理论的指导思想地位，实行依法治国，建设社会主义法治国家等内容，并对国家基本经济制度和分配制度进行了调整和完善。这些关于发展道路、指导思想、治国方略等规定，对于中国未来的发展，发挥着十分重要的引领作用。

2004年3月14日，十届全国人大二次会议通过了14条宪法修正案。这次修宪最重要的是确立了"三个代表"重要思想的指导思想地位，同时增加了国家尊重和保障人权、建立健全社会保障制度等内容。这些规定同样是决定中国发展走向的重大修改。

2018年3月11日，十三届全国人大一次会议通过了新的宪法修正案。这次修宪相对于前面4次修改，时间间隔最长，覆盖面最宽，内容最丰富，形成了21条宪法修正案。我国宪法对修正案的内容实行单独排序，前4次修改共通过31条修正案，第5次修改共通过21条修正案，即第三十二条至第五十二条。

2004年宪法修改以来，党和国家的事业又有了许多重要发展变化。特别是党的十八大以来，党和国家事业发生历史性变革，中国特色社会主义进入了新时代。党的十九大提出了一系列重大政治论断，确立了习近平新时代中国特色社会主义思想在全党的指导地位，确立了新的奋斗目标。根据新形势、新实践，有必要对我国现行宪法再次作出适当的修改。

第5次修宪一个重要特点是内容覆盖面宽、覆盖率高。形成的宪法修正案包括 11 个方面的内容①，包括确立科学发展观、习近平新时代中国特色社会主义思想在国家政治和社会生活中的指导地位；增写贯彻新发展理念；调整充实中国特色社会主义事业总体布局和第二个百年奋斗目标的内容；完善依法治国和宪法实施举措，将"健全社会主义法制"修改为"健全社会主义法治"，增加规定宪法宣誓制度的内容，将全国人大法律委员会更名为宪法和法律委员会；充实完善我国革命和建设发展历程的内容；充实完善爱国统一战线和民族关系的内容；充实和平外交政策方面的内容；充实坚持和加强中国共产党全面领导的内容；增加倡导社会主义核心价值观的内容；修改国家主席任职方面的有关规定；增加设区的市制定地方性法规的规定；增加有关监察委员会的各项规定。21 条宪法修正案中，有 11 条同设立监察委员会有关。

修宪是国家发展所需，是推进全面依法治国、推进国家治理体系和治理能力现代化的重大举措，对于实现"两个一百年"奋斗目标和中华民族伟大复兴的中国梦，具有重大现实意义和深远历史意义。②

对现行宪法的五次局部修改，共形成了 52 条宪法修正案。52 条宪法修正案同属于我国现行宪法的重要内容，是我国现行宪法新的重大发展。通过五次修改，我国现行宪法更加完善和成熟，更能适应发展的需要。

新中国成立后，除新中国成立初期的临时宪法《共同纲领》外，我国共制定四部正式宪法。其间经历三次大修、七次小修。大修是对

---

① 《中华人民共和国宪法修正案》（2018 年 3 月 11 日十三届全国人大一次会议通过），《人民日报》，2018 年 3 月 12 日。

② 十三届全国人大一次会议通过新的《宪法修正案》以后，人民日报发表题为《为民族复兴提供有力宪法保障》的社论，高度评价了这次修宪工作。见 2018 年 3 月 12 日《人民日报》。

原宪法做的全面改写，时间是1975年、1978年、1982年。小修采取宪法修正案形式，局部修改必须修改的内容，包括对七八宪法的两次小修和对八二宪法的五次小修。小修的内容分别属于七八宪法和八二宪法的重要组成部分。宪法的修改究竟采取何种形式，要从当时的实际情况和客观需要出发。世界各国都是根据本国的实际需要来选择宪法修改方式的，多数国家两种方式并用，少数国家只采取一种方式，如美国一直是采取小修的方式修改宪法。相比较而言，修正案方式更有利于保证宪法的稳定性，采用这种方式对宪法进行局部修改和补充，既可保留现行宪法的基本原则、基本内容、主要条文和框架，又可及时反映新的情况和满足发展的客观需要，使宪法的稳定性和适应性实现很好统一。因此在对宪法可不作全面改写时可尽量采用修正案的方式修改宪法。我国采用大修、小修并用的方式修改宪法，是符合我国国情的。我国其他法律的修改总体上也是采用这样的方式。

在中华人民共和国成立后的4部正式宪法中，1954年宪法比较科学，比较完善，这部宪法奠定了新中国宪法发展的良好基础。1975年宪法、1978年宪法两部宪法受限于当时的历史条件，带有重大缺陷，但1978年宪法比1975年宪法有所进步。1982年宪法（包括五次小修的内容）是产生并不断完善于新时期的新宪法，是中华人民共和国成立以来最科学最完善的一部宪法，在新中国宪法发展史上具有里程碑的重要地位，在社会主义现代化建设中发挥着重要的根本大法作用。

加强宪法自身建设，是全面推进依法治国、建设社会主义法治国家的"一号工程"。修宪引领发展，是我们党带领人民治国理政的一条基本经验，中国法治在修宪的引领下正一步一步走向辉煌。

二、治国方略确立

新时期的法治建设必须首先集中精力抓好两件大事。一是全面修宪，制定一部适应新时期发展需要的好宪法；二是立足根本和长远，探索提出国家治理的基本方略。

随着我国现行宪法的不断完善，党关于执政方式的探索和认识也在不断深化。

中国共产党执政以后，面临一个必须回答的重大课题，那就是要采用什么方式来治理国家。这始终是党的历代领导集体不断求索的一个重大的理论和实践问题。通过艰难而曲折的探索，中国共产党终于找到了依法治国这一党领导人民治理国家的基本方略。

依法治国方略，首先是对中华人民共和国成立以来特别是"文化大革命"经验教训进行深刻总结的成果。

中华人民共和国成立伊始，毛泽东首先思考的问题就是国家治理问题。他认为，治国必须有大法，国家必须有章程，因此他以极大的精力，亲自挂帅起草制定了第一部宪法。1954年宪法的颁布，初步奠定了社会主义法制的基础，在宪法的基础上，相关法律法规的制定，使我国法制建设呈现出上升势头，国家治理沿着正确的方向发展。但十年"文化大革命"中社会主义法制遭到严重破坏。

"文化大革命"之后，我们党深刻总结了1957年以后特别是"文化大革命"的深刻教训，开始了执政方式的新的探索。在党的十一届三中全会召开前的中央工作会议上，邓小平强调指出：为了保障人民民主，必须加强法制，必须使民主制度化、法律化，"做到有法可依，有法必依，执法必严，违法必究"[①]。这就第一次完整地提出了社会主义法制的十六字方针。党的十一届三中全会恢复确立了马克思主义的思想路线、政治路线和组织路线，同时提出了"加强社会主义民主，健全社会主义法制"的目标任务。全会公报指出："为了保障人民民主，必须加强社会主义法制，使民主制度化、法律化，使这种制

---

① 《邓小平文选》第二卷，人民出版社1994年10月第2版，第146-147页。

度和法律具有稳定性、连续性和极大的权威，做到有法可依，有法必依，执法必严，违法必究。"社会主义法制的"十六字方针"，是深刻总结历史经验教训得出的科学结论，为依法治国方略的形成奠定了思想理论基础。

在对执政方式、治国方略进一步探索的过程中，中央领导集体举办的一系列法制讲座发挥了深化认识的关键作用。[①] 从1994年12月至2002年12月，共举办了13期中央法制讲座。讲座学习的主要内容包括国际商贸法律制度与关贸总协定，社会主义市场经济法律制度建设，依法治国、建设社会主义法制国家的理论与实践，国际法与国际关系，"一国两制"与香港基本法，科技进步与法制建设，金融安全与法制建设，社会保障与法制建设，依法保障和促进农村的改革、发展和稳定，依法保障和促进国有企业改革与发展，西部开发与加快中西部发展的法治保障，运用法制手段保障和促进信息网络健康发展，切实保证宪法的贯彻实施等诸多方面。这个阶段中央层面的法制学习讲座具有十分重要的思想引领作用。系列讲座最重要的意义在于，在中央领导集体层面进一步统一了对法治重要性的认识，大大增强了中央领导集体厉行法治的理论自觉和信念决心，大大推动了依法治国方略的形成。依法治国基本方略就是在这个过程中正式提出来的。2002年12月以后，中央领导集体的法制学习讲座一直没有间断，这进一步推动了依法治国理念的升华。从中我们也可以看出，为什么近年来中央反复强调要建设学习型政党。

在1996年2月8日中央第三次法制讲座的总结讲话中，江泽民指出：加强社会主义法制建设，依法治国，是我们党和政府管理国家和社会事务的基本方针。江泽民的讲话还对依法治国进行了系统全面

---

① 肖扬：《依法治国基本方略的提出、形成和发展》，《求是》，2007年第20期。

的阐述。这一讲话为依法治国基本方略的确立奠定了思想理论基础。① 一个多月后,依法治国基本方针被写入《国民经济和社会发展"九五"计划和2010年远景目标纲要》。1997年9月,"依法治国,建设社会主义法治国家"被写入党的十五大报告。党的十五大报告指出:"依法治国,是党领导人民治理国家的基本方略,是发展社会主义市场经济的客观需要,是社会文明进步的重要标志,是国家长治久安的重要保障。"② 这就正式将依法治国提升为国家治理的基本方略。党的十五大正式确立依法治国基本方略,在新中国法治建设历史上具有重大的里程碑意义。1999年3月新的宪法修正案通过,将依法治国基本方略上升为宪法制度,从而使其获得了根本大法的保障。在此基础上,2002年11月党的十六大进一步提出了坚持依法执政、不断提高执政能力的思想,并强调指出:"发展社会主义民主政治,最根本的是要把坚持党的领导、人民当家作主和依法治国有机统一起来。"③ "三统一"原则的提出,明确了实施依法治国方略的根本要求。

2002年12月,新一届中央政治局的第一次集体学习以宪法为内容。胡锦涛在讲话中指出,"必须坚持实施依法治国的基本方略,在全社会进一步树立宪法意识和宪法权威",充分肯定了宪法在国家治理中的重要地位和作用,实施依法治国的基本方略,必须树立宪法的最高权威。

---

① 肖扬:《依法治国基本方略的提出、形成和发展》,《求是》,2007年第20期。

② 江泽民:《高举邓小平理论伟大旗帜 把建设有中国特色社会主义事业全面推向二十一世纪——在中国共产党第十五次全国代表大会上的报告》,人民出版社1997年9月。

③ 江泽民:《全面建设小康社会 开创中国特色社会主义事业新局面——在中国共产党第十六次全国代表大会上的报告》,《求是》,2002年第22期。

如果以1997年党的十五大正式确立依法治国基本方略为界,之前是依法治国思想的积累准备阶段,之后是初步完善阶段,党的十八大以后则是进一步发展创新和全面升华的阶段。①

党的十八大确立了依法治国新的目标和任务,即到2020年全面建成小康社会时,"依法治国基本方略全面落实,法治政府基本建成,司法公信力不断提高,人权得到切实尊重和保障"②。

党的十八大以后,习近平总书记提出了一系列全面依法治国的新理念、新思想、新战略,形成了习近平法治思想。习近平法治思想深刻回答了新时代为什么实行全面依法治国、怎样实行全面依法治国等一系列重大问题,是马克思主义法治理论中国化最新成果,是习近平新时代中国特色社会主义思想的重要组成部分,是全面依法治国的根本遵循和行动指南。习近平法治思想大大深化了我们党关于依法治国基本方略的思想认识。

依法治国基本方略的全面落实是与全面深化改革同步展开的。党的十八届三中全会提出,要推进国家治理体系和治理能力现代化,必须全面深化各领域的改革。而全面深化改革的重点任务之一,就是全面推进依法治国方略的具体落实。按照国家治理体系和治理能力现代化的目标要求,中央首次将依法治国确立为党的十八届四中全会的主题。党的十八届四中全会通过了《中共中央关于全面推进依法治国若干重大问题的决定》(以下简称《决定》)。《决定》是指导新时期法治

---

① 一些学者认为,中国共产党依法治国理论发展可划分为萌芽阶段(十一届三中全会至1991年)、快速发展阶段(20世纪90年代,以建立社会主义市场经济法律体系为标志)、改革发展阶段(以党的十五大正式提出依法治国基本方略为标志)等三个阶段。见张晶、陈士勇:《改革开放以来中国共产党依法治国理论研究综述》,《人民论坛》,2015年第12期(中)。

② 胡锦涛:《坚定不移沿着中国特色社会主义道路前进 为全面建成小康社会而奋斗——在中国共产党第十八次全国代表大会上的报告》,《求是》,2012年第22期。

建设的纲领性文件。

《决定》在中央决定层面第一次提出"全面依法治国的总目标是建设中国特色社会主义法治体系，建设社会主义法治国家"，第一次将"法律体系"上升为"法治体系"，并将"法治体系"细化为五个具体体系，这就使法治建设的总目标更加完善和定型；第一次将党内法规体系纳入整个法治体系，从而使"依规治党"的理念和原则得以确立；第一次提出依法治国的总体布局，即"坚持依法治国、依法执政、依法行政共同推进，坚持法治国家、法治政府、法治社会一体建设"，这就更有利于法治建设的整体推进；第一次提出实现"科学立法、严格执法、公正司法、全民守法"的新的十六字方针，从而使我国社会主义法治的基本要求更加明确。

《决定》还有若干个第一次。依法治国是国家治理的基本方略，宪法建设是依法治国的一号工程，因而也是治国基本方略的核心要素。要实现国家治理体系和治理能力现代化，必须保证依法治国基本方略实施的到位，而其首要就是必须实现宪法之治。因此，党的十八届四中全会决定还第一次在中央决定中提出"坚持依法治国首先要坚持依宪治国，坚持依法执政首先要坚持依宪执政"；"要完善以宪法为核心的中国特色社会主义法律体系，加强宪法实施"，建立宪法宣誓制度，健全宪法监督制度。《决定》还围绕立法、执法、司法、守法、队伍建设和党的领导作出了一系列新的规定，包括健全有立法权的人大主导立法工作的体制机制，推行政府权力清单制度和行政裁量权基准制度，推进以审判为中心的诉讼制度改革，把法治教育纳入国民教育体系，建立符合职业特点的法治工作人员管理制度，把党的领导贯彻到全面推进依法治国的全过程，等等。①

中央决定层面的若干个"第一次"，大大深化了党对依法治国基

---

① 《中共中央关于全面推进依法治国若干重大问题的决定》，人民出版社2014年10月版。

本方略的认识，实现了关于治国方略认识的全面发展和创新。

因此可以说，党的十八届四中全会及其通过的《决定》，是新中国法治建设历史上一个新的重要里程碑，开创了中国特色社会主义法治建设的新时代。

2017年10月，党的十九大召开。十九大对依法治国要义作出进一步明确强调，对"深化依法治国实践"进行了全面部署，明确了全面建成小康社会后法治建设两个十五年的目标任务。[①] 十九大报告首次提出"成立中央全面依法治国领导小组"（党的十九届三中全会又决定组建中央全面依法治国委员会），首次提出"推进合宪性审查工作"等新思想、新要求，成为全面推进依法治国的闪亮"音符"。

党的十九大实现了依法治国理念的全面升华，进一步描绘了建设法治中国的宏伟蓝图，全面开启了新时代法治建设新的伟大征程。

依法治国基本方略的形成和完善，标志着我们党在执政理念上实现了历史性的变革和飞跃。"社会主义法制国家"和"社会主义法治国家"，看起来只有"制"和"治"一字之差，其实意味着一次重大的观念革新，说明"法"的精神实质和基本内涵已经发生重大变化。法不再只是一种统治工具，而成为国家治理的依据和基础。相应地，"法治"不再仅仅指法律和制度，而成为一种与"人治"相对立的治国理政的基本方式。"法治"不仅要求国家具备依法办事的制度规范体系，还要求国家具备高效的法治实施体系、严密的法治监督体系、有力的法治保障体系和完善的党内法规体系；不仅要求科学立法，还要求严格执法、公正司法和全民守法；不仅要求有立法、执法、司法和守法的完善的制度安排，还要求在全社会形成良法善治的价值导

---

① 习近平：《决胜全面建成小康社会　夺取新时代中国特色社会主义伟大胜利——在中国共产党第十九次全国代表大会上的报告》，《人民日报》，2017年10月28日。

向。从根本上说，法治就是要在治国方式上彻底根除"人治"的思想传统和旧制痼障。

"法治"的确立，使"法制"概念回归本位，仅作为"法律制度"的简称来使用。在没有确立"法治"概念以前，"法制"这个概念是多义的，有时仅指法律和制度，有时也包括法律的实施。党的十五大报告将过去所提的"社会主义法制国家"改为"社会主义法治国家"，这是"法治"概念的正式被确立。今天，这两个概念的内涵已经十分明了，在使用上不会再有含混。但在使用中人们有时也会因为概念选择而困惑。在讨论历史时，以党的十五大为界，之前用"法制"，之后用"法治"，是比较符合实际情况的。

随着"法治"概念的确立，"法治体系"的概念也随之确立。党的十五大及以前提出建立形成社会主义法律体系，党的十八届四中全会提出建设中国特色社会主义法治体系，从"法律体系"到"法治体系"，同样体现观念的重大变革。"法治体系"的内涵远大于"法律体系"，它包括后者在内的五个具体体系，覆盖科学立法、严格执法、公正司法、全民守法的全过程，包括依法治国、依法执政、依法行政和建设法治国家、法治政府和法治社会诸方面。"法治体系"的确立，并不意味着"法律体系"的概念已经过时。"法律体系"仍然是一个重要的法治术语，完善法律体系是建设法治体系的首要任务。

改革开放40多年来，我国法治建设硕果累累，而其最大成果和核心成就就是执政理念的历史性变革以及依法治国基本方略的形成和完善。这是中国法治最宝贵的经验和财富，是建设法治中国最重要的动力和条件。

依法治国基本方略的形成和完善，表明中国共产党人认识和掌握了现代国家治理的最重要的钥匙和规律。

中国法治在今天取得的一切成就，从根本上说都源于执政理念的变革。

全面推进依法治国，努力建设法治国家，实现"两个百年"宏伟目标，必须始终不移坚持依法治国基本方略。

三、法律体系构建

新时期法治建设有开篇之作，有核心成就，也有贯穿其中的一条主线。这条主线就是，在依法治国方略和宪法的引领下，努力构建中国特色社会主义法治体系。

构建法治体系是一个庞大的系统工程，其基础工程就是建立和完善以宪法为核心的社会主义法律体系。

法律，在人类社会中发挥着最重要的规范作用。小智治事，中智治人，大智立法。古往今来，成功的执政者，无不重视立法。在当今世界，一个治理得比较好的国家，一定拥有比较完备的法律体系。

1997年党的十五大报告在确立"依法治国，建设社会主义法治国家"基本方略的同时，明确提出到2010年形成中国特色社会主义法律体系的目标。

2011年10月27日，国务院新闻办公室发布《中国特色社会主义法律体系》白皮书。白皮书宣告：经过中华人民共和国成立60多年来特别是改革开放30多年来坚持不懈的努力，到2010年底，中国特色社会主义法律体系已经形成。这是我国社会主义法治建设的一个重要里程碑。

中国特色社会主义法律体系，是以宪法为统帅，以法律为主干，以行政法规、地方性法规为其重要组成部分，由宪法相关法、民法商法、行政法、经济法、社会法、刑法、诉讼与非诉讼程序法等多个法律部门组成的有机统一整体。截至2011年8月底，我国已制定现行宪法和有效法律共240部、行政法规706部、地方性法规8600多部，涵盖社会关系各个方面的法律部门已经齐全，各个法律部门中基本的、主要的法律已经制定，相应的行政法规和地方性法规也比较完备。从各个法律部门的立法情况看，截至2011年8月底，中国已制定宪法相关法方面的法律38部、民法商法方面的法律33部、行政法方面的法律79部、经济法方面的法律60部、社会法方面的法律18部。这五个法律部门中除法律外,还有一大批行政法规和地方性法规。在刑法方面,截至2011年8月底,我国已制定一部统一的刑法、8个刑法修正案以及《关于惩治骗购外汇、逃汇和非法买卖外汇犯罪的决定》,并通过了9个有关刑法规定的法律解释。关于诉讼与非诉讼程序法,截至2011年8月底,我国已制定这方面的法律10部。[①]

国务院新闻办白皮书公布的立法相关数据均截至2011年8月底。在此后的几年中,我国立法又取得重大进展,特别是民法典的编纂工作取得重大突破。

截至2017年6月底,十二届全国人大及其常委会新制定法律20件,通过修改法律的决定39件、涉及修改法律100件,废止法律1件,作出法律解释9件,有关法律问题的决定34件。2013年至2017年10月,国务院共提请全国人大常委会审议法律议案43件,制定修订行政法规43部,根据"放管服"改革要求,先后"一揽子"修订行政法规125部;最高人民法院、最高人民检察院制定出台133件司法实践中急需的司法解释;有立法权的地方人大及其常委会制定地方性法规4000余件。这个阶段的立法呈现出数量多、分量重、节奏快的特点,取得了一批新的重要立法成果,为改革发展稳定发挥了重要的保障和促进作用,充分反映了党的十八大到十九大之间,全面推进依法治国步伐的加快。

近几年最重大的立法成果是《中华人民共和国民法总则》特别是《中华人民共和国民法典》的出台。民法被誉为"社会生活的百科全书"。1804年的《法国民法典》、1900年的《德国民法典》等,都是各自国家法律体系成熟的重要标志。经过长期努力,我国民事立法已

---

① 国务院新闻办:《中国特色社会主义法律体系》(2011年10月),《人民日报》,2011年10月28日。

经涵盖社会生活各个方面,但始终缺乏一部统辖各个民事法律的总则总章。中国特色社会主义法律体系的不断完善,呼唤一部顺应时代要求、体现中国特色的统一民法典尽早出台。党的十八大以后,编纂民法典和制定民法总则的工作进程明显加快。我国民法典的编纂工作总体上分为两步。[①] 第一步是制定民法总则,第二步是全面整合民事法律,编纂民法典各分编,再与民法总则合并为典。《中华人民共和国民法总则》于2017年3月15日经十二届全国人大五次会议审议通过,自2017年10月1日起实施。《中华人民共和国民法总则》是中国民法典的开篇之作,作为民法典的统帅和纲领,它的出台,为民法典的编纂打下了坚实基础和揭开了关键一页。按照立法规划,我国民法典各分编的编纂工作有序开展。《中华人民共和国民法典》于2020年5月28日经十三届全国人大三次会议审议通过,自2021年1月1日起施行。《中华人民共和国民法典》共7编、1260条,各编依次为总则、物权、合同、人格权、婚姻家庭、继承、侵权责任,以及附则。《中华人民共和国民法典》是新中国成立以来第一部以法典命名的法律,是中国特色社会主义法律体系中的一部重要基本性法律,是中国法治建设的一个重大标志性成果。

一部民法典,映射一个伟大的时代和一个有智慧的民族。编纂民法典,是中国法治史上一个浩大的工程和一座巍峨的丰碑。它是当代中国文明进步的时代写照,解决的是中国经济社会和民生的现实问题,是新时期立法工作的鲜明写照和代表之作。

除了民法典的编纂,我国也于2015年8月通过了《刑法修正案(九)》(2020年12月,我国刑法第11次修改)。刑事诉讼法、民事诉讼法、行政诉讼法也分别于2012年3月、2012年8月、2014年11月进行了修改。2017年6月,国家对民事诉讼法和行政诉讼法作

---

① 《完善和发展中国特色社会主义法律体系》,《人民日报》,2018年3月13日。

出新的修订。2018年10月，再次修改刑事诉讼法。

截至2020年8月，我国现行有效的法律总共达到了281部，行政法规700多部，地方性法规12000多件。以宪法为核心的中国特色社会主义法律体系进一步完善和发展。完善中国特色社会主义法律体系的另一个标志性的成果，就是2015年3月《中华人民共和国立法法》修改，普遍赋予设区的市地方立法权。我国地方立法的主体一次就增加274个，这个力度是前所未有的。加上原来享有地方立法权的31个省区市和49个较大的市，我国地方立法主体共达到了354个，地方立法有了更加广阔的前景。①

各国的历史文化传统、具体国情、社会制度的不同，决定了各国必然选择不同的法治道路和法治发展模式，而不同的法治道路和发展模式首先会体现在立法和法律体系的构建上。中国特色社会主义法律体系是中国特色社会主义制度体系的重要组成部分，是中国经济社会发展实践经验制度化、法律化的集中体现，具有十分鲜明的中国特色。

中国特色社会主义法律体系体现了中国特色社会主义的本质要求。我国社会政治制度和经济制度决定了我国法律制度必然坚持从中国特色社会主义的本质要求出发，从最广大人民的根本利益出发，将为了人民、依靠人民、造福人民、保护人民作为根本的价值取向，将保障人民根本利益作为根本出发点和落脚点。

中国特色社会主义法律体系适应了改革开放和现代化建设的客观需要。法律体系的构建必须立足于改革开放和现代化建设的丰富实践，适应改革开放和现代化建设的客观需要。中国特色社会主义法律体系的形成过程，始终是一个适应发展需要和为发展营造法制环境的

---

① 《完善和发展中国特色社会主义法律体系》，《人民日报》，2018年3月13日。

过程。深化市场经济体制和行政体制改革，转变经济发展方式，扩大社会主义民主，保障和改善民生，加强和创新社会管理，保护生态环境，都不断对立法提出新的要求。在努力适应发展要求，正确处理立法与改革的相互关系方面，我们积累了丰富的经验。

中国特色社会主义法律体系的内在结构是我国基本国情的必然反映。在建设中国特色社会主义法律体系过程中，我国始终坚持了一切从实际出发，与基本国情相适应的原则。中国是一个统一的多民族国家，各地方经济社会发展很不平衡，我国由此确立了统一而又多层次的立法体制，这既充分照顾了各地方经济社会发展的实际需要，又大大加快了法律体系建设的步伐。与我国统一而又多层次的立法体制相适应，中国特色社会主义法律体系在内在结构上也呈现出统一而又多层次的结构特征。这既符合法律体系自身的内在逻辑，也是我国基本国情的必然反映。

中国特色社会主义法律体系彰显了包容开放和与时俱进的时代精神。既注重继承和弘扬中国优秀传统法律文化，又注重研究借鉴国外立法有益经验，吸收国外法治文明先进成果。同时，始终坚持立足中国国情和当前实际进行制度创新，使中国特色社会主义法律体系具有很强的包容性、开放性和创新性。我国立法坚持有目标、按计划、分阶段积极推进，有计划、有重点、有步骤地开展立法工作，坚持综合运用制定、修改、废止、解释等多种立法形式，多层次、全方位推进立法工作。

在建设中国特色社会主义法律体系过程中，还面临一项史无前例的立法挑战，那就是关于特别行政区的立法。为了贯彻落实"一国两制"方针，实现祖国统一，20世纪80年代末90年代初，我国先后制定了《中华人民共和国香港特别行政区基本法》《中华人民共和国澳门特别行政区基本法》,① 建立了特别行政区制度,确保了香港、澳门的顺利回归,并为香港、澳门的长期繁荣和稳定提供了重要法律保障。两个特别行政区基本法的制定和实施,实现了社会主义法律制度与资本主义法律制度的成功对接,是我国法制史上的一大创举,也是我国法律体系的一大特色,最大限度地体现了我国法律体系的包容性、开放性和创新性。为了维护国家主权、安全、发展利益,坚持和完善"一国两制"制度体系,维护香港长期繁荣稳定,改变香港国家安全领域长期"不设防"状况,2020年5月28日十三届全国人大三次会议通过《全国人民代表大会关于建立健全香港特别行政区维护国家安全的法律制度和执行机制的决定》(以下简称《决定》)。据此《决定》制定的《中华人民共和国香港特别行政区维护国家安全法》于2020年6月30日经十三届全国人大常委会二十次会议审议通过。海内外普遍认为,此法律是香港"一国两制"实践行稳致远的"守护神",是香港长期繁荣稳定的"定海神针"。2021年3月12日,全国人大又通过《关于完善香港特别行政区选举制度的决定》,据此决定全国人大常委会通过了香港特别行政区行政长官产生办法、香港立法会产生办法和表决程序等相关法律,这就为"爱国者治港"提供了根本的法律保障。

立法是法治的第一道工序,立什么法,怎样立法,都从根本上影响着法治的品质、作用和面貌。"文化大革命"以后,我国法治的恢复首先是从立法开始的;40多年来,我国法治的进步,也是通过立法来引领的;我国法治建设要实现既定的目标,当然要首先抓好立法

---

① 从1985年7月至1990年4月,《香港特别行政区基本法》起草共历时4年8个月;从1988年10月至1993年3月,《澳门特别行政区基本法》起草共历时4年5个月。作为史无前例的立法,这两部法律的制定充分体现了"千锤百炼"和"高度民主"。

的提质升位。

改革开放以来的立法工作，从最宏观的角度可以划分为三个大的阶段。

第一个阶段是改革开放初期的立法。这个阶段立法工作的基本特征就是恢复被"文化大革命"破坏了的法制秩序。立法的基本目标就是尽快恢复被"文化大革命"彻底破坏的法制秩序，以保证改革开放政策的顺利实施和社会的正常运转。彭真复出后分管政法工作，首先抓的就是制定一批急需的法律。在他的领导下，仅用3个多月时间，就拟定了包括刑法、刑事诉讼法、选举法在内的七部重要法律草案，并在1979年6、7月间召开的五届人大二次会议上一次通过。这些重要法律的制定和实施，改变了我国改革开放初期无法可依的状况，为后来的立法奠定了坚实基础。

第二个阶段是确立市场经济体制、加入世贸组织以后的立法。社会主义市场经济体制的确立，世界贸易组织的加入，都对我国法律体系、规则体系提出了新的挑战。这个阶段的立法既要应对国内市场发展的需要，也要应对国际市场发展的需要；既要适应经济的转型，也要适应社会的转型和管理的转型。在宪法相关法、刑法、诉讼与非诉讼程序法不断完善的同时，我国还在这个阶段制定了大量的民法商法、行政法、经济法、社会法方面的法律和法规。2010年底中国特色社会主义法律体系的形成，与这个阶段的立法的推动是直接相关的。

第三个阶段是中国特色社会主义法律体系形成以后的立法。我们应当看到，"中国特色社会主义法律体系已经形成"不是一个绝对而是一个相对的判断。从相对的意义上说，通过多年的努力，我们已经建立了一个比较完善的法律体系，立法较之过去已经有了很大的进步。但从严格的意义上说，从建设法治国家的要求来说，"法律体系基本形成"可能更为符合我国的客观实际。因此，我们宣布"中国特色社会主义法律体系已经形成"，并不意味着立法工作已经完成，可以就此止步，而是在对立法工作提出更高的要求。这个阶段的立法具有以下方面的突出特征：一是围绕"五位一体"总体布局和"四个全面"战略布局，进一步完善立法规划。二是围绕社会主要矛盾的变化，进一步加强民主、法治、公平、正义、安全、环境方面的立法以及市场经济、改善民生、社会治理等重点领域的立法。三是适应全面建设法治国家、实现国家治理体系和治理能力现代化的要求，进一步提升立法质量和水平。四是进一步实现立法的成龙配套，大力加强法典化建设，特别是加快民法典的编撰，另如在总结"外资三法"实施经验基础上制定一部统一的《中华人民共和国外商投资法》，这部法律已于2019年3月颁布，2020年1月1日起施行。五是适应新形势新要求，大力推进立法体制机制的改革和进一步扩大地方立法权。六是在整个法治体系建设中，更好发挥立法的引领、规范、推动和保证作用。此外，还有一个十分重要的特征，就是法治体系建设与制度体系建设融合一体，党的十九届四中全会通过制度建设的决定，这既使法治建设的任务和目标更加明确，又使法治建设进一步获得制度的保障。可见，新阶段、新时代的立法具有了更高的目标和更高的水准。

更高目标、更高水准，是不是意味着中国的法律越多越好，越细越好？看一看印度，我们可能会有所启发。印度自认为已经建成法治国家，不少西方国家也认为印度是一个法治国家，其实只要研究一下印度的立法，就会知道印度的法治到底处在什么水平上。印度的法律，一是多，二是细，三是老，印度劳工法就是一个典型。印度劳工法是一个由40多项不同法律组成的庞大的体系，其中有1926年的工会法和1947年的劳动争议解决法。几十年前甚至近百年前制定的法律，早已不合时宜，但要改动却很困难，企业要解雇一个员工也很困难。这样的劳工法看似保护了劳工的利益，实际上严重阻碍投资和就业的发展，这成为印度经济社会特别是企业发展的一个沉重包袱，不少外商对此最感头痛。印度的不少法律都有落后于时代的情况。可见，一个国家的立法，并不是越多越好，越细越好，越稳定越好。我国新时代的立法,要坚持一切从实际出发,从发展的需要出发,坚持科学定位、疏密适度,坚持与时俱进,废改立结合,做到高效、务实、管用。

法律体系与制度体系是紧密联系的,新的历史时期我国法律体系构建与制度体系建设是一体推进的。中国特色社会主义制度是当代中国发展进步的根本保证,为了坚持和完善中国特色社会主义制度,大力推进国家治理体系和治理能力现代化,2019年10月,党的十九届四中全会专题研究制度问题,通过《中共中央关于坚持和完善中国特色社会主义制度、推进国家治理体系和治理能力现代化若干重大问题的决定》(以下简称《决定》)。《决定》回答了"坚持和巩固什么、完善和发展什么"这个重大政治问题,聚焦坚持和完善支撑中国特色社会主义制度的根本制度、基本制度、重要制度,部署了推进制度建设的各方面(13个方面)任务和举措,明确了各项制度必须坚持和巩固的根本点、完善和发展的方向,并作出工作安排部署。

在《决定》部署的制度建设的重大任务中,一个重要方面就是坚持和完善中国特色社会主义法治体系,包括加快形成完备的法律规范体系。在坚持和完善中国特色社会主义法治体系中,《决定》提出了健全保证宪法全面实施的体制机制、完善立法体制机制、健全社会公平正义法治保障制度、加强对法律实施的监督四个方面的基本要求。其中对立法方面的具体要求是:完善立法体制机制,坚持科学立法、民主立法、依法立法,完善党委领导、人大主导、政府依托、各方参与的立法工作格局,立改废释并举,不断提高立法质量和效率,完善以宪法为核心的中国特色社会主义法律体系,加强重要领域立法,加快我国法域外适用的法律体系建设,以良法保障善治。《决定》这些规定,无疑为我国今后的立法工作和法律体系的进一步完善指明了方向,明确了工作重心。法律离不开制度,制度也离不开法律。一方面,要通过制度体系建设推动法治体系、法律体系的完善;另一方面,要通过法治体系、法律体系的不断完善,为坚持和完善中国特色社会主义制度、推进国家治理体系的治理能力现代化提供坚实的法治保障。

立法的高水准取决于法治中国的高水准，也从根本上影响着法治中国的高水准，法治中国是按照世界最先进的法治国家来设计的。

建立世界最先进的法律体系，是建设法治中国的首要任务。

四、法治政府和法治社会建设

在法治的天平上，一边是公共权力，一边是公民权利。政府是公共权力的代表者，只有政府带头依法办事，严格执法，国家和社会才能在法治轨道上有序运行和发展。

全面推进依法治国中，政府厉行法治的示范作用尤为关键。落实法治建设总体布局，政府的责任十分重大。深入推进依法行政，加快建设法治政府，是现代政治文明的重要标志，是促进社会公平正义的基本保证，是发展社会主义市场经济的必然要求，也是建设法治中国的重要举措和关键一环。

在中华人民共和国成立之初，由周恩来主政的人民政府对政府的法制建设是相当重视的。为了推进政府依法办事，除了很快建立司法机构外，还立即着手政府法制机构的建设。政务院设立了内务部、公安部、司法部和法制委员会，以履行政府的专门法律工作职能。政务院还设立了政治法律委员会，以指导内务部、公安部、司法部、法制委员会和民族事务委员会的工作。为了加强对政府法制工作的统一领导和协调，政务院还在各大区和省级人民政府设立政法委员会，在专署和县设立政法联合办公室，它由政法各部门负责人、人民团体和民主人士代表所组成，其主要任务是协助行政首长解决法制工作的具体问题，指导、布置、检查、监督各政法部门的工作。

我国还在中华人民共和国成立之初建立了专门的行政监察制度。县级以上的各级人民政府内设立人民监察机关，政务院设人民监察委员会，以监察各级政府机关和各种公务人员是否履行其职责，并纠举其中之违法失职的机关和人员，查处经济建设中的违法乱纪、官僚主义、命令主义、贪污浪费等行为，并受理人民来信，接受处理人民群众和人民团体对国家机关及公务人员违法失职行为的控告。① 与此同时，国家在各级人民政府的工作人员队伍中，广泛开展奉公守法，反对官僚主义、命令主义、贪污腐化等方面的思想教育，奉公守法、依法办事逐步成为政府系统的自觉行动，法制政府建设呈现出良好的上升势头。但到50年代后期，由于"左"倾思想的发展，整个法制被轻视，政府自身的法制建设也逐步受到冲击，"文化大革命"时更遭受极大的破坏，以致不少法制工作机构被取消，公检法合署办公，法制机构只剩下公安机关，法院名存实亡，人民政府也被"革命委员会"所代替。在那种背景下，还何谈法制政府建设。

党的十一届三中全会以后，通过拨乱反正，民主法制建设重新步入正轨，政府建设、政府法制工作又一次提上重要日程，受到高度重视。改革开放以来，在历年历次政府工作报告中，政府自身建设都占有极重的分量。随着党的执政方式的重大变革，坚持依法行政、建设法治政府的理念也逐步形成并日益深化。依法治国基本方略的正式形成，标志着法治国家、法治政府、法治社会的目标的正式确立。深入推进依法行政，加快建设法治政府，是全面推进依法治国的重大方针，也是贯穿新时期政府工作的一大主题。

建设法治政府的核心是依法行政。在依法行政的实践探索基础之上，2004年国务院发布《全面推进依法行政实施纲要》（以下简称《纲要》），这是进入新时期加快建设法治政府的第一个全局性的指导

---

① 蔡定剑：《历史与变革》，中国政法大学出版社1999年3月第1版，第38页。

性文件。①《纲要》实施以来，国务院和各级政府始终把依法行政放在政府自身建设的中心位置，强调政府各项工作都要严格依法办事，推动法治政府建设取得了重要进展。首先是立规矩。国务院先后两次修订国务院工作规则，地方政府工作规则也日益完善。二是抓政府建设立法。颁布行政许可法、公务员法、政府信息公开条例、行政机关公务员处分条例等。三是抓科学民主决策。调查研究和集体决策制度、专家咨询制度、公示制度、公开征求意见制度、决策跟踪反馈和责任追究制度等制度得到建立健全并认真落实。四是抓行政行为规范化，推进行政审批制度改革和政府职能转变。2004年至2010年间，中央一级取消和调整审批事项2100余项，地方各级取消和调整77600余项。五是推进综合执法。整治乱处罚、乱收费、乱摊派和多头执法、重复执法行为。六是推进政务公开，加强行政监督。2007年《政府信息公开条例》的颁布，大大推动了阳光行政。总之，通过历届政府的不懈努力，法治政府建设不断取得重大进展，政府公信力显著提升。

党的十八大把"法治政府基本建成"确立为2020年法治建设要实现的重要目标之一。十八大以来，法治政府建设换挡提速，力度进一步加大，依法行政成为法治建设一道鲜明的时代印记。

坚持依法行政，首先要职权法定。法定职责必须为，法无授权不可为。2014年初，国务院各部门官网上陆续出现了一张张部门行政审批事项清单，这是中央政府首次晒出权力清单，亮出权力家底。截至2017年10月，全国所有省市县三级政府部门权责清单均已公布。推行政府部门权力清单制度，对于建设法治政府意义重大。

---

① 2004年国务院《全面推进依法行政实施纲要》的颁布，标志我国法治政府建设的步伐全面加快，此后"法治型政府"建设成为政府建设和政府工作的重大主题。

坚持依法行政，关键要从政府决策的过程和程序抓起。各级政府把公众参与、专家论证、风险评估、合法性审查、集体讨论决定确定为实行重大行政决策时必须坚持的法定程序。为了明确网约车的合法地位，近年交通运输部与互联网企业进行了先后近20次的沟通，召开座谈会、论证会和咨询会100余次，网上征集意见建议5000余件、6800余条。民众的参与推动了交通运输部《网络预约出租汽车经营服务管理暂行办法》的发布施行。

坚持依法行政，必须普遍建立法律顾问制度。2016年6月，中办、国办印发了《关于推行法律顾问制度和公职律师公司律师制度的意见》，到2017年10月，各级政府及工作部门普遍设立了法律顾问、公职律师，法律顾问、公职律师成为政府依法行政、化解纷争的重要帮手。

坚持依法行政，必须建立重大决策终身责任追究制度及责任倒查机制。决策者对其作出的决策负责，这是法治政府的题中应有之义。1988年，国务院批准设立甘肃祁连山国家级自然保护区。然而长期以来，保护区所在的地方政府违法决策、违规审批、监管失职，造成祁连山局部生态遭到严重破坏，自然保护区满目疮痍。为此，甘肃省3名现任或前任副省长被问责，省国土资源厅厅长、祁连山保护区管理局局长等4人被撤职。① 这一问责案例被中央电视台评为2017年全国十大新闻之一。

坚持依法行政，必须简政放权、放管结合、优化服务。党的十八大以来的5年间，国务院各部门累计取消行政审批事项618项，"非行政许可审批"概念成为历史；国务院各部委设置的职业资格削减70%以上，中央层面核准的投资项目数量累计减少了90%，大大激发了社会活力。繁琐的行政审批已被简捷、高效、便宜的政府服务所

---

① 《祁连山自然保护区生态破坏：多人被问责追责》，《人民日报》，2017年1月25日。

取代。信访部门网上受理信访、公安机关异地办理身份证件、网上办理出入境证照和驾照换领等各种便民措施纷纷出台。

坚持依法行政，必须严格执法。在环保领域、食品药品安全领域，政府对环境污染、食品药品乱象零容忍，重拳出击治污治乱。在越来越多的民生领域，政府严格执法成为常态。近年来，城市综合执法机构纷纷挂牌成立，行政处罚权的集中行使既提高了行政效率，又方便了人民群众。

坚持依法行政，还必须全面推进政务公开和监督。2016年2月，中办、国办印发了《关于全面推进政务公开工作的意见》。2019年4月，新修订的《中华人民共和国政府信息公开条例》颁布，修订主要包括三方面内容：一是坚持公开为常态，不公开为例外，明确政府信息公开的范围；二是完善依申请公开的程序；三是强化便民服务要求。各级政府大力推进决策公开、执行公开、管理公开、服务公开和结果公开。一个集党内监督、人大监督、民主监督、行政监督、司法监督、审计监督、社会监督、舆论监督于一体的全方位、立体化的监督体系已经逐步形成，政府权力进一步被关进制度的笼子里。

坚持依法行政，还有一项关涉全局的重要基础性工作，那就是行政法规的立、改、废工作。依据宪法、法律制定行政法规是政府的一大职能，也是政府实施管理、依法执政的基础工作。截至2011年8月底，我国已制定有效行政法规706部。2013年至2017年10月，制定修订行政法规43部。截至2018年3月，我国现行有效的行政法规共740多部。与此同时，行政法规的清理工作也在不断进行。经过清理，2019年3月，国务院再次公布了《国务院关于修改部分行政法规的决定》，决定对49部行政法规的部分条款予以修改。① 通过这些努力，我国的行政法规体系更加完善，更能适应改革发展的需要。

---

① 《国务院关于修改部分行政法规的决定》，《人民日报》，2019年4月24日。

在法治政府建设中，近年来还有一个工作亮点，就是执法检查大大加强。加强执法检查是近年来全面推进依法治国、依法行政的一个重头措施。执法检查是一种自上而下的监督检查，是执法过程中集中发现问题、解决问题的有效手段，是全面推进依法行政的必要措施。

自上而下的监督检查，在我国具有悠久的历史传统。中国古代的巡察制度早在春秋战国时期就有了雏形，在汉代正式确立，经过长期发展，到了明清时期达到了十分完备的状态。古代巡察制度作为古代监察制度的重要组成部分，在维护皇权和统治秩序中发挥了十分重要的作用。

在当代，自上而下的监督在内容和形式上都有了很大的拓展。我国今天的自上而下监督是全方位的，主要包括执政党内和国家政权机关内的自上而下监督，特别是党内的巡视、人大的执法检查和行政机关内部的执法检查。党内巡视、人大执法检查、政府执法检查的共性在于其都是自上而下的监督检查，但这几种监督检查具有不同的性质。党内巡视属党内监督，人大执法检查属权力机关监督，政府执法检查属行政机关内部监督。这几类监督虽性质不同，但对于依法行政和法治政府建设都具有重要的推动作用。通过党内政治巡视和人大执法监督检查，可以发现政府执法中存在的大量问题并督促政府整改落实，这样方可大大加强和改善政府执法工作，有效推动法治政府建设。政府自身的执法检查更能直接推动政府工作和自身建设。这也说明，为大力加强法治政府建设，除了加强政府自身执法检查，还应大大加强党的监督和国家权力机关的监督，进一步完善自上而下的监督体系，充分发挥自上而下的监督网络的综合作用。这当中，经常性的工作当然还是人大和政府自身的执法检查。

近年来，我国的执法检查大大加强。人大系统和政府系统都开展了多种执法检查，内容涉及诸多领域和方面，包括环境保护、食品卫生、药品管理、税收、教育、文化、妇女儿童保护、社会治安管理，等等。执法检查不仅多方面，而且逐步走向刚性化：检查结果与政绩考核挂钩，发现问题进行责任追究。这就大大加强了执法检查的权威性。执法检查当然也还有待进一步加强和改善。根据地方的反映，目前存在检查过多、过频难以应付的问题，检查"运动式"、常态化不够的问题以及各种检查缺乏统筹的问题。进一步加强执法检查，解决执法检查中存在的问题，必须从加强统筹协调入手。从中央层面来说，既要加强内容统筹，也要加强力量统筹，还要加强时间统筹。从内容上说，中央层面的监督检查，应主要定位在环保、扶贫、教育等牵动全局的重要方面。从力量和时间上说，各方面的检查要有安排上的对接，不要多方出击，使地方应接不暇。为了避免多头检查、检查过多过频，一个重要的办法就是尽量搞综合执法检查，能综合的尽可能综合，不能综合的也要做好与综合执法的安排衔接。实现执法检查常态化的一个重要方面是加强人大的监督检查。监督政府工作是人大的法定职责，这种监督既应坚持经常化，也应具有权威性。党的监督管用，政府自身的监督也管用，人大监督不怎么管用的状况必须得到根本改变。

总的来说，通过不懈努力，政府自身建设不断取得重大进展。特别是党的十八大以来，法治政府建设成效显著，政府工作的法治化水平和政府公信力显著提升。当然也要看到，法治政府建成仍需时日，目前存在的问题仍然不少，主要是一些政府部门和人员执法不严的问题，权力寻租、徇私枉法、懈怠执法、选择执法、越权执法、错位执法等现象仍然存在。

政府是资源最集中的部门，管不住政府，就管不住政权，管不了社会，不要说建设法治国家，国家正常运转都会发生困难。在法治建设的任务布局中，政府是法律实施的重要责任主体，多达80%以上的法律法规主要是由行政机关负责实施的。因此，全面推进依法治国的工作全局对法治政府建设也就提出了更高的要求。按照全面推进依法治国的目标设计，到2035年，要基本建成法治国家、法治政府、法治社会，这是党的十九大作出的目标定位。① 而其中的法治政府，在党的十八大报告中就明确提出，到 2020 年实现全面建成小康社会宏伟目标时，就要基本建成。② 可见，在一体建设法治国家、法治政府、法治社会的总体布局中，法治政府建设的要求更高，任务更繁重。

为了加快推进法治政府建设进程，2015 年 12 月，中共中央、国务院又印发《法治政府建设实施纲要（2015—2020 年）》，规划了这一时期建设法治政府的总蓝图、路线图、施工图。在此基础上，党的十八届四中全会《中共中央关于全面推进依法治国若干重大问题的决定》明确了依法行政的要素和建设法治政府的标准，党的十九大对深化机构和行政体制改革作出重要部署，党的十九届三中全会提出了深化国务院机构改革及其行政执法体制改革的具体方案，这为法治政府建设进一步指明了方向，创造了条件，提供了保障。

按照中央的统一部署，法治政府建设正扬鞭奋蹄，向着既定目标奋力冲刺。

在全面推进依法治国的进程中，与法治政府建设紧密相关的是法治社会建设。从一定意义上说，法治社会建设是法治国家、法治政府建设的展开和延伸，它集中表现为多层次、多领域的全面依法治理。

自党的十五大确立依法治国基本方略以来，在全国大力推行的全面依法治理可以概括为"三大工程"，即地方依法治理、行业依法治

---

① 习近平：《决胜全面建成小康社会　夺取新时代中国特色社会主义伟大胜利——在中国共产党第十九次全国代表大会上的报告》，《人民日报》，2017 年 10 月 28 日。

② 胡锦涛：《坚定不移沿着中国特色社会主义道路前进　为全面建成小康社会而奋斗——在中国共产党第十八次全国代表大会上的报告》，《求是》，2012 年第 22 期。

理和基层依法治理。① 地方依法治理主要是按行政区划开展的多层次的块块依法治理，包括依法治省、依法治市、依法治县、依法治乡，等等；行业依法治理主要是按行业系统划分开展的各行业各领域的依法治理，如依法治警、依法治税、依法治水、依法治林、依法治医、依法治教，等等，也包括各行业协会学会组织开展的依法治理活动；基层依法治理则是在众多基层单位开展的依法治理，比如依法治企、依法治厂、依法治校、依法治村，等等，也包括在广大社区开展的各种依法治理活动。

全面依法治理的一个最大特点就是充分发挥各类社会主体依法办事、自我约束、自我管理的重要作用。不仅要充分发挥各级政府的主体作用和企事业单位的重要作用，还要充分发挥各社会组织和人民团体在法治建设中的积极作用。努力建立健全社会组织参与社会事务、维护公共利益、救助困难群众、帮教特殊人群、预防违法犯罪的机制、平台和渠道，各类社会组织充分发挥行业自律和专业服务功能，充分发挥对其成员的行为引导、规范约束和权益维护作用。注重发挥市民公约、乡规民约、行业规章、团体章程等社会规范在社会依法治理中的积极作用。

全面依法治理另一个重要特点是深入开展多层次、多形式的法治创建活动，不断深化各部门、各行业和各基层组织的依法治理。一个地区、一个行业、一个部门、一个单位，都有自己依法治理的行动方案、目标设计、活动平台、工作抓手和话语体系，与主体工作一并部署、一并检查、一并落实、一并考核。系统治理、依法治理、综合治理、源头治理的结合，大大推动了社会治理的整体法治化水平的提升。

在全面依法治理的"三大工程"中，地方依法治理和行业依法治

---

① 孙延良：《关于基层依法治理工作的几点思考》，《求知》，2007年第4期。

理发挥着重要的主干作用。地方依法治理包括省市县乡四级依法治理,其中省级治理处在地方依法治理的顶层,在地方依法治理中最具宏观性和统筹性。省是国家封疆意义上的重要组成部分,中国这样大的国家,只有30多个省份(自治区、直辖市),无论是面积还是人口,不少省都相当于一个中小国家。建设法治中国,首先需要各个省把工作做好,各省区市都要写好法治中国的省域篇章。依法治国的基础是依法治省,只有各省认真落实了法治建设的目标任务,依法治国才能变为现实。落实依法治国的地方责任,当然首先是落实省级的责任。近年来,各省区市高度重视法治建设和依法治理,各省党委政府先后作出相关决定,制定专门计划和实施纲要。如中共四川省委早在1997年就作出关于依法治省的决定,党的十八大后,又制定了《四川省依法治省纲要》。其他省区市的相关决定和计划纲要大体也在同期出台。在依法治理中,各省区市结合本省省情,突出地方特色,彰显各自优势。北京突出首都的规范治理和科学发展,上海、广东、江苏、浙江等省市突出对改革开放和领先发展的保驾护航,新疆维吾尔自治区、西藏自治区、内蒙古自治区、云南省等省区突出维护国家统一和民族团结。各省区市的依法治理,构成了法治中国建设百舸争流的生动实践。近年来,行业依法治理也深入推进,不少行业和领域在依法治理上实现了历史性突破。比如我国在环保领域中依法治水,依法治污,既加强了环保立法,又加大了环保执法,彻底改变了治理不力的状况。整个社会感觉到,环保受重视了,环保法管用了,环保执法检查不是走过场了,生态环境在真正开始改善了。在教育领域,过去乱招生、乱办班、乱发文凭,乱象横生,近年多管齐下,集中治乱,成效明显。治安管理方面,狠抓依法治警,乱罚款、乱扣人等执法不文明现象的根本治理,大大提高了公安执法的文明程度。各个行业的依法治理与地方的依法治理相互结合,密切配合,构成了各级依法治理交相辉映的生动局面。地方依法治理和行业依法治理,就其内容和涉及的领域来说,既着眼于法治政府建设,又着眼于法治社会建设，把法治政府和法治社会建设融为一体了。

在全面依法治理的"三大工程"中，基层依法治理是一道亮丽的"风景线"。依法治理已成为基层管理、基层生活的一大主题。城乡居民委员会、村民委员会围绕《中华人民共和国城市居民委员会组织法》《中华人民共和国村民委员会组织法》等法律的贯彻实施，工矿企业围绕《中华人民共和国工会法》等法律的贯彻实施，各级各类学校围绕《中华人民共和国教育法》等法律的贯彻实施，开展了大量内容丰富多彩、形式多种多样的法治创建活动。广大基层单位既注重在日常管理中坚持依法办事，又注意教育引导广大群众不断增强依法办事的自觉性。同时坚持依法治理与精神文明建设紧密结合，有效开展多种形式的专项治理活动。在扫黄打非、禁毒禁赌等依法清除社会丑恶现象的工作中，在依法化解群众之间、群众与单位之间、群众与政府部门之间的矛盾纠纷等方面，广大基层单位发挥着不可替代的重要作用。各基层单位逐步实现了由主要依靠行政手段管理向注重依靠法治手段管理的转变，由主要依靠行政手段调处纠纷向注重依靠法律手段解决纠纷的转变。广大基层干部自觉提升运用法治思维和法治方式深化改革、推动发展、化解矛盾、维护稳定的能力，一个"办事依法、遇事找法、解决问题用法、化解矛盾靠法"的法治氛围正在城乡基层社会中逐步形成。

全面依法治理有效促进了平安中国建设。党的十八大以来，国家大力加强和创新社会治理，不断完善中国特色社会主义社会治理体系，努力建设更高水平的平安中国，进一步增强了人民群众安全感。今天，人民群众居家更安心、出行更放心、生活更舒心，"平安中国"成为一张亮丽的国家名片，中国已成为世界上最具安全感的国家之一。[1] 数据显示，我国每10万人命案发案数为0.7起，与享有"世

---

[1] 人民日报评论员：《努力建设更高水平的平安中国》，《人民日报》，2019年1月18日。

界上最安全国家"之称的瑞士相当,这是一个了不起的重大成就。

多层次、多领域的全面依法治理,实现了社会主体、社会成员、社会领域的全覆盖,这是中国特色社会主义法治建设的一大特色和优势。全面依法治理及其"三大工程"的实施,夯实了社会主义法治国家建设的社会基础,大大加快了构建中国特色社会主义法治体系的进程。

在新时代法治社会建设中,一项重要的要求是进一步学习、推广和弘扬"枫桥经验"。

今天讲的"枫桥经验",是50多年前,由浙江当时的诸暨县枫桥区在社会主义教育运动中所创造的"依靠群众化解矛盾"的基层工作经验。这一经验在当时的实际内容是:浙江诸暨县枫桥区7个公社,通过基层党组织充分发动群众,对存在破坏行为的"地、富、反、坏"分子进行"评审和说理斗争",将他们交给群众来监督改造,不把问题和矛盾上交,最终把他们中间的绝大多数教育改造成新人。当时枫桥区7个公社,共有地富反坏分子900多人,其中160多人有比较严重的破坏活动,社会主义教育运动开始的时候,逮捕了45人,群众经过评审和说理斗争,达到了教育改造这些人的目的,因此当运动结束时,群众认为这些人留在生产队里是可以监督改造好的,大家不要求"上交"了。1963年11月,当毛泽东看到有关枫桥经验的材料后,立即作出重要批示,充分肯定"诸暨的好例子",要求"各地仿效,经过试点,推广去做"。[①] 这样,"枫桥经验"就推广到了全国。几十年来,"枫桥经验"历久弥新,不断创新发展,进一步发展成为基层社会管理中普遍采用的依靠群众、立足基层、及时有效化解各种矛盾的工作方法。2003年11月,在纪念毛泽东关于"枫桥经

---

① 《建国以来毛泽东文稿》(第10册),中央文献出版社1996年版,第416页。

验"的批示40周年之际,时任中共浙江省委书记的习近平提出"把学习推广新时期'枫桥经验'作为加强社会治安综合治理的总抓手"①。2013年是毛泽东批示推广"枫桥经验"50周年,习近平此时又明确指出要适应时代要求,"把'枫桥经验'坚持好、发展好,把党的群众路线坚持好、贯彻好"②。

"枫桥经验"之所以历久弥新,不断发展,过去管用,今天仍然管用,是因为它始终贯穿着党的群众路线的思想方法和工作方法,充分体现了基层社会治理的根本规律和基本要求。它的核心内容是依靠群众化解矛盾,立足基层化解矛盾,及时有效化解矛盾。

基层社会治理的一项重要任务就是化解各种矛盾,排解各种纠纷。世界充满了矛盾,我们干革命,搞建设,总是在与矛盾打交道。特别是基层社会治理中,更是随时可能出现矛盾和纠纷,如果不及时化解各种矛盾,排解各种纠纷,不仅会使基层社会生活乱套,而且还会因为矛盾的积累、激化和扩散而影响到整个社会。我们党无论是在革命时期,还是在建设时期,都高度重视各种矛盾的化解,积极探索化解矛盾的有效方法,比如早在革命战争年代就创立了调解的方法。人民调解的优良传统是在党领导的抗日根据地里逐步形成和发展起来的。当时各根据地政府都很重视调解工作,先后出台了许多适用于各地的条例和办法,如1941年4月山东人民政府颁布的《调解委员会暂行组织条例》、1942年3月晋西北行政公署颁布的《晋西北村调解暂行办法》、1943年6月陕甘宁边区政府颁布的《陕甘宁边区民刑事件调解条例》等。根据这些条例办法规定,民事纠纷和轻微刑事案件都可调解,民间调解、群众团体调解、政府调解、司法调解各显所

---

① 习近平:《干在实处,走在前列——推进浙江新发展的思考与实践》,中共中央党校出版社2006年版,第276页。

② 《习近平就坚持和发展"枫桥经验"作出指示》,《人民日报》,2013年10月12日。

长。各种调解化解了大量矛盾纠纷，仅以陕甘宁边区的司法调解为例，1942年经调解结案的占民事案件的18%，1943年上升为40%，1944年为48%，在其他几方面的调解成绩更为突出。陕甘宁边区政府特别强调民间调解和在乡村基层解决问题，号召"百分之九十以上，甚至百分之百的争执，最好都能在乡村中，由人民自己调解解决。"在这一倡导下，涌现出了不少的调解模范村，有的村几年内没有人打官司。① 调解这一伟大的人民创造，从革命根据地走向了全中国，成为新中国民事法律制度的一大特色。它所体现的把矛盾解决在基层、解决在民间，依靠群众化解矛盾的思想和工作方法被不断发扬光大，在新中国成立后创造的"枫桥经验"中得到进一步体现。"枫桥经验"是继调解制度之后，贯彻党的群众路线的思想方法和工作方法的又一重大创新。

"枫桥经验"的根本目的是化解矛盾，解决问题，推动社会和谐健康发展。化解矛盾的基本立足点和着眼点是依靠群众、立足基层、及时有效。

依靠群众化解矛盾是"枫桥经验"的本质要求。群众路线是党的生命线，是我们党作为马克思主义政党的根本标志。群众路线是党的思想方法，也是党的工作方法和工作路线。从群众中来，到群众中去，相信群众，依靠群众，尊重群众的首创精神，是我们党的政治优势，也是革命和建设的制胜法宝。"枫桥经验"最本质的特征就是通过基层党组织发动和组织群众，对存在破坏行为的人员进行评审、说理和监督改造，把相关人教育改造好，把问题解决好。其生命力就在于通过动员、组织和依靠群众来化解矛盾，解决问题。今天，我们把坚持人民主体地位作为全面依法治国必须坚持的一项重大原则，强调法治建设必须依靠人民，保证人民依照法律规定，通过各种途径和形

---

① 张晋藩主编：《中国法制史》，群众出版社1982年7月版，第508—510页。

式管理国家事务,管理经济文化事业,管理社会事务。这当中所遵循的就是群众路线的根本要求。按此要求,在基层社会的治理中,在法治社会的建设中,更要强调依靠群众来化解各种矛盾。

立足基层化解矛盾是"枫桥经验"的重要着眼点。"枫桥经验"在化解矛盾的主体上强调依靠群众,在化解矛盾的环节上要求立足基层,坚持"小事不出村,大事不出镇,矛盾不上交",也就是通过充分发挥基层党组织的政治优势和坚持群众路线的工作方法,坚持矛盾和问题不上交,最大限度地把矛盾和问题解决在基层,解决在当地,解决在初始阶段。在社会治理中群众和基层是不可分割的,强调依靠群众,就必然要求立足基层;立足基层解决问题,就必须动员组织和依靠群众。这是我国社会治理中的重要规律。按此要求,在社会治理和法治社会建设中,我们必须抓好基层建设,必须抓好打基础的工作。基础不牢,地动山摇,法治建设同样如此。怎样抓好打基础的工作?既要抓好基层组织建设、队伍建设,也要抓好基层化解矛盾纠纷的平台建设、机制建设和条件保障。

及时有效化解矛盾也是"枫桥经验"的基本要求。利用"枫桥经验"化解矛盾、解决问题既有主体和环节的要求,也有工作目标的要求,基本目标就是及时有效。为了达到及时有效,"枫桥经验"探索形成了"四先""四早""四前"的工作机制。[①]"四先""四早"即预警在先,苗头问题早消化;教育在先,重点对象早转化;控制在先,敏感时期早防范;调解在先,矛盾纠纷早处理。"四前"即组织建设走在工作前,预测工作走在预防前,预防工作走在调解前,调解工作走在激化前。从"四先""四早""四前"的实际内容看,"枫桥经验"在矛盾纠纷的排查调处上既强调工作方法的到位,更强调工作机制的完善、制度的健全和长效机制的形成。这告诉我们,在新时期社会治

[①] 杨明伟:《"枫桥经验"的历史来源和现实启示》,《毛泽东邓小平理论研究》,2018年第9期。

理和法治社会建设中坚持"枫桥经验",从根本上说,就是要健全化解矛盾的制度措施,注重基层社会矛盾纠纷排查调处的长效机制的建设。也就是我们常讲的制度更管用,制度更靠得住,抓稳定必须抓矛盾化解,抓矛盾化解必须抓制度机制建设,社会稳定必须用制度机制来保证。

  进入新时代,我国社会治理出现了新格局。这种新格局的一个重要特征就是努力提高社会治理的社会化水平。这种社会化水平与社会治理的法治化、智能化、专业化水平一起,构成了社会治理的目标要素。社会治理的社会化、法治化、智能化、专业化是紧密结合、同步推进的。提高社会治理的社会化水平,必须弘扬全社会共建共治共享理念,组织动员全社会力量参与其中,同时将社会治理的重心向基层下移,特别是把社会组织的作用充分发挥出来,使政府治理与社会调节实现良性互动。这就向我们提出了一个新的课题,即高度重视、认真研究社会组织建设。

  中国的社会组织相对说来还不够发达,社会组织的建设还有待加强,其作用还有待充分发挥。一方面,由于我们的认识还有一些偏差,针对社会组织还存在一些不合时宜的体制束缚,社会组织的自主性与活力显得不够,社会组织的发展也显得不足。另一方面,一些社会组织官气十足,行政化趋向明显,总喜欢宣传自己是官方组织或半官方组织,不务社会组织的正业,也影响了社会组织作用的发挥。这当中的一个重要因素就是不少社会组织的主要负责人都由在职官员担任,这样一来,这些组织的社会性和社会作用的发挥就会受到很大影响。中国是一个超大的国家,社会治理量大面广,特别是随着市场经济的发展,社会利益的日益多元化,实现完善的社会治理需要一大批优秀的社会组织把不同利益群体的公民组织起来实现自我管理和有序参与,需要一大批优秀的社会组织去办理很多政府不该办理、也办理不了的事情,也需要一大批优秀的社会组织走向国际舞台,在国际上赢得话语权。建设法治社会,必须建设成熟的社会组织。

2020年12月,中共中央印发《法治社会建设实施纲要(2020—2025)》,纲要对此后五年我国法治社会建设作出了进一步规划和部署,我国的法治社会建设将进一步向纵深发展。

泱泱大国,社会为基。法治国家、法治政府建立在法治社会的基础之上。进一步发挥广泛社会动员的突出优势,为社会依法治理注入更大的活力,努力推动法治社会建设向纵深发展,法治国家、法治政府建设就有了更加坚实的基础和依托。

第六章　新征程（下）

一、活水源头

坚持依法治国，必须优化党和国家的机构设置和职能配置。

无论是立法、执法还是司法，都是涉及众多机构的严密的组织行为。厉行法治要求机构设置必须科学合理，责权一致，各种机构有统有分，有主有次，协同高效，流程畅通，履职到位。如果缺乏机构的协同高效，政出多门、责任不明、推诿扯皮，就根本谈不上多高的治理水平，更谈不上全面、严格的依法治理。因此，优化机构设置和职能配置，是厉行法治的先决条件和最基本的组织保障。全面推进依法治国，努力建设法治国家，必须不断深化机构改革，下决心破除机构屏障和体制机制弊端，努力构建系统完备、科学规范、运行高效的党和国家机构职能体系。优化党和国家机构设置和职能配置，是推进国家治理体系和治理能力现代化，努力建设法治国家的一项带有根本性、基础性、全局性的任务，是法治的活水源头。

长期以来，机构建设和改革都是一体推进的。建设需要改革，建设充满改革。改革既包括党的机构的改革、国家机构的改革、政协机构的改革，军队机构的改革，也有企业事业单位和社会组织的改革。在国家机构改革中，既有立法机关、司法机关的改革，更有政府机构的改革。在各方面的机构改革中,最经常、最大量的改革是政府机构的改革。

中华人民共和国成立以来,我国政府机构的改革,至少在10次以上,几乎每个年代都有1~2次改革。①

为适应新中国成立初期工作的需要,到1951年底,政务院共设置了35个机构。1954年,国务院正式成立,设立机构64个。1955年至1956年,国务院对所属机构做了调整,职能部门由64个增加到81个,这是新中国成立后国务院机构第一次较大的增加。

机构增加的结果是中央高度集权,地方失去自主性。1956年毛泽东在《论十大关系》中指出:"我们不能像苏联那样,把什么都集中到中央去,把地方卡得死死的,一点机动权也没有。"1958年起中央开始向地方放权,国务院的机构也进行了精简合并,到1959年底职能部门下降到60个,经济管理部门减为36个。1959年的机构精简中受到"左"的干扰,导致中央宏观失控,当年7月毛泽东说:"现在有些半无政府主义。'四权'过去放多了一些、快了一些,造成混乱,应该强调一个统一领导,中央集权。下放的权力要适当收回。对下放要适当控制,反对半无政府主义。"按照毛泽东的意见,1960年起,中央重新强调集中统一。1961年,为落实"调整、巩固、充实、提高"的国民经济调整方针,又相继恢复了原来撤销的机构,而且又增设了新的部门,到1965年,国务院已有79个工作部门,其中经济部门的变化最大,由36个增加到53个,国务院机构数达到新中国成立后的第二次高峰。

"文化大革命"发动以后,国家机关的正常工作受到极大冲击。到1970年底,国务院工作部门只剩32个,其中还包括划归中央军委和中央"文化大革命"小组管理的13个部门,国务院实际只管了19

---

① 参见刘晓光:《建国以来政府机构改革回顾和启示》,《领导科学论坛》,2014年第10期。

个部门。1975年,四届人大批准国务院恢复了52个工作部门。1977年到1981年国务院又先后恢复和增设了一批工作部门。到1981年底国务院工作部门达到100个之多,其中部委52个,直属机构43个,办公机构5个,国务院机构数量达到新中国成立以来的最高峰。

1982年,在邓小平推动下,新一轮的机构改革提上日程。1982年1月,在中央政治局讨论机构精简问题的会议上,邓小平严肃地指出,"精简机构是一场革命",这场革命不搞,"不只是四个现代化没有希望,甚至于要涉及到亡党亡国的问题"①。这次改革历时三年,成效显著:国务院机构由100个减为61个,人员由5.1万减为3万;省、市各级机构约减少30%,人员减少20%。1986年底,国务院机构又扩大到72个。1988年国务院再次改革,这次改革首次提出"以转变政府职能为关键",经过这次改革,国务院机构数从72个减少到65个。90年代初又增加到86个。

1992年,党的十四大提出:"下决心进行行政管理体制和机构改革。"这次改革把适应社会主义市场经济发展的要求作为改革的目标。经改革,国务院机构由86个减为59个,非常设机构由85个减少到30个。

1998年至2001年,为应对入世的挑战,一场新中国成立以来规模最大的行政机构改革全面展开。通过近3年的改革,中央和地方都对机构进行了大规模的调整,国务院组成部门由此前的40个调整为29个,行政机关干部编制减少了50%,向社会分流一半公务员。

此后,党的十六大、十七大、十八大、十九大都对进一步深化机构改革作出了部署,国务院机构的优化整合不断深化。特别是党的十八届二中全会审议通过的《国务院机构改革和职能转变方案》,对此项工作作出专门部署,明确提出建立中国特色社会主义行政体制的目标要求,新的国务院机构改革方案在此基础上形成。

---

① 《邓小平文选》第二卷,人民出版社1994年10月版,第396—397页。

综观我国政府机构改革的历程，人们认为长期的改革总是在"精简—膨胀—再精简—再膨胀"的循环往复中起伏不断。① 这是中国行政机构改革中特有的历史现象。其发生有认识的因素，经验不足的因素，规律把握不到位的因素，同时也带有一定的必然性。每一次改革都是为了适应当时的经济社会发展，适应当时国家的中心工作，经济社会发展处在不断探索的过程中，行政机构改革也必然处在探索的过程中。要说有弯路，改革中的弯路与整个经济社会发展所走过的弯路是相映衬的。改革有得有失，有起有伏，但总的趋势是向着不断优化的方向发展，而且越往后，这种趋势越明显。任何大的改革都不可能一蹴而就，更何况行政机构改革这样复杂的改革。行政机构改革必然面临一个长期而曲折的探索过程，它需要长期摸索和实践的验证。长期的改革无疑为党的十八大以后的全面改革积累了有益的经验。

党的十八大以来，我国在过去长期改革的基础上，继续深化党和国家机构的改革，在一些重要领域和关键环节取得重大进展，特别是监察体制改革取得重大成果。

要清醒地看到，面对新时代、新任务提出的新要求，党和国家机构设置和职能配置仍然存在"不相适应"的问题。这当中，既存在党的机构设置和职能配置方面的问题，也存在政府机构、企事业单位、群团组织、跨军地组织的设置、职能配置和职能定位方面的问题；既存在机构重叠、职责交叉、权责脱节的问题，也存在定位不准、职责缺位、效能不高的问题；既有中央机构的问题，也有地方机构的问题。这些问题，已成为严重影响和制约发展的瓶颈，必须下决心抓紧解决。

为了贯彻落实党的十九大关于深化机构改革的决策部署，2018

---

① 王全有：《新中国的七次"革命"——建国以来政府机构改革备忘录》，《党史纵横》，2002 年第 10 期。

年2月,党的十九届三中全会审议通过了《中共中央关于深化党和国家机构改革的决定》(以下简称《决定》)和《深化党和国家机构改革方案》。

在改革开放的第40个年头,当代中国打响了具有全局影响和深远意义的改革攻坚战。一场凝结着人民希望,为坚持和发展中国特色社会主义制度打桩立柱、夯基固坝的党和国家机构的改革拉开了帷幕,中国全面深化改革进入了新阶段。

此次党和国家机构改革目标的核心要素是"四位一体",即构建由党的领导体系、政府治理体系、武装力量体系、群团工作体系构成的系统完备、科学规范、运行高效的党和国家机构职能体系,目的是全面提高国家治理能力和治理水平。[①]

此次党和国家机构改革,是中华人民共和国成立以来最全面、最系统、最深刻的一次机构改革。改革既立足于实现第一个百年奋斗目标,针对突出矛盾,抓重点、补短板、强弱项、防风险;又要着眼于实现第二个百年奋斗目标,注重解决事关长远的体制机制问题,打基础、立支柱、定架构。[②]可见,近期目标与长远规划紧密结合是这次改革的一个突出特点。

党的十九届三中全会上与机构改革《决定》一并通过的《深化党和国家机构改革方案》,就统筹推进党政军群机构改革作出了全面安排部署。《决定》是总设计,《方案》是施工图。

与以往的机构改革不同,此次机构改革,不局限在国务院的机构改革和职能优化的层面上,而是涉及党、人大、政府、政协、司法、

[①②] 《中共中央关于深化党和国家机构改革的决定》,《人民日报》,2018年3月5日。

军队、事业单位、群团等社会组织全方位的机构改革。① 要解决深层次的问题，不仅需要政府机构的优化，还需要党政军群机构的整体改革。

首先是按照全面加强党的领导的要求深化党中央机构改革。党中央机构的改革是这次改革的一个重头内容，坚持和加强党的全面领导，是这次改革的统领词、中心词。党中央机构的改革，主要着眼于健全和加强党的全面领导的制度，优化党的组织机构，建立健全党对重大工作的领导体制机制。其鲜明特征一是立足于加强党的全面领导，实现党的领导全覆盖；二是充分发挥党的职能部门作用；三是大力推进职责相近的党政机关合并设立或合署办公。在这几个方面，改革的力度都是前所未有的。

按照更好发挥职能作用的要求深化全国人大机构的改革。组建全国人大社会建设委员会，将全国人大内务司法委员会更名为全国人大监察和司法委员会，将全国人大法律委员会更名为全国人大宪法和法律委员会，以适应加强社会建设、推进监察工作、加强宪法实施和监督的需要。

按照围绕政府职能"补短板"和"强合力"的要求深化国务院机构的改革。国务院机构改革是这次党和国家机构改革的又一个重头内容。这次机构改革的着力点是整合优化机构职能体系，将各机构由"多头分散"整合为"一头抓总"。② 国务院机构改革最主要的考虑是，着眼于转变政府职能，着力推进重点领域和关键环节的机构职能优化和调整。改革以后，除国务院办公厅外，国务院设置组成部门26个，国务院正部级机构减少8个，副部级机构减少7个。此次国务院机构改革定位明确，切实按照5项职能推进改革，尤其注重"补

---

① 《中共中央关于深化党和国家机构改革的决定》，《人民日报》，2018年3月5日。

② 宣言：《为有源头活水来》，《人民日报》，2018年4月2日。

短板"和"强合力"。生态环境保护方面的改革力度最大，国务院紧紧围绕环保这个短板，将分散在多个部委的职能加以整合，使其形成合力。这次改革在克服长期困扰我们的机构重叠、职能交叉、政出多门、多头管理的弊端方面迈出了坚实的一步。

按照优化专委会设置的要求深化全国政协机构改革。组建全国政协农业和农村委员会；将全国政协文史和学习委员会更名为全国政协文化文史和学习委员会；将全国政协教科文卫体委员会更名为全国政协教科卫体委员会。

按照统筹配置行政处罚职能和执法资源的要求深化行政执法体制改革。整合组建市场监管综合执法队伍、生态环境保护综合执法队伍、文化市场综合执法队伍、交通运输综合执法队伍、农业综合执法队伍。

按照军警民分开的要求深化跨军地改革。根据军是军、警是警、民是民的原则，将列武警部队系列、国务院部门领导管理的现役力量全部退出武警，彻底理顺武警部队领导管理和指挥使用关系。

按照群团归位的要求深化群团组织改革。群团组织改革要紧紧围绕保持和增强政治性、先进性、群众性这条主线，着力解决"机关化、行政化、贵族化、娱乐化"等问题。

这是一次不同凡响的改革。同以往的历次机构改革相比，这次改革的力度之大，影响面之宽，触及的人事关系和利益关系之复杂，都十分少有。改革具有系统性、整体性，是涉及党政军群最系统、最全面的改革；改革还具有明显的重构性，是一次"打桩立柱""夯基固坝""通筋动骨"的最深刻的机构变革。特别是党中央和国务院的机构改革，其不少方面带有体制机制重构的性质，带有打基础、立支柱、定框架的性质，其中党和国家的监察体制改革，无疑是重构性改革的一大标志。国务院机构围绕职能定位进行的"补短板"改革，真正体现了20世纪80年代就提出的机构改革要"以转变政府职能为关键"的要求，也带有明显的重构性质。因此，适应社会主要矛盾和任务的变化而启动的此次党和国家机构改革，堪称一场系统性、整体性、重构性的机构革命，必将成为新时代中国政治体制改革的重大标志，成为焕发社会主义中国无限生机与活力的巨大引擎。①

党的十八届三中全会决定和十八届四中全会决定是重要的姊妹篇，党的十九届三中全会决定是又一重要的姊妹篇。推进国家治理体系和治理能力现代化与建设社会主义法治国家都是治国理政的重要内容，因此二者本质上同属一项伟大事业。而要推进国家治理体系和治理能力现代化，建设社会主义法治国家，就必须优化党和国家机构设置和职能配置。系统完备、科学规范、运行高效的党和国家机构职能体系，是党带领人民治国理政的重要组织保障，是推进国家治理体系和治理能力现代化，建设社会主义法治国家的先决条件。因此可以说，深化党和国家机构改革，是推进国家治理体系和治理能力现代化、建设社会主义法治国家最重要的基础性工程和最根本的战略性举措。几项重大决定的先后出台，是协调推进"四个全面"战略布局、统筹推进"五位一体"总体布局的重要体现。

此次改革是全面深化改革中的一场攻坚战役。在各方面改革中，机构改革是最艰难的，更何况是系统性、整体性、重构性改革。说它艰难，是因为改革涉及大量的人，大量的利益，没有勇气，没有信心，没有定力，是实施不了的。正因为如此，当年邓小平就把机构改革看成是一场革命。深化党和国家机构改革的决定和方案的出台和启动实施，充分彰显了我们党将改革进行到底的政治勇气和坚定信心。

机构改革是重大的政治体制改革，也是重大的宪法性改革，因此属于站位和规格最高的改革。国家机构的设置和运行是由宪法来规范和调整的，优化党和国家机构设置和职能配置，是贯彻宪法精神、完善宪法制度、加强宪法实施的重大举措，也是优化国家法治体系的重要前提和根本保障。因此，机构改革对于法治建设的影响是重大而深

---

① 宣言：《为有源头活水来》，《人民日报》，2018年4月2日。

远的。

"问渠那得清如许，为有源头活水来。"2018年春天的改革，为推进国家治理体系和治理能力现代化，建设法治中国注入了源头活水，提供了动力引擎，铺平了前进道路，带来了无穷力量和希望。

二、监察重构

监察体制改革，是党的十八大以后，党和国家机构改革中启动较早、力度最大，且带有"打桩立柱"标志的一项重大重构性改革。

监察制度建设是我国法制建设的一个十分重要的组成部分。中国历来有重视监察制度建设的传统，古代中国很多朝代都有严密的监察体系。

早在春秋战国时期，我国就有了监察制度的雏形，秦汉时期特别是汉代正式确立了监察制度，经过魏晋南北朝至隋唐宋元时期的发展与变革，到了明清时期，我国古代监察制度达到鼎盛状态。[①] 专司监察的机构和人员，从春秋战国时期的御史，到秦汉时期的御史大夫、魏晋南北朝和隋唐时期的御史台、宋代的"台谏合一"，再到明清时期的都察院，其组织系统不断完善和严密。关于监察的立法也很发达，早在汉代就颁布了《御史巡察诸郡九条》，对当时的司法、行政、人事监察作出专门规定，这是我国最早的监察法规。在此基础上汉武帝又编制了《刺史察举六条》，这进一步完善了对监察的法律规定。这些重要法规也成为我国古代监察制度全面建立和成型的标志。唐代制定了《六察》《风俗廉察四十八条》等专门的监察法规，清代制定了监察《钦定台规》等专门法规，这些都是我国封建社会中具有代表性的监察法规。古代监察法规对监察机构的设置和权限、监察巡视的

---

① 参见蔡雅芸：《从中国古代监察制度看现代监察体制与反腐斗争》，《知与行》，2017年第4期。

内容和时间、监察官员的选任和职权以及对各级官吏的考核等都有明确规定。其中关于监察独立运行、依法规范实施、严格监察人员选任与监督等规定，体现了中国古代监察制度的独有特色。中国古代监察制度作为中国古代政治法律制度的重要组成部分，对于整肃吏治、惩治贪腐、弘扬清廉之风、维护统治秩序发挥了十分重要的作用，是我国古代一份十分难得的政治文化遗产，其所蕴含的政治智慧和合理成分，特别是重视监察的历史经验，垂直独立、规范严密等鲜明特征，对于我们今天进一步深化监察体制改革，构建具有中国特色的社会主义新型监察体制，不无借鉴意义和参考价值。

新中国成立之初，我国就建立了专门的监察制度。根据《共同纲领》和《中央人民政府组织法》的规定，在县市以上的各级人民政府设立人民监察机关，政务院设人民监察委员会，以监察各级国家机关和各种公务人员是否履行其职责，并纠举其违法失职的机关和人员。当时监察机关在生产建设、民主建设、抗美援朝、土地改革、镇压反革命，反对官僚主义、贪污腐化、铺张浪费、阳奉阴违、违法违纪等方面发挥了重要的监督作用。

1959年4月，我国监察机构被撤销。当时撤销的理由是："根据几年来的经验，这项工作必须在各级党委领导下，由国家机关负责，并且依靠人民群众才能做好"；"今后对于国家行政机关工作人员的监督工作，一律由各国家机关负责进行。"① 今天看来，这是不成理由的理由，其实质是我国法制建设开始被轻视的一种表现。改革开放以后，监察制度的恢复被提上重要的日程。1982年宪法为监察机关的重建确立了依据，规定国务院"领导和管理民政、公安、司法行政和监察等工作"。根据宪法规定，国务院于1986年正式向全国人大常委会提出设立监察部的议案。从1986年至1989年，我国的行政监察机

---

① 周振想、邵景春：《新中国法制建设40年要览》，群众出版社1990年版，第245页。

构普遍地建立起来。重建行政监察机构是新时期加强法制建设的一个重要步骤。1993年,为了更有效地加强行政监察和党的纪律检查工作,减少纪律检查与行政监察的职责交叉重复,加大反腐败工作的力度,经党中央和国务院决定,中央纪律检查委员会和国家监察委员会合署办公,两块牌子共用一套人马。这一改革加强了党的纪律检查与行政监察工作的统一和协调,推动了党风廉政建设和反腐败斗争的进行。当然,行政监察机构的组织制度建设还有待进一步完善。实践证明,我国监察体制仍然存在监察范围过窄、监察覆盖面不全、反腐败力量分散等突出问题。

为了解决我国现行监察体制存在的突出问题,努力构建党领导下的、集中统一的、权威高效的反腐败工作机构,党的十八大以后,中央决定对我国现行监察体制进行改革。根据党中央确定的《关于在北京市、山西省、浙江省开展国家监察体制改革试点方案》,为在全国推进国家监察体制改革探索积累经验,2016年12月,十二届全国人大常委会第25次会议决定:在北京市、山西省、浙江省开展国家监察体制改革试点工作。

2017年1月18日,山西省委常委、省纪委书记任建华经省人大会议选举,当选该省监察委员会主任,成为监察体制改革以来首位监察委员会主任。当日,省人大常委会会议还通过了省监察委员会3名副主任和6名委员的任命。这标志着监察体制改革以来首个监察委员会的正式成立。① 按照中央的统一部署,省级监察委员会组建工作于2017年3月底前完成,市、县两级监察委员会组建工作于6月底前完成。三省市监察委员会主任均由纪委书记担任,副主任和委员主要由纪委和转隶的检察院有关负责同志担任。北京、山西、浙江三省市监察委员会的成立,标志着监察体制改革试点工作取得了重要的阶段

---

① 瞿芃、何韬、张磊、颜新文:《三省市监察体制改革试点工作透视》,《中国纪检监察报》,2017年1月25日。

性成果。

在三省市改革试点工作的基础上,党的十九大对在全国推开国家监察体制改革作出重大决策部署。2017年底2018年初,全国省、市、县三级监察委员会全部组建到位。2018年3月23日,中华人民共和国国家监察委员会在北京挂牌,并举行宪法宣誓仪式,这标志着我国监察机关已全部组建到位,监察体制改革的任务成功落地。

改革国家监察体制,是中央作出的事关全局的重大政治体制改革。改革的总体目标是:整合反腐败资源力量,加强党对反腐败工作的集中统一领导,构建集中统一、权威高效的中国特色国家监察体制,实现对所有行使公权力的公职人员监察全覆盖。实现这一目标需要解决三个突出问题。①

一是监察范围过窄的问题。改革之前,行政监察对象主要是行政机关及其工作人员,还没有实现对所有行使公权力的公职人员的全覆盖。监察体制改革将监督对象延伸到行使公权力的所有公职人员,这就意味着曾经游离在党内监督和行政监察之外的一些非党员干部,比如非党员的村委会主任以及教师、医生等群体,以后都要依法受到监察。可见,改革真正实现了国家监察的全覆盖。

二是反腐败力量分散的问题。改革之前,党的纪检机关、行政监察机关、检察机关都承担反腐败职能。反腐败职能既分别行使,又交叉重叠,没有形成合力。深化监察体制改革,组建统一的监察委员会,可将过去分散在监察机关和检察机关的反腐败职能统一在监察委员会之下,使反腐败力量、资源、手段得到整合、丰富和强化,从而攥指成拳,形成合力。

三是体现专责集中统一不够的问题。在我国监督体系中,既有党内监督,也有国家监察。而在监察体制改革以前,二者的统一性是体

---

① 李建国:《关于〈中华人民共和国监察法(草案)〉的说明》,《人民日报》,2018年3月14日。

现得不够的。改革后监委与纪委合署办公,代表党和国家行使监督权和监察权,履行纪检、监察两项职责,从而在我们党和国家形成巡视、派驻、监察三个全覆盖的统一的权力监督格局,使党内监督与国家监察有机统一,这就大大加强了党对反腐败工作的集中统一领导,使党和国家的监督、监察更加权威高效,反腐败工作的开展更加有力。

综上可见,此次监察体制改革,其核心任务和鲜明特色一是整合资源力量,二是实现全面覆盖,三是强化集中统一。通过改革,走出一条中国特色的社会主义监察道路。

2018年3月,第十三届全国人大一次会议总结了监察体制改革的成功经验,审议通过了新的宪法修正案和《中华人民共和国监察法》(以下简称《监察法》)。

宪法修正案就监察委员会的性质、地位、名称、人员组成、任期任届、领导体制、工作机制等作出了规定,《监察法》及时将宪法修改所确立的监察制度进一步具体化。宪法修正案和《监察法》的颁布,标志着具有中国特色的国家监察体制已经形成。

《监察法》是为反腐败而制定的国家专门立法,是一部对国家监察工作起统领性和基础性作用的重要立法。

《监察法》全面确认了监察体制改革的重大成果,全面体现了监察体制改革的核心目标。

为了坚持和加强党对反腐败工作的集中统一领导,《监察法》规定:"构建集中统一、权威高效的中国特色国家监察体制。"监察工作的领导体制,是中国特色国家监察体制的核心要素,这一领导体制的根本点就是坚持和加强党对反腐败工作的集中统一领导。

为了保证各级监察委员会成为全面行使国家监察职能的专责机关,《监察法》明确了监察委员会的职责,并赋予监察机关必要的权限。《监察法》规定监察委员会依照本法和有关法律的规定履行监督、调查、处置职责。为了履行职责，监察机关可以采取谈话、讯问、询问、查询、冻结、调取、查封、扣押、搜查、勘验检查、鉴定、留置等措施开展调查。尤其是《监察法》用留置取代"两规"措施，并规定了严格的程序，解决了长期困扰我们的难题，既彰显了全面依法治国的决心和自信，又完善了相关制度机制，有利于监察工作的全面开展。《监察法》关于监察机关职责和权限的规定，充分体现了其对反腐败斗争资源和手段的整合。

为了落实对所有行使公权力的公职人员的监察全覆盖的要求，《监察法》具体明确地列举了监察机关进行监察的各类人员。根据《监察法》的规定，在监察机关的监察范围中，所有行使公权力的公职人员无一例外，在我国公权力领域，不再存在监督"盲区"和法外人员。

由此看来，我国的监察机关肩负重大使命，享有重大职权，可以说是掌握着对所有行使公权力人员的"生杀大权"，如何确保监察工作依法依规，是一个重大问题。按照"打铁必须自身硬"的要求，《监察法》从几个方面加强了对监察机关和监察人员的监督，包括加强人大监督，强化自我监督，接受民主监督、社会监督和舆论监督，并明确了监察机关与审判机关、检察机关、执法部门互相配合、互相制约的机制。《监察法》还对监察机关监督、调查、处置工作程序作出了严格规定。尤其是监察机关的"留置"措施，涉及人身自由，社会广泛关注，必须受到严格规范，以保护被调查人的合法权益。为此，《监察法》对监察机关采取留置措施作出了严格规定，以防止留置措施被滥用，保证监察工作的依法进行。

监察制度改革是重大的政治体制改革，也是重大的国家体制改革，涉及国家政权体系的重大调整。从法律部门的划分及其调整范围的分工来看，《监察法》规定的内容属于宪法调整的范围，因此从法律性质来说，《监察法》是重要的宪法性法律。从监察体制改革和《监察法》出台的法治意义来看，监察制度的变革促进了宪法制度的重大发展,《监察法》的制定实施落实了宪法的精神,加强了宪法的实施,维护了宪法的权威;监察法通过对所有公权力进行有效监督和约束,为厉行法治守住了根本,管住了关键,铺平了道路,它是一部厉行法治的保障之法、利剑之法。

21世纪20年代中期的中国监察体制改革,将作为标志性、重构性的重大政治体制改革载入史册。《监察法》的颁布施行,《行政监察法》的同时废止,在我国反腐败斗争立法史上同样具有重大的里程碑意义。这项改革和立法,将对我国政治生活、法治建设和反腐败斗争产生重大而深远的影响,对我国政治文明的牵引和推动作用将是巨大、持久而多方面的。

三、司改破冰

科学立法、严格执法、公正司法、全民守法是一个有机整体,共同构成法治体系的完整链条,而公正司法则是其中带有标志性意义的关键一环。

因为公正是法治的生命线和核心价值。司法公正对社会公正具有重要的引领作用,司法不公对社会公正具有致命破坏作用,[①] 广大人民群众习惯于通过司法公正不公正来判断和衡量社会公正不公正。司法是维护社会公平正义的最后一道防线。

由此,保证公正司法,提高司法公信力,就成为建设中国特色社会主义法治体系的重大命题和重大任务。

为了完成好这一重大任务,必须改革和完善司法管理体制和司法权力运行机制,规范司法行为,加强对司法活动的监督,努力让人民群众在每一个司法案件中感受到公平正义。

---

① 《中共中央关于全面推进依法治国若干重大问题的决定》,人民出版社2014年10月版,第20页。

这样，司法改革就成为法治中国建设中的一场攻坚战。

始于20世纪80年代末的中国司法改革，至今已走过30多年的风雨历程。党和国家对司法制度进行了全方位的改革，取得了令人瞩目的成就，具有中国特色的社会主义司法制度由此逐步形成并日趋完善。

我国的司法改革具有鲜明的中国特色。

坚持党对改革的集中统一领导，是我国司法改革的最大优势和特点。20世纪八九十年代，我国司法改革全面启动和铺开。30多年来，司法改革始终是中央高度重视的一件大事，司法改革始终在中央集中统一领导下进行，从党的十五大以来，党的历次代表大会都要对司法改革提出明确要求和作出统一部署。为了加强对司法体制改革的统一领导，2003年5月，中央决定成立了中央司法体制改革领导小组，全面领导司法体制改革工作。① 党的十八届三中全会以后，中央深改领导小组召开的前40次会议中，绝大多数与司法体制改革相关。

坚持用法律规范和引导改革行为，肯定和确认改革成果，是我国司法改革的另一重要特点。司法改革始终是在国家立法的保障下向前推进的。20世纪八九十年代三大诉讼法的颁布，既全面确立了我国刑事司法、民事司法、行政司法三大司法体系，又全面推开了我国司法领域的各方面改革。1994年《中华人民共和国仲裁法》出台，并开始进行法律援助的试点工作。1995年制定《中华人民共和国法官法》和《中华人民共和国检察官法》，初步健全了我国的法官、检察

---

① 中央司法体制改革领导小组由中央政法委员会、全国人大内务司法委员会、政法各部门、国务院法制办及中央编制办的负责人组成。办公室设在中央政法委员会，负责司法体制改革的具体组织与协调工作。随后，最高人民法院、最高人民检察院、公安部、司法部相继成立了本部门的司法改革领导小组。

官制度。1996 年制定《中华人民共和国律师法》（以下简称《律师法》）和修订《刑事诉讼法》，进一步完善了律师制度和刑事司法制度。2001 年修订《中华人民共和国法官法》（以下简称《法官法》）《中华人民共和国检察官法》（以下简称《检察官法》）和《律师法》，提高了法官、检察官的任职条件和取得律师资格的条件，并建立起统一的国家司法考试制度。2004 年和 2005 年，全国人大常委会先后通过《关于完善人民陪审员制度的决定》和《关于司法鉴定管理问题的决定》，对人民陪审员制度和司法鉴定制度进行了重要改革。2005 年出台《中华人民共和国公证法》，完善了我国的公证制度。2007 年修订《中华人民共和国民事诉讼法》，肯定了民事审判监督程序和执行制度等方面的重大改革成果。2012 年第二次修改《律师法》，2017 年第二次修改《法官法》和《检察官法》、第三次修改《律师法》，进一步肯定了法官、检察官和律师制度改革的成果。除了国家立法机关的立法，20 世纪 90 年代以来，最高人民法院、最高人民检察院还先后颁布若干司法解释和工作规则。国务院颁布了相关行政法规，包括 2003 年颁布的《法律援助条例》，该条例肯定了全国改革试点工作的经验，标志着我国法律援助制度全面确立。

  坚持整体设计、多方联动、系统推进，是我国司法改革的又一重要特点。司法改革始终是中央政法领导机关和司法机关协同推进的重点工作。最高人民法院于 1999 年、2005 年、2009 年先后制定三个《人民法院五年改革纲要》，最高人民检察院于 2000 年、2005 年先后制定两个《检察改革三年实施意见》，公安部于 2005 年制定《公安部关于司法体制改革问题的初步意见》，这些纲要和意见，对法院、检察院、公安机关系统的改革工作作出了具体部署。2003 年 4 月，中央政法委员会向中央提出《关于进一步推进司法体制改革的建议》。2004 年底，中央司法体制改革领导小组形成了《关于司法体制和工作机制改革的初步意见》，提出了 10 个方面 35 项具体改革任务。①党的十七大以后，中央政法委员会于 2008 年又提出了《关于深化司法体制和工作机制改革若干问题的意见》，该意见提出了 60 项具体改革任务。② 可见，司法改革从一开始，就坚持整体设计、多方联动、系统推进的原则，从面上逐步向体制机制聚焦，向纵深发展。

　　坚持立足中国基本国情，走中国特色的司法改革之路，这既是我国司法改革的又一重要特点，也是改革始终坚持的一项基本原则。司法改革既要积极借鉴外国的有益经验，又必须坚持从中国的实际情况出发。司法制度与政治制度是紧密相关的，这就决定了中国司法改革必须坚守中国司法制度的政治原则和政治底线，不能照搬西方司法制度的模式。在考虑是否引进西方国家的一些具体司法诉讼制度，如陪审团制度、辩诉交易制度、沉默权制度时，也要考虑中国的实际情况，持比较谨慎的态度。这些问题目前仍处讨论阶段，时机成熟可考虑在较小范围先行试点，待试点后视其情况再考虑是否实行。③

　　党的十八大以来，我国司法体制改革进入了全面攻坚阶段。特别是 2014 年以后，全面开启了新一轮司法体制改革。党的十八届三中全会提出了 18 项司法体制改革任务。党的十八届四中全会进一步提出了保证公正司法、提高司法公信力的 6 个方面共 111 项改革部署。一场司法领域触及灵魂的自我革命全面提速。经过几年努力，国家针对两次全会确定的 129 项司法体制改革任务，绝大部分已出台改革意见。此轮改革的内容是全方位的，包括对审判制度、检察制度、侦查

---

　　① 《坚持和完善中国特色社会主义司法制度的伟大实践》，《人民日报》，2007 年 9 月 23 日。

　　② 沈德咏：《中国特色社会主义司法制度论纲》，人民法院出版社 2009 年版，第 166—170 页。

　　③ 参见谭世贵：《中国司法改革的回顾与反思》，《法治研究》，2010 年第 9 期。

制度、执行制度、人民调解制度、人民陪审制度、律师制度、公证制度、法律援助制度、狱政制度等各方面的改革。这轮改革最大的特征就是难度大，司法体制改革涉险滩、闯难关、啃骨头，全面攻坚克难，实现了重大突破。

首先是确立司法体制改革的最高目标。司法体制改革千头万绪，涉及方方面面，首先必须明确改革总的目标、最高目标。这个目标就是努力让人民群众在每一个司法案件中都能感受到公平正义。党的十八大以来，司法体制改革坚持以此为目标，以此统一思想，各项改革工作以此而展开，为此而努力。

这轮改革的主要方式，就是以司法责任制改革为龙头，带动整个司法体制改革的次第深化。司法责任制是改革的切入点，也是改革的牛鼻子，是司法体制改革的基础性标志性措施。司法责任制改革，以司法人员分类管理、完善司法责任制、健全司法人员职业保障和推动省以下地方法院检察院人财物统一管理等4项改革为主要内容。司法责任制改革的基石是员额制改革。通过员额制改革，司法队伍中的优秀人才被选入员额，凡进入法官、检察官员额的，就要在司法一线办案，并对案件质量终身负责。这样，司法责任便落实到个人，谁办案谁负责。截至2017年10月，全国法院、检察院通过司法人员分类管理改革，共遴选进入员额的法官12万多名、检察官8万多名，优质司法资源被配置到了办案一线，为推行司法责任制打下了坚实基础。[①]

围绕司法责任制改革，法院、检察院向内设机构开刀，拆庙减官，大大增加了一线办案力量；通过健全司法人员的职业保障制度，解决了法官检察官的晋升和待遇问题；推行省以下地方法院检察院人

---

① 见《最高人民法院关于人民法院全面深化司法改革情况的报告》《最高人民检察院关于人民检察院全面深化司法改革情况的报告》《全国人大常委会公报》，2017年第6期。

财物统一管理改革；建立司法"权力清单、责任清单、负面清单"制度，加强了对司法权的全面监督，打破了积重难返的"司法行政化"藩篱。

大力推进以审判为中心的诉讼制度改革，保证庭审在公正裁判中发挥决定性作用。为适应此项改革，公安机关探索建立执法办案管理中心，实行案件集中讯问、全程闭环、全程监督的办案新模式。机制得到了强化，党的十八大以来，司法机关先后纠正了陈满案、呼格案、聂树斌案等一系列重大错案，彰显了司法自信与司法担当，也彰显了司法改革的目标取向。

2015年9月，中央深改领导小组审议通过《关于深化律师制度改革的意见》，对保障律师执业权利提出了明确要求。随后最高人民法院、最高人民检察院、公安部、国家安全部、司法部出台《关于依法保障律师执业权利的规定》，重点对长期困扰律师执业的会见难、阅卷难、调查取证难，以及发问难、质证难、辩论难等问题提出了具体解决办法。

2015年2月，中央深改领导小组审议通过了《关于领导干部干预司法活动、插手具体案件处理的记录、通报和责任追究规定》。2016年2月，中央政法委公开通报7起领导干部干预司法活动、插手具体案件处理和司法机关内部人员过问案件的典型案件。此前，2014年1月，中央政法委发布《关于严格规范减刑、假释、暂予监外执行，切实防止司法腐败的意见》，对可能出现的司法腐败问题进行了制度上的约束。

2016年底，经中央批准，最高人民法院在南京、郑州、重庆、西安增设4个巡回法庭，实现了巡回法庭的合理布局。跨行政区划的人民法院和人民检察院相继成立。之前，2014年北京、上海、广州知识产权法院相继成立。2017年6月，中央深改领导小组决定设立杭州互联网法院；2018年3月，中央全面深化改革委员会第一次会议决定设立上海金融法院；2018年最高人民法院设立"一带一路"

国际商事法庭。这是司法主动适应知识产权保护、互联网和金融发展以及"一带一路"的重大举措。

2017年6月,十二届全国人大常委会对《民事诉讼法》和《行政诉讼法》作出修订,全面赋予检察机关提起公益诉讼的权利。检察机关提起公益诉讼制度的建立,对于保护国家利益和社会公共利益,具有重大的制度性价值。

还有多项重要改革:将以往的"立案审查制"改为现在的"立案登记制",降低了当事人的诉讼门槛,保障了当事人的基本诉权;案件审判实行繁简分流,更好更快办理案件,推出刑事速裁程序,开通刑事诉讼快车道,完善刑事诉讼中认罪认罚从宽制度迈出关键性步伐;为贯彻落实党的十八届四中全会关于"切实解决执行难"的部署,最高人民法院2016年3月在十二届全国人大四次会议上提出"用两到三年时间基本解决执行难问题"。通过3年努力,人民法院全力攻坚,基本形成中国特色执行制度、机制和模式,"基本解决执行难"这一阶段性目标如期实现。[1] 为着力破解执行难,2016年6月,中央深改领导小组审议通过《关于加快推进失信被执行人信用监督、警示和惩戒机制建设的意见》,37项惩治"老赖"措施的出台,使执行难不断得到有效破解;法律援助工作取得长足进步,2015年5月,中央全面深化改革领导小组审议通过《关于完善法律援助制度的意见》,对完善法律援助制度作出全新部署,司法救助的力度也在不断加大,近年来国家每年拿出20多亿元资金,对受到侵害但无法获得有效赔偿的当事人给予救助;人民法院建立审判流程公开、庭审活动公开、裁判文书公开、执行信息公开四大平台,以司法公开倒逼司法公正;改革人民陪审员、人民监督员选任办法,扩大陪审案件、监督案件范围,充分发挥人民陪审员、人民监督员的作用。

---

[1] 《如期实现基本解决执行难这一阶段性目标》,《法制日报》,2019年4月22日。

30 年改革艰辛，30 年成功收获。30 多年来，特别是党的十八大以来，中国司法改革咬定青山不放松，实现了重大突破，取得了重大成就。公正司法的理念大大增强，体制机制不断完善，司法公信力不断提升，中国司法制度建设正向着公正、高效、权威的目标大步迈进。

党的十九大以后，我国政法工作进一步加强，司法体制改革进一步向纵深推进。2019 年 1 月 15 日至 16 日中央政法工作会议在北京召开，习近平出席会议并发表重要讲话。讲话深刻分析了新时代政法工作所处的历史方位，科学回答了一系列方向性、全局性、战略性重大问题，对新时代政法工作作出了全面部署，为新时代政法事业发展擘画了宏伟蓝图，提供了根本遵循。① 为了坚持和加强党对政法工作的绝对领导，做好新时代党的政法工作，在中央政法工作会议召开期间，中共中央印发《中国共产党政法工作条例》，这是新时代规范和保障政法工作顺利发展的重要党内法规。中央政法工作会议的一项重要内容就是部署新时代政法工作的改革发展，会议强调政法系统要在更高起点上，推动改革取得新的突破性进展，加快构建优化协同高效的政法机构职能体系。要优化政法机关职权配置，构建各尽其职、配合有力、制约有效的工作体系；要推进政法机关内设机构改革，优化职能配置、机构设置、人员编制，让运行更加顺畅高效；要全面落实司法责任制，让司法人员集中精力尽好责办好案，提高司法质量、效率、公信力；要聚焦人民群众反映强烈的突出问题，抓紧完善权力运行监督和制约机制，坚决防止执法不严、司法不公甚至执法犯法、司法腐败；要深化诉讼制度改革，推进案件繁简分流、轻重分离、快慢分道，推动大数据、人工智能等科技创新成果同司法工作深度融合。为推进政法系统改革取得新的突破性进展，中央全面深化改革委员会

---

① 《人民日报》评论员：《更好维护政治安全社会安定人民安宁》，《人民日报》，2019 年 1 月 17 日。

第六次会议于 2019 年 1 月 23 日通过《关于政法领域全面深化改革的实施意见》，对政法系统改革的深化进一步作出全面部署。

司法改革仍然在路上。与其他方面的改革一样，司法改革越往后越艰辛，越往后越需壮士断腕的勇气。改革中存在的"上热中温下凉"的问题，停留在文件表面的问题，人民群众参与不够的问题，法律职业良性互动的缺失问题，地区之间的不平衡问题，司法改革成果的固化问题以及仍未杜绝的司法腐败等问题，都需要在未来的改革中逐一解决。

在司法体制改革中，要解决的问题还很多，而核心问题是如何更好地落实"司法为民"的理念。

近年来，人民群众最看重、最上心的一句话就是"努力让人民群众在每一个司法案件中都能感受到公平正义"。贯穿这一庄严承诺的核心理念就是"人民司法为人民"。

坚持人民司法为人民，就要依靠人民推进公正司法，通过公正司法维护人民权益。

坚持人民司法为人民，要求司法体制改革必须从人民群众不满意的问题下手，从让人民群众满意的事情做起，始终以人民的立场来推进。这样的改革才不会偏离正确的方向。

四、法律职业与法治队伍建设

现代社会中，法官、检察官、律师、法学家以及其他从事法律职业的人，扮演着越来越重要的角色。建设法治国家和法治社会，必须有一支高素质的法律职业者队伍。

怎样才够得上高素质的法律职业者队伍？除了单个法律职业者的个体素质达标外，法律职业者群体必须具备整体素质和潜能。对整体素质和潜能的要求是多方面的，其中的关键性要素是法律职业群体共同执着的法治精神和相互间的良性互动。

共同执着的法治精神、法治理念是支撑这支队伍的精神力量。德国社会学家马克斯·韦伯曾经说过:"透过任何一项事业的表象,可以在其背后发现有一种无形的、支撑这一事业的时代精神力量;这种以社会精神气质为表现的时代精神,与特定社会文化背景有着某种内在的渊源关系;在一定条件下,这种精神力量决定着这项事业的成败。"① 在当今时代,法治精神已成为一种重要的时代精神,法治理念是人们普遍尊崇的时代理念,这种精神和理念更应成为支撑法律职业者群体的时代精神力量。只有以共同认定的法治精神、法治理念为其信奉崇尚的最高价值目标,并在努力为这个目标的不懈奋斗中实现自己的职业价值,法律职业群体才能共同担当起推进法治进步之责。

法律职业群体的组织化及其相互间的良性互动是这支队伍实现功能的基本条件。法律职业群体的组织化,不单指每个职业者都应归属于一定的团体协会组织,更要求个体职业行为融入法律职业的系统之中,形成相互间良性互动的职业关系。就个体而言,法律职业者具有不同的职责,担当不同的角色,归属于不同的组织和序列,甚至其对职业责任的看法可能与他人不同,其在每一个案件中所追求的具体目标并不一致,所维护的具体利益也是有差异的。但他要成功履职,必须遵从共同的职业规范和道德伦理,并为其与不同职业者之间伙伴关系的形成创造条件,认可并配合对方的职业权力(利)和职业责任的行使。这是对法律职业的一种重要而特殊的"组织化"要求。法律职业群体如果脱离了这种"组织化",法律职业者不遵守共同的行为规范和操守,彼此不认可不配合对方职业权力的行使,既会造成法律职业整体功能一致性受损,也会对职业者个体权利的实现造成妨碍。我国的律师执业长期存在会见难、阅卷难、调查取证难、发问难、质证难、辩论难等问题,这实际上是我国法律职业良性互动缺失的一种表

---

① 苏国勋:《理性化及其限制——韦伯思想引论》,上海人民出版社1988年版,第2页。

现。这种现象既影响了律师执业，也影响了办案质量。在法律职业群体的"组织化"及其良性互动关系的形成过程中，既离不开职业者个人的自觉理性，也需要发挥法律职业团体协会的组织引导和规范作用。

只有具备了以上两个条件，法律职业者队伍才不是职业者个体的简单聚合，才能成为法律职业共同体。法律职业共同体必须具备共同的精神内涵、共同的价值追求和高度的"组织化"程度。在这一共同体中，每个职业者不再是单个执业谋生者，而是自觉维系这一共同体的不可或缺的重要一员。是否形成法律职业共同体，是衡量一个国家法治水平的基本尺度；成熟的法律职业共同体，是法治国家的一个基本标志；努力建设法律职业共同体，是建设社会主义法治国家的重大任务和建成社会主义法治国家的基本条件。

在我国，与法律职业者队伍紧密关联的是法治工作队伍。法律职业者队伍是与法治工作队伍有区别的。法律职业者包括哪些人，不同人有不同认识，但一般认为法律职业者的典型是法官、检察官和律师。对法律专家或法学专家是否属于法律职业者存在着不同的见解，但从其对法治产生的影响来看，法律专家或法学家应该属于法律职业者，尽管他们发挥作用的方式与法官、检察官、律师不具有同质性——他们是通过自己的理论活动对法治精神和法治信仰的形成，对立法、执法、司法和守法产生影响来完成自己的法律职业的。因此，国家的法律职业共同体应主要由法官、检察官、律师和法学专家这四类人构成。[1] 相较于法律职业者队伍，我国所称法治工作队伍（法治队伍）的外延则要宽泛得多。它主要包括立法队伍、行政执法队伍、司法队伍和法律服务队伍。立法队伍包括立法机关中从事立法工作的专门人员，行政执法队伍包括行政执法部门的执法人员，司法队伍主

---

[1] 占茂华：《法理学前沿问题》，上海社会科学院出版社2016年8月第1版，第191页。

要包括法官检察官队伍,法律服务队伍包括律师、公证员、人民调解员、基层法律服务工作者和法律服务志愿者队伍。高水平的法学家和专家团队也是我国法治工作队伍中的一支重要力量。在各支队伍建设中,要特别强调法治专门队伍建设。法治专门队伍一般包括立法工作者、法官、检察官、律师和人民警察等,特别是法官、检察官和律师队伍。在我国还有"政法队伍"的专门称谓,政法队伍主要包括审判机关、检察机关、公安机关、国家安全机关、司法行政机关中的工作者队伍。① 政法队伍与法治专门队伍具有交叉性和重合性,都是我国法治队伍建设的重点。

改革开放以来,我国的法治队伍建设特别是法治专门队伍建设一直受到高度重视,并取得了长足的发展和进步。

"文化大革命"结束之时,民主法制百废待兴。按照党的十一届三中全会确立的"健全社会主义民主,加强社会主义法制"的方针,我国司法机关得到全面恢复,司法队伍也迅速发展起来。

改革开放后的前20年左右,我国的司法队伍在恢复的基础上实现了初步的大发展。改革开放之初,为适应恢复法制的需要,当时补充的司法人员大多是复员转业军人、其他机关干部、学校教员和非法律专业的大中专毕业生。当时不仅人员缺乏,司法人员的能力素质也亟待提高。在这种情况下,最高人民法院、最高人民检察院首先采取各种措施、通过各种途径,加强对司法人员的教育和培训。各级人民法院把培训在职人员作为一项战略任务,对大多数没有受过专业法律教育的法官进行了大规模的专业培训,培训采取长期与短期相结合、脱产与业余相结合的方法来进行。检察院系统地采取了类似的办法对在职人员加强教育培训。为了适应教育培训的需要,最高人民检察院还建立了国家检察官学院、中国高级检察院培训中心,省级人民检察

---

① 《中国共产党政法工作条例》,《人民日报》,2019年1月19日。

院，市、自治州检察院也普遍建立了检察官培训中心。另一重要措施就是努力提升司法人员的学历层次。1985年国家教委委托全国高等教育自学考试委员会创办全国司法干部业余法律大学，把法律专业自学考试作为全日制法学教育的重要补充。改革开放以后，法学专业教育是普通高等教育重点发展的专业之一，普通高等院校不断扩大法学专业的招生数量，培养层次从专科、本科逐步发展到专科、本科、硕士、博士同时培养，为司法机关源源不断输送大批高级专门人才。从1979年到1997年，全国法院工作人员从5.8万人发展到29.2万人，增长达5倍。全国检察院工作人员从无到有，从1978年3月开始重建截至1996年底，已有21.5万多人。到1995年，法院、检察院队伍中具有大专以上学历的均达60%左右。司法队伍建设取得如此的成就，是很不容易的，也是令人鼓舞的。特别是司法人员队伍中"法盲"的消灭，对于推动司法工作专业化，司法人员职业化，提高司法工作质量，具有重大的意义。

从20世纪90年代中期以后，我国司法队伍建设全面步入法制化轨道。1995年2月颁布《法官法》和《检察官法》。2001年6月我国对《法官法》和《检察官法》做了第一次修改。2017年9月对《法官法》和《检察官法》做了第二次修改，这次共修改了包括《法官法》《检察官法》和《律师法》在内的八部法律。2019年4月23日，十三届全国人大常委会十次会议又通过了新修订的《法官法》和新修订的《检察官法》。经过三次修改（修订）的《法官法》和《检察官法》肯定了法官检察官队伍建设进一步改革的成果，充分体现了法官检察官队伍建设的正规化、专业化、职业化方向。《法官法》和《检察官法》提高了法官、检察官的任职条件，充分反映了法院、检察院员额制改革和司法人员分类管理改革的要求。

我国的司法队伍建设始终是在法制的保障和改革的推动下向前发展的。司法体制改革在很大程度上是人的改革。从近年司法体制改革的基础性和标志性措施——司法责任制改革来看，其涵盖的四项改革即司法人员分类管理、完善司法责任、健全司法人员职业保障和推动省以下地方法院检察院人财物统一管理,每一项都与人密切相关,都是围绕人、围绕队伍建设而进行的改革。目前,这四项改革都取得了重大突破。

关于司法人员分类改革,中组部,最高人民法院、最高人民检察院早在2013年3月就出台了明确的改革意见。改革意见将法院工作人员划分为法官、审判辅助人员和司法行政人员三类;将检察院工作人员划分为检察官、检察辅助人员、司法行政人员三类。辅助人员包括助理、书记员、司法警察及技术人员。[①] 随后,法院、检察院系统深入推进分类管理改革,建立相应的管理制度和法官、检察官员额制度,合理确定法官、检察官与其他人员的比例。截至2017年10月,司法人员分类管理改革已在全国推开,对省以下的法院、检察院实现了全覆盖。遴选进入员额的法官、检察官以及其他各类人员各归其位、各尽其责。

其他三项改革同样取得明显成效。司法责任制得到进一步完善,最高人民法院出台《关于完善人民法院司法责任制的若干意见》,最高人民检察院出台《关于完善检察官权力清单的指导意见》,进一步完善了司法责任制度体系,落实了办案质量终身负责。为推动建立司法职业保障制度,法院、检察院建立了与法官检察官等级制度相适应的晋升机制、工资制度以及履行职务的保障救济机制,认真落实法官检察官的职业保障政策,包括物质保障、安全保障、荣誉保障、教育保障等各方面的保障措施正在逐步到位。省以下地方法院、检察院人财物统一管理有序推进,各省市区陆续实现了省级财政统一管理,部分地方法院、检察院的经费保障和工资水平实现"托低保高"。推行省以下地方法院检察院人财物统一管理初衷是为了减少外部的不当干

---

① 武文婧:《司法人员职业保障机制的检视》,《中国检察官》,2017年第13期。

扰，随着领导干部插手案件记录通报问责等一系列制度的实施，外部干预大为减少，司法环境得到明显改善。同时由于各地经济发展不平衡，有些地方实行财物省级统一管理存在困难，因此国家允许各地从实际出发，因地制宜，逐步推进。

政法队伍的清正廉洁，直接关系到社会的公平正义。近年来，特别是党的十八大以来，全国政法机关严明铁规铁纪，打造过硬队伍，以猛药去疴、重典治乱的决心，以刮骨疗毒、壮士断腕的勇气，不断强化纪律作风建设，旗帜鲜明地反对腐败，努力促进队伍清廉，司法清明。

反腐败斗争没有禁区，没有特区，也不能有盲区，这在政法战线得到了充分体现。党的十八大以后的5年间，全国政法系统查处违纪违法省部级干部9人、厅局级130多人，周永康、李东生、奚晓明等一批高官相继落马。特别是周永康的被查处，不仅在政法战线，在全国都具有惩治腐败的标志性意义。

新时期的律师制度也是十一届三中全会后恢复和发展起来的。1979年7月五届全国人大二次会议通过的《中华人民共和国刑事诉讼法》，明确规定被告人有权委托律师。1980年8月五届全国人大常委会通过《中华人民共和国律师暂行条例》，对律师资格、任务、权利和工作机构作出了明确规定。1986年7月，第一次全国律师代表大会在北京召开，会上成立了中华全国律师协会，通过了《中华全国律师协会章程》，随后召开了全国律师工作会议，总结过去工作，提出律师工作今后改革和发展的意见。

1986年是我国律师制度发展史上的重要转折，是我国律师制度告别旧体制迈向新体制的起点。① 司法部在总结律师工作实践、借鉴

---

① 蔡定剑：《历史与变革》，中国政法大学出版社1999年3月第1版，第208页。

外国律师制度有益经验的基础上，对律师制度进行了全面改革。改革的主要思路是推动律师业走向社会化，即将律师业由国家包办转变为社会业态。律师机构由"国办"变为"自办"，律师事务所部分成为由职业律师自愿组成的具有法人地位的自律性机构；律师机构的经费管理给律师"断奶"，由过去国家统收统支的行政包干变为"单独核算，自负盈亏，自收自支，节余留用"；律师的身份由过去"国家法律工作者"变为"社会法律工作者"，由国家干部变为"为社会服务的专业法律工作者"和自由职业者；对律师的管理由过去司法行政部门领导改为主要由律师协会自我管理、民主管理，司法行政部门主要实施监督。1988年开始，经国务院批准，司法部进行合作制律师事务所的试点工作，合作制律师事务所不占国家编制，不要国家经费，由合作律师共同集资、自愿组合、民主管理，接受司法行政机关的监督管理。

围绕律师业的社会化改革，国家建立实行了律师资格考试制度。从1986年开始，司法部开始举办全国律师资格考试，以授予通过考试者律师资格取代过去单纯由司法行政机关考核授予律师资格的做法，全国律师资格考试开始每两年举行一次，到1993年改为每年举行一次。加强了律师职业纪律和道德规范建设。司法部于1990年11月、1992年10月、1993年12月先后发布《律师十要十不准》《律师惩戒规则》《律师职业道德和执业纪律规范》。考试制度的建立和纪律建设的加强，有力地促进了律师队伍的健康发展。

我国1986年前后的律师制度改革是成效显著的，在所有司法制度的改革中，律师制度改革的步伐是迈得最大的，[①] 也是很成功的。1993年12月，经国务院批准，司法部又发布了《关于深化律师工作改革的方案》，对律师制度的进一步改革作出了部署。明确今后不再

---

① 蔡定剑：《历史与变革》，中国政法大学出版社1999年3月第1版，第209页。

使用生产资料所有制模式和行政管理模式界定律师机构的性质,大力发展不占国家编制和经费的自律性事务所,在自愿结合、民主管理的前提下,鼓励律师事务所自行选择组织形式、内部管理方式和分配方法。这就使我国律师制度进一步改革的方向更加明确。

在律师制度全面改革的基础上,1996年5月颁布了《律师法》,后经2001年、2012年、2017年三次修改。经过三次修改的《律师法》,全面规定了我国律师制度的原则,律师执业许可,律师事务所,律师的业务和权利、义务,律师协会,以及违反《律师法》的法律责任。《律师法》把司法行政部门与律师、律师事务所和律师协会的关系由原来的领导改为监督、指导关系,规定律师是依法取得律师执业证书,接受委托或者指定,为当事人提供法律服务的执业人员;律师事务所的形式包括国家出资设立的律师事务所、合伙律师事务所、个人律师事务所;律师协会是社会团体法人,是律师的自律性组织。《律师法》的三次修正,标志着我国律师制度不断走向完善。

在《律师法》不断完善的过程中,近年来,几个重要的政策性文件也相继出台。2015年9月,中央全面深化改革领导小组审议通过《关于深化律师制度改革的意见》(以下简称《意见》),《意见》提出了深化律师制度改革的指导思想、基本原则、发展目标和任务措施。在审议通过该《意见》的第二天,最高人民法院、最高人民检察院、公安部、国家安全部、司法部出台《关于依法保障律师执业权利的规定》,针对律师执业中的一系列"难"提出了切实的解决办法,强调法院、检察院、公安、国安、司法行政机关应当尊重律师,健全律师执业权利保障制度,依照法律规定,在各自职责范围内依法保障律师的执业权利。2016年6月,中办、国办印发了《关于深化律师制度改革的意见》和《关于推行法律顾问制度和公职律师公司律师制度的意见》。这些重大举措,推动我国律师队伍建设全面迈入了正规化、专业化、职业化之路。

律师队伍是法律服务队伍的骨干力量和排头兵。律师业、律师制度、律师队伍的成熟程度与国家的法治水平成正比，全面推进依法治国对律师队伍建设提出了更高要求。

进入新时代，律师制度改革进一步深化，律师队伍建设进一步加强。在大力加强律师队伍思想政治建设、提升律师队伍业务素质和管理水平的同时，应强调进一步完善律师执业保障机制，为律师执业营造最佳环境和提供多方面条件，切实解决律师执业难问题，切实维护律师合法权利，让律师职业成为在社会普遍受尊重的职业。进一步优化律师队伍结构，建设社会律师、公职律师、公司律师等优势互补、结构合理的律师队伍。这些重大举措的实施，必将进一步推动我国律师队伍的发展和壮大。

新时代意味着新使命和新要求。新时代法治队伍建设的重点任务主要定位在建设高素质的法治专门队伍，加强法律服务队伍建设，创新法治人才培养机制三个方面。①

高素质法治专门队伍的建设中，处于首位的是思想政治建设，关键是领导班子建设，重心是正规化、专业化、职业化建设。思想政治建设突出社会主义法治理念教育，领导班子建设突出政治标准，正规化、专业化、职业化建设突出职业准入、职业培训、职业管理和职业保障等制度的完善。2015年12月，中办、国办印发《关于完善国家统一法律职业资格制度的意见》。按此意见，司法考试制度调整为国家统一法律职业资格考试制度，扩大了需要参加考试的法律职业范围。过去的司法考试，因参考人数多、考试难度大、通过率低而被考生称为"天下第一考"。调整以后的法律职业资格考试实行统一命题，统一标准，难度仍然大，同时更为规范。可以预期的是，随着相关制度的建立、完善和实施，我国法治专门队伍的正规化、专业化、职业

---

① 《中共中央关于全面推进依法治国若干重大问题的决定》，人民出版社2014年10月版，第30—33页。

化水平将得到大大提升。

在加强法律服务队伍建设方面，除了大力加强律师队伍建设，还要大力发展公证员、基层法律服务工作者、人民调解员队伍，大力推动法律服务志愿者队伍建设。在这方面采取的一项关键性措施是建立健全激励法律服务人才跨区域流动机制。法治队伍建设中同样存在一个平衡发展问题，这是当前和今后一个时期关注的一个重点。

在创新法治人才培养方面，将构建完善的法学理论体系、学科体系、课程体系、教材体系提上重要日程；将培养大批德才兼备的法治人才及后备力量作为根本任务；将打造政治、业务过硬的高水平法学家和专家团队，建设高素质学术带头人、教师队伍作为关键措施。法治人才培养机制进一步完善，环境进一步优化，培养质量不断提升。我国法治人才及后备力量培养这一基础工程不断夯实。

2019年1月，中共中央印发《中国共产党政法工作条例》（以下简称《条例》），对新时代政法单位和政法队伍建设作出全面规划，提出明确要求。我国的政法单位是党领导下从事政法工作的专门力量，主要包括审判机关、检察机关、公安机关、国家安全机关、司法行政机关等单位。《条例》指出要坚持政治过硬、业务过硬、责任过硬、纪律过硬、作风过硬的要求，努力建设信念坚定、执法为民、敢于担当、清正廉洁的新时代政法队伍。

在我国政法队伍的建设中，公安队伍的建设具有特殊的重要性。2019年5月，全国公安工作会议在北京召开。习近平出席会议并发表重要讲话强调：新的历史条件下，公安机关要坚持以新时代中国特色社会主义思想为指导，坚持总体国家安全观，坚持政治建警、改革强警、科技兴警、从严治警，履行好党和人民赋予的新时代职责使命，着力锻造一支有铁一般的理想信念、铁一般的责任担当、铁一般的过硬本领、铁一般的纪律作风的公安铁军。要抓住关键环节，完善执法权力运行机制和管理监督制约体系，努力让人民群众在每一起案件办理、每一件事情处理中都能感受到公平正义。① 习近平的讲话对公安队伍建设和公安工作指明了前进方向，提出了更高要求。

法治靠队伍，队伍靠人才。法治中国的第一资源是人才资源，队伍资源。建设法治中国，必须首先建设一支规模宏大的、素质过硬的法治工作队伍。在建设法治中国的工作全局中，队伍建设应始终摆在优先的位置。

五、法治文化建设与全民守法

法律权威的树立，法律的有效实施，离不开广大人民对法律的拥护、信仰、遵守和维护。而对法律的拥护、信仰、遵守、维护，都不是自然而然形成的，而是要经过大力的培育和引导，必须建立在法治文化的坚实基础之上。

法治文化是法治建设中最基本、最深厚、最持久的力量。全面推进依法治国，必须大力弘扬法治精神，努力建设法治文化，增强全社会厉行法治的自觉性、积极性和主动性，使全体人民都成为法治的忠实崇尚者、自觉遵守者、坚定捍卫者，使尊法、信法、守法、用法、护法成为全体人民的共同追求。

占世界人口约 1/5 的中国，如何做到人人尊法、信法、守法、用法、护法，是世界法治史上的一个大课题，也是社会主义法治文化建设的核心内容。

改革开放以来，我国在全面推进依法治国的进程中，在社会主义法治文化建设中，进行的一项长期的基础性工作就是大力推进全民普法和守法。

---

① 《习近平：坚持政治建警改革强警科技兴警从严治警　履行好党和人民赋予的新时代职责使命》，《人民日报》，2019 年 5 月 9 日。

中国普法宣传教育跨越的时间长度和广度深度,在世界各国中是少见的。

我国始于20世纪80年代中期集中开展的普法宣传教育,是按照五年的时间段来规划实施和接续推进的。一五普法的时间段是1986—1990年,此后每五年一个周期,从未间断。① 截止2020年,我国共进行了七个五年普法。七五普法的时间段是2016—2020年。② 从一五普法到七五普法,其重点对象和主要内容都是根据我国法治建设的阶段性任务和发展进程来确定的。

从普法的重点对象看,一五普法是工人、农(渔)民、知识分子、干部、学生、军人、其他劳动者和城镇居民中一切有接受教育能力的公民;二五普法是县团级以上各级领导干部,特别是党政军高级领导干部,司法人员、行政执法人员,青少年,特别是大、中学校的在校生;三五普法是县团级以上领导干部、司法人员、行政执法人员、企业经营管理人员、青少年;四五普法是各级领导干部、青少年学生、企业经营管理人员;五五普法是领导干部、公务员、青少年、企业经营管理人员、农民;六五普法是领导干部、公务员、青少年、企事业经营管理人员和农民,领导干部和青少年是重中之重;七五普法是一切有接受教育能力的公民,重点是领导干部和青少年。从以上重点对象的分列中可见,经过七个五年普法,国家对各行各业的一切人员已经实现了普法全覆盖,而一以贯之的重点对象是领导干部和青

---

① 党的十二大报告提出要在全体人民中反复进行法制的宣传教育,按此要求中宣部和司法部1985年提出了《关于向全体公民基本普及法律常识的五年规划》。1985年11月,国务院正式向六届全国人大常委会十三次会议提出《关于加强法制宣传教育在公民中普及法律常识的决议》的议案,根据这一议案,全国人大常委会作出《关于在公民中基本普及法律常识的决议》。

② 中共中央、国务院转发《中央宣传部、司法部关于在公民中开展法治宣传教育的第七个五年规划(2016—2020年)》,《人民日报》,2016年4月18日。

少年。把领导干部和青少年作为普法对象中的重中之重是理所当然的。"坚持全民普法与突出重点对象相结合"①，是我国普法教育的一条重要经验和一个鲜明特色。

普法的直接目的是普及法律知识，但其深层意义是大力加强法治文化建设。从普法的主要内容看，每个五年都有明确的要求，而其对内容的要求是不断深化的。一是从单纯学习法律知识发展到既学习法律知识，又学习法治理论；二是从理论知识要求的提升到法治观念和意识的增强；三是进一步把法治创建活动纳入普法教育，推进多层次多领域依法治理，全面提升社会法治化治理水平，力求把知识、理论、观念转化为守法和依法办事的行为习惯。七个五年普法，越往后要求越高，越能体现法治文化建设的取向。

要求的提高，贯穿着形式的创新。特别是多层次、多领域的法治创建活动、"法律六进"（进机关、进乡村、进社区、进学校、进企业、进单位）活动、法制宣传日活动等活动形式，大大丰富了普法教育的文化内涵，提升了普法教育的品位，增强了普法教育的实际成效。

通过七个五年普法，法律知识得到广泛普及，全民法治观念显著增强，全社会守法和依法办事的自觉性显著提高，这大大夯实了建设法治中国的法治文化基础。

持续、集中、全民的普法宣传教育，是中国厉行法治、建设法治国家的一大创举，也是中国法治文化建设的一大创举和标志性工程。

领导干部是"关键少数"，是法治的领导者、组织者、推动者，他们实际掌握着法治的命运，领导干部的法律意识、法治观念在整个法治建设中发挥着关键性的影响作用。一五普法以来，将领导干部作

---

① 张金才：《中国普法30年的基本经验：1986—2016年》，《北京党史》，2017年第5期。

为一以贯之的普法重点，是一项具有重大意义的举措。通过持续不断地采取措施，领导干部的法治意识状况发生了根本性变化，法治成为越来越多的领导干部坚定奉行的执政理念。他们坚定信仰法治，大力推行法治，自觉遵守法律，带头依法办事。可以肯定地说，这样的领导干部已经占到了这支队伍的大多数。当然也还存在"少数"领导人治观念、特权观念仍然严重，或者把法治挂在口头上，实际工作中还是突出其个人意志，不怎么把法律当回事；或者千方百计论选择、搞变通，在执行法律中打折扣；或者干脆冲破底线，向法律挑战，徇私枉法、贪赃枉法，成为"关键少数"中的害群之马。全面推进依法治国以及全面实现法治目标的一个关键性问题，就是如何进一步解决好领导干部的法治观念不到位和不依法办事的问题，特别是针对这支队伍中的"少数"，必须在思想教育和制度约束上拿出更多管用的办法。要坚持把是否具有必备的法律知识、法治观念和是否依法办事作为干部选拔任用的必备条件，坚持把履行法治建设责任、推进法治建设情况作为领导干部考核的重要内容，坚持把对少数违法乱纪的领导干部的严厉查处作为关键性措施，以此推动领导干部不断增强法治观念，督促领导干部自觉依法办事。

把青少年作为普法教育中另一一以贯之的重点对象，是基于法治未来的长远考虑。青少年是国家和民族的希望所在，也是建设法治国家的希望所在，始终抓住青少年，就抓住了法治发展的未来。通过多年的努力，我国青少年法治教育体系已经形成，青少年的法律意识和法治观念不断提升，广大青少年在对法治的追求中健康成长，成为一批又一批推动法治的中坚力量。当然，青少年法治教育亦需进一步改进和加强。要把大、中、小学教育贯通起来，把学校、家庭、社会教育结合起来，把课堂教育与实践教育联结起来，进一步形成全方位、立体化的教育格局。要进一步增强教育的针对性、实效性、感染力和感召力，真正使法治教育成为青少年真心喜爱和终身受益的教育。

随着普法宣传教育的不断深化，我国法学也获得了长足发展。

改革开放历史新时期的开启，使我国法学迎来了真正的春天，进入了持续的繁荣发展时期。经过法学界的不懈努力，比较完善的中国特色社会主义法学理论体系、学科体系、课程体系、教材体系和人才培养体系已经形成，法学研究在法治中国建设中发挥着不可替代的重要作用。

法学理论研究深入推进，硕果累累，为民主法治建设提供了重要的理论支撑和智力支持。我国法治概念的提出，依法治国方略的确立，中国特色社会主义法律体系的形成，法治政府、法治社会建设和司法改革的推进，普法宣传教育的深化，都建立在法治理念的更新和法治理论的创新的基础之上，都离不开法学理论工作者队伍的艰辛探索，无不凝聚着这支队伍的智慧、心血和理论贡献。

法学界踊跃参与新时期的法治实践，为法治献计助力，对我国法治建设发挥了重要的实际推动作用。立法、执法、司法改革等大量与法治建设相关的实际工作都有法学专家的直接参与，大量高质量的法治决策咨询意见来自法学专家队伍，中央政治局与法治相关的集体学习的主讲人大多是法学专家。法学精英人才成为法治大厦一支重要的支撑力量。

为适应法治建设的重要，我国建立形成了具有中国特色的法治人才培养体系和模式，培养了一批又一批高素质的法治人才。"文化大革命"时期，全国只有北京大学和吉林大学保留法律系的建制。经过改革开放后 40 年左右的建设和发展，全国设立法学本科专业的高校已达 700 多所，在校法学本科生达数 10 万人，法学专业年毕业生本、硕、博共达 10 万人以上，[①] 使我国拥有了世界上规模最大、结构最完整的高等法学教育。目前，我国政法战线的骨干人才包括首席大法

---

① 王鹏飞：《法学教育现状分析与改革思路》，《海峡法学》，2016 年第 1 期。

官和大检察官都是改革开放后自己培养起来的优秀人才。同时，我国正着力打造一支高水平法学家和专家团队，努力建设高素质学术带头人、骨干教师、专兼职教师队伍，这支队伍将引领和支撑着中国法学的发展。

法学是社会主义法治文化建设的重要学科支撑，法学的繁荣是法治文化繁荣的一个缩影，又是法治文化不断走向繁荣的重要引领和条件。建设社会主义法治文化，必须大力推动法学的发展和繁荣。

在我国法治文化建设乃至整个法治建设中，有一支重要的力量发挥着特殊的作用，这就是中国法学会及其各级地方法学会和学科、专业、专门研究会。

中国法学会是我国一个十分重要而特殊的人民团体。它是人民团体、群众团体、学术团体，又是"政法战线的重要组成部分"，这是中国法学会不同于其他社团组织的特殊定位。

1953年4月，中国政法学会正式成立，董必武任会长。至1964年10月，中国政法学会共举行四次会员大会。"文化大革命"期间，中国政法学会遭受冲击，活动中断。1979年着手恢复，恢复后的中国政法学会更名为中国法学会。1982年7月中国法学会召开了恢复后的第一次会员代表大会，邓小平等党和国家领导人接见了全体代表，彭真作重要讲话。选举产生了中国法学会第一届领导机构，名誉会长杨秀峰，会长武新宇。时至2019年3月，中国法学会共举行八次全国会员代表大会。在2019年3月19日中国法学会第八次全国会员代表大会开幕时，习近平、李克强、栗战书、王沪宁等党和国家领导人到会祝贺，郭声琨受中央委托发表了题为《在全面依法治国新征程中实现新担当新作为》的致词。王晨当选中国法学会会长。中国法学会目前共有2780多个地方法学会，其中省级法学会32个。另成立有学科、专业、专门研究会50多个。

中国法学会作为重要的人民团体和政法战线的重要组成部分，团结带领全国广大法学工作者、法律工作者，深入开展法学研究、法学交流、法治宣传教育和法治实践，是加强社会主义民主法治建设的重要力量。近年来，各级法学会围绕中心，服务大局，推动法学会工作与时俱进。基层法学会坚持工作前移，重心下沉，把推动基层社会治理创新和防范化解重大风险、精准脱贫、污染防治"三大攻坚战"作为切入点、着力点，充分发挥法律专业、专家的优势和群团的组织作用，为服务保障经济社会发展贡献智慧和力量。在这方面，四川省法学会等地方法学会进行了积极探索，积累了有益经验。

近年来，四川省法学会以全面推进基层法学会"实体化、实战化"建设为载体，推动基层法学会工作创新发展。在"实体化"建设方面，大力加强法学会组织建设，法学会实现了对183个县（市、区）的全覆盖，省市县法学会及直属研究会普遍建立了党组织；法学会任务要求得以强化，法学会工作被纳入省委对各地的绩效考核目标中，对市县法学会和直属研究会负责人提出了明确的政治责任要求和失职追责办法。在"实战化"建设方面，围绕法治四川、平安四川建设，组织法学科研院所与法律实务部门协同开展对转型期经济发展的法治保障、司法体制改革、社会稳定风险评估、矛盾多元化解等重点问题的研究，建设专业智库，为四川经济社会发展、法治建设和社会稳定提供理论支撑和决策咨询；积极主动参与社会治理，着力化解基层矛盾，在县（市、区）、乡镇（街道）、村（社区）普遍建立由法学会牵头的"法律服务诊所""法律服务站""法律服务室"三级工作平台，将法学会工作全面融入各级综治平台和矛盾纠纷多元化解协调平台。全省建立三级法律服务平台14400多个，各个法律服务平台在基层社会治理和各类矛盾化解中发挥了重要作用。四川省法学会通过"实体化、实战化"建设，全面体现了"政法战线的重要组成部分"这一重要的功能定位，走出了一条创新地方法学会工作的新路子，得到中国法学会的充分肯定。

中国法学会的学科、专业、专门研究会在我国法治建设和法学繁荣发展中同样发挥了十分重要的作用。时值改革开放四十周年,中国法学会宪法学研究会会长韩大元教授在《中外法学》2018年第5期发表《改革开放四十年中国宪法学的回应与贡献》一文,系统回顾和总结了中国宪法学四十年的发展历程。文中指出:"改革开放40年来,宪法学在新的宪法秩序的构建、宪法正当性与合法性的规范供给、凝聚宪法共识与塑造主流价值观等方面发挥了重要的作用。尤其是在20世纪80年代,宪法学研究回应时代与民众的呼声,积极履行社会责任,坚守专业精神,使其成为一门显学。"[①] 回顾改革开放四十年的历史,中国宪法学在宪法的基本原理、宪法制度、公民的基本权利和国家权力运行等领域,在宪法的制定、修改和完善特别是宪法的监督实施等方面取得一系列重要的理论研究成果,大大推动了我国宪法建设和整个法治建设。实际上,改革开放四十年来,中国法学的每个学科都作出了类似于宪法学的重要贡献。

人民权益要靠法律保障,法律权威要靠人民维护。法治的真谛,在于全体人民的真诚信仰和忠实践行。法治的基础,在于全体人民投身法治实践的积极性和主动性的充分发挥。

近年来,特别是党的十八大以来,法治文化建设不断加强,全民法治观念不断提高,法治社会建设不断推进,全民守法正在成为社会现实。

推进全民守法,首先抓领导干部这个"关键少数"。党的十八大以来,中央政治局率先垂范,多次集体学习聚焦法治,带头严格执行八项规定,有力推动了各级领导干部尊法学法守法用法。2016年底,中办、国办印发《党政主要负责人履行推进法治建设第一责任人职责规定》。此前,中组部、中宣部、司法部、人社部联合印发《关于完

---

① 韩大元:《改革开放四十年中国宪法学的回应与贡献——以20世纪80年代的宪法学研究为中心》,《中外法学》,2018年第5期。

善国家工作人员学法用法制度的意见》。2016年4月11日，贵州省副省长陈鸣明坐上了贵阳市中级人民法院行政二庭的被告席，这是中国省政府负责人首次在行政诉讼中出庭应诉，[①] 它所昭示的是政府和领导干部带头守法不再是一般号召，领导干部在遵守法律面前不仅没有例外，而且守法的标准更高，要求更严。

  领导机关和领导干部不仅要带头守法，还要肩负起全民普法和推动全民守法的重任。2017年5月，中办、国办印发的《关于实行国家机关"谁执法谁普法"普法责任制的意见》中，国家机关首次被明确为普法宣传教育的责任主体，这使普法宣传教育机制进一步完善。按照这一制度设计，公安、税务、工商、城管等众多执法部门，包括在民众心目中有些神秘的国家安全部门，都把执法中的普法列入工作计划，作为硬性任务，这普遍加大了普及相关法律知识的力度。法官、检察官、律师等的以案释法，也成了其在履职中的自觉行动。

  全民守法，必须加强社会诚信建设，完善守法诚信褒奖机制和违法失信行为惩戒机制。2016年，国务院印发了《关于建立完善守信联合激励和失信联合惩戒制度加快推进社会诚信建设的指导意见》。这个文件最大的创新之处和亮点是"联合"——激励是联合的，惩戒也是联合的。按此精神，企业连续三年无不良信用记录，工商部门为其办理行政许可开通"绿色通道"；市场主体依法纳税、守信还贷，银行给予信贷优惠和支持；电商诚信经营，互联网商业平台为其加注"诚信会员"标识。与此相应，对于那些偷税漏税、违反合同、拖欠债务的违法失信的企业和个人，有关部门和行业将其列入"黑名单"，在信用评级、企业投资、银行贷款、个人信用消费等方面亮"红灯"，人民法院对失信被执行人限制高消费。"联合"机制使诚信守法者多方受益，使违法失信者处处受限受罚。

  实现全民守法，必须健全依法维权和化解纠纷机制，努力营造遇

---

① 《副省长出庭应诉"民告官"》，《贵州都市报》，2016年4月12日。

事找法、办事循法的法治环境。近年来，国家努力构建对维护群众利益具有重大作用的制度体系，建立健全社会矛盾预警机制、利益表达机制、协商沟通机制、救济救助机制、社会矛盾纠纷预防化解机制。特别是把信访纳入法治化轨道，2013年以来，国家大力推行涉法涉诉信访工作改革，中办、国办印发了《关于依法处理涉法涉诉信访问题的意见》（以下简称《意见》）。按此意见，建立和实行了诉讼与信访分离制度，把涉法涉诉信访从普通信访中分离出来，纳入司法渠道解决。《意见》实施以来，涉法涉诉类问题在党政信访部门接访总量中所占的比例明显下降，司法机关接访量明显上升。遇事找法，是全民守法不断深入的重要体现，也是法治进步的重要体现。

全民守法，还必须充分调动广大人民群众的积极性和主动性，激发全体人民的法治热情，引导人们正确行使法定权利，自觉履行法定义务和社会责任。人民是法治建设的主体，是法治国家的主人，建设法治国家最根本的途径在于全体人民自觉的守法护法。从普法教育开展以来，我国始终坚持人民眼光和社会眼光，通过各种途径和形式，让广大人民群众知道为什么要遵纪守法，怎样遵纪守法。坚持从"娃娃抓起"，自"三五"普法以来，全国大、中、小学全部开设了法治教育课程，联通学校、家庭、社会"三位一体"的法治教育网络。坚持把普法教育与道德建设紧密结合起来，大力弘扬社会主义核心价值观和中华优秀传统文化，增强全民守法的道德底蕴。通过多层次、多领域的依法治理活动，通过法治标兵、见义勇为、道德模范的评选表彰活动，通过对守法诚信的多方激励，大大激发了人民群众的法治热情，使尊法、守法日益成为全体人民的共同追求和自觉行为，建成法治社会的目标正在变成社会现实。

波澜壮阔的历史进程。
世人瞩目的光辉成就。
走向未来的神圣使命。

改革开放以来,特别是党的十八大以来,奋进中的法治中国,不断推出一系列重大战略举措,出台一系列重大方针政策,推进一系列重大工作,全面依法治国已经形成磅礴之势,法治中国建设已经取得辉煌成就。

凡是过去,皆为序章。中国法治建设已经站在新的历史起点,全面推进依法治国,仍然是一项长期而艰巨的历史任务。承载着历史的重托和民族的希望,我们要以百倍的信心,千倍的努力,继续致力于全面推进依法治国的伟大实践,不断谱写建设社会主义法治国家的崭新篇章。

下篇

第七章　依法执政

一、执政方式的重大变革

中国共产党百年的历史，是一代又一代中国共产党人前赴后继、接续奋斗的光辉历史。中国社会主义的法治伟业，正是在这种接续奋斗中，从奠基不断走向今天的辉煌。

以毛泽东为主要代表的中国共产党人领导人民创立了社会主义法制的宏伟基业；以邓小平为主要代表的中国共产党人领导人民开辟了依法治国新的伟大征程；以江泽民为主要代表的中国共产党人领导人民把法治伟业成功推向 21 世纪；以胡锦涛为主要代表的中国共产党人领导人民在新的历史起点上全面推进依法治国；以习近平为主要代表的中国共产党人，领导人民开创了建设社会主义法治国家的新时代。

在法治方面伟大的接力，是与党的执政方式的深刻变革融为一体的。

依法治国是党领导人民治理国家的基本方略，依法执政是中国共产党执政的基本方式。前者着眼于怎样治理国家，后者着眼于中国共产党如何执政。

我国国家治理层面的"依法治国"和"依法执政",从很大程度上说,是提法上一而二,本质上二而一的命题。因为二者要解决的根本问题,都是中国共产党的领导方式和执政方式问题,也就是治国方略的问题。

这一问题是为了适应党的身份、角色和地位所发生的重大转变而提出的。

新中国的成立标志着中国共产党从领导人民夺取政权的革命党转变为执掌全国政权的执政党。革命党和执政党在目的和方式手段上是有重大区别的。革命的目的是为了摧毁旧政权,建立新政权,执政的目的是为了掌握好政权,建设好国家;革命要更多地依赖暴力的、军事的方式和手段,而执政则必须依靠法治的方式和手段。革命是不必过多顾及法律的,而执政党必须尊崇法律,力行依法治理。这不是一般意义上的工作方法问题,这是决定执政命运的关键砝码。

中国共产党在中国执政已70多年,早已完成从革命党向执政党的身份转换,但其思想观念和执政方式的转变,却经历了一个长期的探索过程。

中国共产党执政以后,其首先要回答的问题就是用什么方式来治理国家。针对这一重大的理论和实践问题,党的领导集体在进行了长期艰辛而曲折的探索后,终于找到了正确的答案。

总体上看,党的执政方式的变革和治国方略的形成,在本质和过程上都是同一的。在这一探索过程中,共识的形成和认识的升华,在若干重要时间节点上得到了集中体现。

党的八大明确提出转变党的领导方式和执政方式的问题。新中国成立初期,毛泽东对法制给予了高度的重视。但那时法律的作用还是有限的。党和国家往往采取依靠政策和群众运动的方式推动工作,甚至法制秩序的建立和法律的实施大都也是通过运动来推动的。刘少奇在"八大"《政治报告》中,系统总结了新中国成立以来的历史经验,明确提出了转变斗争方式和健全国家法制的任务。他说:"新的生产关系已经建立起来,斗争的任务已经完全变为保护生产力的顺利发展,因此,斗争的方式也就必须跟着转变,完备的法制就是完全必要的了。"① 八大明确提出斗争方式转变,是新中国成立初期探索取得的重要成果。

党的十一届三中全会着重提出了健全社会主义民主和加强社会主义法制的任务,确立了"发扬社会主义民主,加强社会主义法制"的方针。"文化大革命"后,我们党深刻总结了1957年以后特别是"文化大革命"的深刻教训,开始了对执政方式新的探索。邓小平强调指出:"为了保障人民民主,必须加强法制。必须使民主制度化、法律化";"做到有法可依,有法必依,执法必严,违法必究。"② 这就第一次完整地提出了社会主义法制的十六字方针。十六字方针的提出,是对历史经验的科学总结,奠定了依法治国方略的思想理论基础。

党的十五大正式确立"依法治国"的基本方略。党的十五大报告全面总结了党的十一届三中全会以来的成功经验,指出要进一步扩大社会主义民主,健全社会主义法制,依法治国,建设社会主义法治国家。同时明确指出:"依法治国,是党领导人民治理国家的基本方略。"③ 1999年3月,九届全国人大二次会议通过新的宪法修正案,将依法治国基本方略载入宪法,使依法治国基本方略获得了根本大法的保障。

党的十六大正式提出"依法执政"的执政方式。在党的十五大正式确立治国方略的基础上,党的十六大进一步提出"改革和完善党的

---

① 《刘少奇选集》下卷,人民出版社1985年版,第253页。

② 《邓小平文选》第二卷,人民出版社1994年10月第2版,第146、147页。

③ 江泽民:《高举邓小平理论伟大旗帜 把建设有中国特色社会主义事业全面推向二十一世纪——在中国共产党第十五次全国代表大会上的报告》,人民出版社,1997年9月。

领导方式和执政方式""坚持依法执政",不断提高执政能力的要求。① 党的十六届四中全会通过了《中共中央关于加强党的执政能力建设的决定》,这一决定指出:"必须坚持科学执政、民主执政、依法执政,不断完善党的领导方式和执政方式。"这是我们党关于领导方式和执政方式的认识进一步走向成熟的重要标志。

党的十八大进一步明确,依法治国是党领导人民治理国家的基本方略,"法治是治国理政的基本方式""加快建设社会主义法治国家"。② 党的十八届三中全会提出,要努力推进国家治理体系和治理能力的现代化。党的十八届四中全会首次将依法治国作为中央全会的主题,通过《中共中央关于全面推进依法治国若干重大问题的决定》(以下简称《决定》),全面丰富和发展了我们党对治国方略和执政方式的思想认识。

党的十九大对依法治国、依法执政作出了进一步强调和部署。党的十九大作出了中国特色社会主义进入了新时代的科学判断,确立了习近平新时代中国特色社会主义思想的指导思想地位,把"坚持全面依法治国"作为新时代坚持和发展中国特色社会主义基本方略的重要内容,明确提出到二〇三五年,基本建成法治国家、法治政府和法治社会,各方面制度更加完善,基本实现国家治理体系和治理能力现代化的奋斗目标。③ 党的十九大报告还对"深化依法治国实践"进行了全面部署,对全面推进依法治国提出了明确要求。党的十九届四中全

---

① 江泽民:《全面建设小康社会 开创中国特色社会主义事业新局面——在中国共产党第十六次全国代表大会上的报告》,《求是》,2002年第22期。

② 胡锦涛:《坚定不移沿着中国特色社会主义道路前进 为全面建成小康社会而奋斗——在中国共产党第十八次全国代表大会上的报告》,《求是》,2012年第22期。

③ 习近平:《决胜全面建成小康社会 夺取新时代中国特色社会主义伟大胜利——在中国共产党第十九次全国代表大会上的报告》,《人民日报》,2017年10月28日。

会通过《中共中央关于坚持和完善中国特色社会主义制度推进国家治理体系和治理能力现代化若干重大问题的决定》，这一决定使我们党建设法治国家的任务和目标更加明确。

2020年11月，党的历史上首次召开的中央全面依法治国工作会议，将习近平法治思想明确为全面依法治国的指导思想，习近平法治思想是习近平新时代中国特色社会主义思想的重要组成部分，是全面依法治国的根本遵循和行动指南，习近平法治思想大大深化了我们党关于执政方式的思想认识。

党的十八大至今，是依法治国、依法执政措施最有力最集中，成就最丰硕最显著，认识和经验最丰富最系统的一个时期，开辟了全面依法治国理论和实践的新境界。

以上重大"节点"，体现了我们党对执政方式的认识的不断深化和制度的深刻变革。这一变革是当今中国最重大、最根本的变革，凝聚着几代中国共产党人的艰辛探索，是改革开放以来在国家治理层面取得的最为宝贵的经验和财富。变革的过程，是中国执政党不断走向成熟的过程，也是中国的政治文明不断向前推进的过程。

党的十八届四中全会实际回答了全面建成小康社会之后路该怎么走的问题。习近平在会上提出了三个严肃而深刻的问题并作出明确回答，这实际上是告诉我们，在全面建成小康社会以后，我们要更加坚定地坚持依法治国基本方略和依法执政基本方式，这一方略方式的选择，是作为执政党的中国共产党唯一正确的选择。

依法治国的要义是广大人民在党的领导下，运用宪法和法律来治理国家和社会事务，保证国家和社会在法治的轨道上运行。依法治国必然要求依法执政。依法执政，其要义是执政党运用法治的方式治国理政。依法执政是依法治国的关键所在。依法执政是我们党对共产党执政规律、社会主义建设规律、人类社会发展规律认识的深化，是加强党的执政能力建设、实现科学执政的必然选择，是推进社会主义法治国家建设的必然要求,也是政治文明发展的必然趋势。依法执政是执政党成熟的标志,是最佳的执政方式。成熟的执政党都会选择依法执政的执政方式。

把依法治国、依法执政确立为治国的基本方略和执政的基本方式,这意味着依法治国、依法执政不再只是治国执政理念层面的要求,而是成为党和国家的基本方针政策和重大基本国策。这就要求我们不能仅仅在观念和动员的层面上强调依法治国、依法执政,而是必须将其转化为党和国家工作的基本制度机制和实际工作抓手。

处于执政地位的中国共产党要把握好依法治国、依法执政的总开关、总抓手。要把依法治国的基本方略同依法执政的基本方式统一起来,把党总揽全局、协调各方同人大、政府、政协、监察机关、审判机关、检察机关依法依章程履行职能、开展工作统一起来,把党领导人民制定和实施宪法、法律同党坚持在宪法法律范围内活动统一起来。善于使党的主张通过法定程序成为国家意志,善于使党组织培养推荐的人选通过法定程序成为国家政权机关的领导人员,善于通过国家政权机关和社会组织实施党对国家和社会的领导,善于运用民主集中制原则和党内法规维护中央权威、维护全党全国团结统一。[①]《决定》提出的"三统一"和"四善于",是实施依法治国基本方略,坚持依法执政基本方式的总方法、总开关、总抓手,也是加强相应的制度建设和制度创新的总原则、总要求。

按照"总方法、总开关、总抓手""总原则、总要求"的精神,处于执政地位的中国共产党必须处理好影响和牵动全局的各种重大关系,特别是党与政权机关、法治与改革等关系。

要正确处理党与政权机关的关系,保证国家权力的行使依法进行。党要领导国家政权机关,但不包办国家政权机关的工作,而是要

[①] 《中共中央关于全面推进依法治国若干重大问题的决定》,人民出版社2014年10月版,第5—6页。

支持和保证各级人大及其常委会依法履行其职权，支持和保证行政机关依法行政，支持和保证监察机关依法履职，支持和保证司法机关公正司法。目前，我国国家权力结构的实际状况与依法治国的要求和宪法的规定还有一定差距。人民代表大会作为权力机关应享有的权力还没有完全到位，行政权对立法权的干预和影响仍有存在，有法不依、执法不严、违法不究的现象仍然存在。这当中的一些问题，还需要通过深化政治体制改革和创新权力运行机制来解决。消除改革政治体制中与依法治国不相适应的因素，就成为落实依法治国方略的紧迫任务。

正确处理党厉行法治和领导推动改革的关系。要有效调处法律的稳定性原则与社会变革的矛盾。在社会转型和变革时期，法律的稳定性与社会的变革性之间的矛盾是不可避免的。在改革处于"摸着石头过河"的初期阶段，一些重大的改革措施的出台，有时是以突破法律规定的代价来进行的。在中国面临依法治国和深化改革双重任务的今天，这一问题就应当引起高度重视。坚持依法执政就必须转变改革的推进方式。要通过对改革方案的系统、超前的设计，实现改革决策与立法的结合，运用法律手段推出和规范改革的举措，尽可能避免推进改革与依法执政的矛盾，使法律的权威性和稳定性不致受到损伤。对于需要进行探索试验的重大改革，可以采取权力机关授权或委托立法的方式来推进。党的领导必须具有超前性，为推进发展必须深化各方面的改革，国家的治理又必须依法进行，如何实现两者的统一，是对执政党的重大考验。

按照"总方法、总开关、总抓手""总原则、总要求"的精神，还必须着力解决好党政组织在重大决策中的依法依规问题。坚持依法执政，在实际运行过程中有一个关键环节，那就是规范党政组织在经济社会发展中的重大决策行为。党政组织的重大决策行为在党和国家工作中具有根本性、全局性的影响，因此这种行为是否依法依规，也从根本上影响着依法执政、依法行政的整体工作。近些年来，通过反复强调决策的科学性，大量党政组织的决策水平和科学化程度有了很大提升，但影响和制约依法依规决策的因素仍然不少。一是在地方决策中无法可依、无章可循的情况还比较突出，加之决策行为一般作为抽象行政行为不具有可诉性，这就使决策行为缺乏严格的约束，决策中的主观随意性很容易产生；二是片面政绩观的驱动和地方、部门保护主义的影响，使一些地方和部门的决策偏离了科学性和合理性；三是个别负责人为了谋取个人、家族、朋友的私利，违规决策，这往往发生在重大工程的建设规划、招标承建的相关决策中。坚持依法执政、依法行政，必须从根本上解决党政组织决策的依法依规问题，使重大决策行为真正走上科学决策、民主决策、依法决策的轨道。科学决策、民主决策、依法决策，既是实体性要求，又是程序性要求。程序性要求必须是刚性的，实体性要求也要通过程序化规定全面变成刚性的。因此，很有必要制定一个相当于《中华人民共和国立法法》那样的规范性文件，来严格规范和约束党政组织的重大决策行为。

全面依法治国，全面依法执政，是在中国国家治理领域中发生的一场广泛而深刻的变革，需要不断推进思想观念和制度机制的创新。

坚持依法执政，关键在于增强法治思维，坚持依法办事。

坚持依法治国基本方略，建设法治中国，具有丰富的内涵和多方面的要求。要使这些要求得以实现的一个重要前提就是全党全社会的法治思维。法治思维是站在法治的角度和立场观察问题、分析问题、解决问题的一种思维方式或认识方法。它要求人们基于法的视角，以法治的普遍要求，运用法治精神的立场、观点和方法去观察、分析和解决问题。在法治国家，一切治国理政的重大问题和各类权利的保障维护问题都必须用法治思维来观察、分析和解决。具体说，一切领导机关和领导干部都必须自觉运用法治思维和法治方法去深化改革、推动发展、化解矛盾和维护稳定；一切社会组织和成员都必须运用法治思维和法治方式去争取和维护自己的权利和利益，让办事依法、遇事找法、解决问题用法、化解矛盾靠法形成健全的机制并成为全社会的自觉行动;一切组织和个人都必须维护法律的权威,自觉遵守法律。法治思维的关键是根据法律思考和处理问题。法治思维是贯穿法治中国建设基本要求的核心理念,是引领这些基本要求得以实现的思维基础。无论是科学立法,还是严格执法、公正司法、全民守法,都必须要自觉地受观念支配。换句话说,在国家治理的各个方面,社会生活的各个领域,经济社会运行的各个环节,都切实做到有法可依、有法必依、执法必严、违法必究,都必须要有自觉的观念引领。这个观念就是法治思维。可见,增强和提升全党全社会的法治思维,无疑是坚持依法治国和建设法治中国的关键所在。

法治思维很重要,但光有法治思维还不是法治,法治思维还必须全面转化为依法办事。建设法治中国,归根到底要求国家和社会生活真正走上依法办事的轨道,一切组织和个人都能自觉依法办事。党的十一届三中全会提出的"有法可依、有法必依、执法必严、违法必究"这一法制建设的十六字方针,其核心要求就是依法办事,董必武在20世纪50年代就指出依法办事是加强法制的中心环节。党的十八大进一步提出"科学立法、严格执法、公正司法、全民守法"的法治建设新的十六字方针,"科学立法、严格执法、公正司法、全民守法"构成了社会主义法治建设的四大具体目标,贯穿这四大目标的核心要求仍然是"依法办事。"总起来说,依法办事是法治最简练的表达,社会主义法治的核心要求就是依法办事。之所以这样说,一是因为法律的权威和生命在于实施。法律是否拥有至上的权威,表明一个国家究竟是人治国家还是法治国家,法律的实施状况体现一个国家的法治水平。依法治国的最难之处并不在于制定法律,而在于法律实施得如何。没有转化为实践的法律,只是写在纸上和挂在墙上的法律。在中国特色社会主义法律体系已经形成的背景下,法治的重心应当放在法律的实施上。二是从我国法治实践的历史经验看,必须强化依法办事。实践证明,有法不依,不如无法。道理是什么呢?在没有法律的时候，人们充满了对法律的希望；而当法律制定出来后却不依照法律办事时，人们对法律的希望就会丧失，因此其后果还不如无法。

由此看来，中国共产党坚持依法执政的关键就在于努力提升党员干部法治思维和依法办事的观念、能力和水平，同时建立健全制度机制确保依法办事成为全党全社会的自觉行动。特别是党的领导机关和领导干部要以身作则，以上率下，确保依法治国的各方面部署和要求落到实处，带头依法办事。党的十八大以后，社会主义法治理论日益丰富，制度措施日益完善，特别是十八届四中全会《决定》的出台，使依法治国的理论和制度更加系统化了，从大的方面看，《决定》该讲的都讲到了，各方面的要求也都提出来了。现在的任务是一项一项抓落实、抓兑现。依法治国的旗帜凝聚起了中华民族的最大共识，而要把依法治国转化为巨大的社会红利，必须全面深化依法治国的实践。革命导师曾经提醒革命队伍，一打宣言抵不上一个实际行动。中国法治走到今天，需要的就是以上率下、破关闯隘的实际行动。人们怕就怕，目标和任务不落实，说的做的不一样，口号提了一大堆，做决策和处理问题时仍然把宪法和法律放一边。毛泽东在新中国成立初期是很重视法制的，是很有法治思维的，他强调处理问题凡事皆有底线，而"宪法就是底"。可惜在他的晚年没有坚持下来。没有了法治思维，就必然轻视法制、否认法制。法制的灾难是从丢掉法治思维开始的，我们后来恢复法制也是首先从树立法治思维开始的。

讲到领导干部具有法治思维和依法办事，近些年在实践中出现了一个如何将依法办事与增强领导干部的历史担当精神统一起来的问题。有人说，要求领导干部遵规守纪和照章办事与要求领导干部敢于担当是相矛盾的，实际工作中也确有一些干部以守规矩为由不担当，不作为，懒政、怠政、庸政，这种现象已经引起了广大群众的不满。领导干部依法依规办事与敢于担当应当是完全统一的，但二者的统一却不是自然而然形成的。因为二者的具体要求和取向是不相同的，依法办事要求照章行事和遵规守纪，敢于担当要求奋发进取、锐意革新甚至追求突破。要把二者很好地结合和统一起来，既需要领导干部的境界、勇气和智慧，又需要在制度层面为领导干部敢于担当和奋发进取提供保障。

敢于担当是共产党人的鲜明品格，是领导干部的历史责任，也是推动事业发展的客观需要。敢于担当的本质要求是奋发进取，勇于担责，面对发展机遇敢于大胆捕捉，面对发展障碍敢于大胆破除，面对困难矛盾敢于迎难而上，面对危机敢于挺身而出，面对大是大非敢于亮剑，面对歪风邪气敢于斗争，面对失误敢于承担责任。做到敢于担当，必须要有政治定力、无私情怀、浩然正气和过硬本领。做到敢于担当还必须具有正确的政绩观。有人说，追求一天回报的是钟点工，追求一年回报的是职业经理，追求五年十年回报的是领导人物，追求三十年、五十年回报的是政治家、战略家。我们的领导干部不是钟点工和职业经理，不能只考虑眼前利益、任内利益，而是要同时考虑长远利益，长远发展，既要努力成为优秀的领导人物，还要努力成为政治家和战略家。要实现对领导干部的这些要求，除了深入开展领导干部的思想教育外，还必须加强制度层面的保障及相应的政治生态建设。为此，要把敢于担当作为选人用人的重要导向，作为干部考核评价的重要标准，为敢于担当的干部撑腰鼓劲；要建立健全必要的容错机制，干部只要不是以权谋私、徇私枉法，在推动发展中犯错误时应得到必要的宽容。客观地说，这个问题从现状看解决得是并不很好的，我们还未能从制度层面很好解决干部依法依规办事与敢于担当的结合问题。此一问题如不很好解决，法治建设和事业发展都要受到影响。从根本上说，干部不担当、不作为，懒政、怠政现象的存在而得不到有效的解决，本质上是法治水平不高的表现，是干部权责利制度配置不到位的反映，必须靠健全法律和制度来解决。但不管怎么说，绝对不能用敢于担当来破坏依法办事，绝对不能容许干部以敢于担当为由不守法纪。

执政方式的变革是最重大的变革，全面依法治国是国家治理的一场最深刻的革命。为什么称为最重大的变革和最深刻的革命？就是因为要通过这种变革和革命，把过去的人治思维变为今天的法治思维，把过去的人治模式变为今天的法治模式，实现治理观念的彻底转变和治理模式的全面革新。这当然堪称一场重大的变革和深刻的革命。

依法治国、依法执政的提出，是国家治理体系和治理能力现代化的必然要求，也是中国社会适应时代发展要求和世界政治文明发展趋势的客观反映。

当代西方政党制度的一个明显变化，就是政党和政党活动的法律化。

对于政党领导的问题，西方国家法律一般是不做明确规定的。但这并不意味法律不管政党活动。

第二次世界大战以前，西方国家的法律一般把政党纳入结社管理的范畴内。政党也是一种社团，组织政党一般被视为行使结社权的结果，政党活动须遵循结社相关的法律规定。当然也有两种特别的情况。一是某些国家具有关于政党的禁止性规定，如美国制定的《共产党管制法》，宣布共产党不受法律保护，意大利规定禁止以任何形式恢复已被解散的"法西斯政党"；二是英、美等国存在有关政党制度的宪法惯例，这些宪法惯例涉及党代表大会的选举、总统候选人的提名以及选举获胜政党的组阁等问题。

第二次世界大战以后，许多西方国家开始改变在法律上对政党和普通社团不相区分的做法，① "政党"入宪入法逐步成为普遍现象。在20世纪后半叶，意大利、德意志联邦、法国、希腊、葡萄牙、西班牙等国的宪法或基本法，都对政党及政党活动作出了原则性规定。有些国家还制定了专门的政党活动法，内容涉及政党的权利和义务，

---

① 金太军：《论当代西方政党制度的特征与走势》，《政治学研究》，1997年第3期。

地位和功能，活动方式和内部组织，党员资格认定以及组织活动经费等一系列问题。

1979年新修订的联邦德国《政党法》，是世界上最完备的政党法之一。这部法律除了有关政党的一般性规定外，还作了如下特别规定："政党是自由民主的基本制度的一个宪法上的必要组成部分；其活动必须在宪法和法律范围内进行；政党的任务就是对人民的政治愿望施加影响，经常地和自由地表达自己的愿望；促使公民积极参加政治生活；培养有能力的公民担任公职；参加选举；对议会和政府施加影响。"这一规定，除了明确政党的政治功能外，还提出了一项十分重要的政党活动原则，即政党的活动"必须在宪法和法律范围内进行"。

通过政党立法，提出政党活动的基本原则，使政党活动全面走上法制化轨道，这是西方国家政党制度发展的一个趋势。

在民主政治的运行中，政党领导是基本规律。在政党领导的实施中，遵循宪法和法律是基本原则。

关于政党问题，我国宪法的规定十分明确：

一是明确规定了中国共产党的领导。

二是明确规定了中国共产党领导的多党合作和政治协商制度将长期存在和发展。

三是明确规定了各政党都必须以宪法为根本的活动准则，都必须遵守宪法和法律。任何组织或者个人都不得有超越宪法和法律的特权。

宪法的这几项规定，实际上明确了在中国由谁来执政和怎么样执政的问题。

因此面对世界来说，依法治国、依法执政既是中国的基本国策和宪法原则，也体现了"与万国同行"的治理理念，是使中国傲立于世界民族之林并引领世界发展的必然选择。

二、依法治国与依规治党

治国必先治党,依法治国必先依规治党,这是中国共产党治国理政的经验总结,也是中国共产党依法执政的现实需要。要实现依法执政,不仅要求党依据宪法法律治国理政,同时要求党依据党内法规管党治党,这是依法执政缺一不可的两个方面。

在依法执政的两个方面,要实现依规治党显得尤为关键。没有依规治党,依法执政就会失去基础,缺乏支撑,依法治国也就难以推进。

依规治党,必须加强党内法规制度的建设。党内法规既是管党治党的重要依据,也是建设社会主义法治国家的制度保障。

重视"党内法规"是党的重要传统。对"党内法规"的认识在实践中是不断深化的,而"党内法规"的制度建设也在发展中不断加强。

1938年10月,毛泽东针对当时张国焘破坏党的纪律的行为,在党的六届六中全会的报告中指出:"还须制定一种较详细的党内法规,以统一各级领导机关的行动。"① 这是党的领导人首次提出"党内法规"的概念,"党内法规"建设自此进入党的工作的全局视野。这项工作一开始就具有极强的针对性,目的就是为了严明党的纪律。

1962年2月,邓小平在扩大的中央工作会议上指出:"我们还有一个传统,就是有一套健全的党的生活制度。……这些都是毛泽东同

---

① 《毛泽东选集》第二卷,人民出版社1966年7月版,第494页。毛泽东在这里之所以用"还须",是因为他在报告的前面已经讲了四项纪律,即:"鉴于张国焘严重地破坏纪律的行为,必须重申党的纪律:(一)个人服从组织;(二)少数服从多数;(三)下级服从上级;(四)全党服从中央。"毛泽东指出:"除了上述四项最重要的纪律外,还须制定一种较详细的党内法规,以统一各级领导机关的行动。"

志一贯提倡的，是我们的党规党法。"① 1978年12月，邓小平在中央工作会议上强调："国要有国法，党要有党规党法。党章是最根本的党规党法。没有党规党法，国法就很难保障。"② 这一论断是对"文化大革命"教训的深刻总结，进一步深化了对党内法规重要性的思想认识。

1990年7月，中共中央颁布《中国共产党党内法规制定程序暂行条例》，这是党的历史上第一个全面规范党内法规制定的制度性文件，条例正式使用了"党内法规"这一名称。1992年，党的十四大修改的党章明确规定"维护党的章程和其他党内法规"是各级纪委的主要任务，这标志着"党内法规"被正式写入党章。随着党的建设新的伟大工程的不断推进，我们党对党内法规的认识也不断深化。对党内法规的认识的不断深化正推动党内法规建设逐步走向科学化和规范化。

党的十八大以后，党内法规制度建设进一步受到高度重视。党中央坚持"思想建党与制度治党相结合"的方针，把党内法规制度建设放在依法治国、依规治党的战略高度统筹谋划，明确工作目标和要求，采取了一系列重要举措，推动党内法规制度建设迈上一个崭新的台阶：

精心编制党内法规制定工作的规划纲要。2013年11月中央发布《中央党内法规制定工作五年规划纲要（2013—2017年）》。这是党的历史上首个党内法规制定工作的五年规划。截至2017年底，《规划》确定的目标任务基本完成。

正式发布党内法规制定的"立法"规范性文件。2013年5月，中央同时发布《中国共产党党内法规制定条例》（以下简称《条例》）

---

① 《邓小平文选》第一卷，人民出版社1994年10月第2版，第300页。
② 《邓小平文选》第二卷，人民出版社1994年10月第2版，第147页。

和《中国共产党党内法规和规范性文件备案规定》。2019年9月，中央印发了修订后的《中国共产党党内法规制定条例》《中国共产党党内法规和规范性文件备案审查规定》和新制定的《中国共产党党内法规执行责任制规定（试行）》。《条例》是在1990年《中国共产党党内法规制定程序暂行条例》基础上制定的第一部正式的党内法规的"立法法"，是制定党内法规总的规范性文件。

密集出台大批新的党内法规，加快形成党内法规制度体系，切实提高党内法规制度的执行力。党的十八大以后的5年，党在对新中国成立至2012年的党内法规进行集中清理的基础上，新出台或修订了50多部重要的党内法规，特别是出台了一批主要的主干性法规，包括《中共中央政治局关于改进工作作风、密切联系群众的八项规定》（以下简称《中央八项规定》）《中国共产党廉洁自律准则》《关于新形势下党内政治生活的若干准则》和《中国共产党党内监督条例》等。主干性法规的出台，形成了党内法规体系的基本骨架。同时，新制定了一大批有关"立法"规范、党的组织、廉洁自律、厉行节约、纪律处分、选拔任用、教育培训、监督巡视等方面的重要法规，以党章为核心的党内法规体系加快形成。不断健全党内法规执行机制，特别是完善惩处追究机制，加大反腐败的力度，这大大提高了党内法规制度的执行力。为了加强对纪律检查工作的自身监督，2019年1月中央还专门颁发《中国共产党纪律检查机关监督执纪工作规则》。

立足长远统筹谋划党内法规制度建设的未来发展。2017年6月，中央印发了《关于加强党内法规制度建设的意见》（以下简称《意见》）。《意见》是指导新形势下党内法规制度建设工作全局的纲领性文件。2018年2月，中共中央印发《中央党内法规制定工作第二个五年规划（2018—2022年）》（以下简称《规划》）。按此《规划》要求，要进一步完善党的组织法规、党的领导法规、党的自身建设法规和党的监督保障法规，并明确了各个方面重点的制定项目。

总的看，党的十八大以来的一个时期，是党内法规制度建设高质、高量、高效推进的一个时期，它开创了从严治党、依规治党的全新局面。

"新"在认识。通过持续开展党内教育实践活动和党内法规的学习宣讲活动，全党对从严治党、依规治党重要性和紧迫性的认识达到空前的高度，全党上下依规办事、有规必依、执规必严、违规必究的思想自觉和行动自觉显著提升。

"新"在布局。坚持思想建党与制度治党高度统一，依法治国与依规治党一体推进，制度制定与制度执行紧密结合，实现了全面依法治国与全面从严治党的深度融合，形成了党的政治建设、思想建设、组织建设、作风建设、纪律建设、反腐倡廉建设、制度建设齐头并进的全新格局。

"新"在力度。把依规治党作为全面从严治党的关键手段持续发力，坚决维护制度的严肃性和权威性，使制度真正成为硬约束，而不是"纸老虎"和"稻草人"。充分发挥纪委的职能作用和巡视的"利剑"作用，把违纪查处和查处通报作为关键手段，使党员对党规党法的敬畏程度大大提升。

"新"在成效。党内法规制度建设的持续推进，带来了党风政风的明显好转。特别是《中央八项规定》精神的有效贯彻，使党风政风中的不少"顽症"得到攻克，这赢得了人民群众的高度赞誉。《中央八项规定》的制定及其实施，也成为依规从严治党的一个标杆。

"新"在目标。全面从严治党永远在路上，党坚持改革创新、与时俱进，坚持立足当前和着眼长远系统谋划，按照制度体系、实施体系、保障体系缺一不可的整体思路，不断更新依规治党的目标要求，不断提升管党治党的科学化水平。

从提出"党内法规"的概念到党的十九大召开，已经具有 80 年的历史。历史上，党的领导人先后使用过"党内法规""党的法规""党规党法"等提法。这些提法在内涵上并无多大区别。1990 年颁布的《中国共产党党内法规制定程序暂行条例》开始正式、统一地使用"党内法规"的提法。

对"党内法规"的内涵,人们在认识上曾经有过不同,其有所谓"大概念"和"小概念"之分。大概念认为党内法规既包括中央组织也包括地方党委制定的法规性文件,小概念认为党内法规只包括中央组织制定的法规性文件。《中国共产党党内法规制定条例》统一了人们对"党内法规"内涵的认识。

党内法规是党的中央组织以及中央纪律检查委员会、中央各部门和省、自治区、直辖市党委制定的规范党组织的工作、活动和党员行为的党内规章制度的总称。① 在目前,省级以下的地方党委还不享有党内法规制定权。

目前,以党章为核心的党内法规体系基本形成。党内法规分为党章、准则、条例、规则、规定、办法、细则等7类。从结构上看,党内法规体系分为三个层级。

第一层级为党章。党章是党内法规的核心和统领,是全部党内法规制定、修改、解释和实施的根本依据,任何党内法规都必须以党章为根本遵循,都不得与党章的规定相抵触。

第二层级为主干性法规。主干性法规是党内法规中内容涉及全局、发挥基础作用的支柱性法规,其与党章一起构成党内法规体系的基本"骨架"。目前主干性法规主要包括《中央八项规定》《关于新形势下党内政治生活的若干准则》《中国共产党廉洁自律准则》《中国共产党党内监督条例》等。《中央八项规定》规定了领导干部的基本行为规范;《关于新形势下党内政治生活的若干准则》,在党内法规体系中位阶比较高,仅次于党章,其确定了党内政治生活应当遵循的各项

---

① 这是2013年5月发布的《中国共产党党内法规制定条例》对"党内法规"概念作出的解释和界定。根据这一界定,地方性党内法规的位阶总体上高于地方性法规。

原则和规范;《中国共产党廉洁自律准则》是党执政以来第一部规范全党廉洁自律工作的重要基础性法规;《中国共产党党内监督条例》明确了党内监督的体制机制、党内监督的主体、权限及其程序。这几部主干性法规都是党内法规中具有基础性、宏观性、母体性的规范。

第三层级为各个方面的重要法规。包括"立法"规范、党的组织、廉洁自律、厉行节约、纪律处分、选拔任用、教育培训、监督巡视等八个方面的条例、规则、规定、办法、细则。各个方面的法规是党章和主干法规的展开和细化,党通过各方面法规实现对党内生活的全覆盖,扎紧扎密"制度的笼子"。各方面法规不仅要以党章为根本遵循,也不能与主干法规的规定相抵触。

党内法规体系是一个内容完备、结构严密的有机整体。人们形象地将党章比作党内法规体系的"拱顶石",把四部主干性法规比作党内法规体系的四根"大梁",把八大方面法规比作党内法规体系的八根"柱子"。近年来,党积极稳妥出台准则条例等各类党内法规,努力搭建党内法规制度体系的"四梁八柱"。①

党内法规体系还将面向未来,与时俱进,走向完善,走向成熟。

走向未来的党内法规体系,是制度体系、实施体系、保障体系高度结合的有机统一整体。②

在制度体系、实施体系、保障体系"三位一体"中,制度体系建设仍为基础。要抓紧完善以"1+4"为基本框架的党内法规制度体系。"1+4"的基本框架即在党章之下,分列党的组织法规制度、党

---

① 《全方位推进党内法规制度体系建设》,《人民日报》,2018年9月27日。

② 《中共中央印发〈关于加强党内法规制度建设的意见〉》(以下简称《意见》),《人民日报》,2017年6月26日。该《意见》提出,到建党100周年时,形成比较完善的党内法规制度体系、高效的党内法规制度实施体系、有力的党内法规制度建设保障体系,党依据党内法规管党治党的能力和水平显著提高。

的领导法规制度、党的自身建设法规制度、党的监督保障法规制度4大板块。①"4大板块"的设计，比现行8个方面的法规分布更加严密集中，更加科学合理，更加配套完备。

把实施体系与保障体系建设纳入整个党内法规体系建设，和中国特色社会主义法治体系建设的基本思路一样，是党内法规体系建设在认识上的一大提升，在实践上的一大突破。制度体系、实施体系、保障体系，三位一体，缺一不可。制度完善是基础，是前提；实施、保障是关键，是条件。因此，必须坚持制度体系、实施体系、保障体系建设一体推进，同向完善。

制度体系的建设要围绕"质量提升"这个关键点来推进。目前，已经有了相当数量的党内法规，制度建设的重心应当放到党内法规的质量上面来，保证每项党内法规都立得住、行得通、管得了。党内法规与国家法律在制定主体、适用范围、宽严程度、责任承担和地位作用等方面是有区别的，因此要注重党内法规同国家法律的衔接和协调以及党内法规内部规定之间的衔接和协调，切实杜绝"打架""撞车""重叠""盲区""空白"等现象。要坚持党规党纪严于国家法律的导向。适时将成熟的具有普遍意义的党内法规上升为国家法律。

实施体系和保障体系的建设，要围绕"制度执行力"这个核心来展开。徒法不足以自行，党内法规同样如此。要努力使有规可依、有规必依、执规必严、违规必究成为常态。要坚决杜绝在党内法规上重制定、轻落实的现象。要完善党内法规实施、保障的制度规定，创新实施保障的制度机制，形成高效的实施体系和有力的保障体系。

党内法规体系建设打开了从严治党、依规治党的新局面，也开创了全面依法治国的新境界。在中国特色社会主义法治体系的五大体系中，完善的党内法规体系发挥着十分重要的制度支撑和政治保障的独

---

① 《中共中央印发〈关于加强党内法规制度建设的意见〉》，《人民日报》，2017年6月26日。

特作用，是中国特色社会主义法治体系建设中的一支"劲旅"。有了完善的党内法规体系，建设中国特色社会主义法治体系，建设社会主义法治国家就有了可靠的保证。

三、抓住"关键少数"

依法治国，依规治党，任务艰巨繁重，工作千头万绪，这些任务和工作都要落地，都要落实。

落地落实，关键是要落到"人头"，最重要的是要落到领导干部这个"关键少数"。

为什么重要？因为关键，所以重要。领导干部是依法治国、依规治党的领导者、组织者、实施者、推动者，当然也是最重要的践行者。

为政之要，重在得人，治国理政，关键在人。历史和现实告诉我们，解决中国的问题，解决党自身的问题，关键都是党的各级领导干部。全面依法治国、从严依规治党，必须抓住领导干部这个"关键少数"。

标杆是中央政治局。中央政治局担负着把握中国特色社会主义事业航船方向、统筹谋划协调党和国家重大决策部署、组织应对国内外重大矛盾风险的重大责任，是"关键少数"中的"核心少数"。近年来，中央政治局坚持从自身抓起，以身作则，率先垂范，在"关键少数"中立起了标杆。

从全党全国各级各类领导干部的岗位分布看，另有三类岗位至关重要，是"关键少数"中的"关键少数"。

一是"承上启下"的县委书记。

二是"镇守一方"的省委书记。

三是"最后拍板"的各单位、各部门一把手。

在依法治国、依规治党的工作全局中，处于"关键"岗位的这批重要领导干部,他们的思想政治素质和政治能力水平如何;能否担负起应有的政治责任和领导责任;能否做严肃党内政治生活的表率,管好干部、带好班子,管好自己、带好队伍;能否严格按照法规制度办事,正确用权,谨慎用权,干净用权;能否自觉接受监督,加强自律,慎独慎微,将直接影响党治国理政的全局。做得好,就会带动一方一片;做得不好,就会影响一方一片,甚至为害一方一片。

因此,抓住"关键少数",必须首先下大力气管好县委书记,省委书记,"治吏"先治一把手。

为什么要首先管好县委书记?因为县太重要,县委书记这个岗位太重要。

中国的县制,起源于春秋,确立于秦朝。两千多年来,王朝更迭,治乱循环,地方制度数经变化,一些诸如"郡""府""道""路"等地方行政层级先后被历史所淘汰,唯有县制保持稳定,经久不衰,县长期担负着基层政权的重要职能。

新中国成立以后,"县"的上下,几经变化,但"县"一直是我国行政体系中最完整、最稳定的基层政权。虽然我国在1982年构建了"乡""镇"级政权,但乡、镇的机构是很有限的,其一定程度上仍然是县政权的延伸。进入21世纪以来,我国积极探索"扩权强县"和"省直管县",这进一步加重了县的分量。

我国县级政权的特殊重要性集中体现在三个方面:一是在国家管理体系中发挥着"承上启下"的关键作用。县上要对中央、省、市,下要直接面对城乡基层,是城乡、工农、微观宏观、直接间接、社会条块的接合部,是连接党和国家的大政方针与基层社会的桥梁和纽带,党和国家大政方针在县级层面全面转化为社会行动。二是在经济、政治、文化、社会、生态文明建设方面担负着全面的管理、服务和协调功能。其管理范围宽,覆盖面广,事务多样复杂,工作任务繁重。三是直接面对基层,面对群众。在基层群众心目中,县政权代表党，代表政府。一个好的县班子，可以在几十万、上百万民众心目中树立起党和政府的良好形象，一个不好的县班子，也可以在一大片民众中败坏党、政府的声誉和形象。

中国古训说，郡县治，天下安。今天我们可以说，中国好比一座大厦，县就是这座大厦的块块基石。基石稳固，大厦挺拔；基石不牢，地动山摇。我们还可以说，国家好比一张网，全国3000多个县就是这张网上的颗颗"纽结"。纽结牢靠，国家政局就稳定；纽结松动，国家政局就动荡。

县政权的重要性决定了县委书记的重要性。如果把县委比作我们党治国理政的"前线指挥部"，那么县委书记就是"前线总指挥"。县委书记是党执政兴国的一线骨干。

对于县委书记这个"关键少数"，我们党从来就是高度重视的。特别是近年来，我们党大力加强县委书记队伍建设，把县委书记既作为重要执政骨干，又作为优秀的后备干部来培养，大批优秀县委书记涌现出来。从焦裕禄，到谷文昌，一代代优秀县委书记的代表，不断为党增添光彩。他们把"心中有党、心中有民、心中有责、心中有戒"作为座右铭，把做"政治的明白人、发展的开路人、群众的贴心人、班子的带头人"作为努力的目标。这是一支能干事、能干成事的队伍。据粗略统计，改革开放以来，有80%左右的县委书记走上了更重要的领导岗位。

但也有极少数人给党抹黑。这些人丧失理想信念，贪图金钱美色，冲破法纪底线，大搞权钱交易，以致走上犯罪的道路。

晏金星，安徽泗县原县委书记，是一个典型的"帽子书记"。自2002年至2012年，10年受贿600余次，平均每周一次；收受金额500余万元，其中接受下属请托"卖官"近百次，所得300余万元。权力在他手中成为寻租的工具，只要送钱就发给官帽，而且还很"仗义"，大多数送钱的人都能如愿以偿。向他行贿的干部不仅包括县直机关和乡镇的干部，还包括副县长、县委常委等要员，覆盖全县20

余个科局和 10 余个乡镇。晏金星的"卖官"严重破坏了该县的政治生态。该县一名退休干部这样形容当时的官场风气:"当官就是跑官、买官、卖官、送官、保官,循序渐进""不跑不送,原地不动;又跑又送,很快重用"。一名干部则说,节假日各局、各乡镇负责人看望领导是"规矩",如果别人都送,自己不送,心里就觉得不踏实,大家对官场的"送红包"已习以为常了。因涉及晏金星贪腐案,该县有 40 余名干部先后被免职,其中大部分是乡镇一把手和县直部门一把手。当然晏金星本人也受到了法律的惩罚,其因受贿罪被判处 14 年有期徒刑。晏金星的"卖官"行为持续 10 年之久,却一直没有受到干预和查处,甚至晏金星还一路被提拔,官至安徽宿州市委副秘书长。如何加强对权力的监控?如何防止"带病提拔"?如何堵塞选人用人的漏洞以杜绝腐败?这是我们在今天不得不深思的。①

河南省平顶山市宝丰县原县委书记刘书锋跟很多干部一样,也有过为事业而奋斗的岁月,他从一名普通教师成长为县长、县委书记,却在知天命的年龄,因违纪违法付出了惨痛代价。刘书锋的堕落同样具有典型性:一是通过人事请托收礼受贿,收受金额从 1 万到 10 万、20 万不等;二是把该县的重点工程产业集聚区的建设亲自抓在手上,作为他"吸金"的一大平台。通过这一平台,他收到的金额最大的一笔钱是 200 万元。刘书锋从小贪起步,逐步发展到大笔捞钱,从受贿演变为明目张胆的索要钱财。他在担任县长期间,还违反财经纪律,将国库资金 4300 万元放给某集团使用,致使 4000 万元无法收回。刘书锋在党的十八大以后仍不收敛、不收手,直至 2014 年仍为某公司承揽工程提供帮助、收受贿赂。为掩饰自己的劣迹,他曾多次上缴过钱财,总额近百万。但终于难逃法网,2015 年有关部门接到举报后对他进行了查处。公诉机关指控刘书锋犯有受贿、滥用职权罪,人民

---

① 《安徽泗县原县委书记晏金星案追踪》,《中国青年报》,2014 年 9 月 17 日。

法院判处其有期徒刑10年，没收其非法所得420余万元和黄金、手表等大量物品，他将面临漫漫10年的铁窗生涯。刘书锋是平顶山建市以来第一个被查处的现任县委书记。站在被告席上的刘书锋悔恨不已，面对旁听席上的同事讲了许多"掏心窝子的话"，但是已经晚了。①

有一个值得重视的现象，就是近年来被查处的县委书记中，不少人获得过很多荣誉，有的还获得"全国优秀县委书记"称号。2016年底，广东省纪委对江门市委原常委、蓬江区委原书记、区人大常委会原主任王积俊严重违纪问题进行了立案审查，王积俊就是2015年表彰的102名全国优秀县委书记之一。经查，王积俊违反生活纪律；违反国家法律规定，利用职务之便为他人谋取利益并收受财物，为谋取不正当利益给予党员领导干部财物，涉嫌犯罪。等待他的当然也是法律的制裁。②

大量事例表明，管好县委书记是何等重要而紧迫。县委书记地位特殊，责权集中，说一不二，很容易成为"钱色攻关"的对象，也容易受到"权力寻租"的诱惑。而这样一个岗位，在省管县的背景下，又很容易成为监督的薄弱环节甚至盲区。近年来，中央和地方都高度重视县委书记的培养选拔和教育管理，不断加强各方面措施，不断取得明显成效。

为什么要盯紧县委书记？认识还要进一步提高。

怎样才能盯紧县委书记？措施还要进一步加强。

县委书记重要，省委书记更重要。

在党治国理政的工作全局中，省委书记"镇守一方"，他们是党

---

① 《宝丰落马县委书记刘书锋沉浮记》，《河南商报》，2017年2月16日。

② 《广东检察机关依法对王积俊涉嫌受贿、行贿案提起公诉》，《经济日报》，2017年10月13日。

的执政骨干队伍中的"骨干之骨干",是担当党国大任的"栋梁之栋梁"。

相对中央来说,他们是路线方针政策的执行者;相对地方来说,他们又是一大区域的"主宰者"。在省部级干部序列中,就重要性来说,省委书记是排在前列的。中国的省委书记,从其管理的地域面积和人口数量看,往往要超过世界上不少的小国家。

在中国历史上,早有"封疆大吏"一说,指的就是古代省一级主官。负责一个大区域的军政事务,责权显重,大致相当于现在的省委书记加军区司令员的职位。"封疆"二字起源于周代的"分封制",本意是指"王"将本土划分为若干行政区域,形成诸侯国,诸侯王在本区域内拥有土地、治理、管辖、税收、立法甚至建立军队等权力。"封疆大吏"的概念最早出现在唐朝,它指的是权力很大的地方官吏。清代中国的一个重要特征就是具有以总督和巡抚为代表的强大的地方政权。全国划分为省,省又划分为道、府、县。每省以巡抚为首,他们隶属于把军政大权集中在自己手中的总督。总督管辖两三个省,直隶总督只管一个省。中国古代只有皇帝是不受限制的,其他官吏包括"封疆大吏"都是要受到严格约束的。中国封建社会的监察系统对准的一个重要目标就是地方政府的权力,无论地方政府是叛乱抑或失职,中央政府始终保持着足够的控制力。因此"封疆大吏"必须服从中央政权,必须奉公守法,否则,就要受到查办。

我国是把省委书记作为政治家来培养和选拔的。省委书记都是中央委员,直辖市市委书记和少数大省的省委书记往往还是中央政治局委员。一个优秀的省委书记,可以造福一方,为党和人民作出重大的贡献;一个不称职甚至违纪违法的省委书记,可以为害一方,给党和人民带来重大的损失。中国特色社会主义伟大事业,就是在中央的统一领导下,在一代代优秀省委书记直接带领不同区域的人民接续奋斗中,不断向前推进的,他们的贡献是重大而独特的。省委书记也是党和国家领导人的预备队,不少优秀省委书记走上了党和国家领导人岗位，不少党和国家领导人都曾有过任职省委书记的经历。一名造福百姓的省委书记，即使不再升迁，他的名字也会长久地留在一方百姓的心目之中。

在省委书记中，也出现了败坏党的形象的少数反面教材。

在2015年1月至2017年1月的两年中，经中共中央批准，中央纪委先后宣布对5名省（市）委书记的严重违纪问题进行了立案审查。按照被审查的时间先后顺序排，这5名省（市）委书记是：云南省委原书记白恩培、江西省委原书记苏荣、河北省委原书记周本顺、辽宁省委原书记王珉、天津市原市委代理书记、市长黄兴国。经查，这5人严重违反党的纪律，并涉嫌犯罪。这些人既有共通的问题，也有各自特有的问题。①

白恩培等5人都存在的问题主要是两个方面：一是违反组织纪律。利用职权和职务影响，违规选拔任用干部，为他人提供帮助并收受财物。二是违反廉洁纪律。利用职务上的便利，在企业经营等方面为他人谋取利益收受巨额财物，并为亲属谋取巨额非法利益。这5人中，黄兴国、王珉、周本顺、苏荣严重违反政治纪律和政治规矩。黄兴国、周本顺还存在违反工作纪律的问题。

在以上5人中，苏荣在"出事"前已升任全国政协副主席。他在江西主政期间，大肆卖官鬻爵，并支持、纵容亲属利用其特殊身份擅权干政，谋取巨额非法利益，严重破坏了党内政治生活，损害了江西政治生态。他自己在忏悔录中写道："正常的同志关系，完全变成了商品交换关系。我家成了'权钱交易所'，我就是'所长'，老婆是'收款员'。"苏荣卖官给什么人都行，上至省级干部，下至副县级干部；什么东西都要，来者不拒；不仅自己干，还纵容亲属参与卖官，

---

① 白恩培、苏荣、周本顺、王珉、黄兴国被查处的情况及主要违纪违法事实，分别见中央纪委监察部网站2015年10月13日、2015年2月16日、2015年10月16日、2016年8月10日、2017年1月4日的报道。

其妻常吹耳边风，直接站前台，其子也毫不逊色，多次插手江西干部任免。从省委书记蜕变为"权钱交易所"所长，并且自命其名，这将是苏荣今生的旷世纪录。

白恩培也为"白氏宗族"创造了一项纪录。他出生于陕西清涧县，从政30年，做过柴油机厂和卷烟厂厂长。37岁时成为延安地委副书记，两年后升任延安地委书记并成为中央候补委员。后历任内蒙古、青海和云南主要领导。陕西清涧县是有名的"将军县"和"书记县"，这个县曾出了60余名将军，县域及附近地区的白氏宗族还在新中国成立后走出了多位省委书记，包括山东省委原第一书记白如冰、江西省委原第一书记白栋材、福建省委原副书记白治民以及白恩培和其他省部级高官。白恩培这位不到40岁就当上中央候补委员的省委书记，也是其宗族中第一个"落马"的高官。他的自毁之路是由"巨额贿赂"铺就的。

黄兴国、周本顺、王珉也都属于"政治问题和腐败问题交织"的领导干部。

从中央纪委审查的结果看，白恩培等5人既严重违纪，又涉嫌犯罪。此5人不仅被开除党籍、开除公职，而且均被判刑。2016年10月，白恩培被判处死刑，缓期2年执行，剥夺政治权利终身，并处没收个人全部财产；2017年1月，苏荣被判处无期徒刑，剥夺政治权利终身，并处没收个人全部财产；2017年2月，周本顺被判处有期徒刑15年，并处没收个人财产人民币200万元；2017年8月，王珉被判处无期徒刑，剥夺政治权利终身，并处没收个人全部财产；2017年9月，黄兴国被判处有期徒刑12年，并处罚金人民币300万元。牢狱之灾，咎由自取。

以上5人，是2015年初至2017年初两年中被查处的省委书记。近年被查处的周永康、薄熙来、孙政才等高官也曾担任过省（市）委书记。2018年又查处了甘肃省委原书记王三运的严重违纪违法问题。管好省委书记，这确实是一个丝毫不能掉以轻心的重大课题。不管好这层干部，何谈全面依法治国，何谈从严依规治党。

可喜的是，近年来中央对此是高度重视的，并按照思想教育、制度建设与查处惩办相结合的思路，采取了大量有效的措施。查处本身就是一种重视，是集教育与惩戒于一体的重头措施。

"治吏"先治"一把手"，这是历史的经验，也是现实的需要。

中国古代从无"治君"之法，但却有"治吏"之法。历代封建法律的主要目的都是"治民"，而为了发挥国家的职能，保证官僚机构的正常运转，达到最终"治民"的目的，也必须"治吏"，"治吏"首先要治"重权之吏"。

今天之所以强调"治吏"先治"一把手"，是因为"一把手"主宰着党和国家各个系统、各个部门、各个地区、各个单位的全局工作，他们是当今社会的"重权之吏"，是所在班子的主要决策者和最后拍板人，是党的执政骨干队伍中的"骨干"群体。一把手称职，党治国理政的大政方针在他所管理的范围就能得到很好的贯彻落实；一把手出问题，往往给一个系统、一个部门、一个地区、一个单位带来全局性甚至灾难性的影响。一把手可以带好一个班子，一把手也可以带坏一个班子。

"一把手"的范围是很宽泛的，包括党、政、军、民、学各个方面的一把手以及从中央到地方各个层次的一把手。治国理政关注的"一把手"，当然主要是握有"重权"的一把手，是进入领导干部队伍，即进入执政骨干队伍的一把手，特别是一个大系统、一个大部门、一个大地区、一个大单位、一个大班子的一把手。

"一把手"的选拔是十分严格的，层次越高选拔越严格；对"一把手"的要求是极高的，层次越高要求也越高。这支队伍是党治国理政的精英团队，集中着成千上万励志奋进的最优秀分子。党治国理政的大政方针，通过这支队伍转化为广泛的社会实践，中国特色社会主义的伟业在这支队伍的引领下，不断向前推进。

也有一些人，忘记一把手的使命，不守一把手的规矩。

蒋洁敏就是曾经握有重权的一把手。他在石油天然气行业一干就是 40 余年，曾任胜利石油管理局副局长，青海石油管理局局长，中石油集团总经理助理，中石油股份公司副总裁，青海省委常委、副省长、省委副书记，中石油集团总经理、董事长等职，2013 年 3 月调任国资委主任。他还是十八届中央委员。2013 年 9 月因涉嫌严重违纪被接受组织调查。从一名修井工到中石油集团的"掌门人"，再到国资委主任，蒋洁敏一路高升，曾被视为典型的励志人物。他的问题出在任职中石油期间，在他治下，集团总部高管形成了腐败窝案。在他出事的前一月，中石油集团副总经理王永春被查；在王永春被查第二天，中石油集团副总经理李华林、股份公司副总裁冉新权、股份公司总地质师王道富，因涉嫌严重违纪接受组织调查。有媒体披露："蒋洁敏和其他几人的问题由来已久，中石油集团员工的上访、告状从未中断过，中纪委开通公共邮箱之后，来自中石油的告状信把中纪委的邮箱都堵了。"蒋洁敏是新一届政府中首个落马的正部级官员，也是党的十八大后首个被查处的中央委员。年轻时他曾放出豪言，"生进中南海，死入八宝山"，利令智昏，失去约束的他最终成为落马者，而且还带出了一批落马者。①

刘铁男，原国家能源局局长，是握有重要审批权的一把手，2013 年 5 月落马。10 年前，他担任国家发展改革委工业司司长，手握工业项目审批权柄，是地方官员"跑部钱进"的主攻对象。他曾说：副省长请我，我根本不理他们，如果是省委书记省长请我吃饭，我觉得这个面子还是要给的。经查，刘铁男利用职务之便为他人谋取利益，本人及其亲属收受巨额钱物共计人民币 3558 万余元。并包养情妇两人。透过刘铁男案不难看出，不透明、不公开的行政审批是这类高官

---

① 《蒋洁敏官场沉浮记》，《环球人物》，2013 年第 25 期。

得以谋利、寻租的条件和基础。因此，行政审批制度必须改革。①

粗略统计，在党的十八大以来的落马高官的清单中，担任一把手的占 20% 左右。从岗位分布看，除省委书记外，还有部长、局长、省长、省人大党组书记、省政协主席、省政法委书记、省高级人民法院院长、省检察院检察长、省委宣传部部长、省公安局局长，副省级城市市委书记、市长，国有大型企业一把手、中管高校一把手等。在军队，有顶级军校校长、省军区司令员、省军区政委等。在被查处的厅局级、县团级官员以及科一级干部中，一把手也要占一个相当的比例。

这些一把手，早年都有一段勤奋上进的岁月，不少人还作出过大的贡献，其出现问题在于后来发生的变化。这个"后来"，是值得认真分析的。

"问题一把手"的思想状态有几种情况：

一种认为自己的水平就是本岗位的最高水平。自己既然被提拔到一把手的岗位，水平自然就是一把手的水平。于是不再勤奋学习，放松思想改造，淡化理想信念。

一种认为自己既然已到了一把手的岗位，就有了再谋升迁的资本。于是成天研究怎样快出政绩，怎样寻找政治靠山和跳板。

一种认为自己分管的范围就是本人的领地。于是以"老大"自居，独断专行，听不得不同意见，将监督和约束抛在一边。

还有一种认为，本人的职权就是本人的资源。于是挖空心思谋划资源的增值和权力的寻租。有的自己上，有的老婆、孩子、情人、七大姑、八大爷一齐上。

以上"问题一把手"的思想状态和动因，有的人具有一种，有的具有两种、三种，有的是种种俱全。

加强"一把手"队伍建设要解决的核心问题是：谁来监督一

---

① 《刘铁男案始末》，《法治周末》，2013 年 5 月 15 日。

把手？

出事的一把手，大多"大权独揽却又缺乏监督"。他们的问题往往上级发现不了，同级监督不了，下级抵制不了。

充分发挥巡视的"利剑"作用，充分发挥同级纪委的监督作用，无疑是十分必要的。

最根本的出路，是要通过制度创新，把一把手的权力真正"关进制度的笼子里"。

抓住"关键少数"是推动社会历史进步的必然要求，是对革命建设和改革发展的经验总结，是推进事业发展的客观需要，是加强执政骨干队伍建设的重大举措。这些重要因素决定了在全面依法治国、从严依规治党过程中，必须紧紧抓住领导干部这个"关键少数"。

历史唯物主义强调人民是推动社会历史发展的最终力量和动力，但也不否认政治家、政治家集团在历史发展中的特殊重要作用。人民的力量需要组织起来，人民的智慧需要汇聚起来，人民的认识和行动需要统一起来。这种组织、汇聚、统一的工作，正是由政治家、政治家集团来完成的。这种作用是推动社会历史进步的关键作用。没有这种关键作用，人民的最终作用、根本作用就难以发挥。正是人民的最终作用、根本作用与政治家、政治家集团的工作的结合，才推动了社会历史的不断发展。这个道理同样适用于我们党领导的伟大事业及民主法治建设。从我们党领导的革命建设和改革发展事业的全部历史来看，党的骨干队伍作用的发挥任何时候都不可或缺，我们每前进一步，每取得一项胜利，都是这支骨干队伍冲锋在前。就法治建设来说，领导干部是依法治国、依法执政的组织谋划者、实施推动者，当然也必须是法治最重要的践行者。领导干部实际操控着法治的走向和命运，他们对待法治的态度在社会上产生的正、负效应都是极大的。这个队伍重视法治，践行法治，法治就发展，就兴旺；这个队伍不依法办事，不奉公守法，社会的法治信任就会受到破坏，就从根本上扼杀了法治。因此，依法治国、依法执政必须首先抓"关键少数"，这是推进党和人民法治伟业的制胜法宝和关键举措。

怎么抓"关键少数"呢？综合近年干部队伍建设的措施办法，结合考虑干部队伍实际状况，其基本思路和抓手可以用"教化、关爱、监督"来概括。这三个方面，每个方面都必须突出重心，多措并举。从法治的基本要求来说，教化（教育培养）要突出法治思维的增强和法治信仰的树立，特别是规则意识、底线（红线）意识的养成。很多出事的官员都冲破了法律的底线。干部的各种能力中一个很关键的能力就是抵御诱惑的能力。不少干部很有能力，就是缺乏抵御诱惑的能力，因此出了问题。要抵御诱惑必须增强规则意识、底线意识，不具备这种起码的素养，法治思维、法治信仰都是空话一句。关爱（关心爱护）干部要突出对干部权责利制度的完善和干事创业环境的营造。对领导干部一方面要严格要求，另一方面要关心爱护，首先要关心爱护。对领导干部不能只讲"无限责任"，要讲责权利的统一。我们还谈不上高薪养廉，但要实现责权利的大体统一。对领导干部也不能只分配任务，要同时营造领导干部干事创业的环境条件，建立形成让干部勇于开拓创新的保护机制。监督（监督约束）要突出制度创新，把权力真正关进制度的笼子里，要突出反对腐败，坚决清除"关键少数"中的害群之马。实现权力在阳光下运行，实现领导干部不敢腐、不能腐、不想腐，这是加强干部监督约束要达到的基本目标，也是厉行法治的一项根本要求。

通过多措并举，综合施策，建立一支不负人民和历史重托、具有坚定法治信仰、德才全面过硬的高素质的"关键少数"队伍，全面依法治国、依法执政就有了可靠的组织保证。

四、"最有力量"的法治

法治的基本功能是规范约束政治权力和保护公民的自由和权利，

但其核心价值是保障人权。为了保障人权，法治必须管住政治权力。

怎样管住政治权力？一是制定政治权力的运行规则，使政治权力依规行使；二是对冲击制度规则的权力腐败行为进行坚决的惩处，以实现对权力越轨的有效矫正。唯有后者，才能显示法治的威力，才能保证政治权力不妄动，才能真正树立宪法和法律的权威。

由此看来，惩治腐败是最有力量的法治。坚决惩治腐败是坚决实行法治的根本标志，全面依法治国、从严依规治党的关键之役就是惩治腐败。

中国共产党在反腐败问题上的态度是十分鲜明的，也是一以贯之的。

早在革命战争年代，以毛泽东为代表的中国共产党人就举起了反腐败的旗帜。土地革命战争时期，中央苏区开展了肃反惩腐运动，抗日战争时期陕甘宁边区开展了反腐倡廉运动。1937年10月，对在延安发生的老红军、老党员黄克功因逼婚未遂枪杀陕北公学学员刘茜一案的严肃处理，充分彰显了中国共产党人坚决反对特权、实行法律面前人人平等的鲜明立场，为边区革命法制增添了光辉。

中华人民共和国建立以后，党领导人民及时开展了打退"糖衣炮弹"的进攻和惩治经济领域违法犯罪的斗争，开展了社会主义教育运动以及反贪污盗窃、反投机倒把、反铺张浪费的斗争。这个时期，党查处了一批革命意志薄弱被拉下水的领导干部，特别是从严查处了天津的刘青山和张子善①这两名恶劣的典型，打退了资产阶级的猖狂进

---

① 刘青山，1931年加入中国共产党，新中国成立初期任中共天津地委书记。张子善，1933年加入中国共产党，建国初期任中共天津地委副书记、天津专区专员。他们任职期间，利用职权盗用飞机场建筑款、治河款，克扣救济粮、地方粮、民工供应粮，并骗取银行贷款违法经营，获取暴利，大量贪污受贿，任意挥霍。1951年11月，中共中央华北局经中央批准逮捕刘青山、张子善，开除二人党籍。1952年2月被河北省人民法院临时法庭判处死刑。

攻，取得了"三反""五反"①的重大胜利。即使在"文化大革命"时期，我们党对领导干部搞腐败也是坚决反对的，这也是党和社会主义制度在"文化大革命"中没有垮掉的一个重要原因。

改革开放以后，随着改革的深入、开放的扩大和经济社会的发展，腐败现象也进入了多发期。以邓小平为核心的党的第二代领导集体，把反对腐败放到"关系执政党生死存亡"的战略高度来认识，坚持一手抓改革发展，一手抓惩治腐败和打击犯罪，两手抓，两手硬，推动我国反腐败斗争进入一个黄金时期。中央采取的第一个重大措施就是在党的十一届三中全会上，作出重建中央纪委的重大决定，并且选举产生了以陈云为第一书记、邓颖超为第二书记、胡耀邦为第三书记的中央纪律检查委员会。

讲到新时期的反腐败斗争，不能忘记老一辈革命家陈云作出的重大贡献。陈云时任中央副主席、中央政治局常委、中央纪委第一书记。他在执掌中央纪委的9年间，殚精竭虑，铁腕反腐，开创了反腐败斗争和党的纪检工作的新局面。在他的领导下，"改革开放反腐第一案"主犯——广东省海丰县委书记王仲于1983年1月被枪决，这推动了反腐败斗争在全国的全面展开。在他的主持下，中央于1982年底查处了化工部副部长杨义邦经济问题案，这是改革开放后查处的第一个省部级官员。1985年，查处了江西省省长倪献策徇私舞弊案和安徽省委常委、省委秘书长洪清源收受贿赂案，1986年查处了大连市委第一书记胡亦民利用职权搞特殊化、侵占财物的问题。一批省部级高官的被查处，回应了海内外关于"中共只打苍蝇，不打老虎"的议论。1981年至1984年间，胡晓阳、陈小蒙等高干子弟经常纠合

---

① "三反"指1951年底至1952年10月在国家机关、部队和国营企业等单位中开展的"反对贪污、反对浪费、反对官僚主义"的斗争。"五反"指1952年在全国资本主义工商业中开展的"反对行贿、反对偷税漏税、反对盗骗国家财产、反对偷工减料和反对盗窃经济情报"的斗争。

一起,以跳舞和帮助调动工作等名义,结伙或单独进行强奸、猥亵等犯罪活动,共轮奸、强奸妇女数十名。这伙罪犯罪行特别严重,犯罪情节特别恶劣,社会危害极大,不杀不足以平民愤。陈云强调说,杀一儆百,杀一些可以挽救一大批干部。在他的强力推动下,1986年2月,胡晓阳、陈小蒙等3名罪犯被判处死刑,剥夺政治权利终身。此案的查处,大大彰显了法律面前人人平等的法制原则。改革开放初期,一些经商的干部子女同违法分子、不法商人互相勾结,互相利用,产生了恶劣的社会影响,在陈云的推动下,1985年5月中共中央、国务院颁布《关于禁止领导干部的子女、配偶经商的决定》。

中央纪委一重建,陈云就主持制定了全党的大文件《关于党内政治生活的若干准则》,以规范全党的行为。他还主持制定了《中央纪委关于工作任务、职权范围、机构设置的规定》,对纪委领导体制进行了改革,将纪委"在同级党委领导下进行工作"调整为"受同级党委和上级纪委双重领导,以同级党委领导为主"。这一领导体制的调整,大大加强了党的纪律检查工作。陈云十分重视纪委系统的组织机构建设,在他的领导下,从1982年开始,仅用5年时间,全国县级以上地区和单位的纪检机构基本建成,1987年底,全国纪检机构总数达到9万多个。陈云是新时期党的纪律检查工作的重要开创者和奠基人。①

陈云是党的第一、第二代领导集体中的重要成员,长期担任党和国家重要领导职务。他是资深的革命家,在拨乱反正的特殊时期出任中央纪委书记,可以说是众望所归。他在长期领导党的组织工作和纪检工作的创造性实践中,对党纪党风问题作出了许多精辟的论述。1980年11月,他在中央纪委一次座谈会上提出了一个重要命题:

---

① 田亮:《陈云反腐风暴》,《环球人物》,2015年第17期。

"执政党的党风问题是有关党的生死存亡的问题。"① 这一命题一经提出，对全党全社会产生了重大影响，立即成为全党的重要指导思想。他还说："党风问题必须抓紧搞，永远搞。"②对涉及领导干部的案子要大胆地搞，纪委不能当"老太婆纪委"，要作"铁纪委"。"严格地遵守党的纪律为所有党员及各级党部之最高责任"③ "党性原则和党的纪律不存在'松绑'的问题。没有好的党风，改革是搞不好的。共产党不论在地下工作时期或执政时期，任何时候都必须坚持党的纪律。"④陈云对党的纪检工作作出了重要的理论贡献。

陈云是党内少有的"跨界"重要领导人，他在多个领域建立了重要功勋。他也是坚持原则、刚正不阿、始终保持高度冷静的重要领导人，他一贯倡导"不唯书，不唯上，只唯实"，实事求是，敢讲真话是他最突出的品格。陈云高度重视法制建设，十分注重依法办事，十分强调法律面前人人平等的原则。他在新中国成立前夕写给亲属的信件中，十分严肃地指出干部子女必须守法，他说："你们必须记得共产党人在国家法律面前是与老百姓平等的。而且是守法的模范。"⑤他要求，对于一些与违法分子互相勾结的党员干部，必须实行严厉地打击。他说："对严重的经济犯罪分子，我主张要严办几个，判刑几个，以至杀几个罪大恶极的，雷厉风行，抓住不放。"⑥他还特别强调："无论是谁违反党纪、政纪，都要坚决按党纪、政纪处理；违反法律的，要建议依法处理。"⑦陈云对民主与法制、民主与集中、个人作用与集体领导的关系等问题都作过精辟的论述，对经济法、劳动法、社会法等法律的制定和实施都有丰富的思想和主张。陈云对新中国民主法制建设的贡献同样是十分突出的。

1939年，时任中央组织部部长的陈云在《怎样做一个共产党员》的报告中说："一个愿意献身共产主义事业的共产党员，不仅应该为

---

①②③④⑤⑥⑦ 《陈云论党的建设》，中央文献出版社1995年版，第248、248、29、251、210、249、301页。

党在各个时期的具体任务而奋斗,而且应该确定自己为共产主义的实现而奋斗到底的革命的人生观。"① 为了推动反腐败斗争,他曾说:"抓这件事是我的责任,我不管谁管?!我准备让人打黑枪,损子折孙。"②

2015年6月12日,中共中央在人民大会堂举行纪念陈云诞辰110周年座谈会。习近平在讲话中,高度评价了陈云的丰功伟绩,讲话多处引用陈云的原话,内容涉及党建、经济、纪检、法律、学习、做人等多个方面,习近平说:"党和人民将永远铭记。"③

在党的第二代领导集体奠定的反腐败工作的基础之上,20世纪90年代以来,历代中央领导集体接续推进反腐败斗争,力度越来越大,措施越来越实,成效越来越明显。

《财经》杂志2010年第22期发表了一份特别的报告,这份报告汇集了1987年至2010年23年中120名省部级以上官员的腐败样本分析。

这120名官员中,任职党委、政府系统的61名,人大、政协系统的35名,司法系统的10名,国企和大型金融企业的13名,军队系统的1名,除西藏自治区、内蒙古自治区外,每个省级行政区都有涉及。年龄最高者83岁,年龄低者48岁。常见罪名为受贿罪、巨额财产来源不明罪等,其中陈同海受贿额最高,近2亿元人民币,并创下单笔受贿1.6亿元人民币的贪腐纪录。还有少数官员犯爆炸罪、重婚罪等,近半数人养有情妇。多数出生于平常家庭,少数为高干之后。

这份报告显示了这一时期高官贪腐及反腐败的诸多特征。

---

① 《陈云文选(1926—1949)》,人民出版社1984年1月版,第72页。
② 田亮:《陈云反腐风暴》,《环球人物》,2015年第17期。
③ 习近平:《在纪念陈云同志诞辰110周年座谈会上的讲话》,《人民日报》,2015年6月13日。

最引人注目的是，过去长期存在的所谓"保险箱"被打破，触犯法纪的"党和国家领导人"进入了被查处的名单。在落马官员中，属于"党和国家领导人"的有三人，平均分布在三个不同的五年周期中：1995年被查处的中共中央政治局原委员、北京市委书记陈希同；1999年被查处的全国人大常委会原副委员长成克杰；2006年被查处的中共中央政治局原委员、上海市委书记陈良宇。"副国级"高官的被查处，充分体现了"反腐无禁区"的理念和要求。

另一重要特征是被查处的官员数量呈上升势头，官员贪腐的类型不断变化。据最高人民检察院年度工作报告披露的数字看，按五年周期统计，进入司法程序的省部级官员：1993年至1997年为7人，1998年至2002年为19人，2003年至2007年的五年中激增为35人。人数的增多，既可能源于案发的增多，也可能源于反腐力度的增大，或者二者兼有。从官员贪腐的走向看，腐败从"商品流量领域"拓展到了"资本存量领域"，正向"复合式寻租"方向发展。从商品寻租到资本寻租，再到复合式寻租，反映了贪腐变化的总的趋势和时代特点。在相当长的一个时期，土地和房地产、金融、国有企业、大型城市建设以及干部管理等领域都是贪腐的高发带。寻租空间最大的是"行政审批权"。从官员获罪的罪名来看，受贿罪最为普遍，超过九成的落马官员获此罪名，这表明"拿人钱财，替人办事"仍然是贪腐的主流，打击贿赂犯罪应当成为重中之重。

另一个值得高度关注的特征是"买官卖官"和"带病提拔"的现象突出。吏治腐败是最大的腐败。在复合式寻租中，官位寻租成为主要的、也是最恶劣的方式之一，黑龙江卖官窝案就是一个轰动全国的典型。其涉及省部级干部6人，省直机关厅局级干部30余人及该省绥化、大庆、牡丹江、鹤岗等九市不同级别官员百余人。这些年，"带病提拔"的官员有：上海市委原书记陈良宇，最高人民法院原副院长黄松有，国家开发银行原副行长王益，天津市委常委、滨海新区工委原书记皮黔生等。这充分说明，对"吏治腐败"的惩处，应当放在反腐败的首位；对干部"带病提拔"的现象，应下大气力加以杜绝。

司法腐败高发也是重要特征之一。最高人民法院原副院长黄松有，是新中国司法系统因贪腐被处刑的最高官员。辽宁省高级人民法院原院长田凤岐利用职务之便收受财物，同样受到了应有的惩罚。司法腐败是广大人民群众最为痛恨的腐败之一，社会需要司法公正，人民群众期盼司法公正。

一方面坚决查处腐败行为，另一方面大力加强防治腐败的制度建设。20世纪80年代至2010年期间，我国先后颁布了一系列防治腐败的法律文件和党内法规。法律文件主要包括《关于严惩严重破坏经济的罪犯的决定》《关于惩治贪污罪贿赂罪的补充规定》等。这些法律的出台，为反腐败提供了有力的法律武器。大量党内法规也先后出台，包括《关于省部级现职领导干部报告家庭财产的规定（试行）》《中国共产党党内监督条例（试行）》《关于党员领导干部报告个人有关事项的规定》《中国共产党巡视工作条例（试行）》等。这些党内法规的出台，大大加强了防治腐败的制度机制的建设。

2007年9月，国家预防腐败局成立，这是我国履诺《联合国反腐败公约》的重要体现，表明了中国政府直面腐败的鲜明立场和参与反腐国际合作的积极态度。

党的十八大以来，中国的反腐败斗争进入一个"重拳出击"的全新时期。

这一时期，中央把反腐倡廉放在协同推进"四个全面"的战略全局与国家治理体系和治理能力现代化的战略高度来谋划，来推动，来落实。这个时期，无论是反腐倡廉的思想认识的高度和深度、工作部署的系统和周密，还是其工作举措的力度和强度，都是空前的。

信心勇气是刮骨疗毒、壮士断腕、猛药去疴、重典治乱。

工作取向是无禁区、全覆盖、零容忍，重遏制、强高压、长震慑。

工作格局是蝇虎同打、标本兼治、惩防并举。

以上一些话,多年来一直讲。在党的十八大以后进一步兑了现,进一步落了地。党中央以"得罪千百人、不负十三亿"的使命担当,正风肃纪反腐,挽狂澜于既倒,逆转了多年形成的"四风"惯性。①

古今中外反腐败的一个核心问题,也是广大人民群众最关注的一个焦点问题,就是是不是坚持"老虎苍蝇一起打"。"壮士断腕"也好,"无禁区、全覆盖、零容忍"也好,都要体现在这样一个关键问题上。当年蒋介石委派蒋经国到上海反腐败,要求"老虎苍蝇一起打",但当反腐败触及家族利益的时候,宋美龄一个电话,迫使蒋经国只打"苍蝇",不打"老虎"。"只打苍蝇不打老虎"也就成为老百姓对政府反腐败不力的一个讽刺语。

党的十八大以后,中央反复强调,既要坚决查处领导干部违法违纪案件,又要着力解决发生在群众身边的不正之风和腐败问题。"坚决查处""着力解决",彻底改变了人民群众对党和政府反腐败的看法。

"坚决查处"针对的是领导干部的大案要案。其要义是:不管涉及什么人,不论权力大小、职位高低,只要触犯党纪国法,都要严惩不贷。在党的十八大至十九大的五年中,副部级以上领导干部因腐败问题被查处的达200多名,连同军队中查处的少将以上人员,共达440人之多。其中,十八届中央委员、候补委员43人,中央纪委委员9人。另有8900多名厅局级干部、6.3万多名县处级干部严重违纪违法受到惩处,反腐败的力度史无前例,成效世界瞩目。②"党和国家领导人"中因腐败问题被查处的达6名,他们是

---

①② 王岐山:《开启新时代 踏上新征程》,载《党的十九大报告辅导读本》,人民出版社2017年10月版,第15、18页。

中央政治局原常委周永康，中央军委原副主席郭伯雄，中央军委原副主席徐才厚，全国政协原副主席苏荣，全国政协原副主席令计划，中央政治局委员、重庆市委原书记孙政才。其中周永康为正国级，其他5人为副国级。五年时间，查处400多名高官，其中6名正副国级，这是何等的信心勇气！何等的力度强度！党的十八大召开前夕，中央决定对中央政治局委员、重庆市委书记薄熙来进行查处。党的十九大召开不久，中央决定对中央书记处书记、国务委员兼国务院秘书长杨晶进行审查处理。党的十九大以后的几年中，又查处了一批省部级干部。在近年的国家级高官中，周永康、薄熙来、令计划、苏荣、郭伯雄、孙政才均被判处无期徒刑。杨晶被降为正部级。徐才厚因病亡不起诉。

　　重拳出击打"老虎"，传递了一个重要的理念：反对腐败"上不封顶"。周永康的被查处具有重大的标志性意义，这意味着在中国共产党内再也不存在什么"保险箱"。"保险箱"的概念在老百姓心目中存在了几十年。最早有人说，当了高级干部或获得了什么学术头衔，就进了"保险箱"。后来有人说，当上了"党和国家领导人"就进了"保险箱"。在陈希同、成克杰、陈良宇陆续被查处以后，又有人说当了"中央政治局常委"就进了"保险箱"。现在看来，一切干部、一切人，对所谓"保险箱"不能再存侥幸了。

　　"坚决查处"对准的是"老虎"，"着力解决"对准的是"苍蝇"。打老虎不容易，打苍蝇也不是件轻而易举的事。因为"苍蝇"面大量多，花样翻新，无孔不入。党的十八大以来，中央反复强调要切实解决发生在群众身边的不正之风和腐败问题，既不能放掉一只老虎，也不能放跑一只苍蝇。党的十八大以后的五年，"打苍蝇"同样"战绩赫赫"，这体现在一系列统计数字上。截至2016年底，全国累计查处违反中央八项规定精神问题15万多起，处理20多万人，给予党纪政纪处分10多万人；全国纪检监察机关共立案100多万件，给予党纪政纪处分100多万人；反腐败追逃追赃"国际天网"越织越密，"猎狐""天网"行动已从 70 多个国家和地区追回外逃人员 2400 多人，追赃金额 85 亿多元。① 2014 年至 2019 年 6 月，国家共追回外逃人员 5974 人。数字是抽象的，但打"苍蝇"的重大实践在人民群众身边不断推进，是人民群众看得见，感觉得到的。

"打虎拍蝇"是反腐倡廉的关键之役，而反腐倡廉是一个庞大的系统工程。党的十八大以来，中央按照"蝇虎同打、标本兼治、惩防并举"的工作格局，坚持"标本兼治、综合治理、惩防并举、注重预防"的工作方针，全面推进惩治和预防腐败体系建设。

2013 年 1 月，十八届中央纪委第二次全会讨论制定了《建立健全惩治和预防腐败体系 2013—2017 年工作规划》，对惩防体系建设进行了全面部署。首先集中精力抓好思想教育，把加强思想理论武装作为全面从严治党的首要任务，深入开展理想信念和党性党风党纪教育，不断夯实全党拒腐防变的思想基础。在思想教育中，持续开展集中的教育实践活动。在"党的群众路线教育实践活动"中，深入整治形式主义、官僚主义、享乐主义和奢靡之风的"四风"问题，取得了作风建设新的进展和明显成效，得到了广大人民群众的广泛赞誉。"三严三实"与"两学一做"等学习教育，大大增强了广大党员干部守纪律、讲规矩的意识。党史学习教育大大增强了全党的宗旨意识，使广大党员牢记党的初心使命。

在惩治和预防腐败体系建设中，坚持惩治与预防并重的原则，在严肃查处违纪违法案件对腐败形成高压态势的同时，大力加强党内监督和党内法规制度建设。有效的预防措施，除了思想教育，主要就是党内监督的加强和制度机制的完善。党内监督的加强，既包括日常监督的加强，也包括集中监督的加强。集中监督就是加强定期巡视。党的十八大以来，巡视工作已经实现了全覆盖，成为反腐败斗争的一把

---

① 《十八届中央纪委一至六次全会反腐影响力回顾》，《检察日报》，2017 年 1 月 10 日。

"利剑"。国家通过对监察体制改革，实现了对所有公职人员的监督全覆盖。与此同时，党内法规制度建设步伐大大加快。特别是《中国共产党廉洁自律准则》《中国共产党纪律处分条例》《中国共产党问责条例》《关于新形势下党内政治生活的若干准则》和《中国共产党党内监督条例》等党内法规的先后出台和实施，大大加强了从严治党和防治腐败的制度建设。

回顾党的十八大以来的反腐历程可见，强化党内监督，健全法规制度，扎紧制度"笼子"，坚持制度反腐的特征已十分明显。这标志着我国反腐败已开始从治标走向治本，从"不敢腐"走向"不能腐"和"不想腐"。为此，党的十九大作出了这样的判断："不敢腐的目标初步实现，不能腐的笼子越扎越牢，不想腐的堤坝正在构筑，反腐败斗争压倒性态势已经形成并巩固发展。"

励精图治，战果累累。人民看到了党的希望，看到了法治中国的希望。

不敢腐、不能腐、不想腐是反对腐败的三种目标状态，这三种目标状态体现了反腐败工作要求和水平的逐次提升。把反腐败目标区分为不敢腐、不能腐、不想腐三种状态，对于更好地针对腐败发生的规律建立完善的腐败惩防体系是很有意义的。但应看到这三种目标状态，并不是互不相干的，不敢腐、不能腐离不开不想腐，不想腐也离不开不敢腐、不能腐。如果不以不想腐为目标单纯地讲震慑和约束，这种震慑和约束是缺乏思想基础的，如果离开震慑和制度约束讲不想腐，这种不想腐也是苍白无力、缺乏保障的。同时，这三种目标状态也不是截然分开，有先后次序的，并不是先有不敢，再有不能，再有不想。三种目标状态的措施是相辅相成的，其要求是配套实现的，震慑、约束、教育的手段必须是同时的。

反对腐败，重在惩防。惩是关键，防是根本。惩的要害是老虎苍蝇一起打，上不封顶，下不漏网，关键是上不封顶。防的要旨是多措并举，既要有制度机制也要有教育引导，对官员，既要有严格要求也要有廉洁从政环境的营造。我们现在还谈不上高薪养廉，但必须营造廉洁从政的环境，并逐步加强条件保障。严厉查处、完善制度、加强教育是缺一不可的，几个方面都到位了，措施都健全了，不敢腐、不能腐、不想腐的目标才能同时实现。目标状态的表述可以是分开的，但各方面的工作举措必须是协同配套、一体推进的。客观地说，追求解决不敢腐的目标状态力度更大一些，针对不能腐、不想腐的工作力度还有待进一步加强，特别是"不想腐"的目标状态的实现还任重而道远。不实现不能腐、不想腐，不敢腐的局面是缺乏基础、缺乏长远支撑的。三者比较起来，更为重要的是不能腐、不想腐，特别是不想腐。这是我们深入推进反腐败斗争时应予重视的。

要认真总结反腐败斗争的国际经验。腐败的产生是一种国际现象，各个国家都面临着反腐败的任务。究竟怎样反腐败，不同国家有不同的认识。长期以来，西方国家宣扬西方的民主制度是解决所有问题包括腐败问题的最好制度，因此不少国家包括大批发展中国家和转型国家跃跃欲试，学习照搬西方的民主制度。在某些"水土不服"的国家，西方民主制度不仅未能解决这些国家的问题，反而使情况更糟，其腐败的程度在世界上也属最严重的。印度、菲律宾、泰国、孟加拉国、印度尼西亚、阿根廷、乌克兰以及很多非洲的所谓民主国家，其腐败的程度都比中国严重。一些采用西方民主制度的较发达的国家和地区，如亚洲"四小龙"中的韩国和中国台湾地区，腐败问题也是很严重的。韩国的近几任总统几乎人人出问题。在前述国家中，总统、总理等高官被追究是常有的事情。大家公认的反腐败比较成功的亚洲国家和地区，倒是并没有采用西方民主模式，如新加坡和中国香港地区。新加坡建立贪污调查局，中国香港地区设立廉政公署作为反腐败的专门机构。新加坡和中国香港地区的主要办法就是厉行法治，运用法治的手段构建令腐败分子望而生畏的制度机制，并对官员施以高薪和廉洁教育。各方面的措施使官员充分认识到，搞腐败成本太高，很不值得，从而不敢腐，不想腐。由于具有严密的反腐制度机制，使其官员搞腐败也比较难，从而不能腐。新加坡和中国香港地区通过厉行法治和养廉倡廉，走出了一条比较成功的反腐路子，他们的经验告诉我们，法治是解决腐败问题最好的办法。这是值得我们认真加以研究的。

还要认真总结反腐败斗争的历史经验。从中国历史兴亡更替的历史过程来看，对待腐败的态度从根本上影响着政权的命运和王朝的兴衰。历史上比较开明、比较有作为的政治家和统治集团，都是坚决主张反对腐败的。历史上比较辉煌的时期，也都是反腐败和正风肃纪比较有成效的时期。在中国政治文明的发展过程中，积累了大量反腐败的有益经验。中国古代建立形成了严密的监察巡视制度，监察巡视自成体系，独立运行，监察巡视官员在监察巡查中独立弹劾奏报并不受行政官员干预；古代把消灭吏治腐败和司法腐败排在首位，把朋党集团、宗派集团作为清除的重点；古代重视立法，形成了比较完善的监察法律制度；古代在查处贪腐的同时，比较注重对清官和反腐榜样人物的塑造，包拯、海瑞能成为古代清官典型，流芳百世，这与当时的塑造和宣传是分不开的。朝廷可以给一个好官修寺庙，可以给一个道义女性立贞节牌坊或烈女牌坊。治理得比较好的朝代，都有比较健全的反腐制度机制和比较丰富的廉洁文化；大凡进步的思想家、政治家和比较开明的皇帝，都有反腐倡廉、惩恶扬善的思想主张。这些主张涉及惩治贪腐和正风肃纪的各个方面，都是中国古代十分珍贵的政治文化遗产，是值得我们今天认真加以整理、研究和借鉴的。中国针对腐败的惩防体系，应是立足国情、面向未来、包含人类历史上一切进步的思想制度成分的最科学、最先进的反腐惩防体系。

我们对中国的反腐败应该充满信心。这是因为：其一，我国近年来大量的腐败是在工业革命、经济高速发展和新旧体制转换过程中发生的，是高速发展中的腐败。特别是新旧体制转换中无法避免的漏洞，给了有些人以可乘之机。随着经济的进一步发展、体制的进一步成熟、法治的进一步加强，中国的腐败将得到更有效的遏制。这与一些经济十分落后腐败却高发频发的国家情况不同，比如一些非洲贫困国家，经济愈落后愈腐败，愈腐败经济愈落后。中国的腐败属于"发展中的腐败"，那些国家的腐败属于"瘫痪式的腐败"。发展中的腐败由于发展不断产生对法治和反腐败的强大内需和动力，因此其治理的预期是明确的。后者的情况就不同了，由于动力很难从瘫痪中产生，因此其治理是难以预期的。其二，中国的腐败从总体上看发生在局部和个别环节，其分布是"星星点点"，是"个案性"腐败，而不是"全局性""坍塌性"腐败。即使出现过政法帮、石油帮，也出现过黑恶势力与官方的勾结，出现过个别地方政治生态被破坏的情况，但终未成为大气候，搞腐败的仍然是少数人，只要决心一下，就能抓住。这与那些出现全局性、坍塌性腐败的一些非洲国家情况不同，那些国家一切都必须拿钱来开路，我国也没有出现蒋介石统治下四大家族那种谁也动不了的势力。我们说一些非洲落后国家出现全局性、坍塌性腐败，是说这些国家腐败的面大量广，并不是说这些国家的官员全都搞腐败，这些国家也反腐败，也有不搞腐败的官员，但形成不了反对腐败的强大合力。其三，在中国的政治文化传统中，腐败从来是不受宽容的，我们对待腐败可说是"朝野同仇敌忾"。即使是搞腐败的官员也反腐败，其既抓别人的腐败，也大讲反腐败，他们讲反腐败，往往比别人讲得更到位。他们为什么这样做？因为反腐败容易在政治上得分。还有，在中国搞腐败的人，基本上都是静悄悄地干，总怕暴露，钱埋地下，更不敢公开炫耀。这都说明，腐败在中国的政治文化传统中是没有藏身之地的。这与一些高腐败的国家情况不同。那些国家在不小的程度上对腐败实际上是持宽容态度的，是有意无意放纵的，在那里甚至炫耀官富还会成为一种时尚。这种情况不仅在非洲国家存在，甚至在俄罗斯、乌克兰和印度等国家也存在。其四，中国执政党对反腐败的重视程度在世界上是少有的，中国近年来反腐败的力度和成效也是空前的，这与那些高腐败国家不同。中国共产党没有党派利益，没有宗派利益，没有集团利益，也没有种族利益，只有国家、民族和人民的利益。反腐败虽有阻力，但这种阻力形成不了气候，只要决心下定，对腐败就可以一抓到底。这是多么难得的政治优势。

在国际社会，一些世界组织和学者根据各国腐败的程度把世界各国分为高、中、低三个档次。根据《透明国际》2010年前后对180多个国家和地区的排名，中国大致属于"中腐败"的国家（处70～80位左右）。[1] 应该说，中国的腐败曾长期处于比较低的程度。市场经济的发展，特别是20世纪80年代双轨制改革引起"官倒"，使我国的腐败现象开始漫延，一直到2010年前后的一段时间，腐败的现象都是比较严重的。但不管怎么腐败，中国的腐败属于"发展中的腐败"和"个案性腐败"的总体特征没有改变。近年来，特别是党的十八大以来，我们通过强力反腐，使腐败得到了有效的遏制，反腐败斗争已取得压倒性胜利。根据学者张维为的研究，综观世界各国的腐败变化情况，比较明显的有两种趋势，一种是"中→高→更高"的趋势，如非洲一些落后国家；一种是"低→中→低"的趋势，如英国等发达国家。发达国家都经过了工业革命，其在这一过程中腐败现象都比较突出，工业革命后的发达推动了腐败的治理，使腐败现象走向了低端。从总体上看，中国的腐败走向也呈现出"低→中→低"的特点。中华民族的伟大复兴为反腐败注入了强大动力，执政党的坚定决心为反腐败提供了根本保证，而厉行法治又为反腐败提供了最有力的手段，中国的腐败不仅要走向低谷，中国政治也一定会迎来"海晏河清、朗朗乾坤"。

作风建设永远在路上，反腐败斗争永远在路上。党的十九大对全面从严治党作出了新的部署，对反对腐败提出了更高要求，提出要夺取反腐败斗争压倒性胜利，这再一次表明了我们党把反腐败斗争进行

---

[1] 张维为：《中国触动》，上海人民出版社2012年6月版，第177-178页。

到底的"坚如磐石"的意志和决心。

　　重整行装再出发。在"无禁区、全覆盖、零容忍"的基础上，党的十九大进一步提出"重遏制、强高压、长震慑"，按照这样的十八字方针，中国的反腐败斗争，步伐将迈得更加坚实。通过党的十九大后的持续用力，我们已经取得反腐败斗争的压倒性胜利。当前，我们要巩固发展反腐败斗争的压倒性胜利，在此基础上，还要努力取得全面从严治党更大战略性成果。

　　中国的反腐败斗争是党依法执政的集中体现，是全面推进依法治国的破关之役。强力反腐为建设法治国家扫清了障碍，铺平了道路，中国百姓从中看到了法治中国光明的未来。

第八章　依宪治国

一、一个来自基层的问题

改革开放之初，从河北农村基层发出一个令国人振聋发聩的时代大问——"是县委大还是宪法大"？

事情起因于河北省农村社员的自留地问题。1978年2月通过的新宪法规定，在保证人民公社集体经济占绝对优势的条件下，人民公社社员可以经营少量的自留地和家庭副业，在牧区还可以有少量的自留畜。这一规定是思想解放所取得的一个重大阶段性成果，得到了广大农牧民的衷心拥护。而这一规定在当时很多地方落实得并不好。因为自留地、自留畜、家庭副业在过去长时期内都被视为资本主义的"尾巴"，宪法虽然作了规定，很多地方官员仍有顾虑，因此并没有给社员兑现，这在当时的河北省沧县就比较典型。尽管当地群众强烈反映，国家宪法也有明确规定，但县里受"左"的思维惯性的影响，就是不把自留地分给农民，这严重挫伤了群众的积极性，广大社员对此十分不满。于是农民们发出质问："是县委大还是宪法大？"[①]

[①] 祁胜勇：《30年前惊天一问："是县委大还是宪法大？"》，《党员文摘》，2009年第3期。

第八章　依宪治国

"是县委大还是宪法大"？这在今天看来已经是一个不成问题的问题，而在改革开放之初，农民群众把它提出来，却具有非凡的意义。

当时，新华社、人民日报记者谢石言、李荣琨正在沧县作采访。他们以其职业敏感捕捉到了当地农民的反映，并很快写出了《是县委大还是宪法大？》的报道，于1978年7月6日先以内参形式发表。对这篇稿子的基调，上级领导层是有不同声音的，当时沧州地委就提出了不同意见。河北省委很重视，为此专门成立了联合调查组，在全面调查的基础上写出数千字的调查报告送至中央，时任中共中央副主席的李先念圈阅了这个报告。在经历"文化大革命"中复杂的政治斗争之后，对于敏感的政治问题人们都不轻易表态，中央领导能够圈阅这个报告，已经是一个了不起的支持，因为按照常规理解，圈阅至少是表示不反对。当时的新华社副社长穆青正是基于这样的判断，才决定公开播发谢石言、李荣琨的报道的。《人民日报》也于当年发表"是县委大还是宪法大"的一组调查报道。① 于是，"是县委大还是宪法大"的发问迅速在国人中引起强烈反响。

"是县委大还是宪法大"，这一针对农民自留地提出的问题，之所以引起全国的强烈反响，是因为沧县农民实际上提出了一个时代大问。这一提问具有重大的历史标识性意义。其所反映的不只是一个县、一个地区或一时一事的问题，而是长期以来我国宪法不受重视的普遍性问题；所表达的不仅仅是沧县农民的意愿，也是当时全体国人

---

① 《是县委大还是宪法大》，《人民日报》，1978年11月30日。当日人民日报在一版刊设专栏，发表三篇文章。第一篇是刘同刚（沧县农民）的来信：《政策一日不落实，群众一日憋着气》，反映当地把自留地收归集体耕地，群众很不满意的情况。第二篇是记者调查《是县委大还是宪法大？》，调查反映出在自留地问题上沧县县委违背宪法和民意的粗暴做法。第三篇是短评《这个问题提得好！》，表达了对沧县农民所提问题的坚决支持。各级党报很快转载了这一组报道。十八天后，党的十一届三中全会召开。不久，刘同刚收到人民日报寄来的3元稿费和一封编辑来信，告知他"来信原件已存国家档案馆"。

对民主法制的强烈愿望。既包含着对宪法受践踏的谴责,也包含着对民主法制的呼唤和呐喊。正因为如此,所以这一问题被提出之后,很快演化为"权大还是法大"。"权大还是法大"可以说是中国法治第一问,几十年来为人们反复引用,用以表达中国法治最基本的问题。今天看来,"是县委大还是宪法大"这一问题的提出及其传播,是具有重大时代意义的。此事发生在改革开放之初,党的十一届三中全会之前,这在当时实际上起到了引领思想解放和拨乱反正的舆论先声的作用,成为新时期我国民主法制建设的一个破冰之举,对我国民主法制建设产生的影响是深远的。在这一过程中,沧县农民兄弟、两位记者和两个媒体都是功不可没的。领导层的支持也是很关键的。据载,当时为回应社会中存在的讨论,全国人大常委会开会时,彭真委员长每次都要先念宪法的相关规定,以示宪法高于一切。

"是县委大还是宪法大"的提问命中时弊,打中要害。所反映的是权力对宪法的挑战,所谴责的是长期形成的以权压法。虽然改革开放之初这一问题就已被提出,县委书记们都参与或耳闻了当时的讨论,对这一讨论的结论大家没有不清楚的,但当时间进入21世纪之后,仍然出现了向法律挑战的"最牛县委书记"和县委书记"权大于法"的新版本。

根据2008年1月7日《中国青年报》的报道,因为一篇报道(《辽宁西丰:一场官商较量》)涉及辽宁省铁岭市西丰县时任县委书记张志国,西丰县公安局以"涉嫌诽谤罪"为由对采写报道的《法制日报》记者朱文娜进行立案调查。1月4日,西丰县公安局派出多名干警赶至《法制日报》社对该记者进行拘传(未果)。[①] 其后3月,当事人赵俊萍进京状告张志国,亦被西丰警方将其抓回。公安机关本应守卫社会的公平正义,在西丰却成了维护县委书记尊严的工具,为

---

① 《报道涉及县委书记 西丰公安进京抓记者》,《中国青年报》,2008年1月7日。

此不惜违法立案和抓人。事后张志国说他对此事"一无所知",但大家都知道诽谤案属于法律规定的自诉案件,因此他作这样的开脱是无济于事的。透过此案件,人们说张志国是21世纪的又一个"最牛县委书记",说西丰公安局是县委书记的"私家打手"。事实上,过去这么多年来,这类"最牛"官员,这类"私家打手",绝非仅此一例。

2010年,又出现了一个县委书记"权大于法"的新版本。当年3月湖南双牌县召开县政协会议,县政协委员胡佐军就发挥双牌比较优势,进一步做好全县工业招商工作作了一个大会发言。由于这一发言涉及县里的全局工作,有些建议意见是他一家之言,没有按照县委的工作部署进行,因此县委书记郑柏顺听了就"很不顺耳""很不高兴",认为胡佐军的发言事先没有请示县委,没有把县委和他这位县委书记放在眼里。于是会后他即召集有关人员讲了几点自己的意见:一是胡佐军个人英雄主义膨胀,目无组织纪律,有政治野心;二是停止胡佐军县委办公室副主任职务,交出办公室钥匙;三是胡佐军下农村两个月,回来后调一般科局副职;四是胡佐军向县委写出深刻检讨。① 政协委员在政协大会上作发言是政协委员依据政协章程履行职责,行使自己参政议政的民主权利的行为,是受到宪法和法律保护的,更何况他完全是为了推动县里的工作而提出有建设性的意见,却受到了县委书记的无端指责和停职检查。据说当时县里也有领导对此提出异议,并向县委书记进行了转达,但这未能改变县委书记对此事的坚决态度,胡佐军第二天就没有再出席会议。2010年5月8日,人民网发表人民时评《县委书记"权大于法"的又一现实版》。显然,这是又一起"权大于法""以言代法""以人压法"的典型事例。

权与法的话题,之所以反复涉及县委书记,是因为县委书记这个岗位,级别虽不高,权力却很大。中国的县动辄上百万人口,县委书

---

① 《湖南双牌县政协委员发言惹怒书记被停职检讨》,《海峡都市报》,2010年4月20日。

记就是那里的最高长官。一个县管理的事务是很宽泛的，大的决策权都集中在县委和县委书记。如果这种权力失去有效的监督和约束，就很容易出现"以权压法""以言代法"的现象。

"是县委大还是宪法大""权大还是法大"，这些在改革开放之初就已提出并经多年讨论的问题，时至今日是不是已经完全解决了呢？应该说，在理论上已经解决了，实践上并未完全得到解决。这些问题在文件中，在官员们的讲话中都会讲得很透彻、很清楚，但在实际操作中，一些实际做法与文件和讲话是仍有反差的。在现实生活中，"唯上""唯官""唯权"不"唯法"的现象仍然是存在的。一方面，个别官员并没有从思想深处彻底清除"人治"的余毒，总是看重自己的权力，看重自己的分量和威信，所热衷的还是运用权力发号施令，颐指气使，所思所想的还是如何保证自己说了算。依法办事他们喊得最响亮，但在实际工作中并不把法律的规定怎么当回事。有时也会在程序上顾及法律，但仍然要千方百计贯彻自己的意图。他们办事时，习惯于从上边的讲话和指示中而不是从宪法法律中寻找根据。另一方面，宪法和法律的权威讲了若干年，时至今日是不是真正树立起来了呢？对此恐怕不能太乐观。一些官员之所以一次又一次以权压法、以言代法，就是因为宪法和法律还没有应有的、足够的权威，他们心目中并没有对宪法和法律的真正的敬畏感。

因此，对于"是县委大还是宪法大""权大还是法大"这样一些问题，绝不能仅仅停留在理论讨论的层面上，最根本的是要把宪法和法律的权威真正树立起来。怎样才叫"真正树立起来"？一是要进一步明确宪法和法律在国家和社会中的最高权威地位，大力弘扬宪法法律至上的理念；二是对宪法、法律的权威，不仅要有完备的法律文本规定，更要有铁的机制和手段来维护。否则这个权威就不是真正的，就是随时可能被侵犯的。在宪法和法律的权威没有真正树立起来的时候，宪法和法律权威只是在口头上讲讲而已的时候，全面依法治国，建设法治国家就只能变成一句空话。

二、宪法权威与"两个首先"

回顾新中国宪法的发展历程,可以得出两个最基本的结论:一是必须切实树立宪法权威;二是必须坚持"两个首先"。

现行宪法颁布以来,人们最关心的问题是怎样保障宪法的全面实施,怎样维护宪法的最高权威。因为我们党和我们人民,已经从历史的经验教训中深知,制定一部好的宪法固然不易,要使宪法得到全面贯彻执行则更不容易。而宪法能否全面贯彻执行从而是否具有最高权威,不仅关系到社会主义法治的统一和尊严,而且影响政治的安定、国家的命运、经济的繁荣、社会的进步和人民的福祉。全面推进依法治国,必须树立法治的权威,而法治权威能不能树立起来,首先要看宪法有没有权威。因此,保障宪法实施,维护宪法的最高权威,不能不成为依法治国的头等大事。党的十八届四中全会《中共中央关于全面推进依法治国若干重大问题的决定》(以下简称《决定》)提出"坚持依法治国首先要坚持依宪治国,坚持依法执政首先要坚持依宪执政"[①]。这是党治国理政在观念上的重要升华,是全面推进依法治国在布局上进一步到位的重要体现。

在人类社会,权威具有普遍意义。人类不能离开权威而生存,社会必须通过树立一定的权威来维持。没有权威的社会,不是人类社会。权威的相对面是服从,权威意味着服从。权威和服从,可以是一而二,实质是二而一,权威的必要性正好说明服从的必要性。只是在社会发展的不同阶段,权威和服从有不同的内容和不同的表现形式。

---

① 这是"两个首先"的表述首次被写入中央全会的决定,此前其只是出现在领导人的讲话中。

人类社会经历了一个从习惯权威到宪法权威的发展过程。原始习惯以其自发性、平等性、教育性和自觉性特征与后来的法律规范相区别，但同样以"神圣不可侵犯"的极大权威来要求人们必须服从。后来出现了法律，法律就成了社会的权威。再到后来产生了宪法，宪法就成为最大的权威。

我国是人民民主专政的社会主义国家，不仅需要制定新的宪法，而且需要维护宪法的崇高尊严和极大权威，这是总结我国民主法制建设历史经验教训的必然结论。

中共中央《关于建国以来党的若干历史问题的决议》在总结"文化大革命"的历史教训时指出：长期以来我们没有能把党内民主和国家政治社会生活的民主加以制度化、法律化，或者虽然制定了法律，却没有应有的权威。"虽然制定了法律，却没有应有的权威"，这当然首先指的是 1954 年宪法的遭遇。

党的历史决议在总结历史经验教训的基础上严肃指出："必须巩固人民民主专政，完善国家的宪法和法律并使之成为任何人都必须严格遵守的不可侵犯的力量。"[①] 这一结论是我们党和国家付出了高昂的代价后所得出的。1982 年新宪法，以党的历史决议为指导，认真地总结了我国 30 多年来宪法问题的经验教训，严肃地确立了宪法的最高权威。

我们说我国宪法具有最高权威，就是说我国宪法是国家的总章程和根本大法，是一切组织和个人的根本活动准则，它具有最高的法律地位和法律效力。

宪法作为"母法"和法制的"底座"，要管其他一切普通法，要管整个法律体系的内容、形式及其建立和运行。宪法确立了普通法的基本原则和内容，普通法必须依据宪法而制定，普通法律如果违背了

[①] 《中国共产党中央委员会关于建国以来党的若干历史问题的决议》，人民出版社 2009 年 1 月版，第 60 页。

宪法的原则和精神，就要被视为无效，或者被修改或者废除；宪法确立了整个法律体系的规模和形式，整个法律体系以什么样的规模建立起来，调整的范围有多宽，它的各个部门采取什么形式，都要符合宪法的总体设计；宪法确立了整个法律体系及其各部门的建立和制定程序，它规定了立法等机关的组织和活动，确定了各种法律文件的效力层次和批准手续，整个国家的立法活动都要按照宪法的规定进行；宪法还确立了法律实施的基本原则，各种法律的实施也必须符合宪法的精神和规定。马克思曾把宪法称为法律的法律。我们通常也称宪法是"母法"，其他法律为"子法"，这就是说宪法与普通法律是主从关系。我国的法律体系，内部纵横交错。从纵的方面看，宪法排在最顶层，其次是法律、行政法规、地方性法规等。从横的方面看，我国的法律以宪法为核心，形成了各法律部门既分工负责又相互配合的科学体系。为了使我国的法律体系保持内部的和谐一致，就必须确保宪法在效力位阶上的领先和核心地位。

宪法作为根本的行为准则，要管一切组织和个人。一个政党、团体的章程一般只规定某政党、某团体的行为准则，一个普通法律一般只规定人们某一方面的行为准则。宪法却是全国一切组织和个人活动的根本准则，一切组织和个人都要遵守宪法。就是说，任何个人都不能不受宪法约束而成为"特殊公民"；任何地区、部门都不能不受宪法约束而成为"独立王国"；任何组织和团体都不能不受宪法约束而各行其是；任何组织和任何个人的任何违反宪法的行为，都必须予以追究。那么，在我国国家生活中处于领导地位的中国共产党是否也受宪法的统一约束呢？宪法规定是"各政党"，当然包括了共产党。这是我国宪法第一次向一切政党所提出的统一要求。

以上两个方面，就是我国宪法最高权威的主要表现。我国宪法之所以具有最高权威，在我国之所以要维护宪法的最高权威，这主要是由我国宪法的性质和内容决定的。我国宪法是党和人民意志的集中体现，宪法确认了中国各族人民奋斗的成果，规定了国家的根本制度和根本任务，集中体现了工人阶级及其领导下的广大人民的根本利益。宪法如果没有应有权威，不能全面实施，那就动摇了立国的根本，将直接损害党的领导和广大人民的根本利益，削弱社会主义法治的统一和尊严，从而给现代化建设事业带来巨大损失，建设法治国家也就无从谈起。

总结历史的经验教训，极大地树立宪法的权威，确实是依法治国中的一个重大问题。"文化大革命"的教训是多方面的，从根本上说是因为宪法权威受到了破坏，社会权威发生了错位。

总结历史的经验教训，党的十八届四中全会《决定》把宣传和树立宪法权威定位为全面推进依法治国的"重大事项"，并明确提出"两个首先"，建立宪法宣誓制度，设立国家宪法日。这些规定都是具有重大现实意义的。

宪法宣誓，是一种庄严的国家仪式。在142个有成文宪法的国家中，实行宪法宣誓制度的有97个。早在20世纪80年代，我国宪法学界就有学者提出建立宪法宣誓制度的建议，在经过了30多年后宪法宣誓制度终于定了下来，这是一个重要的进步。在我国，凡经人大及其常委会选举或者决定任命的国家工作人员在正式就职时均须公开向宪法宣誓。宪法宣誓制度的确立，有利于激励公职人员忠于和维护宪法，在全社会增强宪法意识，树立宪法权威。2016年1月1日起，宪法宣誓制度正式施行。2018年3月，在十三届全国人大一次会议上，所有经此次会议选举或者决定任命的国家机关领导人员即刻向宪法宣誓。在全国人大全体会议上举行宪法宣誓，这还是第一次，最高国家领导人进行宪法宣誓这也是第一次。新当选的国家主席、国家军委主席习近平，全国人大常委会委员长栗战书，国务院总理李克强等，举起右手，庄严地对宪法宣誓。对于全国人民来说，这是一种重要的示范。

在我国，加强党的领导和树立宪法法律的权威是完全统一的。我们说党的领导与社会主义法治是一致的，社会主义法治必须坚持党的领导，党的领导必须依靠社会主义法治，实际上就是讲这二者不仅是不矛盾的，而且是缺一不可的。"党的领导必须依靠社会主义法治"，这一命题的提出本身就意味着党对宪法、法律权威的尊重、依靠和维护。我们党十分强调通过宪法、法律实现对国家对社会的领导和治理；十分强调任何组织或个人都不具有超越宪法和法律的特权，党的组织也必须在宪法、法律范围内活动；十分强调党组织支持国家政权机关依法独立负责、协调一致地开展工作。这些要求都体现了执政党对宪法法律权威的尊重和维护。

实践证明，只要执政党尊重宪法和法律，带头依法办事，老百姓就会更加拥护执政党，执政党的权威就会不断地提高；执政党带头维护宪法法律权威，不仅不会损害执政党的权威，反而更有利于巩固执政党的地位，树立执政党的权威。反之，宪法法律权威被轻视，被破坏，执政党的威信也会受影响。"文化大革命"中，我们轻视法制，否认法制，使党的领导也遭到了极大的破坏。那种把二者对立起来，认为强调宪法和法律的权威，就是不尊重党的领导，就会削弱党的领导的思想认识，是与中国共产党的领导规律和执政规律相背离的，也是不符合现代法治精神的。在执政之初有这种认识是难免的，到了今天如果还有这种认识，那就真正落伍了。关于"至上"的提法，应该看怎样提更科学，应该讲清楚提法的前提。我们今天讲的宪法、法律至上，本质上就是党的事业至上，就是人民利益至上，因为我们的宪法法律是党的主张和人民意志的高度统一，正是在这种高度统一的意义上我们要坚决维护宪法法律的至上权威。坚持宪法、法律至上与坚持党的全面领导和人民主体地位是完全统一的。我们一定要充分认识到，带头维护宪法法律权威，带头依法办事，这是党的性质、宗旨和使命所决定的，也是在新的历史条件下巩固党的执政地位，维护党的集中统一领导最重要的途径和方式之一。

党的十八届四中全会《决定》提出"坚持依法治国首先要坚持依宪治国，坚持依法执政首先要坚持依宪执政"。这一规定，对于切实树立宪法权威，全面推进依法治国具有重大意义。

"两个首先"的提出体现了中国执政党对待宪法的鲜明态度，彰显了运用宪法治国理政的执政理念和坚定决心。

有人说，依宪治国、依宪执政就是接受了西方的"宪政"概念。这是一种误解。

西方宪政是资产阶级革命的产物。在反对封建王权的斗争中，资产阶级提出了"自由、民主、人权、法治"等政治口号，形成了一整套宪政民主的理念，在其取得政权以后，运用宪法和法律的形式将这些理念固定下来，并将其渗透到政治制度的构建之中。今天所称的西方宪政是一个伴随西方资本主义产生而发展起来的政治范畴，是西方国家的制度安排和政治模式，实质上就是资产阶级的民主政治。

宪政的招牌和标签就是民主，因此宪政这个概念是很有诱惑力的。我们过去也讲过宪政，但这个问题并没有讲清楚，一些有意的炒作，再加上一些别有的用意，使这个概念变得愈发复杂起来。宪政问题是需要搞清楚的。但无论持有什么认识，主张什么提法，一些问题的基本点是十分清楚和不能否认的。其一，西方宪政的指向是十分鲜明的，包括三权分立、多党制、两院制、司法独立、新闻自由、军队国家化等基本内容和要素。西方国家的"宪政"概念是内容和要素高度定型化了的政治术语，宪政是适合西方国家的政治模式和制度安排。其二，冷战结束以后，一些西方国家将"宪政"标榜为"普世价值"，将其作为推行霸权主义和强权政治的重要工具，这给世界不少国家带来灾难性后果。西方宪政民主被推销、移植到一些发展中国家，导致这些国家"水土不服"，社会矛盾激化、经济崩溃、政局动荡、危机全面爆发，酿成了重大悲剧。苏联、东欧国家、乌克兰、格鲁吉亚、菲律宾，阿拉伯世界的伊拉克、突尼斯、也门、利比亚、埃及等，在西方国家的策动下，在西式宪政民主之路上，要么走向解体，要么动荡不止。事实充分证明，西方宪政民主是这些国家的"祸乱之道"。其三，毛泽东1940年在《新民主主义的宪政》中讲到过"宪政"和"新民主主义宪政"，认为宪政"就是民主的政治"。① 对此必须从特定的历史环境来理解，不能因为毛泽东主要针对国民党的法西斯独裁，讲过宪政"就是民主的政治"，就认为毛泽东全面接受了西方的"宪政"概念。② 以上这些基本点，应当成为我们讨论问题的基础。

很明显，中国不能走西方"宪政民主"之路。我们提出的"依宪治国""依宪执政"与西方的宪政是两码事。"坚持依法治国首先要坚持依宪治国，坚持依法执政首先要坚持依宪执政"，这是符合中国国情的宪法主张。这一主张具有丰富的思想内涵，体现了依法治国的根本要求。

"两个首先"明确了对待宪法的鲜明立场，昭示了依法治国必须维护宪法的崇高尊严和极大权威。突出宪法权威是现代法治的重大标志，宪法有无权威是判断有无法治的重要标准。"两个首先"适应了维护宪法权威的客观需要，为确保宪法的实施提供了重要保证。落实"两个首先"与维护宪法权威是相辅相成的统一整体，没有"两个首先"就没有宪法的权威，维护宪法权威就必须认真落实"两个首先"。

"两个首先"体现了依法治国、依法执政的必然要求，彰显了首先依靠宪法治国理政的执政理念。宪法作为党和人民意志的集中体现，在依法治国中自然应当被放在十分突出的位置。坚持党的领导、人民当家作主、依法治国有机统一，是党治国理政的一项基本原则，坚持这一原则必然要求首先依靠宪法来治国理政。宪法实施保障是依

---

① 《毛泽东选集》第二卷，人民出版社1966年7月版，第690页。
② 毛泽东在《新民主主义的宪政》中还特别指出，"我们现在要的民主政治"，"是新民主主义的政治，是新民主主义的宪政。它不是旧的、过了时的、欧美式的、资产阶级专政的所谓民主政治"。《毛泽东选集》第二卷，人民出版社1966年7月版，第690页。

法治国、依法执政的"首项仪程"。

"两个首先"明确了执政党与宪法的相互关系，为全面依法治国提供了根本保证。这一主张所体现的党与宪法的关系原则是：党领导人民制定宪法；党领导人民贯彻和实施宪法；党组织也必须在宪法的范围内活动。我国宪法是在党的领导下制定和不断完善的，党又必须带领人民全面地贯彻和落实宪法，确保党组织在宪法的范围内活动。各级党的领导干部要对宪法怀有敬畏之心，带头遵守宪法，带头依宪办事，坚决抵制以言代法、以权压法、徇私枉法的行为。中国共产党领导人民制定宪法、带领人民实施宪法同模范地贯彻执行宪法的有机统一，是我国社会主义法治建设的基本经验和重要特征，也是全面依法治国的根本保证。

加强法治建设首先要加强宪法建设，加强宪法建设必须抓住基本问题，我国宪法建设的基本问题之一就是宪法权威问题。如何真正树立宪法的最高权威，这是改革开放 40 多年宪法建设中一以贯之的基本问题。通过持续不断的努力，我国的宪法权威逐步树立起来，宪法观念日益深入人心，宪法作用日益发挥。但宪法建设的这一基本问题是不是完全解决了呢？恐怕还需进一步努力。宪法权威作为基本问题还将贯穿在今后的宪法建设中，宪法建设的各方面工作还应围绕这一基本问题来开展，以这一基本问题的根本解决为目标。全面推进依法治国的目标是建设社会主义法治国家，法治国家有其自身的规格、标准和要素，其首要标准和要素就是真正树立宪法权威，就是真正坚持宪法法律至上。宪法权威不仅是基本要素，而且是核心要素，是首要标志。这是依法治国必须十分明确和认真落实的。

三、宪法监督体制建设

落实依宪治国和依宪执政，必须建立健全宪法实施保障的制度措施体系。

从世界各国宪法的规定看,宪法实施保障制度的基本内容主要有三项:一是确立宪法的最高法律地位和最高法律效力;二是确立修改宪法的特别程序;三是确立宪法实施的组织保障即宪法实施的监督体制。宪法实施保障还包括经济、政治、立法、思想方面的保障以及专门权威机关以外的其他组织的保障等。宪法实施保障是一个宏大的系统工程,但其重点内容是宪法自身的三项规定,特别是宪法实施的组织保障。

我国宪法实施保障的制度建设经历了一个曲折的发展过程。总的来看,前几部宪法关于宪法实施保障的规定都不完善,宪法实施保障的实际工作存在着诸多问题。

我国1954年宪法规定最高国家权力机关是监督保障宪法实施的机关,这是值得肯定的。但是,究竟如何监督保障宪法的实施,对宪法监督应该包括的内容,提起与审查违宪的程序,1954年宪法没有作出具体的规定,这就无法保证宪法的原则规定不致落空。1975年宪法中,1954年宪法关于监督保障宪法实施的条文被完全删去,甚至连宪法修改的程序规定也被取消。这样,宪法实施完全没有了法律上的保障,这不能不说是一个明显的倒退。1978年宪法在宪法实施保障方面恢复了1954年宪法的一些正确规定,但仍然存在着明显的缺陷。

1982年宪法总结历史的经验教训,适应我国宪法实施保障的客观需要,对我国宪法实施保障问题作出了较为全面的规定,不仅恢复了1954年与1978年宪法在这方面的正确条文,而且增加了不少新的规定,大大发展了我国的宪法实施保障制度。

1982年宪法确立了宪法的根本法地位和最高法律效力,规定了宪法修改的特别程序,大大加强了我国宪法实施的组织保障。在组织保障方面,宪法首先加强了我国监督宪法实施的专门权威机关。宪法规定全国人大行使监督宪法实施的职权,全国人大常委会有权解释宪法、监督宪法的实施。全国人大常委会有权撤销国务院制定的同宪法、法律相抵触的行政法规、决定和命令，有权撤销省、自治区、直辖市国家权力机关制定的同宪法、法律和行政法规相抵触的地方性法规和决议。根据宪法和《中华人民共和国全国人民代表大会组织法》规定，全国人大各专门委员会有权协助全国人大及其常委会审议各种违宪的法律性文件。这些规定无疑加强了我国宪法实施监督的专门权威机关。宪法在加强专门权威机关的同时，还在序言中规定：一切国家机关和武装力量、各政党和各社会团体、各企业事业组织，都负有维护宪法尊严、保证宪法实施的职责。宪法在有关条款中还对其他有些国家机关保证宪法实施的职责作了具体规定。可见，我国宪法既把监督保障宪法实施的职权交给全国人大及其常委会，又把保证宪法实施的职责交给其他一切机关和组织；不仅全国人大及其常委会在各专门委员会协助下监督保障宪法的实施，其他一切机关和组织都要参与保证宪法实施的工作。这实际上是要求形成以全国人大（包括常委会）为其专门权威机关、以执政的中国共产党为其领导核心、其他一切机关和组织共同发挥作用的全面的宪法实施组织保障系统。

宪法实施的组织保障——宪法监督体制在宪法保障的制度措施体系中，具有特殊的地位和作用。

宪法监督体制在历史上并不是与宪法完全同时产生的。明确、严格地提出违宪及宪法监督概念并划定其范围，由此形成宪法监督制度，应该说起始于美国1803年马伯里诉麦迪逊一案。联邦最高法院首席法官马歇尔在对此案的宣判中，明确宣布"联邦司法法违宪而无效""违宪的法律不是法律""阐明法律的意义是法院的职权"[1]，自此开创了美国联邦法院审查国会法律的合宪性（普通司法机关监督体

---

[1] 阿亨斯·T·梅逊：《美国宪法——导论性文章和案例选：马伯里诉麦迪逊案》，英文版，新泽西州，1964年，第24页。

制）的先例。其后，美国宪法监督的影响逐步扩大，凡是制定了宪法的国家，几乎都相继建立了自己的宪法监督制度，形成了宪法监督保障机关的多样化、专门化和权威化趋势。其中既有代表机关（最高国家立法机关或最高国家权力机关）监督体制（如英国和苏联）、普通法院监督体制（如美国和日本），又有宪法法院监督体制（如法国和奥地利）。普通法院监督体制又称普通司法机关监督体制，宪法法院监督体制又称特设司法机关监督体制。

在宪法监督的实践运行中，各种体制逐步显现出了自身的"利与弊"。

从代表机关监督体制来看，其长处在于可以保证代表机关实施监督的权威性和处理违宪的准确性。但如单纯依靠立法机关或最高国家权力机关来做一切工作，必然受到其时间和精力的局限，这样会使宪法监督不能很好地落实。

从普通司法机关监督体制来看，其长处在于可以通过具体定型的司法程序处理违宪问题。但最大弊端在于它的消极被动性、间接附带性以及事后惩治性。同时，它是三权分立与制衡原则在宪法监督保障方面的一种体现。另外，在这种体制下，实行违宪判决的个别（特殊）效力原则也是不可取的。

从采用特设司法机关监督体制来看，其长处在于可保证违宪监督工作的经常性和专门性。但由于这种体制所体现的原则与普通司法机关监督体制基本一致，因此也存在着不少缺陷。

总之，各种宪法实施监督体制都有其所长，但每一种体制又具有其自身的不足。因此，在世界各国宪法保障中，近几十年来，出现了一个引人注目的特点和趋向，就是各种体制不再只作"单项选择"，而是相互渗透、日益结合，以他之长补己之短，从而形成"你中有我、我中有你"的混合体制或格局。比如英国采用的是代表机关监督体制，但其高等法院（王座法庭）也可以审查行政行为、命令和下级法院的判决是否违宪，可以受理因侵权行为而引起的宪法诉讼案，并对人身保护状等令状发出宣告性判决。又如瑞士，在其邦联议会监督宪法实施的同时，联邦执行委员会和联邦法院也具有监督宪法实施的职权，联邦执行委员会审查各州要求它批准的法律和命令，联邦法院有权裁决关于各州当局与联邦当局有关职权的争议、各州间关于公法方面的争议，并有权受理公民的宪法控诉案。罗马尼亚等国则在国家代表机关监督宪法实施的基础上，专门设立宪法委员会或宪法法院来协助宪法监督的经常性工作。通过必要的借鉴和吸收，形成适合本国需要的宪法监督制度，这可说代表了加强宪法监督的一种新的方向。其中，对我们最富有启发意义的是实行代表机关监督体制的国家所进行的改革。

针对我国宪法监督体制建设及其运行的实际情况，笔者1990年在《宪法保障论》一书中曾经提出建立"一元多轨的宪法监督体制"的设想。这一设想的基本考虑是：我国在宪法监督上，多年来采取的是最高国家权力机关监督体制，这是由我国人民民主专政的国体和人民代表大会制度的政体所决定的，具有突出的优点和优势。但这一体制在具体实施上存在着一定困难，需要进一步完善和加强。完善和加强的根本途径在于走出传统的单一体制，参照世界各国的某些有益做法，借鉴宪法法院和普通法院两种监督的某些长处，在全国人大及其常委会之下设立专门的宪法监督委员会（或称宪法委员会），并明确普通法院可以受理侵犯公民基本权利的诉讼案，从而形成一元多轨的宪法监督体制。①

这里的"一元"，是指宪法监督最终要由最高国家权力机关及其常设机关来集中和统一；这里的"多轨"，是指监督宪法实施的工作要由宪法委员会、人民法院以及其他机关组织来分别落实。宪法委员会从性质上说是全国人大产生并接受其领导的一个特殊的专门委员会，专门监督宪法实施和受理违宪案件。一般违宪案件可以直接由它

---

① 杨泉明：《宪法保障论》，四川大学出版社1990年9月版，第293页。

进行处理，重大违宪案件先由它进行审查并提出处理意见，再由最高国家权力机关及其常设机关作出具有法律效力的裁决；对权力机关立法的审查结论，则交由权力机关作适当处理。在这一监督体制下，人民法院只受理侵犯公民基本权利的控诉案。其他机关和组织仍然依其职权在本系统、本部门内保证宪法的贯彻执行。全国人大及其常委会"管总"，宪法委员会、人民法院、其他机关和组织共同发挥作用，这样就构成了复合型的、一元多轨的宪法实施监督体制。

建立和形成一元多轨的宪法监督体制，必须注意两个关键性环节。一是必须保证最高国家权力机关及其常设机关对宪法实施监督的集中和统一。在我国，除了全国人大及其常委会之外，没有一个更权威的机关来统一监督宪法的实施，全国人大及其常委会的职权不容其他机关来取代。这一点是必须明确和保证的。二是充分发挥宪法委员会与人民法院的"专门化"作用以及其他机关组织的"职责"作用，这是保证我国宪法监督真正落实的重要手段。特别是宪法委员会与人民法院的"专门化"作用，在我国宪法实施监督中具有关键性意义。

在最高国家权力机关及其常设机关之下增设监督宪法实施的专门委员会，是总结我国宪法实施保障历史经验的必然结论，是加强我国宪法实施监督的客观要求。我国前几部宪法对宪法的实施监督的规定都是不全面的。1982年宪法根据过去的经验教训，对宪法实施监督体制进行了必要的改革和强化，规定全国人大常委会也是监督宪法实施的机关，并规定其他一切机关和组织都负有保证宪法实施的职责。这无疑是一个进步。但与过去几部宪法一样，1982年宪法也没有考虑在国家权力机关中设立监督宪法实施的专门机构。宪法规定各个机关和组织都具有重要的监督保证作用，但在实际工作中哪一个机关的监督保证都难以完全落实。不管是全国人大、还是全国人大常委会、全国人大专门委员会都不是违宪审查的专门工作机构，都有一个在时间和精力方面受限的问题。随着时间的推移，现行宪法监督体制的欠缺之处越来越清楚地显露出来。为了进一步加强我国宪法实施监督，在权力机关中增设宪法监督委员会已经显得十分必要。只有设立这样一个委员会后，方可弥补全国人大、常委会及其各专门委员会时间和精力之不足，使宪法实施的监督工作能够经常进行，各种违宪问题被及时处理，违宪审查的质量得到保证。

2018年3月，十三届全国人大一次会议通过新的宪法修正案，将全国人大法律委员会更名为宪法和法律委员会。这一更名体现了党的十九大精神，即加强宪法实施和监督，推进合宪性审查，维护宪法权威。这次修改是首次在全国人大专门委员会这个层面出现"宪法"，这是加强全国人大在宪法方面工作的一个重要举措，有助于推动我国宪法实施监督工作的加强。这也是在我国宪法监督体制建设上迈出的重要一步。

解决了宪法监督的"专门化"以后，我国宪法监督的工作将会大大加强。但是不是所有宪法监督的问题都可以解决了呢？问题并没有那么简单。

中国是一个人口众多、情况复杂的大国，各地均可能出现违宪问题，各领域、各方面也可能出现违宪问题，特殊的政治体制、历史传统和人们的办事习惯，也使我国宪法监督具有明显的复杂性、艰巨性和长期性。如果整个国家宪法的实施，包括宪法的每一个条文，从每一件国家大事到每一个公民的自由权利都由一个或两个专门的机构来实施和保证，是办不到的。若每一个违宪案件都由全国人大及常委会来处理更是不可能的。

出路在哪里呢？其实，我国在制定现行宪法的时候就充分考虑到了这一点。宪法序言规定："全国各族人民、一切国家机关和武装力量、各政党和各社会团体、各企业事业组织，都必须以宪法为根本的活动准则，并且负有维护宪法尊严、保证宪法实施的职责。"

好一个"并且"。"并且"的设置，为我们打开了思路，拓宽了天地。在我国的宪法监督中，既要充分发挥专门机关的作用，又要动员和组织各方面的力量来保证宪法的实施。这充分体现了立宪者的国情意识、务实精神和政治智慧。

宪法序言的规定，在党的十八届四中全会《决定》中得到了再次确认，文字表述一字不差，时间相隔32年。

按照宪法和中央决定的精神，在我国宪法实施保障中，就是要形成"以全国人大（包括常委会）为其专门权威机关、以执政的中国共产党为其领导核心，与其他一切机关和组织共同发挥作用"的宪法实施组织保障系统。这样一种复合型的组织保障，更全面，更靠得住，更能适应我国宪法实施监督保障的客观需要。在这一组织保障系统的运行中，除了充分发挥专门机关的作用外，发挥以下几个方面的作用也是十分重要的：

充分发挥地方人大及其常委会的重要作用。无论从宪法的规定还是从实际情况来看，全国各地都有保证宪法实施的要求。我们不能说违宪只发生在中央国家机关层面，从近年来的情况看，违宪行为往往发生在各地，且主要是由地方各级人大常委会来处理的。这一格局早在20世纪80年代就已形成了。如1984年5月福建省政府任命省人大常委会副主任曾鸣为福建省高等教育自学考试指导委员会主任，同年8月云南省勐腊县政府任命田岩尖胆为勐腊镇副镇长，同年10月江苏省盱眙县政府免去孟凡扬龙山乡乡长职务等违宪事件及其处理，均属于此。多年来，在地方发生的违宪事件几乎都是由地方人大常委会来处理的。地方人大常委会监督宪法实施和审查处理违宪的作用是很重要的。

充分发挥其他机关和组织的重要作用。按照宪法规定，除国家权力机关系统外，其他一切机关和组织也都负有维护宪法尊严、保证宪法实施的职责。其他机关和组织保证宪法实施的主要任务，一是保证本机关本组织的决策行为，包括制发规范性文件和作出重大工作部署必须符合宪法的规定；二是及时纠正和查处发生在本机关本组织内的违宪行为和事件。重大的违宪事件，党组织和权力机关可能过问，一般的违宪行为则由各部门、各方面主动纠正、及时处理。这里关键是"主动纠正"。特别是对于国家行政机关、国家监察机关、国家审判机关、国家检察机关系统而言,主动纠正至关重要。主动纠正,工作就主动,被动纠正,工作就被动。凡是与宪法不符的,要主动地、及时地纠正,不要等问题被人大提上了日程才被动地纠正。发现了问题,党组织和人大也可以采取及时提醒的办法,促使其尽快改正。这样看来,各类机关和组织建立健全违宪问题的"自查自纠"机制就显得分外重要。

充分发挥人民群众和社会力量的重要作用。我国宪法不仅把维护宪法尊严、保证宪法实施的职责赋予一切机关和组织,同时还将其赋予全国各族人民,而且还把"全国各族人民"位列在首。这绝不是应景之辞。宪法监督的根本力量在全体人民,全体人民是同违反和破坏宪法的行为进行斗争最重要、最伟大的力量。当今社会,人民群众的监督往往是通过社会组织和新闻媒体来实现的,社会组织和新闻媒体也是监督宪法实施的重要力量。近些年来,公民、媒体等社会力量发起的监督宪法实施的诸多案例也充分证明了这一点,特别是孙志刚案、齐玉苓案的发起及处理,充分显示了人民群众、社会力量、新闻媒体在宪法实施监督中的重要作用。

在我国宪法实施的组织保障系统中,执政的中国共产党处于领导核心地位,在宪法实施监督中发挥着特殊重要作用。其中最为关键的是党内宪法监督的加强。

四、党内宪法监督的加强

近几年来,我国连续发生几起震惊全国的贿选案。按照贿选集中发生的时间顺序排列是:南充贿选案、衡阳贿选案、辽宁贿选案。

2011年10月,中共南充市第五次党代会召开,首先选举产生了南充市第五届市委委员,接着市委全会第一次会议选举新一届南充市委常委。选举结果出人意料,预定的"差额对象"、时任阆中县委书记的杨建华当选常委,另一名预定常委人选落选。后经查明:杨建华用公款80万元,自己出面或安排下属,向部分可能成为市委委员的人员送钱拉票,通过拉票贿选当选市委常委。南充此案从拉票贿选行为发生到查处结案,经历了4年左右时间。涉案人员477人,涉案金额1671万余元。南充拉票贿选案涉案人员众多、涉案金额巨大,是一宗严重违反党纪国法、严重违反党的政治纪律和政治规矩、严重违反组织人事纪律的十分罕见的恶劣案件。①

2012年12月,湖南省衡阳市召开第十四届人民代表大会第一次会议,在差额选举湖南省第十二届人大代表的过程中,发生了大规模的贿选。后经查明,衡阳市当选的76名省人大代表中,有56人送钱拉票,金额总计1.1亿余元,人均送钱近200万元;全部参会的527名衡阳市人大代表中,有518名收受钱物1亿余元,当届市人大代表几乎全军涉足。衡阳贿选案是我国人大制度建立以来发生的最严重的破坏选举案。②

辽宁的贿选案件包括2011年辽宁省委常委换届选举和2013年辽宁省全国人大代表选举、第十二届辽宁省人大常委会副主任选举中发生的拉票贿选的系列案件。经查实,辽宁贿选案涉案人员955人,其中中管干部34人,有45名当选的全国人大代表拉票贿选,有523名省人大代表涉及此案,省人大常委会一度无法履行职责。辽宁拉票贿选案是新中国成立以来查处的第一起发生在省级层面的拉票贿选案,反映出辽宁政治生态整体上已遭受严重破坏。③

政治生态整体上遭受严重破坏,不仅发生在辽宁,南充、衡阳同

---

① 《四川省严肃查处南充拉票贿选案》,《人民日报》,2015年9月16日。
② 《湖南严肃查处衡阳破坏选举案件》,《人民日报》,2013年12月29日。
③ 《辽宁贿选案性质恶劣,让人触目惊心》,《人民日报》,2016年9月14日。

样如此。这几个地方,长期存在拉票贿选的问题。特别是衡阳,贿选从10多年前就开始露头,直到2012年至2013年演变成大面积、多层次的贿选行为。衡阳市人大机关是此次破坏选举案的"重灾区",市人大机关副处级以上干部几乎全部涉及,前任市人大常委会主任胡国初任职的5年,是衡阳各级贿选最为严重的时期。在辽宁和南充同样早几年就出现了拉票贿选。

人们不禁要问:这几个地方的党组织和党员到哪里去了?纪委和纪委干部到哪里去了?人大组织和人大领导到哪里去了?

衡阳一名干部说:"如果当时党委、纪委及时出来查处,不可能酿成这么大的历史事件,很多干部的错误可以避免。但是当时整个衡阳像处于真空状态一样,没人管。"此类议论,在辽宁,在南充都能听见。

在衡阳,贿选发生时,市委不听、不管、不查,市纪委主要领导其实也很清楚,但就是视而不见、听之任之。

在南充,市委书记和市纪委、市委组织部相关负责人对拉票贿选心知肚明,却无动于衷,敷衍塞责。

在辽宁,包括时任省委书记在内的大批干部对拉票贿选麻木不仁,不少人甚至直接参与拉票贿选,其中包括数名副省级干部。

辽宁省委书记王珉,严重失职渎职;衡阳市委书记童名谦,严重失职渎职;南充市委书记刘宏建,严重失职渎职。他们的失职渎职,给党和人民的事业带来严重危害,因此,从严查处自然要从他们开始。在辽宁、衡阳和南充,还有一大批纪委、组织部、人大等方面的干部严重失职渎职,一大批当事人直接组织或参与拉票贿选,都被一一追究了相应的法纪责任。辽宁共处理955人,其中中管干部34人。十二届全国人大常委会第二十三次会议确定辽宁45名全国人大代表当选无效;根据相关法律规定,454名辽宁省第十二届人民代表大会代表的代表资格终止;2017年3月,相关法院对辽宁41名涉拉票贿选人员作出一审判决,分别以破坏选举罪、贪污罪、受贿罪、行贿罪判处其有期徒刑等刑罚；对于王珉，中央决定开除党籍、开除公职，将其涉嫌犯罪问题移交司法机关依法处理。在衡阳，分两批给予466人党纪政纪处分，其中处级以上干部近200名；涉案的500多名省、市人大代表辞职或被终止代表资格；对童名谦等人追究相应的法律责任，童名谦以玩忽职守罪被判处有期徒刑5年，胡国初以玩忽职守罪、受贿罪被判处有期徒刑5年零6个月。在南充，给予开除党籍和公职处分并移送司法机关处理的33人，给予撤销党内外职务以上处分的77人，给予其他党纪政纪处分的267人，诫勉谈话、批评教育100人；时任南充市委书记刘宏建以玩忽职守罪被判处有期徒刑3年，杨建华以行贿罪、受贿罪、滥用职权罪被判处有期徒刑20年。

从性质上看，南充贿选案属于党内贿选；衡阳贿选案属于人大贿选；辽宁贿选案既有党内贿选，又有人大贿选。党内贿选，是对党章的挑战，对党的政治纪律的挑战，也是对选举制度的挑战。人大贿选，是对宪法的挑战，对我国的根本政治制度人民代表大会制度及其选举制度的挑战。选举法是宪法性法律，破坏选举法和选举制度就是破坏宪法，是严重的违宪行为。归结起来，这几起拉票贿选案，都是对党的执政基础和国家的制度底线的挑战，是大规模的、公然的违宪、违纪行为。性质十分严重，情节十分恶劣，危害十分巨大，教训极其深刻。

这几起贿选案之所以能被成功查处，有两个十分关键的环节，一是启动环节，一是处理环节。几起案件都是在党中央的高度关注和直接干预下，在相关省委的直接推动下，由纪委直接牵头组织调查揭开内幕的，而且问题的主要线索都是在党的巡视工作和日常监督工作中发现和掌握的。从对相关责任人的处理来看，都是先由党组织按党纪进行党内处分，再由司法机关按宪法和法律追究相关责任人的违宪违法责任。这里的党内处分，既是党组织对违反党的纪律行为的处分，也是党组织对党员干部违反宪法行为的追究。对党内违宪行为的追究，实际上就是"党内违宪制裁"，是加强党内宪法监督的一个重要体现。因此我们可以说，对辽宁、衡阳、南充贿选案的查处，首先是按照加强党内宪法监督的思路，以"党内违宪制裁"来启动的，责任是按两个制裁来先后追究的。在这里，"党内违宪制裁"发挥了十分关键的作用。

在我国宪法实施监督中，一直面临一个实际问题：党派包括执政党组织违背了宪法怎么办？对此笔者在《宪法保障论》一书中提出了"党内违宪制裁"的问题。提出这一问题的基本考虑，就是从我国的政治实际出发，在宪法实施中充分发挥党的领导的优势，大力加强党内宪法监督，由党组织来严肃处理党内发生的违反宪法的行为。

具体讲当时是基于这样的认识：党组织及其领导干部的活动，都不得与宪法相违背，这是"党应当在宪法和法律的范围内活动"原则的必然要求。但党内仍有一些违反宪法和法律的现象存在。比如，宪法规定，各级国家机关的领导人员由本级人大选举产生或者由它的常委会决定任免，但有的地方党组织在人大开会之前，就宣布上级党组织或自己决定的国家机关领导人员人选，然后再由人大通过。又比如，在我国一些个别地方曾出现党委用选聘合同办法选聘乡镇长的做法。也有的地方党委不重视宪法关于法院依法独立行使审判权以及检察院依法独立行使法律监督权的规定，干扰司法部门的工作。这些违背宪法的做法，既损害了宪法的尊严和权威，也损害了党的领导的威信，在社会上和群众中造成了不良影响。毫无疑问，对于违反宪法和法律的党的组织和党员干部必须执行党的纪律。党组织应当在宪法和法律的范围内活动的原则，党员必须遵守宪法和法律的义务，都是在党章中规定了的，违反了宪法和法律，也就必然违反了党章。对党内违反宪法的行为的处理，往往要通过党组织运用执行组织纪律的手段来实现。在这种情况下，党组织对某党员领导干部的处分和制裁，实质上是对他的违宪的制裁。从这个意义上，我们说这是一种特殊的违宪制裁，即"党内违宪制裁"。这种"违宪制裁"，有时单独适用就能解决行为人的违宪责任，有时必须同法律制裁结合起来。

在我国宪法实施监督中，还有一个现实问题，就是一些党组织出现了违宪问题人大方面可不可以指出来。对此我国在实践中形成了这样一种有效的做法，就是首先由人大向党委指出是否违宪，并提出如何处理的意见和建议，再由党的主管机关运用执行党的纪律的形式对事件进行直接处理。这在20世纪80年代就有过成功的实践。1984年12月，山西省河津县人大常委会收到了阳村党委关于任命村民委员会主任、副主任的文件，河津县人大经主任会议研究，认为阳村党委的做法违反了宪法关于村民委员会主任、副主任和委员由村民选举产生的规定。于是向其指出违宪之所在，并建议县委予以干预。县委接受了建议，采取措施纠正了阳村和其他一些乡、村的违宪做法。河津县这一做法，是当年的典型案例之一。这样做是符合我国实际情况的。

针对党内违宪的处理，在彭真担任全国人大常委会委员长时，还发生过这样一个典型案例。某自治区党委提出的外贸厅长人选在自治区人大常委会会议上未获通过，但自治区党委坚持对外公布并让该人选上任。对这一事件上下反应很大。彭真十分重视，召集专门会议讨论研究，认为该自治区党委这一做法是违反宪法的，并将这一事件专门向中央书记处写了报告。随后，中央有关负责人专门与该自治区党委书记进行了谈话，批评和纠正了自治区党委这一违宪的做法。① 还有一件事，我驻南亚某国大使未经全国人大常委会决定，就已飞赴该国上任。彭真得知这一消息后，立即向有关方面提出，该大使必须经过全国人大常委会决定程序后方可履职，于是该大使先在第三国下机留候，从而又一起违宪行为得到了及时纠正。② 这些实践，为妥善处理党的组织违反宪法的问题积累了有益经验。

从长期的实践来看，党内违宪由党委严肃纠正和处理，是完全可

---

①② 刘松山：《彭真与宪法监督》，《华东政法大学学报》，2011年第5期。

行的。当然，如果党员领导干部在违宪的同时又违法，在违反党纪的同时又违法，就应另当别论、具体处理了：党员应受到党纪处分；国家干部应受到政纪处分；公民应受到法律制裁。

成功查处辽宁、衡阳和南充贿选案，可以说是加强党内宪法监督、实施"党内违宪制裁"的又一次成功实践。可以说，今天我们已经具备了把加强党内宪法监督和"党内违宪制裁"全面制度化的基础条件。

加强党内宪法监督和"党内违宪制裁"的制度化建设，需要进一步提高思想认识，加强和改善党领导和监督宪法实施的各方面工作。

进一步明确加强党内宪法监督和"党内违宪制裁"是党领导和保证宪法实施的重大举措。党章是最根本的党内法规，宪法是国家的根本大法。根据宪法规定，各政党都必须以宪法为根本的活动准则。按此规定，保证宪法实施和不得违宪的主体自然包括了执政党的组织。同时，党章也规定，党组织的活动、党员的活动，都要在宪法规定的范围以内进行，否则就是严重地违反党的纪律。党组织如果不在宪法的范围内活动怎么办呢？我国新时期法制的重要奠基人彭真认为，首先是按照党章的规定在党内处理。他在20世纪80年代对这一问题有过多次讲话和论述。他说，党有党章、党纪，违反党纪的，由党的组织管。"有些违反党纪的问题，应由党去处理""全国人大如果发现了属于党风党纪的问题，可以主动向中央反映情况""全国人大常委会不可能，也不应该越俎代庖直接处理这方面的问题"，要"依靠党的领导，同各方密切协作，把事情办好"[①]。这表明，在他看来，党内的违宪问题应由党组织先按照党章和党纪来处理，涉及担任国家机关职务和违法的，随后由国家机关按照法定程序来处理。这显然是从我

---

① 彭真：《论新时期的社会主义民主与法制建设》，中央文献出版社1989年版，第296页。

国的政治体制出发来思考问题的。这也说明，在我国，"党内违宪制裁"既是党"保证宪法实施"的重大举措，也是党维护党章和党纪的重要手段。

进一步强化党内监督。党对法治建设实施领导的一个重要方面，就是监督宪法的实施。领导包含监督，监督是实现领导的重要方式。党内监督，首要的也是宪法监督，即监督自己的组织和成员是否遵守宪法。党的中央组织应注意监督各地区、各方面党组织的活动是否符合宪法；各地区党组织应注意监督本地区的各类党组织的活动是否符合宪法；各级党组织还应注意监督自己的每一个成员特别是党员领导干部是否遵守宪法。执政党内部的层层监督，乃是全党维护宪法尊严的重要保障。为此，要围绕党内监督条例的贯彻和实施，完善监督制度措施，密织监督组织网络，完善监督工作程序，把集中监督与日常监督结合起来，充分发挥巡视工作的"利剑"作用和经常性监督的警示作用。各级党组织都要建立违宪违法的自查自纠机制，一旦出现违宪违法行为，要及时纠正，主动纠正。要把监督与查处、教育紧密结合起来，一方面及时查处党内发生的违反宪法的行为，另一方面切实加强对全体党员特别是党员领导干部的宪法教育，不断增强其宪法意识，使其自觉维护宪法权威。加强党内监督，各级纪委肩负着重大职责。党对宪法实施的监督，"党内违宪制裁"的实施，往往是由纪委来牵头进行的。各级纪委应将对宪法实施的监督作为重要的经常性的工作。

进一步处理好党的领导、党的监督与人大监督的关系。各级党委要大力支持各级人大及其常委会监督宪法实施的工作。现行宪法颁布实施以来，地方各级人大及其常委会在宣传宪法，保证宪法在本行政区域内实施方面做了大量工作。但各地情况不够平衡。有些地方的人大及其常委会不能理直气壮地实施监督，有些地方对人大及其常委会不够重视，对其监督工作不够支持。为了进一步加强我国宪法的实施监督，应当进一步解决好支持人大监督和人大敢于监督的问题。

加强党内宪法监督和"党内违宪制裁"的制度化建设，还应深入开展相应的理论研究。一方面，要认真总结近年来加强党内宪法监督的成功经验，另一方面要从落实"两个首先"和加强宪法实施监督的实际需要出发，进行深入的理性思考，对党内宪法监督的机制和程序作出系统的设计，为加强党内宪法监督和"党内违宪制裁"的制度化建设提供理论支撑和决策参考。

五、百姓宪法观与宪法诉讼

老百姓怎么看宪法？近年发生的齐玉苓案、孙志刚案等涉及公民基本权利的案件，一次又一次地提出这样一个问题。

齐玉苓案系1991年发生在山东滕州的一起冒名上学事件引发的纠纷。该案的两名主要当事人齐玉苓、陈晓琪均系山东滕州市八中1990届初中毕业生。两人均参加了该年中专预考，齐玉苓通过预选考试，陈晓琪成绩不合格。山东济宁市商业学校发给齐玉苓的录取通知书却被陈晓琪所冒领。陈晓琪不仅冒名到该校报到就读，毕业后仍以齐玉苓之名在中国银行滕州市支行参加了工作。1991年1月齐玉苓得知被冒名后，遂将陈晓琪及其父、滕州八中、济宁商校、滕州市教委诉至枣庄中级人民法院。齐玉苓的起诉理由是被告人侵害其姓名权和受教育权，要求被告停止侵害，并赔偿经济损失和精神损失。枣庄中院一审判决认定陈晓琪冒名上学构成对刘玉苓姓名权的侵害，判决陈晓琪停止侵害，陈晓琪等被告向齐玉苓赔礼道歉并赔偿精神损失费35,000元，但驳回齐玉苓其他诉讼请求。齐玉苓不服，认为此判决否认其受教育权被侵犯是错误的，遂向山东高院提起上诉。

枣庄中院为何只认定齐玉苓姓名权被侵害而未认定其受教育权被侵害？这并不是枣庄中院的疏忽。而是因为姓名权是公民的一项民事权利，而受教育权是公民的一项宪法权利。受教育权作为宪法权利，我国法律并未对其作出进一步的保护性规定，受教育权受侵犯时也没有可适用的具体法律规定。而我国法院在审理案件时，是以法律和法规为依据的，通常不直接援引宪法。

一审法院面临的问题同样是二审法院面临的问题。山东高院怎么办？山东高院本着谨慎的态度向最高人民法院提出了请示。最高人民法院没有回避，专门就该案作出了《关于以侵害姓名权的手段侵犯宪法保护的公民受教育的基本权利是否应当承担民事责任的批复》。该批复明确指出："根据本案事实，陈晓琪等以侵犯姓名权的手段，侵犯了齐玉苓依据宪法规定所享有的受教育的基本权利，并造成了具体的损害后果，应承担相应的民事责任。"有了这一批复，二审法院就有了依据。最后，山东高院依据宪法第46条、最高人民法院批复和民事诉讼法有关规定，作出终审判决，认定了齐玉苓的受教育权被侵犯的事实，齐玉苓因受教育权被侵犯造成的直接经济损失7,000元和间接经济损失41,045元，由陈晓琪、陈克政赔偿，其余被告承担连带赔偿责任。

案件审理终结，风波并未停止，该案在法学界和媒界引发了一场更大的争论。争论的焦点是最高人民法院作出的批复。许多学者和媒体人士对该案的处理给予了极高的评价，认为该案是中国宪法司法化第一案，标志着我国宪法已开始进入司法诉讼，并认为我国的宪法诉讼制度由此发端。也有学者认为，该案中的最高人民法院批复属于对司法解释权的滥用，此案依据《中华人民共和国民法通则》和《中华人民共和国教育法》的相关规定处理就可以了，无需牵扯到宪法。也有学者认为此批复属于宪法解释，最高人民法院解释宪法是对司法权的滥用，是对我国宪法监督体制的一次冲击，因为在我国解释宪法属于全国人大常委会的专有职权。2008年12月，最高人民法院的批复因"已停止适用"，再度引起学界和社会的广泛讨论。齐玉苓案是不是中国宪法司法化的第一案，能不能视为宪法诉讼制度的发端，最高人民法院的批复为什么要"停止适用"，这些问题确实需要进一步的讨论。①

孙志刚也是一个年轻人，毕业于武汉科技学院艺术系艺术设计专业，就职于广州达奇服装有限公司。毕业后，初来广州报道，未向当地公安部门及时申请暂住证。2003年3月17日晚，孙志刚被误当作"三无"人员收容，后被送至广州市收容人员救治站。在有关人员的指使下，孙志刚遭到同病房的8名被收治人员的轮番殴打，终因大面积软组织损伤而致创伤性休克死亡，年仅27岁。最早公布的调查结果显示其因病死亡。②

孙志刚的死亡原因引起了社会的广泛质疑。《南方都市报》记者不断深入调查，披露了相关信息，社会舆论对警察滥用公权产生了极度不满。在此强大压力下，广州官方再次开展调查并进行死亡鉴定，最后公布的结果是孙志刚因钝器袭击，被毒打致死，犯罪嫌疑人为收容医院中的护理人员和同房病号。广州市公安局拘捕了乔燕琴等10余名涉案人员。2003年6月，广东高院对该案作出终审判决：以故意伤害罪，判处被告人乔燕琴（救护站护工）死刑；李海婴（被收容人员）死刑，缓期二年执行；钟辽国（被收容人员）无期徒刑；其他9名被告人分别被判刑。涉案的6名官员以渎职罪被判处有期徒刑一至三年。

社会对孙志刚案的关注并没有就此止步。在各大媒体的刨根问底下，许多同类的恶性案件瞬间曝光，人们的注意力很快聚焦到实行多年的"收容遣送制度"上。2003年5月，3名法学博士向全国人大常委会递交了《关于审查〈收容遣送办法〉的建议书》，认为此办法限制公民人身自由的规定，与我国宪法和有关法律相抵触，应予改变或

---

① 参见金成波：《宪法的故事》，中国法制出版社2016年10月版，第97-102页。

② 陈峰、王雷：《被收容者孙志刚之死》，《南方都市报》，2003年4月25日。

撤销。同月，5名法学专家以中国公民的名义联合上书全国人大常委会，提请启动对孙志刚案及收容遣送制度实施状况的特别调查程序。全国人大常委会对3名博士、5名专家的请求虽未作出任何回应，但时隔近一个月以后，2003年6月20日，国务院颁布《城市生活无着的流浪乞讨人员救助管理办法》，同时宣布1982年5月12日国务院发布的《收容遣送办法》废止。反应是快速的，处理是果断的。《收容遣送办法》属于行政法规，其擅自规定剥夺限制公民的人身自由，属于明显的违宪行为，应予废止。能够取得这样的结果，按常理来说，专家、博士们的"上书"是起了作用的，国家机关之间的协调也是一定会有的。这也许是处理敏感问题的一种特殊的办法，目的是以比较平稳的方式取得一种好的结果。

近年来，涉及公民宪法权利并产生广泛影响的案件事件不断发生，包括重庆"彭水打油诗案"、成都"抗拆自焚事件"、广东"乌坎村村民抗议事件"等，① 这些案件引起人们思索不断。

以上这些案件、事件，产生的社会影响是广泛的。一些细节随着时间的推移可能逐渐淡出公众的记忆，但留给人们的思索却是长久的和多方面的。虽然对于有些案件、事件的看法存在诸多不同认识，但人们所关注问题的焦点都是一个，即如何使宪法规定的公民基本权利和自由获得可靠的保障。

什么叫宪法？在老百姓看来，宪法就是对基本权利的保障，宪法就是基本权利的靠山。宪法是保护公民基本权利的法律，既然宪法规定了公民的基本权利和自由，这些基本权利和自由就应该被兑现，被落实，是任何人都不能侵犯、剥夺、践踏的。权利一旦被侵犯，老百姓寻求保护就有途径，有路子，他们才有人管，并能获得及时地解决和救助。否则，有宪法和无宪法又有什么区别呢？

---

① 见郑凌燕：《我国涉及公民宪法权利事件拾零（二）》，《人民政坛》，2012年第11期。

其实，老百姓过去长期并不知道什么叫宪法，特别是在那人权被践踏，根本大法根本无用的年代里。大家也许知道有刑法，有婚姻法，有继承法等法，但不一定知道有宪法。老百姓开始了解宪法，一是通过持续的普法宣传教育，二是通过大量维权案件、事件的披露和传播。通过前者了解的宪法是抽象的，通过后者了解的宪法是具体的，活生生的，是与人权直接挂钩的，是与自己的切身利益相关联的。可见，对于宪法，中国老百姓经历了一个从不了解到逐步了解，从抽象了解到具体了解的过程。具体了解的过程，就是宪法走进老百姓，也是老百姓走近宪法的过程。

老百姓对宪法的理解是十分质朴的，老百姓的宪法观是十分务实的，它不是全面的理论，却直面宪法问题的根本。

广大人民群众保护宪法权利的强烈愿望，为贯彻落实"两个首先"提出了更高要求。这使在我国建立宪法诉讼制度的必要性进一步凸显出来。

宪法诉讼，又称宪法控诉、违宪控诉，是指公民在宪法规定的基本权利受到来自国家机关及其公职人员的侵犯时，依法向司法机关提起控诉的制度。宪法控诉既是公民捍卫自身宪法权利的重要手段，也是公民监督国家权力活动，保证宪法实施的重要措施。我国目前尚无宪法控诉的明确具体规定。

建立宪法控诉制度，是保障公民宪法权利的客观要求。在我国公民的基本权利中，有一部分基本权利只在宪法中有规定，而无其他部门法予以规定。因而当其受到侵犯时，如果没有公民的违宪控诉和对违宪侵权的司法审查，公民就无从寻求法律保护。比如，前述公民的受教育权问题，在其他法律未作具体保护性规定的情况下，怎么保护？宪法规定妇女在各方面享有同男子的平等权利，但一些地区在招生、招工以及学生分配中，却出现了严重歧视妇女的做法，这怎么处理？又如宪法赋予公民的批评权、建议权、申诉权、控告权和检举权该怎样落实和进行全面保护？同时，即使是由各部门法提供保障的不少公民基本权利，它们被侵犯的情形，也可能超出部门法规定和估计到的范围，对此又如何处理？在我国，由于公民无违宪控诉权，法院也不能受理宪法诉讼案，因此人们遇到侵权往往依赖"信访"，一些违宪侵权行为往往得不到应有的及时处理。

建立宪法控诉制度，是维护宪法权威的重大举措。宪法有效实施的一个必要途径，就是将违宪侵权行为诉诸法律。在我国，若违宪问题单由人大来管，是适应不了需要的，免不了出现"违法有人过问，违宪无人负责"，公民权利遭受侵犯而投诉无门的状况。如果违宪控诉确立，将对我国宪法监督体制起到重要的加强和补充作用。

公民有权提起违宪控诉，法院有权审理违宪案件，这已经是世界不少国家的长期做法，我们可以通过总结，从中吸取有益的成分。世界三种宪法监督体制中，均含有宪法控诉的因素和成分，都允许公民提起违宪控诉。公民的宪法控诉，有的针对违宪侵权的法律法令而提起，有的针对违宪侵权的行政行为或司法判决而提起。法院对违宪侵权的法律法令，通过审查裁决其无效；对违宪侵权的行政行为或司法判决，通过审理以判令的形式予以纠正；对因违宪侵权造成的公民的实际损害，要求当事人承担相应的损害赔偿。这些都为我国建立宪法控诉制度提供了借鉴和参考。

最后需要指出，在我国，如果形成了"一元多轨"的宪法监督体制，在权力机关中增设了宪法监督委员会，并确认了公民的违宪控诉权和法院对违宪的司法审查权，就会出现宪法监督委员会与人民法院之间如何分工的问题。应当明确人民法院只受理侵犯公民基本权利诉讼案。让公民通过宪法控诉向人民法院提起宪法性诉讼，实际上是将过去普通法律未予规定，法院无权解决的关于权利问题的宪法性纠纷收归法院解决和处理。这样，法院对权利案件的审理，对公民权利的保护就有了两种情况，一是现有的、根据普通法律规定进行的审理和保护，一是按照新的特别规定进行的特别审理和宪法性保护。这样，对公民权利的保护就会大大加强。

建立宪法控诉制度，在现代民主法治建设中具有重要的标志性、突破性意义。在全面深化我国依法治国的实践中，应当对此加以认真研究。

第九章 法治命题

一、民主法治化与法治民主化

在法治的命题中，排在第一位的是民主与法治的关系问题。

民主在概念上的配对有作为"刀制"的"法制"和作为"水治"的"法治"。"法制"（legal system）专指"法律制度"，而"法治"（rule of law）指的是"法的统治"。我们过去长期讲的是"民主与法制"，在二者的关系上，主要讲两句话，民主是法制的前提和基础，法制是民主的确认和保障。这主要是从民主与法制的相辅相成来理解二者关系的。实际上民主与法制并不是天然统一的，专制的封建社会也有完备的法制，法制可以为民主服务，也可以为专制服务；在"文化大革命"的"大民主"状态下，法制却荡然无存，民主可能走向法制，民主也可能走向混乱。党的十一届三中全会以后，我们希望民主与法制统一起来，所以教科书上讲了那么两句话。

但说到现代法治，它与民主的关系就不同了。民主与法治在历史和现实中虽也有不能并存的情况，如印度"腐败的民主社会"和新加坡"强法治少民主"的社会，但当我们将法治作为一种理念、价值和治国方略的时候，从总体上和趋势上说，它与民主就是不可分离的了。民主是法治的价值选择，法治是民主的存在形式。民主必须法治化，法治必须民主化，这是现代政治文明发展的必然趋势，也是全面依法治国的根本要求。

在浩瀚的政治词语里，广大民众最看重、最钟情的莫过于"民主"与"自由"。历史上的历次人民革命斗争，就其实质来说，都是争取民主自由的斗争；历史上最壮丽的政治诗篇，都是对民主自由的讴歌；一辈又一辈的志士仁人，最渴望的也是民主和自由。先烈们抛头颅，洒热血，为的就是给子孙万代争得民主，争得自由。

中国共产党领导人民闹革命，为的是什么呢？毛泽东指出，在新民主主义革命阶段，"历史给予我们的革命任务，中心的本质的东西是争取民主"[①]。在领导人民夺取全国政权的过程中，党围绕"争取民主"这一"中心的本质的"革命任务，先后在革命根据地和解放区建立了"工农民主"和"人民民主"的政权，通过艰苦卓绝的浴血奋斗，终于推翻压在人民头上的"三座大山"，建立起人民当家作主的新国家和社会主义制度。中国革命的过程，就是广大人民在中国共产党的领导下"争取民主"的过程。

社会主义制度建立以后，民主又有什么地位呢？邓小平指出："没有民主就没有社会主义，就没有社会主义的现代化。"[②] 民主是社会主义的内在要求和本质属性，社会主义不只是一种先进的经济制度，还是一种真正民主的政治制度。只有把经济社会发展所激发出来的政治热情和民主要求，通过制度化途径及时转化为内生活力和政治支撑，才能促进社会主义现代化事业的发展。社会主义现代化既是经济的现代化，也是民主政治的现代化。

作为起始的、本色的民主，是指实行"多数人的统治"或者"多数人决定原则"，而社会主义民主的本质属性就是"人民当家作主"。

---

① 《毛泽东选集》第一卷，人民出版社1991年版，第274页。
② 《邓小平文选》第二卷，人民出版社1994年10月第2版，第168页。

把"人民当家作主"展开来,一是"人民",一是"作主"。"人民"要解决如何"组队",民主的"主人"是谁、怎么构成等问题。我国社会主义民主的"主人"是极其广泛的,包括绝大多数人,我国是在绝大多数人中实行民主,而不是只在王公贵族中实行民主,也不是只在资本集团中实行民主。这是我国社会主义民主与所谓古代民主和西方民主的根本区别。"作主"要解决如何才能"登场",即民主采取什么样式,选择什么样的途径等问题。是"文化大革命"时期"大民主"的途径和样式好呢?还是西方"选举民主"的途径和样式好呢?我们今天讲的社会主义民主不是别的什么民主,而是与国家本质、中国道路、中国国情、中国传统紧密适应的科学的民主,就其内涵和"样式"来说,它是由民主制度、民主权利、民主作风有机构成和选举民主、协商民主两轮驱动的全面民主和全过程民主。从本质上看,我们的民主是全过程人民民主。

发扬社会主义民主,首先要着眼于制度层面的民主。马克思主义认为:"民主制是作为类概念的国家制度"①"民主是国家形式,是国家形态的一种。"② 我国社会主义民主首先表现为完整的制度层面的设计,包括人民代表大会制度、共产党领导的多党合作和政治协商制度、民族区域自治制度和基层群众性自治制度等完整的制度体系,其中人民代表大会制度是我国的根本政治制度。这一制度体系是"人民当家作主"在制度层面的全面展开和落实。因此,发扬社会主义民主,首先必须坚持和完善这一民主的制度体系。离开制度的民主,是支离破碎的民主,不受制度规制的民主,是无政府的民主,这样的民主,是缺乏保障的,靠不住的。这也告诉我们要发扬社会主义民主,必须维护制度民主的严肃性和统一性,按照制度民主指示的方向和途径,遵循制度规则来发扬各方面的民主。

---

① 《马克思恩格斯全集》第一卷,人民出版社1956年版,第280页。
② 《列宁选集》第三卷,人民出版社1995年版,第201页。

发扬社会主义民主，就要切实保障广大人民的民主权利和自由。只有将制度的民主转化为广大人民的民主权利，社会主义民主才能落实到人头。人民的民主权利在社会主义民主中具有标志性意义，没有广泛的民主权利，就很难说有充分的社会主义民主。但我们讲的民主权利是一个法律概念，指的是由我国宪法和法律保障和规范的各种权利和自由，而不是所谓的"大民主"。"大民主"是我国政治生活在不正常状态下的特有现象，特指大规模的群众斗争，其表现形式就是"大鸣、大放、大字报、大辩论"的"四大"，有时也指大规模的风潮和闹事。早在1957年邓小平就指出："我们是不赞成搞大民主的。大民主是可以避免的，这就要有小民主。"① 邓小平所指的"大民主"，就是大规模的群众斗争，"小民主"就是指要认真执行我国宪法所规定的民主制度，使人民的民主权利和自由受到应有的尊重和保障。邓小平还认为，民主集中制和集体领导才是真正的民主，这种民主包括宪法和党章规定的公民权利、党员权利、党委委员的权利，包括民主选举、民主管理和民主监督的民主权利，还包括扩大经营自主权的经济民主，特别是从群众中来，到群众中去的政治民主。总之，广大人民享有广泛的民主权利，但民主权利又是有规则的，受法律约束的。"大民主"的教训是惨痛的，在没有法律规则约束的情况下搞所谓"大民主"是十分有害的，在这种情况下，"大多数人"也是靠不住的。因此，"文化大革命"结束后，我国一方面恢复和扩大广大人民的民主权利，另一方面果断地从宪法中剔除"四大"，清除政治生活的动乱之源。

发扬社会主义民主，就要充分发扬领导机关的民主作风。领导机关的民主作风，是国家民主制度、人民民主权利的必然要求和重要体现，也是社会主义民主的重要组成部分。领导机关必须按人民的意志办事，必须坚持从群众中来，到群众中去的根本工作路线。从群众中

---

① 《邓小平文选》第一卷，人民出版社1994年10月第2版，第273页。

来，到群众中去，是政治民主的当然要求。作风问题绝非小事，陈云指出，党风问题关系执政党的生死存亡。同样的道理，领导机关的民主作风关系社会主义民主的兴衰存废。民主作风不仅仅是要提倡的事情，而是要纳入法律调整的范围，全面地入宪入法，特别是党规党法，大量的规定都是针对作风问题的。反对官僚主义，反对失职渎职，反对与民争利，不再停留在一般号召，而是变成了对领导机关和领导干部的刚性约束。把领导机关的民主作风纳入民主的总体架构并赋之以刚性约束，这是我国社会主义民主的鲜明特征和突出优势。

发扬社会主义民主，还必须确保选举民主与协商民主的协调运行。选举民主是西方民主的一大特色。西方民主过分依赖选举，把选举看成是解决一切问题的济世良方。法国总统马克龙在竞选时说过大致如此的话：法国面临着经济政治全面的危机和恐怖的极大威胁，但我们找到了自己的出路，出路在哪里呢？出路就是选举。他的意思是说，大家只要选我当总统，我就能解决法国的问题。西方的选举民主把民众的希望不断地引向一次又一次的选举上，殊不知新的总统一上任又不得不把主要注意力放在下一次的选举上。选举周而复始，问题也周而复始。在他们那里，选举成了"民主的教条主义"。我国也要搞选举民主，但我们还要搞协商民主，我们把选举民主和协商民主作为共同驱动社会主义民主发展的两只轮子。选举民主中有协商，协商民主中有选举。在各项民主制度的实施过程中，几个方面都有选举和协商；民主权利的实现，既离不开选举也离不开协商；民主作风的发扬，则充满了协商。把二者结合起来，首先可以保证优秀的领导人的产生。在俄罗斯，普京当了总统当总理，当了总理又去当总统，这当中恐怕也有协商。二者的结合，又可调动各方面的主动性、积极性和创造性，协商中大量的沟通、反复和交换，使诸多复杂问题、利益问题获得有效的解决，而这些问题绝非仅靠选举就能解决的。因此，选举民主与协商民主的协调运行和共同驱动，是我国社会主义民主的又一突出特征和优势。

我们今天说，民主必须法治化，法治是民主的存在形式，也就是说，就民主的精神实质看，其已经内在地包含了法治的要求。① 事关民主的一切，如果不是通过相应的制度和规则固定下来和规范起来，民主就将失去保障，其结果要么是演变成无序的混乱和动荡，要么是退回到专制，民主最终将成为一句空话。现代民主是内含法治的民主，它要求必须确立法律的权威和公信力，必须在法治的轨道上运行。正如邓小平所指出："社会主义民主和社会主义法制是不可分的。不要社会主义法制的民主，不要党的领导的民主，不要纪律和秩序的民主，决不会是社会主义民主。"②

民主以什么样的形式而存在是体现政治文明进程的一大标志。我们说现代民主是内含了法治、以法治为其存在形式的民主，所彰显的是现代民主的法治基因和法治风貌。这一命题的基本内涵是：其一，民主内含着法治的要求。一切民主的愿望都必须借助法治来表达、来保护，否则这种民主随时可能被专制所吞噬。其二，民主必须通过法治来规范。其运行必须进入法治化的轨道，否则这种民主就可能随时走向混乱和动荡。其三，民主的生存必须依靠法治的权威。如果法律不管用，法治权威受践踏，民主也就可能随时遭破坏。

民主内含法治，民主必须在法治轨道上运行，也就意味着，涉及民主问题的严重危机和大是大非，也应当用宪法和法律来统一思考和解决。

民主与法治是内在统一的，民主必须法治化，法治也必须民主化。法治必须以民主为其价值选择、实质内容和目标追求。如果法治没有民主的注入，就会丧失保护人民的价值追求，就会沦落为专制政

---

① 李德顺：《论民主与法治不可分》，《中共中央党校学报》，2017年第1期。

② 《邓小平文选》第二卷，人民出版社1994年10月第2版，第359页。

治的暴力工具，并最终蜕变为人治。

其实，"法治"这个概念本身就已经表达了法与民主的水乳交融。"法治"强调"法"的民主性，其生命在于民主，离开了民主的"法"，就不是"法治"中的"法"。"法治民主化"是"法治"的当然要求、必然逻辑和应有之义。

法治概念的确立，是我国新时期一次重大的观念变革，也是推进国家治理体系和治理能力现代化的一项重大的政治举措。在用词上，"法制"是否应改为"法治"，就经过了多年的争论和徘徊。法学界首创了"刀制"和"水治"的提法，并在社会上流行起来和争论开来，围绕到底是用"法制"还是用"法治"，法学界进行了深入的讨论，总的倾向是主张用"法治"，但"法治"并不是一下子就能被各个方面所接受。1996年初，在中央举办的"中央领导同志法制讲座"上，中国社科院提供了题为"依法治国，建设社会主义法治国家"的讲稿，并将其送到有关部门审查，但有关部门将其中的"法治"改回到"法制"，理由是中央文件从未使用过"法治"一词。其实还有一个心照不宣的理由，就是因为过去一直把"法治"和西方的民主等同起来，我们必须与此划清界限。1996年3月，全国人大通过的国家改革发展规划，也仍然使用"法制国家"的用语。

"法治"概念的正式确立，是在1997年党的十五大。党的十五大报告将"社会主义法制国家"改为"社会主义法治国家"。改"刀制"为"水治"，这是党的十五大的一个重大贡献。党的代表大会报告一讲，此后所有的文件也都这样写了，宪法也就跟着修改了。"法治"入宪，理论界起了很大的作用，领导层的重视起了关键性作用。据载，龚育之是党的十五大报告的重要起草人之一，有一天，他给郭道晖打电话，问："你们法学界争论'刀制'和'水治'，到底这两个词有什么区别？"郭道晖就讲了一遍区别，龚育之听了以后说："你讲得有道理。"龚育之是党内的笔杆子，他参加十五大报告起草，如果他认为必须用"法治"，影响就不一般了。通过各方面的努力，十五大报告终于改"法制"为"法治"。①

"法治"与"法制",表面看起来只是概念不同,实际上有观念上的重大区别,其区别的根本之处就是在"管控工具"的意义上看法律还是在"社会机理"的意义上看法律。在"管控工具"的意义上看法律,往往把法律看成是统治国家和控制社会的工具和手段,这里的法制,仅指法律和制度,专制的封建社会也有完备的法制,但与民主无缘,这种法制完全可能成为专制和人治的工具。把法律看作是管控工具,虽也接受加强法制的方针,但无法使法制与专制和人治脱钩。在"社会机理"的意义上看法律则强调法的理念、法的价值和法的统治,强调法律的民主性和正义性,强调不仅民主要法治化,法治也要民主化。法治关注的焦点是人民的权利和法律的权威,是对权力的制约和对权利的保障,从而与专制彻底分野,与人治完全区别开来。法不再仅仅是工具,而是治国的基础、根据和标准,而是支撑社会良性运行的最重要的机制。

法治民主化是现代法治的一大标志和趋势,也是我国法治建设的一项根本要求。法治民主化体现在法治建设的各个方面、各个环节。首先要强调的就是民主立法。民主立法,一要求制定的法律必须是民意、民权的体现,二要求立法的过程必须充分发扬民主,确保制定的法律是好法、良法、善法。人民的意志和利益决定着法律的"合法性"。法治民主化还要求在执法、司法过程中贯彻民主精神,遵循民主原则,坚持法律面前人人平等,忠实地执行法律,不折不扣地实现法律的公平正义,认真接受民众对法律实施的各方面监督。

法治民主化就是要把人民群众真正作为法治的主人而不是作为治理的对象,要把坚持人民主体地位作为不可动摇的法治原则。这是建设社会主义法治国家的本质要求和关键所在。

---

① 《从人治到法治的历程》(郭道晖口述,邢小群、鲁利玲采访),《炎黄春秋》,2016年第6期。

在与民主、法治紧密联系的概念群中,有一个最能体现民主、法治本质属性的概念,那就是人权概念。

人权概念是民主法治化和法治民主化相交汇的核心概念。民主法治化的一个核心问题是研究对人权的法律保护,法治民主化一个核心问题是推动和保证人权的实现,民主法治化和法治民主化都围绕着人权保障而展开。

人权是资产阶级革命胜利的产物,人权制度的建立是人类文明进步的一大标志。人权是与民主政治不可分割的,它意味着人类与专制的决裂,人类从专制奴役中获得解放。人权也是法治的核心价值的体现,法治就是为人权而生、为人权而战,围绕人权保护来构筑其体系,发挥其作用。

在我国,人权概念的命运与整个民主法治的命运是紧密相连的。人民通过革命争得了人权,但在一个很长的历史时期内,我们都把人权作为资产阶级的专利品,不提人权,不研究人权,谈人权色变,"人权"成了政治法律生活中最忌讳的概念之一,甚至把"人权"与三权分立、多党制等西方制度放在一起。观念上的"人权"成为禁区,实践中"人权"遭受严重的践踏,"文化大革命"是人权被践踏最严重的一个时期。抓"走资派"、抓"牛鬼蛇神"、抓"现行反革命",哪一项不是侵犯人权呢?不要说普通老百姓的人权,就连国家主席的人权也不受保护。说"文化大革命"是内乱,是浩劫,就其对人的影响来说的,就是人权被践踏,被蹂躏。"人权"是"文化大革命"最大的受害者,也是整个"左"倾错误最大的受害者。

"文化大革命"结束后,中国纠正"左"的错误,进行全面拨乱反正,实现思想大解放,组织大解放。我们把"人权"从资产阶级的专利中解放出来,从长期"左"的禁锢中解放出来,从大量的冤假错案中解放出来,从各种不合时宜的"禁止""不准"等条条框框中解放出来,实现了"人"的大解放,"人权"的大解放。"人权"成为党和政府治国理政、为之奋斗的一面旗帜,人权保障走进核心目标,被载入根本大法，人权事业成为一项最伟大的事业，中国的人权状况不断得到根本改善。2019年9月，国务院新闻办发表《为人民谋幸福：新中国人权事业发展70年》白皮书，全面阐述了我国的人权理念，展示了我国的人权事业发展成就。中国人权事业的成就，既体现在我们建立和形成了比较完善的人权法治保障体系和政策保障体系，让中国公民广泛享有经济、政治、文化、社会等各方面的权利，更体现在中国在短期内解决了14亿多人的温饱问题，使这个世界人口最多国家的人民过上了"小康"生活。中国举办了世界规模最大的教育事业，中国保证了世界最多人口的就业，中国实现了世界覆盖面最大的医疗保险、社会保障和居民最低生活保障。特别是中国持续进行着世界最大规模的扶贫，改革开放40年，中国减少贫困人口7.4亿人。2021年2月25日，全国脱贫攻坚总结表彰大会隆重举行，习近平发表重要讲话指出，在迎来中国共产党成立一百周年的重要时刻，我国脱贫攻坚战取得了全面胜利，现行标准下9899万农村贫困人口全部脱贫，832个贫困县全部摘帽，12.8万个贫困村全部出列，区域性整体贫困得到解决，完成了消除绝对贫困的艰巨任务，创造了又一个彪炳史册的人间奇迹。这些都是中国对世界人权事业作出的重大贡献。世界上有哪一个国家政府像中国政府这样为改善人权作出如此巨大的努力，有哪一个国家的人权事业像中国人权事业这样在短期内获得如此巨大的进步？当然，中国的人权事业也是世界上最艰巨的人权事业，我们仍有不足，全面解决人权问题还需要付出长期的艰苦努力，中国政府正在朝着这个目标不断推进。

多年来，一些西方国家总是挥舞"人权"大棒，打压中国政府，时不时列出人权清单，说中国政府侵犯人权。他们指责我们不给反社会主义分子以活动的自由是侵犯人权，依法制止动乱是侵犯人权，依法取缔邪教组织是侵犯人权，提倡计划生育是侵犯人权，甚至制止民族分裂活动也是侵犯人权。对于这类打着维护人权旗号的反华言论，中国政府是要进行坚决揭露和回击的。在人权观上，我们与西方国家是有本质区别的，区别在于是少数人的"人权"，还是多数人的人权。我们特别强调多数人的人权，即全体人民的人权，特别是全体人民的生存权和发展权。正如邓小平所指出的："什么是人权？首先一条，是多少人的人权？是少数人的人权，还是多数人的人权，全国人民的人权？西方世界的所谓'人权'和我们讲的人权，本质上是两回事，观点不同。"① 我们剥夺某些人所谓的"人权"正是为了维护全体人民的人权。其实，一些西方国家是没有资格讲人权的。他们只关心自身利益，对世界人权事业，特别是对大量发展中国家的人权改善并不关心。目前，占世界人口一半的人还处于极端贫困或相当贫困状态，一些西方国家却从不认为消除贫困是人权问题。特别是美国，奉行单边主义，唯我独尊，到处扩张，到处渗透，到处推销和输出自己的政治模式，给许多国家和地区带来灾难，而对解决世界贫困问题这样重要的问题却漠不关心，自己国内人权问题一大堆，还成天到处去干涉、指责别人。像这样的国家，已经把人权的概念完全扭曲了，还有什么资格讲人权呢？邓小平早就指出，美国谈人权"是没有资格的。"② 客观地说，中国才是世界上最有资格讲人权的国家。

在国际关系舞台上，人权是与国家主权联系在一起的，我们反对利用人权口号干涉别国内政。在国家现实生活中，人权既是一个民主的概念，又是一个法治的概念，人权只有被放入民主法治化与法治民主化的制度框架内，只有在法治的引导、规范和保护下才具有现实的意义和实现的条件。一切无视人权发展、人权保障的主张、决策和立法都是与历史的进步背道而驰的；一切脱离法治轨道的人权主张和要求也是违背人权发展规律的。

---

①② 《邓小平文选》第三卷，人民出版社 1993 年 10 月版，第 125、345 页。

二、从人治走向法治

"人治"与"法治"之争,古已有之。古往今来,既有提倡人治的,也有提倡法治的,还有主张二者结合的。

古希腊是西方文明的发祥地,也是现代法治精神的摇篮。在古希腊,人治还是法治的争论主要表现为尊重法律还是尊重智慧,有人主张法律的统治,有人主张智慧的统治。苏格拉底既重视知识智慧也重视法律,他主张人们应该服从"有知识的治国之才",同时也要服从法律和履行法律的义务,为了捍卫雅典城邦法律的尊严,他宁愿接受不公的死刑判决也不越狱求生。作为苏氏学生的柏拉图,则是早年重视人治,晚年转向法治,在遭受身陷囹圄的磨难之后,其在晚年转变了对法律的态度。他在《法律篇》中写道:"在法律服从于其他某种权威,而它自己一无所有的地方,我看,这个国家的崩溃已为时不远了。但如果法律是政府的主人而且政府是它的奴仆,那么形势就充满了希望。""人们必须为他们自己制定的法律并在生活中遵循他们,否则他们会无异于最野蛮的野兽。"但他仍然认为好的独裁者与立法者的结合才是最完美的,法律只能作为知识的"第二种替代物"[①]。亚里士多德在总结了希腊158个城邦在不同政体下法律的实施情况后,在《政治学》中得出了明确的结论,"法治应当优于人治",并进一步提出法治包括双重含义:"已成立的法律获得普遍的服从,而大家所服从的法律又应该是本身制定得良好的法律。"[②] 可见,亚里士多德主张的"法治"就是"良法之治",这一思想主张是很经典的。

---

① 柏拉图:《法律篇》,张智仁、何勤华译,上海人民出版社2001年版,第309页。

② 亚里士多德:《政治学》,吴寿彭译,商务印书馆1965年版,第199页。

在先秦时期，关于人治与法治的争论是异常激烈的。孔子认为，"为政在人"，就是说，政事的兴与废，取决于统治者个人是否英明，能否解决治与乱，能否实行"贤人政治"。孔子的人治思想，孟轲是高度赞同的，在他看来，要想天下太平，就必须有尧、舜那样的圣贤出来治理，并认为这样的圣贤大约每隔五百年左右必出一个，即所谓"五百年必有王者兴"。与儒家的"人治"主张相对立的是法家的"法治"主张。先秦时期的法家代表人物是"法治"的最早倡导者，他们认为国家治乱，政事存亡，全仗于法。"民一于君，事断于法，是国之大道也""治国无其法则乱"，因此必须实行"法治"。管仲在中国历史上首次为法治、人治下定义，"以法役人谓之法治，以人役人谓之人治"，并认为，"上不行法，则民不从""法律政令者，吏民之规矩绳墨"。商鞅曾劝告国君要"不贵义而贵法"，要"任法而治"。韩非则提出了一系列"法治"的主张，特别强调"以法为本""明法者强，慢法者弱""不务德而务法""上法而不上贤"。从总体上说，先秦百家中，儒家是主张人治的，法家是主张法治的。但也并非绝对，儒家虽重人治，也不是完全排斥法律；法家虽重法治，也不完全排斥人的作用。

"文化大革命"的惨痛教训，使人们深切地认识到"人治"思想的危害。党的十一届三中全会以后，以真理标准问题讨论为开端，全国掀起了声势浩大的思想解放运动。民主法制建设领域又一次展开了人治与法治问题的大讨论。

在这次讨论中，最先在会议上正式提出这个问题的，是著名学者梁漱溟先生。他在1978年2月政协直属小组会上的发言中，全面谈及中国法治问题，公开提出否定人治，实行法制（法治）的主张。梁漱溟的发言由史及今，他指出："中国的局面由人治渐入法制，现在是个转折点，今后必定要依靠宪法和法律的权威，以法治国，这是历史发展的趋势，中国的前途所在，是任何人阻挡不了的。"① 这篇发言是很透彻的，也是很尖锐的，所以引起了很大的震动。当时曾有人认为这一发言是大毒草，并指示要组织批判。但邓小平在看了这篇发言以后，认为讲得很好，还向其他老同志推荐。邓小平的态度体现了其对这场讨论的坚决支持，这有力地推动了政治法律理论界的思想解放。

在邓小平支持下，这次人治法治大讨论于20世纪70年代末80年代初全面展开，各种研讨会纷纷召开，大量的学术文章公开发表。在这场讨论中，主要形成了三种观点。一种观点认为必须实行法治而摒弃人治；一种观点认为法治与人治应当结合；一种观点认为法治、人治的提法都不科学，应代之以"发展社会主义民主、加强社会主义法制"的提法。此外，也有少数人主张"人治"，认为"法治"是西方国家的做法，我们应当维护领导人的权威。这些不同的认识，总的看均属正常的学术之争。这场讨论的最重要的意义是冲破了长期以来在法学界存在的思想禁区，发出了以法治国的时代呐喊。随着讨论的深化，改革开放的推进，倡导法治、反对人治的主张得到了越来越多的党内外人士的认同。1989年9月，江泽民在中外记者招待会上说："我们绝不能以党代政，也绝不能以党代法。这也是新闻界常讲的究竟是人治还是法治的问题，我想我们一定要遵循法治的方针。"② 这是当时中央领导人对人治还是法治问题最为明确的表态。

在我国，人治法治之争已经超出了一般意义的学术之争，它是涉及我国政治实践的一个重大问题。到底应该怎么看人治还是法治问

---

① 见公丕祥主编：《当代中国的法律革命》，法律出版社1999年版，第317—318页。

② 《就我国内政外交问题 江泽民等答中外记者问》，《人民日报》，1989年9月27日。

题呢？

  首先应当弄清楚人治和法治到底指什么。从一般意义上讲，人治就是指按领导人的意志办事，对国家和社会的治理以领导人的意志为准。而在我国的特殊背景下，特别是在经过了"文化大革命"以后，今天所指的"人治"，已经有了特定的含义，这就是超越社会主义法律，超越党和国家的民主集中制和群众路线，以言代法，以权压法，个人说了算。今天所讲的"法治"，其核心是"法的统治"，对国家和社会的治理要以代表全体人民意志和根本利益的法律为准。在中国老百姓的心目中，法治意味着民主和正义，人治联结着专断或独裁。法治与人治是对立的，要人治就意味着不要法治，搞法治就意味着反对人治。二者在本质上是无法结合的。

  还应当弄清楚"人治"与人的主观能动性的区别。人治、法治结合论的一个重要理由是，法律是由人制定并由人实行的，没有人的作用，就没有什么法治。这实际上是把人的主观能动性与"人治"混为一谈了。法治讲的是治理国家的依据、原则和标准，与它相对应的概念应该是德治、礼治或政策治等等，而人治侧重的是运用依据、原则和标准的治理主体。在人类社会，人的主观能动性是无处不在的，干什么事都有一个主观能动性的问题，无论以什么原则标准治理国家和社会都需要人的主观能动性。在法治中要发挥治理主体人的作用，正如在德治、礼治、政策治中也要发挥治理主体人的作用一样，我们却无需讨论人治与德治、人治与礼治、人治与政策治到底哪一种好。因此，人治还是法治的命题，实际上是一个将治理主体与治理标准非对应地拼在一起的非对称性命题，从严格意义上说，人治与法治二者并不是对应的关系。我们反对个人专断的"人治"，决不等于反对在法治中充分发挥人的主观能动性，包括广大领导干部的积极性、主动性和创造性。在这个意义上说，法治要与人结合，但绝不是与人治结合。

  还应看到，试图用"发展社会主义民主、加强社会主义法制"的提法来替代人治法治的提法，只能是一种虽避开了争论但却绕开了实质问题的一种考虑。的确，"发展社会主义民主、加强社会主义法制"是党的十一届三中全会确立的一项重大方针，并且要长期坚持下去。但工作方针和治国方略毕竟不完全是一回事。工作方针承载和表达不了执政方式变革的客观要求和依法治国的实质内涵，而只有"法治"才能肩负起历史的使命。

法治，是我们所能作出的唯一正确的选择。

对法治的选择，首先是由邓小平在新的历史时期作出的。

"文化大革命"结束之后，邓小平一直在思考如何从制度上保证党和国家的长治久安。新中国的建立使我们有了实行民主和法制的条件。可惜的是，除新中国成立头几年，我们总体上是轻视法制的。"文化大革命"结束后，邓小平第三次复出，包括邓小平、彭真在内的大批老一辈革命家从过去的"人治"噩梦中警醒起来，开始高度重视法制建设的工作。从20世纪80年代初到1992年视察南方谈话，邓小平多次强调国家和社会的长治久安要靠法制，一再强调搞人治的危险性。他认为一个党、一个国家把希望寄托在一两个人的威望上是很不健康的，是很危险的，"不出事没问题，一出事就不可收拾"[①]。邓小平的这些话，我们是反复引用的。为什么反复引用，因为讲到了问题的根子上。根子是什么呢？根子就是人治。邓小平坚决反对再搞人治。

邓小平反对人治，主张法治，是从我们党正反两方面的历史经验特别是历史教训中出发的。今天我们能够走上法治的轨道，是用几十年沉痛的代价换来的。

走上法治的轨道，这仅仅是从人治走向法治的起点和开端。我们是在一个具有长期封建人治传统的国家中推进法治进程的，从人治到法治的转变是一个十分艰难复杂的过程，我们离建成社会主义法治国

---

① 《邓小平文选》第三卷，人民出版社1993年10月版，第311页。

家的目标还有一定的距离。依法治国基本方略的确立，法治治理模式的选定，不等于我们已经建成了法治国家，法治对中国人来说仍然是一个正在完成的课题。但是，既然我们已经选择了这条道路，而且坚信这条道路是正确的，那么我们就应以坚韧不拔的毅力，义无反顾地走下去。

要进一步弘扬法治的理念和价值观，彻底清除人治的思想影响。中国社会经历了长期的封建专制统治，人治的思想根深蒂固。回顾历史，古代中国在春秋战国时期就完成了从习惯法向成文法的转变，并形成了十分完整的法律体系，中国古代法典与欧洲封建社会法律相比毫不逊色，但这种法律并没有引领我们走向现代法治，而是成为人治和专制的重要工具。对人治思想的清除，对法治的价值认同，是一场艰巨的思想革命，绝不是等闲之间就能实现的。我们选择了法治，不等于我们已经彻底告别了人治，特别是在思想观念上。今天，再公开提倡人治的人恐怕越来越少了，但人治的思想影响是不是已从人们的头脑中，特别是从一些领导干部的思想和习惯中被彻底清除了？恐怕还不能得出太乐观的结论。人治思想影响不清除，法治建设就会受到影响。

我们还必须进一步认识到，依法治国不仅仅是一个对法治的价值的认同问题，还涉及党的领导方式、政府治理模式和法律运作方式的重大变革。法治与人治的区别，当然要在于有无法律和法律是否完备，但其区别远不只是有没有法律或法律完备不完备。而是在于法治相对于人治，必须形成独立、合理的法治运行体系、强化的功能实现手段和权威的排除干扰的屏障。贯穿其中最要紧的是法治保障机制的建立。法治是社会的保障，法治自身也需要保障。能否建立健全法治保障机制，是能否真正实行法治的关键因素。法治缺乏保障，退回到老路的可能性就依然存在。建立健全法治保障机制，无疑是法治建设中的一个核心任务。

法治价值观的弘扬和法治保障机制的建立，一是思想条件，一是制度保障，我们两手并举，互相促进，方可迎来法治的光明前景。

三、政策法律互联互动

政策与法律的关系，是我国法治建设中一个重大的理论与实践问题。依法治国，建设社会主义法治国家，必须坚持中国共产党的领导。而党领导人民管理国家和社会事务，既需要通过制定和实施党的政策来实现，也需要通过国家机关制定和实施法律来实现，在治国理政的整个过程中，政策与法律共同发挥着重大作用。这就提出了一个如何发挥政策和法律的各自优势，促进党的政策和国家法律互联互动的问题，也就是如何处理好政策与法律的关系问题。

关于政策与法律的关系，新中国成立后也曾有过两次广泛的讨论。第一次发生在1957年的反右斗争中。在这次争论中，一批法学界人士提出，不应该完全以政策代替法律，应当树立法律的权威，这批人士还对轻视法制、以言代法、以权压法的现象提出了尖锐的批评。但这些意见很快被视为反动观点，这些人也被划为"右派分子"。其结果就是"政策至上论"和法律虚无主义的形成。政策与法律的关系问题由此成为一大理论禁区。

第二次讨论是在党的十一届三中全会之后。这次讨论集中发生在1979年到1980年间，在这一集中时段之后讨论实际上一直没有中断过。这次讨论是在思想大解放的背景下展开的，人们可以在比较宽松的政治环境中来谈论这一问题，仁者智者各见所长，人们都可以自由地、充分地发表自己的意见，各种刊物发表大量的理论文章。对这样一个重要的全局性问题的讨论绝不仅限于法学界，整个思想理论界都有参与。甚至全党都在深入地思考、总结，不断地集中各方面的智慧，形成了许多重要的思想共识。最重要的思想共识主要定位在三个方面：一是指出了法律和政策的区别，既强调政策的重要作用，又肯定法律的重要意义，既指出国家法律必须以党的政策为指导，又强调不能用党的政策来取代国家的法律。二是在国家治理中，要努力实现政策和法律的高度统一，充分发挥政策和法律的各自优势，促进党的政策与国家法律的互联互动。三是党领导人民制定宪法和法律，党领导人民实施宪法和法律，党也必须在宪法和法律的范围内活动，要极大地树立宪法和法律的权威。这些重要的思想共识，是从惨痛教训中得出来的，其基本精神已经载入党的正式文件，成为我国法治建设的重要指导思想和正确处理政策与法律相互关系的重要指导原则。

从实践层面看，党和国家在事业发展的不同历史阶段，对政策与法律的关系采取了不同的原则。

在革命战争年代，根据地内虽也搞革命法制，但法律性文件的制定是要受多方面条件限制的，特别是形势瞬息万变，很多方面的工作是不可能企求用法律来调整的。那时也制定了一些法律文件，特别是在中央苏区和陕甘宁边区时期，但那时的法规数量是不多的。因此在革命战争年代推动革命实践主要依靠党的政策，在那时还没有依法办事的习惯和条件。

新中国建立以后，立法工作大大加强。我国在《共同纲领》和五四宪法的基础上，制定了大量的法律法规，在国家建设和社会生活一些大的方面，基本上做到了有法律可依，当然总体上看法律还不完备。因此，新中国成立初期坚持有法律依法律，无法律依政策的原则。这一原则早在1949年中央的2月指示①中就已明确了。这一指示不仅明确了当时政策与法律的关系原则，实际上也为后来立下了一个基本的规矩，直到今天仍具有重要的指导意义。

---

① 即中共中央1949年2月28日发布的《关于废除国民党的六法全书与确定解放区的司法原则的指示》。该指示规定：有纲领、法律、命令、条例、决议规定者，从纲领、法律、命令、条例、决议之规定；无纲领、法律、命令、条例、决议规定者，从新民主主义的政策。

在 20 世纪 50 年代末 60 年代初，由于"左"的思想的影响，法律虚无主义逐步盛行，政策逐步取代法律。"文化大革命"时更是不讲法制，领导人的意志决定一切，"左"的口号决定一切。"文化大革命"既是法制的劫难，也是党的政策的劫难。

党的十一届三中全会以后，随着指导思想的拨乱反正，政策和法律逐步回归到其应处的位置，二者的关系逐步恢复到应有状态。一个二者充分发挥各自优势，互联互动的局面逐步形成并不断优化。

回顾历史，我们可以看到，政策与法律的关系问题，是我国政治法律生活中一个十分要害的全局性问题。坚持二者关系的正确原则，党和国家事业就发展，就兴旺；背离二者关系的正确原则，党和国家事业就受损失，遭破坏。政策与法律的关系的失衡对于法制建设的影响，是直接的、全局的、致命的。

综观历史，我们也可以看到，政策和法律的作用范围及其发挥作用的方式，是随着社会历史的发展变化而发展变化的。我们经历了以政策为主的发展阶段，经历了有法律依法律，无法律依政策的发展阶段。随着依法治国进程的加快，法律调整范围的进一步扩大和法治的进一步成熟，在国家和社会治理中法律将发挥越来越大的作用。这是政治文明的发展趋势使然，也是我们党领导人民建设社会主义法治国家所要努力实现的目标。

在我国，从本质上看，党的政策和国家法律是完全一致的，其在经济政治基础、指导思想、基本原则、价值取向和社会目标等方面都是同一的。但政策和法律又毕竟不是一回事，其在制定主体、调整范围、功能作用等方面又是有区别的。党的政策更具指导性、战略性、前瞻性和社会适应性等特点，国家法律更具稳定性、规范性、社会约束力和社会权威性等特点。怎么将既相一致又相区别的政策和法律高度统一起来，是依法治国，建设社会主义法治国家必须解决好的重大课题。

实现党的政策与国家法律的高度统一，其基本思路就是既要发挥政策和法律的各自优势，又要促进党的政策和国家法律的互联互动。贯彻这一基本思路，就是要在实际运作中运用政策指导法律的制定与运用政策推动法律的实施和发展。正确处理政策与法律二者的关系，实现二者的高度统一，实际上就是要解决好这样一个操作层面的问题。

解决好操作层面的问题，需要对政策和法律作出具体的分析。政策和法律都是具有多层次的结构体系。政策分为党的政策和国家政策。党的政策又分为总政策和具体政策，党中央的政策和地方党委的政策，管党的政策和领导国家工作的政策；国家政策分为总政策与具体政策、中央层面的政策与地方层面的政策。国家法律也是一样，有宪法、法律、行政法规、部门规章、地方性法规、自治条例和单行条例之分。不同的政策与法律之间的关系是不完全同一的，不同的法律与政策之间的关系也是不完全同一的。我们不是笼统地讲政策与法律的关系，而是主要着眼于党的总政策及其内政、外交、国防等方面的根本性政策与国家法律的关系，特别是党的总政策与国家根本法的关系。

在政策与法律的关系中，政策与宪法的关系具有根本性、整体性和全局性。

政策与宪法的关系，概括地讲就是两个方面：政策指导宪法的制定和修改，是宪法的根本内容和灵魂；宪法颁布以后，政策保证宪法的实施、落实宪法的规定并推动宪法的发展。坚持国家的宪法和法律以党的政策为指导，为依据，是保证我国宪法和法律符合广大人民根本利益，不偏离社会主义方向的根本条件，是保证党对国家实行全面领导的重要手段。因此坚持通过党的政策指导我国宪法的制定和修改，是我们必须坚持的一项重要政治原则和法治原则。宪法颁布以后，又有一个通过政策落实宪法规定和推动宪法发展的问题。宪法的原则性规定，除了需要通过部门法来具体化外，还需要通过政策的形式来实现。特别是当宪法的有些规定还未马上制定出具体法律规范或有些规定难于制定出具体法律规范时,主要就靠政策的形式对宪法加以贯彻。如宪法关于党的领导、关于外交方针、关于知识分子问题的有关规定,在很大程度上都是靠政策来贯彻落实的。

为了便于分析问题,如果我们暂且撇开通过部门法使宪法具体化这一方式,并从一个相对独立的过程来考查,客观上就是这样一个过程:政策→宪法→政策。在这个过程中我们要强调的是宪法实施阶段的"政策"。这时的政策,既是宪法的实现形式,又要对新的情况和形势作出反应。也就是说,我们既要通过"政策"的形式落实宪法,又要求"政策"反映新的形势和变化了的客观情况的要求。这两个方面有时能够保持一致,有时也可能出现不一致。一方面,中国共产党的活动一个重要表现就是通过制定政策实现对国家生活的领导,中国共产党在宪法和法律的范围内活动,实际上就是说它制定的政策不能违背宪法和法律,政策和宪法要保持一致性;另一方面,从政策本身的性质和任务看,又要求其必须适应形势的变化和反映发展的要求,即当新的形势出现了,必须制定出新的政策以适应发展的要求。事实上,政策与宪法在现实生活中完全可能出现上述情况。研究政策与宪法的关系的关键,就是要回答出现上述情况怎么办,也就是新的政策出现后怎么解决好实施宪法与执行政策的关系问题。

对这一关系的处理,从我国多年的政治实践看,实际上已经形成了这样一种思路和原则:既要按照政策的精神开展工作,又要依照宪法的规定处理具体问题。这一思路和原则包括以下两方面的基本要求:

其一,中国共产党积极建议、促进全国人民代表大会修改宪法,使宪法尽快与政策相统一。但在没有对宪法作出修改之前,应按宪法的规定妥善处理具体问题。

其二,在依宪法办事的同时,考虑政策的精神要求,力求把按照过时的宪法规定处理问题可能引起的消极后果控制在最小范围和最低限度。

这方面，在改革开放初期就有过一个典型案例。"四大"即大鸣、大放、大字报、大辩论，是"文化大革命"的产物，1978年宪法将此作为公民的基本权利作出规定。"文化大革命"结束后，人们已认识到"四大"是大乱之源，中央也有明确考虑，不能再搞"四大"。但修改宪法又有一个过程。就在此时，一些大中城市特别是北京，仍有人在闹市区搞"四大"，贴大字报，搞大辩论。比如北京的"西单墙"① 这个地方"四大"就闹得很厉害的。怎么办呢？相关地方政府从加强城市管理的角度作出决定，可以搞"四大"，但不能在闹市区，要到政府规定的地点去搞。直到1980年宪法修正案取消"四大"。此办法就兼顾了政策和宪法两个方面的要求。

我国近年的监察体制改革先以全国人大常委会决定试点的方式进行，也是兼顾政策和宪法两个方面的要求的体现。

保证党的政策与宪法相统一，这是我国法治建设的首要任务。执政党保证宪法实施和领导社会主义法治建设的重要任务之一，就是要根据宪法与政策的发展规律，随时关注并采取措施，保持政策与宪法的统一；全国人大在保证宪法稳定实施的前提下，应按照中央统一部署，加强立法工作，使成熟了的新的重大政策能够及时地体现在宪法和法律中。要做到既保证宪法的稳定实施又保证它的客观适应性，一个较好的办法就是采取宪法修正案的形式修改宪法。我国1979年、1980年、1988年、1993年、1999年、2004年和2018年已采用了几次，实践证明是成功的。这种做法既使宪法跟上了发展的步伐，同时由于不是对原宪法全盘改写，而是局部修改，因此使宪法又保持了其应有的稳定性。

上述可见，党在通过政策贯彻宪法的同时，又通过政策带动宪法

---

① "西单墙"指当时北京西单街头人们贴大字报的地方。后来一些别有用心的人利用它来破坏社会秩序和社会治安并进行违法活动。1979年12月6日，北京市革命委员会发出通知，宣布禁止在"西单墙"张贴大字报。

的完善和发展。在"政策→宪法→政策"的过程中，突破和转折点在于其终极的"政策"。它使相对独立的过程开始变化和运动，以致出现"政策→宪法→政策→宪法……"这样一种循环往复、不断上升与前进的趋势。这一趋势既反映了党领导制定和实施宪法的过程，也反映了宪法不断完善和发展的过程，同时也是宪法不断实现的过程。

讲到政策与法律的关系，就会涉及党与法的关系。

改革开放以来，最早对这一问题作出明确表述的党和国家领导人是彭真。彭真在六届全国人大四次会议期间指出："党领导人民制定宪法和法律，党又领导人民遵守、执行宪法和法律，党自己也必须在宪法和法律的范围内活动。在中国如果不是这样，就谈不上社会主义民主与法制。"[①] 彭真当年讲的这三句话，在近年党的历次代表大会报告中，在党的十八届四中全会决定中得到了进一步的体现。

在党与法的关系问题上，党的十八届四中全会决定不仅强调把党领导人民制定和实施宪法法律同党坚持在宪法法律范围内活动统一起来，还特别强调党的领导和社会主义法治是一致的，社会主义法治必须坚持党的领导，党的领导必须依靠社会主义法治。这就大大升华了我们党关于党与法相互关系的思想认识。

这里还涉及一个权与法的关系问题。

现代法治的一个重要标志就是一切公共权力必须受法律的控制和约束。我们过去经历挫折的一个重要原因就是没有摆正权力与法律的关系，甚至颠倒了二者的关系。坚持依法治国，必须厘清权力和法律的关系，保证权力在法治的轨道上运行。

权力，作为一种决策和管理的特别力量，一种可以用来控制和指挥的政治威力，从来就处在一个国家政治法律生活的中心地位。权力

[①] 彭真：《论新时期的社会主义民主与法制建设》，中央文献出版社1989年版，第327页。

既可成为推动社会变革发展的强大动力，又可成为妨碍社会进步的直接阻力。权力从来就是人们从事政治活动的着力点，进行政治设计的首要捕捉目标；权与法的关系，长期以来也就成为人们看待和评论政治法律问题的兴奋点。可以说，权力以及权与法的关系问题是一个长期存在、古老的政治话题。

权力是一种复杂的政治范畴和社会现象，具有复杂的内部结构。国家权力是一个整体，国家权力只有由不同的机关和个人来掌握、行使才能实现。对权力的掌握和行使，表现为作为权力主体的组织（机关）、个人的职权或权限。

权与法的关系，首先是指国家政权与法律的关系，这是权与法关系的第一层次。

权与法的关系，还包括一定机关中一定掌权者个人的职权或权限与法律的关系，可以简称为职权与法律的关系。这是权与法关系的第二层次。

由于一定机关中一定掌权者个人的权力（职权）行为在现实生活中是人们时时处处能直接感觉到的，也是直接对人们的社会活动和社会生活产生影响的，因此人们一提到"权力"，实际想到的是"职权"，一提到权力与法律的关系，往往想到的也是职权与法律的关系。这一关系，由于对社会生活直接产生影响，因而成为人们最关心的问题。职权与法律的关系，应该是我们研究权与法关系的侧重点。

权与法关系的两个层次相互渗透，相互联系，又通过不同的侧面表现出来。这些侧面，在现实社会生活中，往往以成对的范畴出现，诸如领袖与法律、干部与法律、政党与法律、政策与法律、党员与法律、人情与法律等。这些方面，都从不同角度、在不同程度上反映了权与法的关系。

职权与法律的关系不同于国家政权与法律的关系。国家好比一台机器，机器既要有硬件也要有软件，国家机构和法律都是不可或缺的，二者是紧密联系不可分割的。国家政权与法律没有座次之别，但职权与法律却有大小之分。总体而言，不是职权大于法律，而是法律大于职权。国家机关制定法律，法律将各个国家机关及其领导人的职权或权限规定下来，各国家机关及其领导人在行使职权或权限时，必须服从和遵守法律的规定，必须严格按照法定范围、法定程序、法定条件去行使职权。正是从职权必须依法行使这个角度来说，法律大于职权。

厉行法治，要求一切掌权者必须摆正自己手中的权力与宪法和法律所体现的人民的最高权力的关系。一切弄权毁法、以权代法、以言代法、以人代法，超越和践踏宪法和法律的行为，都是对法治的破坏，也是对民主的践踏，是对人民最高权力的损伤。

解决好权与法的关系问题，在我国法治建设中具有全局性意义。任何权力都有其自身运行的规律，没有有效规范、控制和约束的权力总是容易自我膨胀、滥用，甚至趋于腐败。中国有法律从属于权力的传统习惯和深厚土壤，对此我们要有清醒的认识。处理好权与法的关系，既要增强领导干部的法治意识，更要扎紧规范权力的制度笼子，要坚决纠正以权压法、以言代法的行为。

约束权力，是法治的一项根本任务。权力依法行使，是法治国家的一个重大标志。

四、规范教化　德法并举

我们在提出"依法治国"基本方略的同时，又提出必须"坚持依法治国与以德治国相结合"。这意味着，我们在讲治国方略的时候，只讲"依法治国"还不够，还要讲"以德治国"，要讲"依法治国与以德治国相结合"。实际上，"依法治国"是我们治国的基本方略，完整的治国方略是"依法治国与以德治国相结合"。

中国是一个具有丰厚道德资源和德治传统的国家。中国社会治理的一个显著特征是法治与德治的紧密结合。

中国的德治思想源远流长。从古至今，中国传统的德治思想获得了长足的发展。"德治"思想发源于西周时期，殷商"不敬厥德"而灭亡，使西周统治者看到要治国安邦必须注重"修德"，要"以德配天""敬天保民"。孔子是儒家德治思想的创始人，他认为，统治者实行仁德之治比进行暴力镇压更有利于维护统治秩序，他说："为政以德，譬如北辰，居其所而众星共之。"汉代儒家在总结秦朝二世而亡的历史教训的基础上，接受了董仲舒"罢黜百家、独尊儒术"的主张，把儒家学派的德治、仁政理论奉为封建正统思想和社会是非标准。隋初统治者继承了儒家正统思想，强调以仁、德为治国之本，开国之君隋文帝认为，治国之术的真谛在于"以德代刑"。到了唐朝，儒家传统的"德治"思想更是发展到了极致。《唐律疏议·名例》疏云："德礼为政教之本，刑罚为政教之用"，强调德礼是政治和教化的根本，刑罚为政治和教化的辅助手段。《唐律疏议·名例》还说："礼者君之柄"。唐太宗说治国"礼义为急"。以上说法都在强调德治的重要性。

但中国历史上的"德治"并不完全排斥"法治"。儒家强调德治，但其基本要求是"德主刑辅""礼法并用"。也就是说，要把德礼教化当作主要的治理手段，但也要把刑罚惩治当作不可缺乏的辅助手段，要先德礼而后刑罚，德刑并用，礼法结合。儒家思想成为正统思想以后，历朝历代基本上都是按照这一思想来处理德与法、礼与刑的关系的。因此，中国历史上的礼法之争，无非是"德治"与"法治"孰轻孰重、孰先孰后之争，从中国历史发展的整体脉络来看，"德"与"法"、"礼"与"刑"一直都相伴而行，在国家和社会治理中共同发挥着重要作用，只是在不同的历史时期，不同的政治家那里，侧重点有所不同。

中国社会治理的这种历史传统不是偶然的。尽管法律和道德存在着差异性，但二者的联系是十分紧密的。二者在目标上殊途同归，共同发挥着规范社会行为、维护社会秩序的重要作用。

改革开放以来，我国学术界就德治法治问题开展了广泛的讨论。大家围绕法治、德治的内涵及功能，法治与德治的相互关系，道德治理的实现机制与途径，中国传统文化中的德治传统和法治精神，社会治理中的思想道德建设，社会主义核心价值观建设及其法治化，中西方德治法治思想比较研究等问题进行了深入的探讨和交流，提出了各种见解。学者的看法虽有不同，但形成了一个最大的共识，就是提升社会治理能力不是法律的"独角戏"，而是需要道德力量的支持与配合，德法并举是实现治理体系和治理能力现代化的根本途径和必然选择。[1] 也有少数人不赞成法治与德治相结合的提法，认为德治是人治的体现。也有人认为应以法治为本，在重视人治作用的同时，把德治作为制约人治、补充法治的一个手段。

在我们党的历史上，正式提出"把依法治国与以德治国紧密结合起来"的领导人是江泽民。2001年1月，江泽民在全国宣传部长会议上，明确提出"把依法治国与以德治国紧密结合起来"的治国方略。[2] 这在我们党的历史上还是第一次，是党的治国思想的新发展，是提升党的治理水平和能力的新创举。自此，坚持依法治国与以德治国相结合，成为一项坚定不移的重大方针，写入党的历次代表大会的政治报告中。

其实，"以德治国"的问题并不是在21世纪之后，一下子提出来的。重视思想道德建设是我们党的一贯主张，革命、建设和改革开放的各个历史时期，都强调思想道德建设的重要性，党的历代领导人对这个问题都有过精辟的论述。特别是改革开放以后，窗户打开了，人们在价值观念和思想上的多元性产生了，这使思想道德建设受到了更

---

[1] 王伟、汪荣有：《德法并举：实现社会治理水平现代化的根本途径——"社会治理中的法治与德治"研讨会综述》，《道德与文明》，2015年第5期。

[2] 见《江泽民文选》第三卷，人民出版社2006年8月版，第196－202页。

第九章 法治命题

大的关注。

为了给思想道德建设提供保障，我国现行宪法早已把以德治国的实体内容明确载入其中，这集中体现在宪法第二十四条和第五十三条的规定中。宪法虽然没有明确表述依法治国与以德治国相结合，但其规定包含了德治的实体内容，从国家和公民两个层面强调了德治，并鲜明地体现了法治与德治紧密结合的要求。

法律是成文的道德，道德是内心的法律。社会主义法律与社会主义道德具有共同的价值取向和思想内涵，国家和社会治理需要法律和道德共同发挥作用。必须坚持依法治国和以德治国相结合，这是全面依法治国的一项重大原则。

提出依法治国和以德治国相结合，所要着重解决的是依法治国的思想基础和精神动力问题。而要解决好这一问题，根本方法是大力弘扬社会主义核心价值观。

社会主义核心价值观是改革开放以来，在不断深化对社会主义精神文明建设、社会主义核心价值体系建设认识的基础上，科学凝练而成的。

2012年11月，党的十八大正式提出了社会主义核心价值观。十八大报告指出："倡导富强、民主、文明、和谐，倡导自由、平等、公正、法治，倡导爱国、敬业、诚信、友善，积极培育社会主义核心价值观。"[①]"三个倡导"分别设定了国家层面的价值目标、社会层面的价值取向和公民个人层面的价值准则。这24字集中凝聚了全党全社会的价值共识，体现了中国特色社会主义的内在要求。

我国社会主义核心价值观的一个鲜明特点，就是法治作为核心价

---

① 胡锦涛：《坚定不移沿着中国特色社会主义道路前进 为全面建成小康社会而奋斗——在中国共产党第十八次全国代表大会上的报告》，《求是》，2012年第22期。

值观的构成要素之一,与自由、平等、公正一起共同构成社会主义核心价值观在社会层面的价值取向。法治体现社会主义的本质要求和核心的价值追求,培育和践行法治价值观,是对治国安邦历史经验的深刻总结,是努力建设法治中国的迫切需要。对于全面提升全社会的法治观念,全面推进依法治国的历史进程,具有重大意义。

法治在社会主义核心价值观中具有特殊地位和作用。它既是核心价值观的基本要素,又是核心价值观的重要保障,它还作为核心价值观的实现载体,在核心价值观的培育、弘扬和传播中发挥特殊作用。

在未来的法治建设中,贯穿着一个重要的思路,这就是把核心价值观融入法治建设的全过程和各方面。在中央全面深化改革领导小组第二十八次会议上,习近平指出,要将社会主义核心价值观融入法治国家、法治政府、法治社会建设全过程,融入科学立法、严格执法、公正司法、全民守法各环节,把社会主义核心价值观的要求体现到宪法法律、行政法规、部门规章和公共政策中,以法治体现道德理念、强化法律对道德建设的促进作用,推动社会主义核心价值观更加深入人心。① 这一讲话贯穿的基本要求,就是核心价值观全面入法。

提出核心价值观全面入法,是基于两个方面的重要认识。

从核心价值观的战略地位及其实现途径看其必须入法。我国社会主义核心价值观是民族精神和时代精神的高度凝练,体现了中国特色社会主义的内在要求,确立了中国社会发展的价值目标,是民族和国家兴旺强盛的精神基石和价值准则。对于核心价值观的战略地位,必须放到事关中国特色社会主义的发展前途和中华民族生死存亡的高度来认识。而核心价值观的培育、弘扬和传播,单靠思想教育是远远达不到的,必须通过法治的手段,使其转化为全社会共同遵循的行为准

---

① 刘旺洪:《社会主义核心价值观是中国特色社会主义法治的灵魂》,《红旗文稿》,2017年第3期。

则即从抽象的价值准则转化为具体的行为准则,这是核心价值观实现的根本途径。社会主义核心价值观建设必须以法治为保障。

从法治的发展方向及价值取向看必须遵循核心价值观。核心价值观为法治建设凝聚起精神共识,提供了思想保证,确立了评判标准,明确了发展方向。这就决定了法治建设必须以核心价值观为基本遵循,把核心价值观贯穿始终,把核心价值观当作法治建设的根本价值目标、基本价值取向和自身价值内核。

把核心价值观全面融入法治建设,是坚持依法治国与以德治国相结合的关键环节和根本任务,体现了我们对法治德治规律性认识的进一步深化。

在中国古代,就有"以礼入法"的主张和实践。所谓"以礼入法",就是将儒家倡导的礼治思想特别是礼的具体规范直接转化为法律,或者通过司法断案来保证德和礼的要求的实现,甚至直接以儒家经典断案的现象,如"春秋决狱"。中国古代的"伦理法"就是这样形成的。儒家伦理观念深深渗入法律之中,道德与法律融合为一,最终形成了"德主刑辅"、法律道德化的治理模式和道德、法律文化传统。"以礼入法"的历史现象,是值得我们今天认真加以研究的。

把核心价值观融入法治建设,其要求不是单方面的,而是全方位的。这种融入既要体现在法治建设的总体布局、法治体系的内在结构上,更要体现在法律体系的层次结构上。就法律体系来说,核心价值观的要求不仅要体现在宪法和法律中,还要体现在行政法规、部门规章和各类地方性法规中。社会公共政策、行业规则、团体规章、乡规民约等也必须遵循核心价值观的要求。

核心价值观入法,关键要解决怎么"入"的问题。

首先是怎样把抽象的价值标准转化为法定的行为规则的问题。核心价值观必须采取具体的法律规范的形式才能融入法治,这些规范的形式包括原则性规范、实体性规范、程序性规范等。要将核心价值观的基本要求尽可能转化为法律的基本原则、各类主体的权利义务、职权职责和法治运行的程序性规定。在立法方面，要坚持科学立法、民主立法、依法定法，完善立法的科学论证和民主参与制度，确保制定的法律符合核心价值观要求。在执法方面，要将核心价值观作为执法工作的价值引领。在司法方面，要发挥司法公正对社会公正的重要引领作用。在守法方面，要着力教育引导全体公民把践行社会主义核心价值观与自觉守法统一起来。同时，要将核心价值观融入公共政策体系的各个方面。公共政策在弘扬社会主义核心价值观中具有适应性强、见效快、对社会的影响更直接更经常的独特优势，是践行核心价值观的重要载体。还要建立和完善体现核心价值观要求的法治建设评价体系，通过评价机制充分发挥核心价值观对法治建设的引领作用。要进一步加强道德和法治的荣誉建设，广泛开展道德模范、见义勇为先进个人等评选表彰活动，着力培育全社会的道德、法治荣誉感。

规范教化，德法并举。核心价值观入法，厚植了中国法治的文化根基，彰显了中国法治的价值取向和精神魅力。

在建设法治中国的过程中，把法治建设和道德建设结合起来是至关重要的。说"法律是成文的道德，道德是内心的法律"，也就意味着，道德和法律是分割不开的，加强法治建设，必须加强道德建设，建设法治中国，必须建设道义中国。因为很多基本的道德规范，都是贯穿法律规定的基本要求，不夯实社会的道义基础，法治就缺乏道义的支撑。一个社会若是不讲道德，道德沦丧，要在这个社会厉行法治，是一件不可思议的事情。提出道义中国的概念，加强道义中国建设，其意义就在于夯实法治中国的道义基础，增强法治中国的道义力量。

在这里，我们要特别讲到诚信和友善。诚信和友善，既是道德体系的核心内容，也是贯穿法律的道德精髓。法治社会首先应是一个诚信社会、友善社会。

法律中的很多问题，都是一个诚信问题。民事法律关系的形成和维系，贯穿其中的基本原则就是诚信。合同的签订和履行，买卖、租赁、借贷、婚姻、家庭、继承、代理中都必须坚持诚信原则。其他法律关系讲不讲诚信呢？任何法律关系本质上都是权利义务关系，其在国家机关及其工作人员方面表现为职权职责关系。权利义务、职权职责相统一的基础就是诚信。官员向宪法宣誓，这是官员对自己坚守任职诚信的一种庄严表达。党员宣誓，团员宣誓，法官、检察官、警官宣誓，也都是其对自身特殊要求的一种诚信承诺。违法犯罪本质上都是对诚信的侵害，官员懒政怠政和徇私枉法都是对职责的背叛，背叛职责就是背叛诚信。至于社会上大量的假冒伪劣、坑蒙拐骗和老赖行为，更是对诚信的亵渎。法院执行难很大程度上也是诚信缺失导致的。

法律中的很多问题，也是一个向善问题。法律的一个基本功能就是惩恶扬善。从总体上看，法律规范在很大程度上都是对善的定义、对善的描述、对善的导向和对善的保护。权利义务的基本指向就是扬善。保护人权，保护合法权利和利益，就是直接保护善，保护向善。打击违法犯罪是为了惩恶，最终目的是扬善。有一部分法律规范是直接规范善事和直接褒奖善举的，这部分法律规范从一个侧面体现了国家的道义水准和道德建设的力度。我们讲"善治"，其实古代讲的"善治"中的"善"，不光指治理的能力、水平和方法，也指治理中向善的导向，只有人人向善的社会才是我们所要追求的理想社会。

诚信和友善是做人的基本品质。对一个健全的人的品质要求是多方面的，而最基本的要求是诚实守信和善待他人。孩子懂事开始，父母首先要求他的就是要诚实，不说谎话，要爱护弟弟妹妹，关心爷爷奶奶，关心其他的小朋友。孩子上学以后，老师首先进行的也是这方面的教育。一个人成年以后，是以诚信和善良来赢得社会认可的。一个讲诚信的人，一个善良的人，总是大家喜欢、到处受欢迎的人。一个人不讲诚信，没有善心，在人们的视线里一定会被打入社会的另册。这个人不会有朋友，连家人都不喜欢他。一个人进入成年以后要成家立业，一个不讲诚信、没有善心的人，既难以立业，也难以成家。因此，诚信和友善是一个人成为社会正常人最基本的素养，是一个人融入社会、被社会所接纳最基本的条件。家庭成员之间的诚信和友善，则是一个家庭成为和谐幸福之家的基本要素和条件。一个经常吵架的家庭，大多源于诚信和友善的缺失。一个不团结的班子，一个没有凝聚力的单位，何尝不是因为如此呢？

诚信和友善是遵纪守法的道义基础。贯穿诚信和友善的权利和义务构成法律的基本范畴，法治社会的道义基础就是诚信和友善，法治社会首先是诚信向善的社会。一个诚信善良的人，总会成为一个遵纪守法的人。一个违法乱纪的人，往往是一个缺乏诚实和善心的人。若一个社会中，人们普遍讲诚信，普遍都向善，这个社会的各种纠纷就一定会大大减少，各种违法与犯罪也会大大减少，这个社会也就具备了建成法治社会的道义基础，它离法治社会也就不会太远了。

由此看来，诚信和友善对于建设法治社会和法治国家是多么的重要，加强诚信和友善教育对于加强道德建设和法治建设是多么的紧迫。可以说，这项教育将从根本上影响法治中国建设的进程，甚至还会通过影响社会风气影响法治中国建设的成败。抓诚信和友善教育，是在从根上抓法治建设，是在立法治之本、固法治之基。

诚信和友善的重要性从社会主义核心价值观的表述中亦可看出。由24字构成的核心价值观中，真正属于传统道德层面的要求就是诚信和友善。中国的传统道德内容十分丰富，社会主义核心价值观唯独抽出诚信和友善，足可见诚信和友善对于今日中国之重要。

因此，我们必须把诚信和友善教育当作建设法治国家的重大战略性举措，必须通过切实有效的措施把此项教育抓出成效。中华民族是一个具有丰厚道德资源的民族，诚信、友善是中华民族优秀的传统道德。但优秀的传统道德并不是自然而然就能"传统"下去的，必须通过精心的涵育和大力的弘扬，使其真正转化为社会成员的品质素养和自觉习惯。毋庸讳言，前一些年来，由于多种因素，诚信、友善出现了下滑之势。各种市场欺诈、假冒伪劣屡禁不止，失信失约充斥社会，邪恶势力横行乡里，违法犯罪花样翻新，社会风气和社会秩序遭到极大破坏。这告诉我们，在当前推进法治中国的建设进程中，在法治建设和道德建设的工作部署中，必须坚持标本兼治，大力加强和突出诚信和友善教育。这项教育既要抓成人又要抓青少年，既要抓学校又要抓社会，既要抓全体社会成员又要抓关键少数。诚信教育要从政府抓起，有诚信政府才有诚信社会，有诚信官员才有诚信百姓。教育方式要多管齐下，形成立体的教育格局，浓厚的社会氛围，在全社会大力弘扬诚信和友善之风。

诚信和友善教育可从根本上加强法治建设，诚信和友善教育也要借助法治的力量。在当前，首先要进一步完善弘扬保护诚信、友善和规范褒奖善事、善举的各种立法以及各种公约和乡规民约。同时要注重发挥司法在维护社会诚信中的重要作用，强化司法对守法诚信行为的保护，加大对违法违约行为的惩罚，包括对诉讼欺诈行为的打击。进一步完善守法诚信的综合褒奖机制和违法失信的联合惩戒机制，增大诚信的收益和失信的成本，使守法诚信者扬眉吐气，使违法失信者成为人人喊打的"过街老鼠"。还要加大对破坏社会良知、丧失人间天良的违法犯罪的打击力度，对社会邪恶势力，对实施制售假冒伪劣食品药品、拐卖妇女儿童等行为的犯罪分子要毫不手软。法治的利剑直捣"老赖"和邪恶是对诚信和友善最大的彰扬。

我们在讲政策法律互联互动、规范教化德法并举的时候，实际上就包含着这样一种认识：科学地认识法律的作用。古往今来，人们普遍认为，在众多社会行为规范中，法律只是其中的一种。为什么法律只能是其中的一种？因为"并没有什么法律规范能够总揽无遗甚至能够包括各种各样的、只是有可能产生的情况。人类的预见力还没有完善到可以可靠地预告一切可能产生的事这种程度。况且，人类所使用的语言也还没有完善到可以绝对明确地表达一切立法意图的境界"①。这就决定了，在社会治理的众多手段中，法律虽是重要的一种，但又是效果有限的一种。社会生活中的不少活动和行为并不是用法律加以规范和调整的，也并不是所有的社会纠纷都是通过法律手段来解决的，更不是所有工作和发展愿景都是通过法律来表达的。特别是在中国这样一个大国里，各种复杂的经济问题、政治问题、社会问题，发展问题、民生问题、群众问题、基层问题，哪种问题更适合用哪种方式来处理，必须得有一个判断和区分。并不是所有问题都需要通过法律来解决，也不是所有问题都能够通过法律来解决。不少问题都需要将各种方法结合起来才能解决，有一些方面的问题只能逐步被纳入法治的轨道。城乡基层管理中的不少问题更适合用乡规民约来调整，基层中的大量纠纷更适合用调解的手段来解决。

在社会治理中，既要突出法律的作用，树立法律的权威，厉行法治，又要把政治的、经济的、行政的、道德的、教育的等手段很好地结合起来，建立健全以法律为重心的社会规范体系，不断完善以法律调整为主、其他调整手段共同发挥作用的社会治理模式。用明确的概念来表达，我们既要反对"法律虚无主义"，也要避免"法律万能主义"。这两种认识对法治建设都是不利的。"法律虚无主义"是极左之害，"文化大革命"之害，绝对不能重演。"法律万能主义"看似很有信仰，很有理想，但这种信仰和理想脱离了实际，也脱离了法情，不能科学地认识法律的作用，也是不利于国家治理体系和治理能力提升的。

---

① 彼得·斯坦、约翰·香德：《西方社会的法律价值》，王献平译，中国人民公安大学出版社1990年版，第4页。

第十章 法治道路

一、中国模式的"红色密码"

近年来,世界格局发生了一个惊人的变化,全世界的目光都投向中国,整个世界都在研究中国,试图从中国的发展中悟出一点东西来。

要读懂今天的中国,需要从西方人的"三论"入手。

一是"中国崩溃论"。从1949年中华人民共和国成立之时起,对中国新生政权治理能力的质疑声就不绝于耳,不少人断言,等待中国的,就是国家的崩溃。这种崩溃论,经过三年困难时期、"文化大革命"、八九风波,到了苏联解体、东欧剧变以后,发展到了顶峰,西方人预测中国一定会步苏联的后尘分崩离析。小平去世、香港回归、"非典"爆发、加入世贸,特别是2008年金融危机发生以后,"中国崩溃论"的炒作也从未间断。结果怎样呢?中国不仅没有崩溃,反而取得了令西方世界"不可思议"的成就。"中国崩溃论"崩溃了,偃旗息鼓了。

二是"历史终结论"。"历史终结论"是与西方世界过去不看好中国相关的。日裔美国学者福山20世纪80年代末曾经断言:人类社会发展的意识形态之争将以西方自由民主成为普世性的人类政府的最终形式而告终。① 这是对"历史终结论"的经典表述。历史既然终结于此，西方民主就应该是人人效仿的"普世价值"。西方国家希望如此，不少非西方国家寄希望于此。结果怎样呢？在移植西方民主制度的非西方国家中，有的从充满希望到失望，有的从充满希望到绝望。无论是泰国、蒙古、菲律宾、格鲁吉亚、乌克兰、吉尔吉斯斯坦，还是伊拉克、阿富汗、利比亚、叙利亚、肯尼亚、海地、刚果民主共和国，其殖民式的"民主体制"都是水土不服，脆弱不堪，带来的结果不是混乱就是战乱和民不聊生。倒是中国对这种"普世价值"无动于衷，按照自己的政治道路，走向了世界舞台的中央。大量事实宣告了"历史终结论"的破产。"历史终结论"其实质就是"西方中心论""新殖民主义论"。在事实面前，曾经提出"历史终结论"的美国学者福山也修正了自己的观点，认为："客观事实证明，西方自由民主可能并非人类历史进化的终点。随着中国崛起，所谓'历史终结论'有待进一步推敲和完善。人类思想宝库需为中国传统留有一席之地。"② 这也体现了福山的"自我修正"。③

"中国崩溃论"崩溃了，"历史终结论"终结了，于是又有了"中国威胁论"。西方人提出"中国威胁"，主要是基于西方难以强制中国接受他们对中国不利的战略和政策，只能眼睁睁地看着中国按照自己的设计逐步影响世界。改革开放之初，中国对市场经济的接受使西方国家认为，市场经济这一服从西方利益的自由经济模式将给它们带来

---

① 法兰西斯·福山：《历史的终结》，《国家利益》（美国新保守主义期刊），1989年。这篇文章是根据福山1988年所作的一次题为"历史的终点"的讲座而写成的。福山的这次讲座被认为是"历史终结论"的最早起源。

② 《日本要直面中国世纪》（福山专访），《中央公论》（日本政论杂志），2009年9月号。

③ 据载，福山私下讲过，他经常来中国的一个重要原因，是他提出"历史终结论"的时候，没有预料到中国的崛起，他想了解究竟是什么原因带来了中国的崛起。见《张维为：话语自信》，《观察者》，2017年6月13日。

巨大的好处，甚至认为中国会放弃共产主义意识形态，因此迫不及待地要与中国进行合作。谁知中国在"市场经济"之前加上了"社会主义"，牢牢地将市场经济定位为"社会主义市场经济"，中国在制定经济和政治决策时，大大彰显自己的主见和特色，排除外界干扰，使之适合中国的国情，这使西方世界深感挫败。当西方一些人不断渲染"中国崩溃论"时，中国以辉煌的成就回应了他们的判断，而面对中国对世界日益扩大的影响，西方人又开始用异样的眼光观察和揣摩今天的中国。特别是不少美国官员，尤其是新保守主义者，总是把中国政治体制中的马克思主义特点和彻底的无神论相联系，认为这样的体制只能是扩张主义的，"红色中国"必将威胁世界和平。"中国威胁论"的这种思维逻辑，我们在法国著名汉学家魏柳南《中国的威胁?》一书中，已清晰可见。①

中国的发展到底对世界构不构成威胁呢？

中国政府明确承诺和宣示：中国的发展不对任何国家构成威胁，中国无论发展到什么程度，永远不称霸，永远不搞扩张。中国呼吁各国人民同心协力，努力构建人类命运共同体。中国将继续同一切爱好和平的国家和人民一道，弘扬和平、发展、公平、正义、民主、自由的全人类共同价值。

庄严承诺，言行一致。中国的主张不断转化为惠及世界的中国方案。

2013年3月23日，中国国家主席习近平在莫斯科国际关系学院

---

① 魏柳南：法国著名汉学家，法国外交部对华政策顾问，长期致力于中国问题研究。他的《中国的威胁?》一书，由人民日报出版社2009年3月出版（译者王宝泉叶寅晶）。该书对21世纪中国的崛起对世界的挑战作了深入分析，也客观地指出了中国自身存在的各种问题，并提出了相关的对策建议。书中还客观地分析了"中国威胁论"背后的深层原因，认为它是因为一些西方国家怕中国的发展会影响到他们的利益，为了掩盖他们自己的行为以及西方意识形态方面存在的偏见。

发表演讲，首次提到"人类命运共同体"。① 此后几年中，习近平在国际、国内重要场合100多次谈到人类命运共同体，"人类命运共同体"的理念迅速在世界获得广泛认可并生根发芽。② 仅2017年，其先后被写入联合国社会发展委员会关于非洲发展问题的决议、安理会关于阿富汗问题的决议、人权理事会关于经济社会文化权利和粮食权两个决议以及联大关于外空安全的两个决议。联合国秘书长古特雷斯高度评价说："中国已成为多边主义的重要支柱，而我们践行多边主义的目的，就是要建立人类命运共同体。"③

中国不仅是"人类命运共同体"理念的提出者，更是最有力的践行者，中国为此提供了最为便捷的"快车"和"顺风车"。2013年，国家主席习近平提出的"一带一路"倡议仅过3年就已有100多个国家和国际组织积极响应、支持参与，在二十国集团领导人杭州峰会的助力推动，亚洲基础设施投资银行、金砖国家新开发银行的设立并顺利运行，使"一带一路"成为全球经济发展的新引擎，沿线国家从中普遍受益。④

中国对世界构成威胁吗？世界并不安宁。即使"中国威胁论"不提了，很可能还会冒出其他这论那论。

中国坚定地走自己的路，不会改变。世界纷纷"向东看"，也是不可逆转的。

2012年11月，中共十八大召开，好评如潮。

2017年10月，中共十九大召开，更是好评如潮。各个国家，各国政党、政要祝贺电函雪片般飞向北京，其数量之多、代表性之广均

---

① 《习近平：建立以合作共赢为核心的新型国际关系》，《人民日报》，2013年3月24日。

②③④ 《人类命运共同体载入联合国多项决议》，《人民日报》（海外版），2017年3月27日。

创历史之最。世界的目光再一次聚焦中国,各国从不同层面、不同视角表达对中国道路、中国模式、中国方案和中国领导人的赞美和期许,很多祝贺电函使用了极致的语言。

其实,自进入21世纪之后,世界对中国的看法就开始发生根本性转变。2004年5月,英国著名思想库伦敦外交政策研究中心发表了雷默的《北京共识》的研究报告。报告认为中国通过努力、主动创新和大胆实践,摸索出了一个适合本国国情的发展模式。[③] 这种发展模式不仅适合中国,也是发展中国家仿效的榜样。近年来,国际上对于"中国模式""中国道路""北京共识"的评论和研究也多了起来,其中不乏赞扬。不少外国政要和学者认为,中国的道路选择和快速发展,表明一种不断发展的马克思主义理论正在颠覆西方的传统理论。这种崭新的发展模式促使人们不得不重新审视世界的未来走向。

我们再来看看一名美国人的感叹。托马斯·弗里德曼是美国《纽约时报》著名专栏作家。2008年夏天,他参加了在北京举行的盛大奥运会,之后途经上海回到纽约。中国之行,使他感慨万千,回国后即写下《中美这七年》,刊登于当年9月10日的《纽约时报》上。他写到,当他坐在鸟巢的座位上,欣赏闭幕式上魔幻般的精彩表演时,他不由得回想起过去七年中中美两国的不同经历:

> 中国一直在忙于奥运会的准备工作,我们在忙着对付基地组织;他们一直在建设更好的体育馆、地铁、机场、道路以及公园,而我们一直在建造更好的金属探测器、悍马军车和无人驾驶侦察机……。你可以比较一下纽约肮脏陈旧的拉瓜地亚机场和上海造型优美的国际机场。再体验一下上海时速高达220英里的磁悬浮列车,它应用的是电磁推进技术,

---

[③] 乔舒亚·库珀·雷默:《北京共识》,载黄平、崔之元主编《中国与全球化:华盛顿共识还是北京共识》,社会科学文献出版社2005年版,第1—62页。

而不是普通的钢轮和轨道，眨眼工夫，你已经抵达上海市区。然后扪心自问：究竟是谁生活在第三世界国家？

这位著名作家，在文章的最后发出了这样的感叹：

我很不愿意对我女儿说：你只有去中国才能看到未来。

显然，托马斯所看到的主要是中国的发达地区。但他看到了中国的巨变，说给女儿的话无疑发自肺腑。

托马斯的感叹是在10多年前发出的，如果10多年后再来中国，他又会发出怎样的感叹呢？

"只有去中国才能看到未来"，这已不是少数外国人的感悟。近年来，到中国留学热、投资热、学习汉语热，已流行整个世界。过去中国人认为"只有外国的月亮圆"，今天外国人认为"只有中国的月亮圆"。

外国人要到中国来，那么今天的中国从哪里来？

从对马克思主义与中国实际相结合的艰辛探索中来。

中华民族具有五千多年的文明历史，创造了灿烂的中华文明。但在鸦片战争以后，中国陷入山河破碎、民不聊生、内忧外患的黑暗境地。为了民族复兴，无数仁人志士进行了各式各样的尝试和可歌可泣的斗争，但终究未能改变中国人民的悲惨命运。

解决中国问题的出路，是中国共产党人在将马克思主义同中国工人运动相结合的过程中找到的。我们找到了一条农村包围城市、武装夺取政权的正确革命道路，找到了一条从新民主主义过渡到社会主义的民族振兴之路。为了实现民族伟大复兴，我们党又领导了改革开放的伟大革命，开辟了中国特色社会主义道路，这使中国大踏步地赶上了时代发展。

"长期历史经验"来自长期浴血奋斗，长期艰辛探索。一头是"主义"，一头是"实际"，这两头怎么结合和统一起来，是中国所有问题的关键所在。毛泽东坚持这种结合,但一开始他并不是被看好的,共产国际的代表就不看好他,认为他是"山沟里的马列主义"。邓小平坚持这种结合,也经历了"三落三起",历尽艰辛。邓小平曾说:"我读的书并不多,就是一条,相信毛主席讲的实事求是。"① 按照"实事求是"这四个字,我们党开辟了中国特色社会主义新征程。

今天的中国,从"主义"与"国情"相结合的艰辛探索中走来,从中国特色社会主义道路上走来。沿着这条路,中国走向了繁荣富强,走向了世界舞台的中心。

我们再回过头去看看40多年前所作出的伟大抉择。

"文化大革命"结束以后,中国的发展再次来到一个十分关键的十字路口。中国今后的路怎么走?对此中国共产党人必须作出正确的选择和回答。

客观地说,当时可能选择的路子是多种多样的。可以是过去的老路,可以是全盘西化之路,也可以是社会主义的改革开放之路。就改革来说,可以是"一步到位"的改革,可以是循序渐进的改革,也可以是小打小闹的改革。路子到底怎么走?这是决定中国命运的历史重大抉择。时代伟人邓小平,带领中国共产党人作出了正确的选择。

首先,我们不走过去的老路。过去的老路就是封闭僵化之路,就是继续坚持"以阶级斗争为纲"的指导思想和"无产阶级专政下的继续革命"之路。当时,继续走这条路的思想基础和社会基础是完全存在的。"左"的错误持续多年,好多人习惯了,其惯性是很大的,要刹住车是极困难的,更何况当时已经明确地提出了"两个凡是"的主

---

① 《邓小平文选》第三卷,人民出版社1993年10月版,第382页。

张。① 如果对"两个凡是"不批评，不推倒，必然就继续走"左"的老路。可以说，就当时的情况来看，我们继续走过去的老路似乎已成定势。面对这样的局面，邓小平等老一辈革命家站了出来，发动和领导了关于真理标准问题的讨论，对"两个凡是"提出了严肃的批评，在思想政治领域进行了全面的拨乱反正，坚决果断地纠正了"以阶级斗争为纲"的"左"倾错误，把全党的工作重心转移到社会主义现代化建设上来，从而阻止了我们党继续走"左"的老路。回头去看，如果没有当年真理标准问题的讨论，没有思想政治领域的拨乱反正，如果不推倒"两个凡是"，延续过去的老路，今天的中国不知道会是一个什么样子。但有一点是肯定的，中国人民的生活水平一定是世界上最差的之一。

其次，我们不走全盘西化之路。20 世纪 80 年代，"西化"是一个十分时髦的概念，同时也大有席卷全球之势。以美国为首的西方国家，大力推行西方价值观和西化战略。搞"全盘西化"，在第三世界国家中已成为普遍现象，东欧国家也选择了全盘西化的道路。中国也被列为推行"西化"的重点。当时的中国，也不是没有西化的思想基础和社会基础，国内已出现了迎合西化的各种主张。在政治上，一些人主张全面移植西方的民主制度，搞多党制、议会制、司法独立和新闻自由。在经济上，一些人主张全面实行私有化。有人甚至提出"进口总理"和"欢迎殖民"的口号。在一些高校和社会论坛，主张"西化"的演讲总能赢得喝彩。那是一个思想十分混乱的时期。邓小平等老一辈革命家对此高度关注，邓小平及时提出坚持四项基本原则的要求，坚决回击了各种西化的主张。如果当年我们错误地选择了西化的道路，中国一定会四分五裂、政治动荡、经济崩溃、民不聊生。这种

---

① "两个凡是"是指 1977 年 2 月 7 日《人民日报》《红旗》杂志、《解放军报》社论《学好文件抓住纲》中提出的"凡是毛主席作出的决策，我们都坚决维护，凡是毛主席的指示，我们都始终不渝地遵循"。

结局在搞全盘西化的国家中几乎都得到了印证。苏联、南斯拉夫这样搞，国家解体了，东欧国家这样搞，换来的更多是失望，第三世界国家这样搞，一个比一个糟糕。有的发展中国家过去采用苏联模式没有成功，后来采用西方模式也没有成功。根本的原因就是这些国家对西方模式"水土不服"。原来以为西方制度可以包医百病，结果不仅医不了百病，反而搞得一塌糊涂。不仅在政治上实现不了民主，反而整个国家动荡不安，基本的政治秩序都难以维持；不仅实现不了经济上的繁荣，反而陷入长期衰退，人民生活普遍贫困，老百姓还在为基本生存而斗争；整个社会不仅没有实现有效治理，社会失业率、犯罪率和老百姓的不安全感反而节节高升。东欧剧变30多年了，按照欧盟的评价，至今也没有出现真正优秀的政治家、高效的公务员队伍、独立的司法体系。在发展中国家中，菲律宾可称得上是西化最彻底的国家，其政治制度完全照搬美国，长期被视为美国树立起来的亚洲"民主范式"。在搞了100多年美式民主以后现状怎么样呢？一个曾在东亚仅次于日本的国家却由盛而衰，远远落在了"四小龙"[①]之后。这个国家长期处于政治动荡和社会不安中，老百姓抱怨说菲律宾政治是3G［枪杆子（Guns）、金钱（Gold）、暴徒（Goons）的缩写］横行，20世纪80年代中期至今已发生近千起政治谋杀。国内到处动荡不安，到处破破烂烂，但在有些方面又要创造活力和显示进步，2004年精心打造了5327对情侣同时在首都马尼拉接吻的吉尼斯纪录，2006年废除了死刑。人们认为，菲律宾政治是"游戏政治"，菲律宾之船正在"下沉"。

我们不走"极左"的老路，也不走全盘西化之路，而是毅然决然地走上了坚持和发展中国特色社会主义的改革开放之路。在改革的问题上，同样有一个路径选择问题。怎么改？改什么？这同样是一个命

---

① 指亚洲新兴工业化国家和地区新加坡、中国香港、中国台湾和韩国。它们自20世纪70至90年代，经济高速增长，被称为亚洲"四小龙"。

运攸关的大问题。在改革的道路上，邓小平带领党和人民排除种种干扰，保证改革开放的伟大事业始终沿着正确的方向和道路前进。

  我们在改革上不搞"休克疗法"[①]，不采用苏联式的"激进改革模式"，而是选择了稳健的改革道路和模式。"休克疗法"是美国学者为一些试图学习西方体制的国家设计的一种改革模式，这种模式主张采取激进方式改革实现一步到位。当年"休克疗法"的主要策划者有美国哈佛大学经济学家萨克斯等。撇开政治目的，这种主张并非普遍适用于任何国家。尽管如此，当年的苏联对这一药方却迷信之至，从普通民众到政治精英都全盘接受。这当中起关键性作用的当然是戈尔巴乔夫。戈尔巴乔夫20世纪80年代提出以"公开性""民主性""多元化"和"人道主义"为核心的所谓"新思维"作为改革的指导思想，用"人道的、民主的社会主义"取代科学社会主义，并且提出政治改革压倒一切，他的思想曾在世界上风靡一时，在国内国际都炒得很欢。"新思维"的一个重要主张是全面改革，大力度改革，这在客观上与西方人的主张是相呼应的，当时西方国家对戈尔巴乔夫当然是很赞赏和很支持的。由于缺乏必要的准备，激进的政治改革一推开首先导致的是人们对苏联共产党和整个苏联国家合法性的普遍质疑，这一质疑的发酵、升格和放大，预示着苏联共产党的垮台和苏联国家的解体。邓小平曾说，苏东剧变有西方国家搞和平演变的因素，但主要是由于自身不适当的改革所引起的，"东欧的问题首先出在内部"[②]。早在苏联20世纪80年代改革之初，邓小平就说，"戈尔巴乔夫的改

---

  ① "休克疗法"原是医学临床使用的一种治疗方法，20世纪80年代中期被美国经济学家杰弗里·萨克斯引入经济领域。"休克疗法"的主要内容为开放市场，放开物价，放弃干预，冻结工资，紧缩银根，压缩基建，减少支出等。参见杜晓山：《萨克斯与"休克疗法"》，《中国经济体制改革》，1992年第10期。

  ② 《邓小平文选》第三卷，人民出版社1993年10月版，第344页。

革究竟怎么样，我们还要看一看"[1]"对戈尔巴乔夫这个时期的所作所为，我们是有不同看法的，但我们没有必要进行过分的批评。"[2]戈尔巴乔夫是一个复杂的政治人物。西方人对他当然是推崇的，自己的人民对他却是反感的，不能原谅的。1996年他曾参加俄罗斯总统竞选，得票率竟不到1%。俄罗斯《独立报》等媒体曾尖锐地提出质问，戈尔巴乔夫搞垮苏联到底是有意还是无意？戈尔巴乔夫本人自己对当年的民主化主张和激进改革也是有所反思的，他曾对中国朋友说，千万不要让局势混乱，不要搞什么"民主化"，那样不会有好结果。今天的俄罗斯人对美国是很反感的，对普京是很支持的，因为在他们看来，20世纪90年代俄罗斯的那场灾难，完全是美国人造成的，俄罗斯推行的"休克疗法"，是俄罗斯历史上出现的最大一次浩劫。有俄罗斯学者也认为是美国人的"休克疗法"搞垮了自己的祖国，而萨克斯等人则认为，不是我们的方案设计不好，而是因为有人在阻碍我们的改革。不管你的方案好不好，中国人民不听你这一套，而是选择了稳健的改革道路和模式。我们在改革中坚持统筹谋划，稳步推进，使经济体制改革和政治体制改革相互协调，取得了改革的巨大成功。

我们在改革上也不搞小打小闹的"有限改革"，不只在旧体制上修修补补，而是大刀阔斧地进行以市场为导向的全面改革。"有限改革"或"保守改革"模式是古巴等国家采取的改革模式。这种模式仍然坚持计划经济，只是增加一些有限的市场调节，在经济领域进行一定改革，但丝毫不触动政治控制和意识形态的基础，总体上是在政治上和经济上都尽量坚持原来的体制，只做一些小修小补的局部改革。古巴早在20世纪80年代初就尝试开放自由市场和启动物价等改革，但由于很快出现了投机倒把、贫富不均等问题，于是又很快开展了"纠偏运动"，使得经济又回到了原来的计划经济状态。劳尔·卡斯特

---

[1][2] 《邓小平年谱（1975—1997）》（下），中央文献出版社2004年版，第1252、1173页。

罗在他作为古巴国家领导人的两个任期（2008—2018年）中推行的"有限改革"方针，在2018年提出的古巴新宪法草案中继续得到了体现。劳尔曾指出，要"挣脱旧思想的束缚，打造改革思想，培养着眼于国家现在和未来的高度政治敏感性，永远不放弃我们革命进程的意识形态基础"[1]。古巴民众对中国的改革是很感兴趣的，劳尔也表示要学习中国的改革经验。古巴人民的生活仍然是艰苦的，但他们最终会找到适合自己的发展道路。古巴是一个知道感恩的民族，在哈瓦那城东至今矗立着一座为古巴独立而牺牲的华人烈士纪念碑。朝鲜近年也开始了改革，从目前改革的情况看，其改革总的还属于"有限改革"。越南的改革力度相对较大，但对其政治制度的基础仍然是固守的。这些国家对中国的改革都是很关注的，从上层到理论界，均有一批人潜心研究中国的改革政策和经验。

　　回顾"文化大革命"结束后我们对出路的选择，我们不得不对邓小平等老一辈革命家肃然起敬。我们没有走极"左"的老路，没有走全盘西化之路，也没有走"激进改革"和"有限改革"的路，而是走上了坚持和发展中国特色社会主义的改革开放之路，这首先要归功于历史伟人邓小平。1978年是一个重大的考验，这一年通过中央工作会议和党的十一届三中全会，我们党全面实现拨乱反正，结束了"左"的老路。1989年又是一个重大考验，通过果断地处置当年的政治风波，再次鲜明地亮出我们的政治底牌，有效地揭穿了西方势力"西化"中国的政治图谋，消除了中国"西化"的可能。1992年同样是一个重大考验，面对"左"的思想的回潮，通过南方讲话，邓小平鲜明地提出党的基本路线一百年不变，谁想改变谁下台，再一次拨正了航向。邓小平还科学地评价了毛泽东、实行社会主义的市场经济、在祖国统一上实行"一国两制"方针、在国际舞台上高举和平与发展旗帜……这样一系列的重大决策，是需要极大的政治勇气和超常的政治

---

[1] 《古巴修宪遵循劳尔路线》，《参考消息》，2018年7月25日。

智慧才能作出的。邓小平曾经说过，要是没有毛泽东，我们很有可能还在黑暗中摸索。回顾改革开放的历史，我们可以说，要是没有邓小平，我们很有可能还在贫困中挣扎。中国特色社会主义和改革开放，这是当代中国最重要的两个政治词汇，这两个闪光的词汇是与邓小平的名字紧紧连在一起的。没有以邓小平为主要代表的中国共产党人的开拓进取和不懈奋斗，就没有改革开放，就没有中国特色社会主义道路的开辟，也就没有中国特色社会主义今天的巨大成就，当然也就没有民主法治后来的辉煌。

在苏联解体、东欧剧变的风云变幻中，社会主义中国"风景这边独好"。

在金融危机冲击，全球经济疲软的世界格局中，中国始终保持了"一枝独秀"。

有人说中国是"不可思议的中国"，有人说中国是"神秘的中国"，有人说中国是"万能的中国"，当然也有人说中国是"可怕的中国"。

中国的"秘方"是什么？中国发展的"奥秘"在哪里？各国政要，台上台下的，各国政党组织、专家学者，有关无关的，越来越多的人在研究，在探索，在破解。试图给出明确的答案、权威的说法，并从中悟出一些对自己有用的东西。

2004年，高盛资深咨询顾问J. C. 雷默以"北京共识"将中国的发展经验概括为渐进式的创新和实验，认为中国通过艰苦努力、主动创新和大胆实践，为自己量身打造了一个发展模式。可见，在雷默看来，渐进、创新、实验是中国成功的经验。雷默在对中国描述、总结和评价过程中基本做到了客观公正。"北京共识"是在"中国威胁论"和"中国崩溃论"的国际理论氛围中对中国的社会发展所作的较为公正的评价和客观的系统认识。①

2005年,德国学者弗郎克·泽林出版《中国密码》一书。② 此书沿循中国近现代史脉络:从清朝的衰落到辛亥革命的成功,从中华人民共和国成立到"大跃进"的惨痛教训,再到近年来的经济飞速发展,通过运用大量史料和翔实数据对中国多领域经济战略进行分析,并得出如下结论:中国崛起的根本原因在于,中国从历史失败中总结经验教训,及时把握全球化机遇,不断进行自我调整,并灵活运用资本主义游戏规则,在日益激烈的国际竞争中将西方人甩在了身后,成为全球化的真正受益者。可见,在弗郎克·泽林看来,总结历史教训、把握全球化机遇、进行自我调整、运用西方规则是中国崛起的"密码"所在。

弗郎克·泽林在书中指出,德国如要避免在竞争中被中国超过,首先必须破译"中国密码",因为"德国未来的命运和走向,更多决定于遥远的中国"。他说,与德国目前争论不休的诸多问题相比,中国的崛起将对我们的生活产生更为深远的影响。上至大公司及政府部门的高层人士,下至学校,如果不愿接受惨遭淘汰的命运,均须重视中国崛起的经验。从德国联邦劳工局的统计数字中,任何人都可以清

---

① 庄俊举:《关于北京共识与中国模式研究的若干思考》,《当代世界与社会主义》,2005年第5期。

② 弗郎克·泽林,生于1967年,原德国《经济周刊》驻京记者,德国《法兰克福汇报》《时代周报》等报刊特约撰稿人,是德国最具权威的中国问题专家之一。他的《中国密码》一书,是德国近年来论述中国问题影响最大的著作之一,是以西方人的视角解读中国的一部难得之作,曾居德国经济类畅销书榜首,多次再版,畅销不衰,在德国被誉为"每个关心德国前途的人都应该读的一本书"(德国著名评论家绍拉图),"每一位希望了解应当如何对德国经济作出调整的人必读的一本书"(德国《商报》),"一部富有独特大胆见解的激情之作"(德国《金融时报》),这部倾力之作具有令德国警醒的力量。弗郎克·泽林《中国密码》一书,2005年先在德国出版,2010年1月又在贵州人民出版社出版(译者强朝晖)。

楚地看到中国因素的作用，大大小小的企业正在一天天地将产业转移至中国。

2008年世界金融危机后，世界更加关注中国。人们围绕"中国模式""中国道路""中国方案"展开了广泛的讨论，发表、出版了大量关于中国的研究论文和著作，从不同的视角解读中国的经验和秘密。其中不少解读，包括弗郎克·泽林和雷默的分析是不无道理的。但是他们往往只是看到了中国发展的表层特征，并没有揭示出中国成功的真正"秘诀"和决定性因素。

我们自己也要解读。中国成功的决定性因素是什么呢？

在改革开放40多年一以贯之的接力探索中，我们坚定不移高举中国特色社会主义伟大旗帜，既不走封闭僵化的老路，也不走改旗易帜的邪路，而是始终坚持和发展中国特色社会主义，这是我们总结长期历史经验特别是改革开放历史经验得出的基本结论，是中国走向成功的决定性因素。

在这一基本结论和决定性因素中，主题词、核心词是"坚持和发展中国特色社会主义"，关键词是"既不走封闭僵化的老路，也不走改旗易帜的邪路。"一个"坚持和发展"，一个"既不走"，一个"也不走"，体现了党坚定的政治选择和坚强的政治定力，是党领导的中华民族复兴大业的"定海神针"。如果我们借用西方人感兴趣的"密码"概念，便可以说这就是中国模式、中国道路的"红色密码"。

由一个"坚持和发展"、一个"既不走"、一个"也不走"构成的"中国模式"，是党和人民近百年奋斗、创造、探索、积累的根本成就、基本经验和成功选择，必须倍加珍惜，始终坚持，不断发展。这一模式有一个坚强的领导核心并坚持了指导思想的一元化，便于统一思想，凝聚力量，保证稳定发展；这一模式社会组织动员能力强，决策快，可以集中力量办大事，可在较短时间内实现快速发展；这一模式可在世界上独树一帜，成为坚强的一极。邓小平曾经深刻地指出，西化就会成为别人的附庸,我们决不搞西化,"我们从来就不听那一套"。① 过去不能搞全盘苏化,现在不能搞全盘西化。冷战结束后,不少发展中国家被迫搞西化,结果社会动荡、党争纷起、人民流离失所。我们坚定一条,就是把马克思主义中国化,就是搞中国特色社会主义。只要按照"始终坚持、不断发展"的思路走下去,不断完善各方面制度,不断深化各领域改革,中国特色社会主义的道路一定会越走越宽广。我国抗击新冠肺炎疫情的重大胜利,再一次展现了中国制度、中国模式、中国道路的极大优势。

坚持和发展中国特色社会主义的"中国模式",创造了中国式现代化新道路和人类文明新形态,使科学社会主义在二十一世纪的中国焕发出强大生机与活力,为人类提供了中国理念、中国智慧和中国方案。习近平指出:"中国共产党人和中国人民完全有信心为人类对更好社会制度的探索提供中国方案。"② 这充分体现了中国作为大国的使命担当和为世界和平与发展贡献中国智慧与中国力量的意愿。"中国模式""中国方案"对人类的影响是广泛而深远的,它意味着西方模式独霸世界时代的终结。

理解了"中国模式",方可更好认识中国法治。坚持和发展中国特色社会主义,要落脚和体现在法治建设上,最重要的就是要坚持和拓展中国特色社会主义法治道路。

二、法治中国的道路规制

全面推进依法治国,建设社会主义法治国家,有一条贯穿始终的主线,那就是坚持和拓展中国特色社会主义法治道路。

---

① 《邓小平文选》第三卷,人民出版社 1993 年 10 月版,第 345 页。
② 《习近平在庆祝中国共产党成立 95 周年大会上的讲话》,《人民日报》,2016 年 7 月 2 日。

道路决定命运，道路引领未来。全面推进依法治国，必须把路子走对。在近代以来对法治的求索中，我们移植过西方的法治，也照搬过苏联的做法，都没有成功。立足于中国的国情和实际，走中国自己的法治道路，才是正确的选择。在新中国建立以来特别是改革开放以来的法治实践中，法治建设的成就可以列出若干条，而所有成就归结起来，就是开辟了中国特色社会主义法治道路这一条。因此，党的十八届四中全会决定将这一条作为主线贯穿全篇，向国内外明确宣示我们将坚定不移走中国特色社会主义法治道路。这是党首次在正式文件中明确提出"中国特色社会主义法治道路"的概念。

法治发展道路由政治发展道路决定，法治发展道路不能离开对政治发展道路的选择。世界上没有离开政治的法治，当然也没有离开法治的现代政治。坚持中国特色社会主义法治发展道路，就必须坚持党的领导、人民当家作主、依法治国有机统一。

为什么要实现三者的统一呢？因为按照对中国政治制度、政治发展道路的设计，在考虑中国政治和法治问题时，从总体上说，必然作出这样的定位和提出这样的要求：在中国发展民主政治必须突出人民当家作主的本质特征，党领导人民治理国家的基本方式只能是依法治国，而人民当家作主也好，依法治国也好，其实现的根本保证只能是党的领导。三者必须统一于民主政治和法治建设的伟大实践。从实践来看，长期以来，我们也正是因为这样坚持了，才取得了社会主义民主法治建设今天的成就。因此，坚持三者有机统一，既是我国法治建设的一条基本经验，也必然成为坚持和拓展我国法治道路的总体要求。

党的十九大第一次明确提出了由"十四个坚持"构成的新时代坚持和发展中国特色社会主义的基本方略。"十四个坚持"体现和涵盖了从坚持党的领导到"五位一体"总体布局、"四个全面"战略布局的总体谋划，体现和涵盖了改革发展稳定、内政外交国防、治党治国治军的基本经验和纲领,体现和涵盖了坚持党的领导、人民当家作主、依法治国有机统一的总体要求,体现和涵盖了党在新时代肩负"四个伟大"历史使命和完成三大历史任务的奋斗目标。"十四个坚持"全面体现了党的基本纲领、基本经验和基本要求的内涵。改革开放以来,我们党相继提出了基本理论、基本路线、基本纲领、基本经验、基本要求,形成了中国特色社会主义和党的建设的"五个基本"。其中,基本理论和基本路线是管长远的。相对而言,不同时期、不同阶段形成的基本纲领、基本经验、基本要求,是着眼于当时发展的,有些内容是随着实践的发展和理论的创新而发展变化的。十九大提出的新时代坚持和发展中国特色社会主义的基本方略,涵盖和整合了此前提出的基本纲领、基本经验、基本要求的基本内容,把以前的"五个基本"整合简化为基本理论、基本路线、基本方略这样"三个基本",这一整合简化的结果更加科学,更具理论张力和实践概括力,更能适应发展的需要。

通过大力度整合和全息化覆盖党的理论创新、实践创新、制度创新成果和治国理政新思想、新战略而形成的"基本方略",其内涵是十分丰富的,具有极强的思想性、战略性、前瞻性、指导性,是新时代坚持和发展中国特色社会主义总的行动纲领。①

基本方略在多方面涉及法治建设,包括依法治国的指导思想、领导力量、依靠力量、基本原则、基本框架、基本走向等方面。这些方面都是法治建设的根本性、基础性问题,即法治的属性和方向性问题。因此,坚持和拓展中国特色社会主义法治道路,也必须以中国特色社会主义基本方略为其行动纲领和基本遵循。

决定我国法治的制度属性和正确方向的因素是多方面的,而其中

---

① 施芝鸿:《坚持和发展新时代中国特色社会主义的基本方略》,载《党的十九大报告辅导读本》,人民出版社2017年10月版,第162页。

的关键因素是坚持党的领导,坚持中国特色社会主义制度,贯彻中国特色社会主义法治理论。一个领导、一个制度、一个理论,构成了"中国特色社会主义法治道路的核心要义。"①

党的领导在法治中的地位和作用,集中体现为三句话:一是最根本的保证;二是最本质的特征;三是最突出的优势。因此,推进法治建设,只会有利于加强和改善党的领导,而不会动摇、限制和削弱党的领导。我们坚决反对把党的领导和法治建设对立起来。

中国法治必须以中国特色制度体系作支撑。在中国特色制度体系中,人民代表大会制度是最根本的政治制度。制度支撑和规制法治,法治保障和实现制度。因此,要主要围绕人民代表大会制度的坚持和完善推进法治建设,努力实现人民当家作主的制度化和法律化。

搞法治,也是搞科学,不能没有理论的引领。道路和理论是不可分割的两个方面。道路是在理论指导下的实践的展开,实践的深化又为理论的发展和道路的拓展提供了源泉。法治理论来源于法治实践,在指导法治实践中又不断完善自身,不断走向发展。在中国特色社会主义法治道路上,一方面要深化依法治国的实践,另一方面要推进法治理论的创新。

"中国特色社会主义法治道路"的选择和把握,其规定或规制是多方面、多角度的。既有总体要求、基本遵循、核心要义,又有必须坚持的基本原则。

居于首位的原则是坚持党的领导的原则。办好中国的事情,关键在党。全面推进依法治国,关键靠党。

坚持人民主体地位,既是法治的基本原则,又是法治的本质要

---

① 习近平:《关于〈中共中央关于全面推进依法治国若干重大问题的决定〉的说明》,载《中共中央关于全面推进依法治国若干重大问题的决定》,人民出版社2014年10月,第49页。

求。我们党始终把人民放在心中最高位置，始终把人民"举过头顶"，始终把"人民性"作为法治的根本属性。在我国，社会主义法治就是人民法治。

平等是社会主义法律的基本属性，公平正义是社会主义法治的灵魂。走中国特色社会主义法治道路，必须坚持法律面前人人平等，这是建设法治中国的关键所在。社会主义无不平之法，无法外之人，无法外之权，无法外之地。把平等性原则从法治的价值属性中突出出来作为中国特色社会主义法治道路的基本原则，具有鲜明的针对性和导向性。它意味着法律不为任何人留下"天窗"，不为任何特权留有空间。法律面前人人平等，本质是权利平等、义务平等，平等保护、平等制裁，重点在于依法治权，依法治官，依法规范和约束公权力，难点在于管住"关键少数"。党的十八大以来，对周永康等一大批高官的查处，是对这一原则的最明显的彰显。对于不遵守法律甚至严重违反法律、破坏法治的害群之马，不论其职务多高、资历多老，都要依法严惩、毫不姑息，这是中国平等的要义所在，是法治中国的希望所在。

法律是成文的道德，道德是内心的法律。离开道德的法律难成良法，离开法律推行的道德就难成善治。礼法并举，德法兼容，是中华民族长期以来探索形成的治理之道。利用宗教推行法治，是西方国家的普遍做法。我们坚持依法治国和以德治国相结合，这体现出中国特色社会主义法治的鲜明特色。在坚持依法治国的前提下，充分发挥道德的作用，会使我国的治国方略更富文化底蕴，更具文化优势。

一切从实际出发，从中国国情出发，是中国革命、建设和改革开放取得成功的一条基本经验。全面推进依法治国，建设社会主义法治国家，也必须坚持从中国实际出发。延安时期，毛泽东在与谢觉哉讨论边区宪法问题时曾说，边区搞宪法必须请边区同志多研究，多提意见，成为边区自己的东西，要冒出的泉水才有用，泼进来的水是无用的，外来同志尽泼水之力是需要的，但必待它自己冒出泉水来。①习近平2013年3月在莫斯科国际关系学院演讲时也指出，鞋子合不合脚，自己穿着才知道。"一个国家的发展道路合不合适，只有这个国家的人民才最有发言权。"② 毛泽东关于"冒出来的泉水"和习近平"鞋子穿着才知道"的比喻，讲的就是要解决问题必须从实际出发。一个国家的发展道路怎么选择，只有这个国家的人民才最有发言权。这些浅显而深刻的道理，正是对我们坚定不移走中国特色社会主义法治道路的原因的最好说明。从实际出发，就要注重挖掘和传承中华法律文化精华，注重总结我国社会主义法治建设的新鲜经验，使我们的法治具有鲜明的中国特色、时代特色、实践特色。同时要借鉴吸收人类法治文明的优秀成果，注重研究从古罗马《十二铜表法》到《法国民法典》等西方优秀立法及现代各国的法治实践，从中汲取法治的精髓和要旨。学习借鉴不是照抄照搬，必须以我为主，认真鉴别，合理吸收。

古往今来，东方西方，人们经过不懈探索，不约而同地选择了法治这一治理之道，又基于本国国情选择了自己国家的法治发展之路，创造了各种法治发展的具体模式。我国通过艰辛探索、自我创造，形成了由政府推进的独具特色的内生式演进、渐进型发展的道路模式。这一模式有三个鲜明特征：一是由一个强有力的政府来推进。政府是法治的谋划者、组织者、实施者、推动者，政府调动和组织各方面的资源和力量，政府统筹谋划和组织实施。政府到底是"强"好还是"弱"好，认识上一直有不同。但事实上是，一个国家要走向现代化，没有一个"强政府"是不可想象的。西方国家的历史是由政府主导来

---

① 见徐显明、张文显、李林：《中国特色社会主义法治道路如何走？》，《求是》，2015年第5期。

② 《习近平：建立以合作共赢为核心的新型国际关系》，《人民日报》，2013年3月24日。

创造的，法国等西方国家至今还有一个强政府。亚洲"四小龙"也是在强势政府引导下成功实现现代化的。而大量的发展中国家、落后国家的政府治理能力太弱，导致政令不通、管理不力、社会混乱。中国历史上的辉煌时期的背后都有一个强势朝廷在支撑，中国今天在现代化方面取得非凡成就就是因为我们国家能够集中力量办大事，在强有力的政府领导下实现迅速的崛起。法治也一样不能离开政府的引导和推进。在法治建设上，我们采取的"政府推进型"模式是符合我国国情的。有人主张，要将"政府推进型"转变为"自然演进型"。何以转变，何时转变，怎样转变，恐怕都是需要深入研究的。二是内生式演进。我国法治植根于中国大地和中国文化，应在继承、弘扬中国优秀传统法律文化的基础上，借鉴吸收世界各国有益经验。不照搬别国模式，也不搞法治的闭关锁国。三是渐进型发展。在进行我国法治建设时应与国家经济、政治、文化、社会等各方面的建设相适应，遵循法治发展客观规律，循序渐进，逐步深化。不搞一步到位，以避免社会动荡，实现良性有序发展。实践证明，我国法治发展的模式是符合我国国情的。

坚持党的领导、坚持人民主体地位、坚持法律面前人人平等、坚持依法治国和以德治国相结合、坚持从中国实际出发，这五项原则分别指明了中国特色社会主义法治道路的根本保证、本质要求、关键所在、基本方式和基本前提。"五个坚持"构成了一个有机整体，规定着中国特色社会主义法治道路的前进方向。

"中国特色社会主义法治道路"是具有严格规定性的起总揽性作用的法治概念。坚持和拓展中国特色社会主义法治道路，是事关中国法治方向和命运的主题主线。这条道路的"规定"和内涵是十分明确的。走好这条道路，关键就在于准确把握其总体要求、基本遵循、核心要义和基本原则。

三、优势引领发展

坚持党的领导，是讨论中国特色社会主义法治道路在多方面、多层次上的"规定性"时反复提出的一项基本要求。党的领导既是中国法治最本质的特征和最根本的保证，也是中国法治最大的优势。

优势主导格局，优势引领发展，优势决定成败。建设法治中国要充分发挥党的领导这一最大优势。

在近现代民主法治的运行中，党的领导是普遍规律。

我们首先看一看西方政党制度近年来所发生的一些变化。

在上一轮的美国总统大选中，毫无从政经历的商业大亨特朗普一举成功，他当时被人们视为美国政坛的"一匹黑马"。

特朗普作为美国共和党右翼参选人，是带着浓厚的"民粹主义"色彩出现在选民面前的。他以"政治圈外人"的面貌，充分利用人们对现状的不满，以反体制、反正统、反精英为诉求，以"让美国再次强大"为口号，全面迎合了人数最多的底层民众希望改变美国现状的心理。[1]

近年来，在西方国家，民粹主义、草根民主的盛行，引发了政党的"民粹化倾向"。一些左右翼极端政党加剧与民粹主义的融合，大步向"体制内"进军。近年来，希腊的"激进左翼联盟"走上政坛核心，意大利民粹主义政党"五星运动"几年内从政坛新手变为众议院第一大党，西班牙激进左翼党"我们能"一跃成为议会第三大党，匈牙利、波兰、斯洛伐克等国极右翼政党在议会中的席位一度跃居第一，以上事例从很大程度上可以说，都是民粹主义的胜利。[2]

---

[1][2] 参见柴尚金：《西方国家政党政治新变化与发展趋势》，《当代世界与社会主义》，2017年第2期。

民粹主义极端政党的崛起，是近年西方国家政党政治变化的一大趋势。与此同时，当代西方国家政党政治还产生了其他不少新变化。其中之一就是新党剧增，党派林立，竞争加剧，政策趋同。据英国专家罗伯特·哈默尔和约翰·D. 罗伯森统计，在近20年内，西欧及北美等国产生了230多个新的政党，美、法、意等国除轮流执政的大党外，还有数以百计的政党，一些小国也有政党若干，如瑞士就有大小政党30多个。在英、美等实行两党轮流执政的国家，两大党在大选时剑拔弩张，竞争十分激烈。但执政后其实施的政策的实质性区别越来越小，即以政策的趋同抑止不同利益的选民之间过分的政治分化和冲突，以防止社会的严重分裂。美国前总统尼克松说："如果两党的原则分歧很大，以致一执政党转移到另一执政党就意味着根本转变，那就太危险了。"[①] 也许尼克松真正看到了支配美国政党政治的最深层的因素。

另一个值得关注的变化，就是社会党的变化情况。这里的"社会党"是各种奉行民主社会主义的政党的统称，包括工党、社会党、社会民主党等。社会党通过蓬勃发展，成为西欧政坛举足轻重的政治力量，这是近年西方政党格局中的一个重大变化。在西欧24个国家中，有20个国家建立有"社会党"。1945年至今，"社会党"曾经执政或仍在执政的国家有瑞典、奥地利、德国、法国、英国、瑞士等18个。瑞典社会民主党执政累计达56年，居各国"社会党"之首。"社会党"在党员成分、选民结构和推行的政策等方面有别于其他西方政党，但同样不打算推翻现存的政治制度。在当代，"社会党"大家庭开始出现分裂现象，其政治影响力有下降的兆头。至于传统的欧洲共产党，其力量和影响的下降更为明显，被边缘化的趋势严重，他们也

[①] 见吴江、牛旭光：《民主与政党》，中共中央党校出版社1991年版，第107页。

在进行一些革新和调整。①

当代西方的政党政治一直处在急剧变化的过程之中。

西方政党政治虽变化纷呈，但其负载的目标取向，始终是适应资本主义经济的发展和西方民主政治的正常运行。因此，变化中有不变。始终未变的是两个方面。

一是"资本"的地位和力量。

二是"政党领导"的基本规律。

西方政治是富人的政治，西方政党代表利益集团。类似这样的话，西方人自己也是要说的。

一些美国学者批评说："美国民众正在丧失民主权利。这不仅表现在选举被人操纵，还表现在富人主导政治，民众的参与度逐渐在下降。"②

约瑟夫·斯蒂格利茨是一位诺贝尔经济学奖得主。他把话说得更为直白：当下美国属于1％，由1％的人控制，为了1％的人。③

政治是富人的游戏，但其表现形式必须是民主的，其运行必须是由政党来操作的。

政党制度适应民主政治的发展而产生，作为民主政治的必要条件而存在。民主制政体不能自动起作用，选举活动需要一定的人来组织，国家政策、法律的制定与实施，也需要有一种力量来引领、来支配。这种力量就是政党。因此我们说，在现代国家，政党领导是普遍规律。不同之处只是在于：社会主义国家明确规定工人阶级政党的领导，西方国家没有政党领导的明确规定；社会主义民主表现为工人阶级政党一党执政，西方民主往往表现为两党制或多党制。

---

① 参见金太军：《论当代西方政党制度的特征与走势》，《政治学研究》，1997年第3期。

② 《美国为什么遇到这么多问题》，《人民日报》，2016年11月27日。

③ 约瑟夫·斯蒂格利茨：《1％的"民有、民治、民享"》，《名利场》（美），2011年5月。

适应代议民主制需要而产生的西方政党，其活动主要是两项：一是控制操纵选举，二是通过选举达到把持议会制定法律，并同时组织政府按照法律管理国家。这两个方面，正是西方国家的主要活动，也是西方民主的主要内容。在这两方面的活动中，西方国家的两党或多党，都要制定各自的路线、纲领、政策和具体行动方案并着力推行和贯彻，同时须辅之以各种宣传鼓动，以统一处于"混沌和分散状态"的国民意志，指导和培养国民的舆论和行为。从而使国民意志与代议民主制的要求对接起来，将分散的国民意识和行为，集合在自己的旗帜之下，再将其纳入"民主法治"的体系之中。西方国家正是通过其两党或多党同时进行或共同组织来完成以上活动，实现自己的国家意志的。也就是通过把政权轮流地"从一只手抛出再用另一只手接住"的办法，实现双手掌握政权。可见，西方政党是西方国家的核心力量，它通过操纵代议民主，领导国家，管理社会。这也说明，代议民主离开政党领导，难以发挥作用，甚至无法运行。也表明，政党制度、政党领导不仅是民主政治的必要条件，而且本身已经成为民主政治的重要组成部分。

西方国家之所以选择两党制或多党制，一个重要的考虑是权力制衡和政策纠偏。他们将政党制衡作为国家权力制衡的重要保障：执政党和反对党定期进行角色互换，始终盯着对方，谁也不敢轻举妄动，哪一家也不能独自擅权。从形式上看确实民主，台上的党不行了，在野的反对党上台，新上台的又不行，再由它的反对党来替换。英国宪法学者詹宁斯对英国两党制做过如下形象的描述：

> 在右边，靠近桌子，是国务大臣席或"前座"。坐在上面的，是内阁的阁员们。在桌子另一边，是"反对党前座"。上面坐的是反对党的领袖们。他们是"国王陛下的反对派"。因为国王陛下不仅需要一个政府，还需要一个反对派。国王陛下政府的责任是统治，而国王陛下的反对派的责任则是反对。事实上，国王陛下的反对派就是国王陛下的另一届政

府。如果在下一届选举中他们得到了稍许多一些的拥护者，他们就要和国务大臣席上的坐客们交换位置。①

西方国家正是通过其政党的轮流上下台，把民众的希望不断地引向下一次可能上台的政党的政策转变上，同时不断地挑选最合适的精英分子执掌政权，在执掌政权的交替中确保其统治的合法性。

西方国家各个政党"你方唱罢我登台"所形成的钟摆效应已经成为常态。政党角色互换和相互制衡虽可防止政府揽权和权力滥用，但紧相伴随的是各派政治势力相互掣肘，政府管理效率低下，甚至导致政府的"短命"。法国第四共和国时期，12年间政府更迭24次，每届政府平均任职6个月。意大利1946年至1996年的50年间，内阁更迭55次，每届政府平均寿命10个多月，最长的两年多，最短的仅存9天。比利时从1968年至1981年，内阁更换10次。拿最近的说，澳大利亚过去10年间走马灯般更换了7任总理。

西方政党的运行模式，注定了政党一上台就必须考虑下届的竞选，如何迎合选民始终是他们考虑的核心问题。因此他们不可能用更多的精力去谋划长远的发展。中国领导人可以搞十年规划、二十年规划，这对他们来说是不可思议的。

西方国家政党政治的"背反"现象是无法克服的。

不过，他们对于成天相互争斗、相互攻击、吵吵闹闹，已经习以为常了。

我国是人民民主专政的社会主义国家，人民民主政治制度的运行，同样离不开中国共产党的领导。

在中国，没有搞两党制或多党制的条件和基础。中国共产党作为执政党，是历史的选择，人民的选择，当然也是各个党派早在新中国

---

① 詹宁斯：《英国议会》，商务印书馆1959年版，第19—20页。

成立时就作出的共同选择。

新中国成立前夕,到达解放区的李济深、沈钧儒等55位著名党派领袖和民主人士,于1949年1月22日联合发表《对时局的意见》,表示完全同意中共领袖毛泽东提出的《关于时局的声明》,明确表示"愿在中央领导下,献其绵薄,共策进行,以期中国人民民主革命之迅速成功,独立、自由、和平、幸福的新中国之早日实现"。①

在此期间,中国国民党革命委员会、中国民主同盟、中国民主促进会、九三学社、台湾民主自治同盟等民主党派,也都分别发表声明、宣言或谈话,揭露国民党的和平阴谋,表示拥护中国共产党的领导和主张。

在1949年9月召开的中国人民政治协商会议第一届全体会议上,各党派、各人民团体的许多代表和著名民主人士,包括民革主席李济深、民盟主席张澜、农工民主党首席代表彭泽民、九三学社首席代表许德珩、华侨民主人士代表陈嘉庚和司徒美堂、无党派民主人士首席代表郭沫若等60多位代表先后发言。他们发出同一个声音,作出同一个选择,表示"要在中国共产党领导下,团结一致把我们的国家建设好"。②

大会特邀代表宋庆龄在发言中则讲了如下分量极重的话:"我们达到今天的历史地位,是由于中国共产党的领导。这是唯一拥有人民大众力量的政党。"③

为什么发出同一个声音,作出同一个选择?因为中国共产党是"唯一拥有人民大众力量的政党"。

历史反复证明,在中国这样一个大国,只有中国共产党的领导,才能稳定全国的局势,集中全国人民的意志和力量,进行革命和建

---

① 《中国民主同盟历史文献》,文史资料出版社1983年版,第505页。
② 何定华主编:《中国人民政协史》,武汉出版社1989年版,第67页。
③ 《五星红旗从这里升起》,文史资料出版社1984年版,第314页。

设。没有中国共产党的领导,中国必然四分五裂,一盘散沙,一事无成。一党执政与多党合作,是历史形成的符合中国国情的政党制度。要坚定不移走中国特色社会主义政治发展道路,坚定不移巩固和发展中国共产党领导的多党合作和政治协调制度,把我国社会主义政党制度坚持好、发展好、完善好。

历史和人民选择了中国共产党为执政党,同时也赋予了中国共产党重大的使命和责任。

进入新时代,党所肩负的一项重大使命就是全面推进依法治国,领导人民努力建设法治国家。依法治国是党提出来的,把依法治国上升为治国理政的基本方略也是党提出来的。这说明法治已是中国共产党的基本执政理念。

在党与法的关系上,党的十八届四中全会《决定》特别强调两句话:一句话是社会主义法治必须坚持党的领导;另一句话是党的领导必须依靠社会主义法治。第一句话讲了多年,大家好理解。而第二句话是新提出来的,是执政理念的一个了不起的进步,具有深刻的内涵和重大的意义。从党的使命和宗旨来看,要实施对国家的领导必须坚持对法治的依靠,领导人民依靠法治把国家治理好。

强调"领导"与"依靠"的统一,就必须坚持党领导立法、保证执法、支持司法、带头守法。坚持党领导立法,是确保良法善治的决定性因素。坚持党保证执法,是深入推进依法行政、加快建设法治政府的客观需要。坚持党支持司法,是保证公正司法、提高司法公信力的根本保证。坚持党带头守法,是增强全民法治观念,树立宪法法律权威的关键所在。

党的领导和社会主义法治是一致的,但这种一致不是自然而然地形成的,而是必须把握党领导法治的正确有效方法才能实现。

根据党全面领导国家工作的原则和长期以来治国理政的实践经验,党领导法治最重要的方法集中起来就是努力实现"三统一",切实做到"四善于"。"三统一""四善于"是党的十八届四中全会《决定》对党的法治领导方法的重大创新，其既体现了党的领导的规律，也体现了国家社会运行的规律和法治建设的规律。既体现了加强党对法治建设的领导，也体现了改进党对法治建设的领导。在全面推进依法治国进程中坚持党的领导，关键是落实好"三统一""四善于"，这样党就能与法治融为一体，党的领导就不至于成为一句空洞的口号，就能真正发挥总揽全局、协调各方的领导核心作用，确保党的主张贯彻到依法治国全过程和各方面。①

"三统一""四善于"既是总方法，也是总开关、总抓手、总原则、总要求。在党与法治的关系上，我们既要避免把党的领导变成一句空洞的口号，又要避免把党的主张完全直接付诸实施而忽视法律和法定程序的存在。其中的关键在于通过科学的机制程序把党的主张转化为国家意志和国家行动，并切实坚持在宪法和法律范围内活动的原则。应当看到，"三统一""四善于"是在方法论层面对党如何领导法治建设作出的集中表述和提出的总体要求，方法论要求必须转化为制度层面的要求才能落地落实。为此，必须健全党领导依法治国的制度和工作机制，这是完善和优化中国法治运行机制的关键一环。

党对法治建设的领导，在宏观把握上需要方法到位，在实际工作推动上需要组织落实。为了更好落实全面依法治国基本方略，2018年2月，党的十九届三中全会决定组建中央全面依法治国委员会。党的十九大提出"成立中央全面依法治国领导小组"，时隔几个月之后，中央又决定"组建中央全面依法治国委员会"。从领导小组到委员会，体现了中央对法治建设的进一步重视以及对法治建设领导工作的进一步加强。组建中央全面依法治国委员会，是加强党对法治建设领导的一项重大举措。

---

① 徐显明：《坚定不移走中国特色社会主义法治道路》，《法学研究》，2014年第6期。

四、人民主体　唯此为大

人民是依法治国的主体和力量源泉，走中国特色社会主义法治道路，必须坚持人民主体地位。

坚持人民主体地位，保证人民当家作主，维护人民合法权益，既是党的领导方向，也是社会主义法治建设的方向，既明确了中国法治的基本属性，也宣示了中国法治的价值取向。

立党为公、执政为民，以人为本、人民至上。"人民性"始终是我国一切制度的根本属性。中国共产党作为百年大党，为了人民、造福人民、保护人民，始终是党的初心所在和奋斗目标，权为民所用，情为民所系，利为民所谋，始终是检验党的一切工作的最高准则。

我们党把人民放在心中最高位置，一切为了人民，将人民对美好生活的向往作为奋斗目标。念兹在兹，唯此为大。

《共产党宣言》明确指出："过去的一切运动都是少数人的，或者为少数人谋利益的运动。无产阶级的运动是绝大多数人的、为绝大多数人谋利益的独立的运动。"① 为少数人谋利益还是为绝大多数人谋利益，是马克思主义政党与其他政党相区别的根本标准，也是中国特色社会主义法治区别于其他法治的根本所在。

在近代中国，历史并不是没有给国民党提供为国家民族作出贡献的机会。然而遗憾的是，作为一个社会新起的领导者，国民党从立党宗旨到政策实践，都不着力于谋求最大多数人的福祉。相反的是，国民党一上台便在政治上与帝国主义和封建势力相勾结，并利用其在政治上的权势实行对经济的掠夺和垄断，使以"四大家族"为代表的官僚资本在整个中国工业资本总额中占到80％以上。"四大家族"的财

---

① 《马克思恩格斯文集》第一卷，人民出版社2009年版，第42页。

富剧增与社会的腐烂和民众的不满程度是成正比的。国民党的垮台是注定了的。

中国共产党从成立之日起,就把为绝大多数人谋福祉作为一切奋斗的出发点和落脚点。从人民中来,为人民谋利,我们党找到了正确的道路,也找到了最勇敢的战士和最强大的依靠力量,成为"唯一拥有人民大众力量的政党"。

无论是革命、建设还是改革开放,我们党始终坚持人民是历史和社会进步的主体力量,一切为了人民,一切依靠人民。人民的浴血奋战,赢得了革命的成功;人民的艰辛努力,取得了建设的成就;人民的大胆探索,推动了改革开放。中国特色社会主义道路的开辟,离不开广大人民群众的伟大创造。

1986年6月,邓小平在一次谈话中说,搞好改革,"第一条就是要同人民一起商量着办事"①。中国的改革,从农村开始,农村改革的启动,源于广大农民的创造,最典型的就是家庭联产承包责任制的改革试验。

中国农村家庭联产承包责任制最早出现于1978年的安徽省凤阳县。真理标准问题的讨论使农村干部群众解放了思想,凤阳县一些生产队先后实行了"包产到组、以产计工"的生产责任制,有些甚至实行包产到户。包产到户是过去批判的典型的走资本主义道路,改革开放之初的国家政策仍然是持反对态度的,凤阳县农民是冒着生死迈出这一步的。由于实行了家庭联产承包责任制后的凤阳的生产有了惊人的增长,因此1979年家庭联产承包责任制在安徽全省推开。其他一些地区也陆续实行包产到户,采用的方式大多为先在暗中实行,再将其逐步转向公开化。包产到户极大地调动了广大农民的积极性,解放了农村生产力。1983年中央发文正式取消对包产到户的限制,要求凡是群众要求实行这种办法的地方都应当积极支持。1993年3月,

---

① 《邓小平文选》第三卷,人民出版社1993年10月版,第268页。

全国人大通过宪法修正案，最终确立了农村家庭联产承包责任制的法律地位，使之成为一项重要的宪法制度。

对于广大农民的这一创举，时任安徽省委书记、后任全国人大常委会委员长万里曾经回顾说：

> 农村改革这场斗争太激烈了，当时不表态就算支持了。中央各部委和各省级领导中有几个支持的？屈指可数。……这也难怪，人民公社"三级所有，队为基础"是写进宪法的……，小平同志开始没表态，我从安徽来多次向他汇报，他表示同意，可以试验。出了成果之后，他公开表示支持。①

邓小平怎么看这场改革呢？邓小平曾明确指出："农村搞家庭联产承包，这个发明权是农民的。农村改革中的好多东西，都是基层创造出来，我们把它拿来加工提高作为全国的指导。"②

"农村改革中的好多东西，都是基层创造出来"的，城市的改革，企业的改革，何尝不是如此呢？企业股份制改革也是一个典型的例证。改革开放中许许多多的东西，都是由群众在实践中提出的。

中国特色社会主义道路是改革之路，推进改革需要解决的问题不少，好办法从哪里来呢？它们不是从天下掉下来的，也不是我们头脑中固有的，归根到底是来自于广大人民群众的伟大实践。我们今天实行的很多政策和很多法律制度，都是广大人民群众通过实践创造出来的。

坚持人民主体地位，既是党和国家性质的反映，也是我国革命、建设和改革开放取得成功的一条基本经验。

---

① 见张广友：《铁路整顿与农村改革——万里访谈录》，《作家文摘》1997年10月10日。

② 《邓小平文选》第三卷，人民出版社1993年10月版，第382页。

坚持人民主体地位，最根本的是要站在人民的立场，站在为广大人民谋幸福的立场。

我们经常讲坚持马克思主义的基本立场，马克思主义的基本立场就是人民的立场。马克思成为千年第一思想家，马克思主义越来越显示出真理的光芒，就因为马克思主义与过去的理论相比，第一次把自己的基本立场定位在为全世界最大多数人谋解放谋利益谋幸福上，这使马克思主义真正成为人民的主义。赢得了人民，也就赢得了世界，赢得了未来。

人民的概念以及与此相伴的百姓概念，从来就是很崇高的概念，也是在政治上被看重的概念。正因为被看重，所以任何统治者，任何政治家，不管他是代表哪方面的利益，都要讲人民和百姓。但讲归讲，实际是不是代表人民和百姓，是不是真正为人民谋福祉，那就不一定。共产党讲为人民，是真正为人民，彻底为人民，打江山是为了人民求解放，搞建设是为人民谋幸福。有的人讲人民讲得震天价响，但就是不真正为人民谋利益，蒋介石就是这样。今天也有少数领导干部，最善讲老百姓喜欢听的话，挖空心思在这方面出极言、出警句、出口号，但是干工作主要还是为了突出自己的政绩，并不把老百姓的利益完全当回事，在他们热热闹闹的几年或若干年的任期内，老百姓并没有得到多少实惠。

其实，老百姓并不看你口头上讲得多漂亮，大家心里有一杆秤。中国的老百姓喜欢听实话，他们绝不按口头说的来判断一个干部，衡量一项政策。他们按什么来衡量呢？主要看什么呢？看给老百姓带来了多少实惠。

老百姓的标准就这么简单明了，赢得人民赢得百姓的道理并不深奥，只要一心一意为人民为百姓谋福祉，老百姓就会在心中为你树起功德的丰碑。焦裕禄永远留在了人民的心中，但焦裕禄并不是靠讲出来的，他是用实际行动赢得了人民。因此不需要在讲和宣传上下太大的功夫，功夫应主要下在如何真正为人民带来更多的福祉上。

为民造福，越往后要求越高，难度越大。今天的社会纷繁复杂，工作千头万绪。不少面上的工作十分重要，但老百姓并不太在意，他们认为那是当领导的应该种好的"责任田"。老百姓最看重的是民生工程、利民工程。这就要求我们充分认识民生工程的重要性，尽可能减少一些政绩工程，尽可能增加一些民生工程。

我们今天的工作难度，不仅在于要给老百姓带来实惠，而且在于要带来更高档次、更高水准的实惠。因为社会主要矛盾变化以后，老百姓对实惠的要求已更多地定位在对美好生活的需要上，况且人们对美好生活的需要日益扩大，其不仅对物质文化生活提出了更高要求，而且在民主、法治、公平、正义、安全、环境等方面的要求日益增长。人民群众当前需要的东西方方面面，林林总总，概括起来主要是四个方面：一是生活更加富裕；二是社会更加有序；三是实现公平正义；四是实现环境美好。老百姓的生活水平已经有了很大的改善，但还不是很富裕，不是都富裕了，不富裕的希望富裕起来，比较富裕的希望更加富裕。就整个社会的安全度、人们的安全感而言，中国在世界上是不错的，但人们的安全感还需要提升。比如，一些地方邪恶势力抬头，城乡接合部管理混乱，市场诈骗、假冒伪劣，尤其是假食品、假药品的制售，严重地影响了社会的安全度，降低了人们的安全感。近年来，养狗成为一种时髦，但人们对狗大多缺乏训练，狗咬人扑人，使不少人见狗生畏。一些城市，管得了人，但管不住狗。这些都说明，要让社会安全有序，我们仍然任重而道远。相对于生活富裕和社会安全有序，当前人们更加关注的是在公平正义和生态环境方面。在公平正义方面我们的底子比较薄，有违公平正义的事还大量存在，当生活和安全问题过得去的时候，公平正义问题便一下子凸显了出来。环境保护也一样，在没有饭吃的时候，我们要大力发展经济，顾不上环保，老百姓也不太关注环保，当温饱解决以后，人们一下子关心起了环保问题。因此，实现公平正义与环境美好，是中国老百姓当前最迫切的愿望。

站稳人民的立场，就要弄清楚老百姓想什么、盼什么。老百姓的所思所盼，就是我们努力的方向，奋斗的目标。

法治建设也是一样。立法执法司法都要站在人民的立场上，都要从广大人民的利益和愿望出发。在法治建设中，必须牢固树立和始终坚持人民主体地位。

在法治建设中坚持人民主体地位，具有多方面的规定性。从党和国家层面看，必须坚持法治建设为了人民、依靠人民、造福人民、保护人民。从人民角度看，包括落实主体地位，发挥主体作用，实现主体利益。

坚持法治建设为了人民，造福人民。必须把体现人民利益、反映人民愿望、维护人民权益、增进人民福祉落实到依法治国全过程，使法律的制定及其实施充分体现人民的意志和愿望。通过立法保证幼有所育、学有所教、劳有所得、病有所医、老有所养、住有所居、弱有所扶，保证人民安居乐业。不断促进社会公平正义，形成有效的社会治理、良好的社会秩序，使人民获得感、幸福感、安全感更加充实，更有保障，更可持续。

坚持法治建设依靠人民。人民是法治的主人，应深入推进民主立法，健全立法机关和社会公众沟通机制、公众意见采纳情况反馈机制，更多发挥人大代表参与起草和修改法律作用。大力加强人民群众对执法和司法活动的监督，拓宽监督渠道和途径，创新监督方式。

坚持法治建设保护人民。保护人民是法治的基本价值，法治是保护人民的基本武器。法治既要保障人民享有广泛的权利和自由，又要坚决惩处侵犯人民合法权益的各种行为。保护人民，关键在于平等保护、及时保护。要使广大人民群众在每一项执法活动中，在每一件司法案件的审判中，都能感受到公平正义，切实防止冤假错案；使广大人民群众在合法权益受到侵犯时，都能获得及时保护和救助。2017年2月，最高人民法院发布《中国法院的司法改革2013—2016》白皮书。白皮书披露,党的十八大以后的四年间,人民法院通过审判监督程序纠正聂树斌案、呼格吉勒图案等重大刑事冤假错案34起,提振了全社会对司法公正的信心。2013年至2016年,各级法院共依法宣告3718名被告人无罪,依法保障无罪者不受追究。① 近年震惊全国的十大冤假错案包括聂树斌强奸杀人案、呼格吉勒图奸杀案、徐计彬强奸案、胥敬祥掠夺案、佘祥林杀妻案、孙万刚奸杀案、李久明杀人案、张绍友奸杀案、赵作海杀人案、念斌投毒案等,这批案件大多在沉冤多年后得到昭雪,这大大彰显了对无罪者的保护和法律的公平正义,产生了广泛的社会影响。相应地,从近年法院检察院系统的年度报告看,人权保护已成为司法机关的重中之重,每年都有大批侵权案件被审结,大批遭受侵权的群众及时获得法律的保护和救助。人民群众的生命财产安全以及其他各方面的合法权益获得了可靠的法律保障。

坚持人民主体地位,要切实防止出现人民形式上有权,实际上无权的现象。国民党蒋介石也讲人民,西方政党特别是"民粹主义"政党也讲人民,关键是真讲,不能假讲,不能口头上捧上了天,却让人民的实际地位和处境很差,不能抽象地讲,而不具体地讲,不能只是上头讲,下头大打折扣。社会主义法治强调的人民主体地位,是真正的、具体的、现实的。

坚持人民主体地位,要坚决抵制和反对那种背离人民、背离法治的人治观念。凡认为法律是用来管人民、治人民的,认为自己是治民者、"牧民者",人民是被治者,是被管理者的观念,都是与坚持人民主体地位原则背道而驰的。封建社会那种法治主客体关系被颠倒的现象必须根除。在法律的实施中,涉及和管理普通群众的法律规定执行得比较好,管理和约束机关组织和官员的法律规定执行情况较差的现

---

① 《最高法修订司法改革白皮书、司法公开白皮书》,《人民日报》,2017年2月28日。

象必须彻底改变。

坚持人民主体地位，涉及人民主体作用的发挥。在法治建设中要充分发挥人民的主体作用，党和国家需要作出努力，人民自身也需要作出努力。

主体作用的发挥取决于主体能力的高低。充分发挥主体作用必须大力提升主体能力。特别是应大力促进广大人民群众民主法治意识的增强和素养的提升，而这种提升是需要时间、需要过程、需要措施手段的。因此，努力搭建教育、训练和实践的平台就显得十分重要。

主体作用的发挥要求自觉遵守法律。人民群众在法治建设中的主体作用体现在立法、执法、司法和守法等各个环节，自觉遵守法律是其中的一个重要体现。依法享有广泛的权利，自觉承担应尽的义务。

法治的主体不是坐享法治的成果，等候法治的福音，而是要当好主人，勇担责任，关心法治，支持法治，维护法治。法治的主体也是守法、护法的模范。

五、法治的改革之路

只有社会主义才能救中国，只有改革开放才能发展中国、发展社会主义、发展马克思主义，这是我们对解决中国问题的两个最重大的判断。

坚持和拓展中国特色社会主义法治道路，同样基于这两个重大判断。在中国，搞法治不能离开社会主义，搞法治必须坚持改革开放。全面推进依法治国，既需要运用法治推动各方面的改革，又需要深化法治自身的改革，法治中国的建成还依赖于整个改革的全面深化，特别是政治体制改革的深入推进。从人治走向法治，本身就是国家和社会治理中最重大的改革。

中国特色社会主义法治道路是一条坚持改革、充满改革、伴随改革，通过改革来不断为自身注入生机与活力的道路，改革是中国法治道路的鲜明时代特征。从本质上说，法治之路就是改革之路。

在经济社会发展中，立法与改革始终是相辅相成的。全面深化改革，需要通过立法做好顶层设计，引领改革进程，规范改革行为，推动经济社会发展。

改革要于法有据，要在法治轨道上运行。但也不能因为现行法律规定就不敢探索创新，不能越雷池一步，不然是无法推进改革、推进发展的。总的要求是立法与改革紧密衔接。具体要求是重大改革要于法有据，立法要主动适应改革需要，及时确认改革成功经验；需要先行先试的，及时作出法定授权；对过时的法律法规，及时修改和废止。[①] 这是对改革与法治关系的科学定位。

改革开放以来，我国坚持改革和法治一体谋划同步推进，已经取得大量的成功经验。

立法主动适应改革发展需要。党的十八届五中全会作出了全面实施一对夫妇可生育两个孩子的决策部署。会后，法律修改工作紧紧跟进，国务院迅速完成了相关法律的修改报送程序。2015年12月，十二届全国人大常委会及时审议通过了关于修改人口与计划生育法的决定。法律的修改完善坚持与社会发展同步，与政策引领合拍，改革开放以来，诸如这类立法，几乎年年都有。

对于需要先行先试的改革举措，依法授权开展试点工作，待试点取得成功经验后，再及时总结修改完善相关法律。十二届全国人大的五年间，按照"凡属重大改革都要于法有据"的要求，全国人大常委会作出了21件授权决定和有关改革问题的决定，落实了中央改革的决策部署，其中包括自由贸易试验区的建设与拓展，行政审批制度改革，金融体制改革，司法体制改革以及农村集体土地使用权制度改革

---

① 中共中央《关于全面推进依法治国若干重大问题的决定》，人民出版社2014年10月版，第15页。

等。共15次打包修改法律95件次，确保各个方面的重大改革和先行先试在法治轨道上的有序运行。

2013年和2014年，全国人大常委会先后两次作出决定，授权国务院在上海、广东、天津、福建自由贸易试验区暂时调整有关法律规定的行政审批，并对外资企业法等四部法律作出统筹修改。将自贸区改革及时纳入法治轨道，大大推进了对外开放与合作。

坚持在法治下推进改革，在改革中完善法治。改革与法治相辅相成，良性互动，既是改革和法治的成功经验，也是改革和法治的鲜明特色。

法治引导推动改革，法治自身也需要改革。唯有通过改革，才能不断优化立法、执法、司法体制机制，使法治走向完善，真正实现良法善治。改革开放以来，我国法治发展的历史也是法治改革的历史。

法治改革首先是立法体制机制改革。我国的立法体制机制改革一直没有间断，党的十八大以后进一步加大了这方面改革的力度。最重大的改革一是健全有立法权的人大主导立法工作的体制机制，有效防止部门利益和地方保护主义的法律化。二是进一步扩大地方立法权。我国幅员辽阔，各地经济社会发展状况和历史文化传统不尽相同，全国性立法很难兼顾地方的特殊性，因此在立法权的配置上必须发挥中央和地方两个积极性。党的十八届四中全会决定提出："依法赋予设区的市地方立法权。"2015年，我国对立法法作出相应修改，赋予所有设区的市地方立法权，这是我国立法体制的一次重大变革。[①] 地方立法权的进一步扩大，必将大大推动法治建设的进程和地方经济社会的发展。

为了完善科学立法、民主立法机制，创新公众参与立法方式，畅

[①]《15年来"管法的法"首次修改　地方立法权扩容》，《法制日报》，2015年12月18日。

通立法机关和社会公众沟通渠道，基层立法联系点制度全面建立起来。近年来，全国人大常委会法工委在湖北襄阳市、江西景德镇市、甘肃临洮县和上海市长宁区虹桥街道设立了4个基层立法联系点。基层立法联系点开通了最高立法机关和基层人民群众之间的"直通车"，使老百姓的心声能更快、更准确地体现在立法中。坚持开门立法，是改革立法工作的一项重要举措。十二届全国人大常委会期间，有65次法律草案公开征求意见，其中刑法修正案（九）草案二次审议稿收到意见达11万多条。在《中华人民共和国民法总则》的立法过程中，我国先后组织数十场专家咨询会，形成了百万字的专家咨询报告。开门立法，汇聚民智，大大提升了立法质量。

政府是执法主体，约有80％以上的法律法规主要由行政机关负责实施。能不能建成法治国家，关键在于各级政府能不能严格依法行政。严格依法行政，必须深化执法改革。执法改革的总体要求和目标是：创新执法体制，推进综合执法，建立权责统一、权威高效的依法行政体制。

围绕执法改革的目标要求，近年来，我国大力推行政府权力清单制度和执法责任制度；强化内部监督、专门监督、审计监督；全面推进政务公开，坚持以公开为常态，不公开为例外；大力转变政府职能，实行简政放权。十八大以后的五年间，国务院部门累计取消行政审批事项600余项，"非行政许可审批"概念成为历史；国务院各部门设置的职业资格削减70％以上，中央层面核准的投资项目数量累计减少90％，这大大优化了政府管理，激发了社会活力。党的十九届三中全会对深化行政执法体制改革进行了全面部署。全会决定整合组建市场监管综合执法队伍、生态环境保护综合执法队伍、文化市场综合执法队伍、交通运输综合执法队伍、农业综合执法队伍。① 这是

---

① 见《中共中央关于深化党和国家机构改革的决定》，《人民日报》，2018年3月5日。

在行政执法体制方面所进行的一次系统性、整体性和重构性改革。

在法治内部的改革中，司法体制改革始终是一项重点工程。要消除各种司法不公、司法腐败的深层次原因，必须深化司法体制改革。我国的司法改革，从新中国成立以后就开始了。新中国成立初期的司法改革运动有得有失。改革开放以后的司法体制改革始于20世纪80年代。司法体制的改革是一项系统工程，涉及方方面面。党在十八大以后，进一步明确了司法体制改革的主攻方向，就是以司法责任制改革为切入点，发挥牵一发动全身的功效，带动整个司法体制改革向纵深推进。紧紧牵住司法责任制这个牛鼻子，建立司法人员员额制度。司法责任制是司法体制改革的基础性标志性改革措施。

随着司法责任制改革的推进，其他各方面改革举措全面推开。坚决向内设机构开刀，"拆庙减官"，大大增加一线办案力量；健全司法人员职业保障，推动省以下地方法院检察院人财物统一管理；探索设立跨行政区划的人民法院和人民检察院；最高人民法院设立巡回法庭；探索建立检察机关提起公益诉讼制度；推动以审判为中心的诉讼制度改革，等等。新一轮司法领域触及灵魂的自我革命已经全面展开。

全面推进依法治国，建设社会主义法治国家，不仅要对法治自身进行改革，还必须全面深化各领域的改革，特别是深入推进政治体制改革。

要建设社会主义法治国家，必须加强社会主义民主政治建设，而加强民主政治建设的过程就是政治体制改革的过程。政治体制改革的政治意义是建设高度民主，其法律意义是实现从人治向法治的转变，从而真正树立宪法和法律的权威。法治建设以政治体制改革为"龙头"，政治体制改革是民主建设的必由之路，也是法治建设的必由之路。从根本上说这是因为，政治体制不同，权力结构及其活动方式不同，对法的需求程度及其法发挥作用的大小也就不同。体现权力结构和活动方式的政治体制是法律发挥作用的前提,法律作用的大小、价值的有无,都取决于政治体制能给它提供多少条件。如果政治体制是民主的,就必然要求用统一的法律规范人们包括权力行为在内的各种行为。如果政治体制是专制的,人的随意性就可能取代法律的统一性。无论是特权、人治还是以言代法、以人代法、以权压法,这些现象之所以能存在都是因为存在一种可以超越和左右法律的政治权力。而这一问题的解决只能通过政治体制改革才能实现。

关于政治体制改革的必要性和紧迫性,邓小平、彭真等老一辈革命家早在20世纪80年代就作出过精辟的论述。

1986年9月至11月,邓小平在关于政治体制改革的多次谈话中明确指出:"我们提出改革时,就包括政治体制改革。现在经济体制改革每前进一步,都深深感到政治体制改革的必要性。不改革政治体制,就不能保障经济体制改革的成果,不能使经济体制改革继续前进,就会阻碍生产力的发展,阻碍四个现代化的实现。"[①] 他强调:"我们所有的改革最终能不能成功,还是决定于政治体制的改革"[②] "改革,应该包括政治体制的改革,而且应该把它作为改革向前推进的一个标志"[③] "我们越来越感到进行政治体制改革的必要性和紧迫性"[④],必须积极稳妥地推进政治体制改革。早在1980年8月,邓小平在中央政治局扩大会议上发表《党和国家领导制度的改革》的重要讲话中,就系统地总结了党和国家领导体制和领导制度建设方面的经验和教训,分析了现存的诸如权力过分集中、官僚主义、机构臃肿、人浮于事、干部人事制度等方面的重大缺陷以及当时存在的民主与法制不健全等弊端及其产生的原因,提出了政治体制改革的任务,吹响了我国政治体制改革的号角。

邓小平关于政治体制改革的论述中,还有一个重要的思想,即

[①②③④] 《邓小平文选》第三卷,人民出版社1993年10月版,第176、164、160、179页。

"要通过改革，处理好法治和人治的关系"。① 这一论述告诉我们，政治体制改革的一项重要任务是解决好法治和人治的关系，而解决好法治与人治的关系，又必须进行政治体制改革。

1986年9月，彭真在各省、自治区、直辖市人大常委会负责人工作会议上指出，人大监督取决于政治体制改革。六届全国人大常委会五年工作报告中也说：六届全国人大常委会在行使监督方面，距离宪法的规定还有相当大的差距，而"监督问题的根本解决，则有待于政治体制改革的深化"。② 这是最高国家权力机关首次在正式文件中作出这样明确的表述。

中国的政治体制改革在20世纪80年代提出之后，党的历次代表大会报告都有对政治体制改革的专门论述。党的十九大报告再一次释放出我们党"积极稳妥推进政治体制改革"的信号。③

改革开放以来，中国的政治体制改革循序渐进，不断深化，已经走过了40多个年头，并不断取得明显成效。有人说，中国是先搞经济体制改革，后搞政治体制改革，并认为这是中国改革的一大优点和规律，这不符合历史事实。实际上，政治改革、政治体制改革始终是与改革开放同步的。解决"四人帮"的问题，纠正极左错误，实现工作重心转移，平反冤假错案，明确历史上的功过是非，都属于政治领域的重大变革。没有这些变革，怎么能有经济改革，怎么能有后来的大好局面？恢复与发展社会主义民主与法制，包括恢复与健全人大制度、检察院制度，历次机构改革，行政管理体制改革，废除领导职务的终身制，实行干部任期制以及监察体制改革，等等，都属于政治体制改革的重大举措。特别是依法治国的基本方略的提出，开启从人治

---

① 《邓小平文选》第三卷，人民出版社1993年10月版，第177页。
② 《人民代表大会工作全书》，中国法制出版社1999年版，第571页。
③ 习近平：《决胜全面建成小康社会　夺取新时代中国特色社会主义伟大胜利——在中国共产党第十九次全国代表大会上的报告》，《人民日报》，2017年10月28日。

走向法治的新征途，实现了党的执政方式的重大转变，更是重大的政治体制改革。党的十八届三中全会作出的改革部署，政治体制改革占有很重的分量，全会提出的国家治理体系和治理能力现代化的改革目标，首先是政治体制改革要实现的目标。近年展开的国家监察体制改革，特别是党的十九届三中全会部署的党和国家机构改革，是新一轮重大的政治体制改革。在全面深化各领域改革中，政治体制改革是发挥重要基础和支撑作用的重大改革，改革为法治建设进一步铺平了道路。在改革的序列中排出先后，认为经济体制改革在前，政治体制改革在后，并把这种认识上升为所谓"规律"，这既不符合客观实际，也是极不利于改革发展的。

我们所讲的政治体制改革，是在巩固和完善我国基本政治制度的前提下，对其具体运行体制机制中不相适应的部分进行的改革，而不是改变现有的基本政治制度，不能将我国基本政治制度与其具体运行的政治体制混为一谈。改革不能离开中国国情，决不能照搬西方，决不能搞破坏国家法制和安定团结的"大民主"。这是确保我国政治体制改革方向正确的大前提，大原则。

中国政治体制改革必须按照渐进式改革的思路来推进。渐进式改革思路所持的基本态度是积极稳妥，方式方法是循序渐进，是有步骤、有秩序地向前推进。说有步骤、有秩序的推进，也就意味着，政治体制改革离不开法治的推动、规范和保障，不能脱离法治的轨道。

积极稳妥，首先要积极。中国必须改革，不改革死路一条，改革当然包括了政治体制改革，不改革就是封闭僵化的老路，这条路是死路一条。实际上，这些年来，人们最关心的改革还是政治体制改革。每开一次党的代表大会，大家都十分关注在政治体制改革问题上中央会释放出什么信号。政治体制改革必须大力推进，不能停顿，也不能往将来推。如果停顿了，我们在很多领域的体制性改革就会阻力重重。同时要稳妥。政治体制改革牵一发而动全身，需要考虑的因素和问题很多，因此我们需要审慎进行。

政治体制改革只能循序渐进，有步骤有秩序地向前推进，这是我国改革不断取得成功的重要经验。世界上不少国家搞政治改革，实行民主化，照抄照搬西方国家，原来没有这个基础，突然放开，一步到位，结果造成政治失序，社会动荡。我们绝不能走这个路子。

全面推进依法治国，努力建设法治国家，依赖于、期待于政治体制改革的不断深化。法治建设的"破隘闯关"，在很多方面涉及政治体制改革的深层次问题，只有对政治体制进行改革，中国特色社会主义法治道路才会越走越宽广。

政治体制改革，是近三四十年来的世界热门话题。政治体制改革改什么？怎么改？这是世界上大多数非西方国家和发展中国家并没有解决好的问题。从这些国家的改革中，我们可以总结汲取诸多教训。

一是脱离本国国情，迷信和照搬西方民主。一方面，以美国为首的西方国家，极力推销和输出自己的政治模式，大力实施"西化"战略，极力推行"第三波民主化"①和"大中东计划"②，到处发动"颜

---

① "第三波民主化"的概念由美国学者亨廷顿在其《第三波：20世纪后期的民主化浪潮》一书中提出。基于对战后国际民主化的观察和研究，亨廷顿将始自1974年葡萄牙、西班牙的民主改革以及随后遍及东亚、南美、东欧一系列国家的政治变革称为民主化的"第三波"。"第三波民主化"已经成为专指1970年代以来席卷全球的民主化浪潮。如何认识和评估"第三波民主化"，争论始终没有停息。参见丛日云：《亨廷顿的"第三次民主化浪潮"理论》，《国外社会科学》，1998年第4期。

② "大中东计划"由美国总统布什2002年6月提出。所谓"大中东"，除了从北非到西亚的22个阿拉伯国家之外，还包括土耳其、伊朗、巴基斯坦、阿富汗以及中亚与高加索地区，属全球伊斯兰的心脏地带。此计划实质上是美国对该地区国家的政治、经济、社会和文化进行全面改造的计划，是美国政府"民主改造中东战略"的核心组成部分。参见《"大中东计划"》，《环球时报》，2004年6月14日。

色革命"①。另一方面，大量发展中国家和非西方国家，把美式民主奉为"济世良方"，脱离本国国情，对其盲目移植照搬。美式民主是一种什么样式的民主呢？美国政治学家罗伯特·达尔提出，必须具备一定要素，才能算是民主国家。这些要素是：选举产生官员、自由定期选举、言论自由、多种信息来源、独立社团、公民参与。② 美国提出这些东西，完全是从美国国情出发的，很多是在美国现代化完成以后才实行的，其对美国适合，对其他国家特别是对大量落后国家并不适合。有学者说，民主是个好东西，但优质的民主才是真正的好东西。还应加上一句话，只有适合本国国情的民主才是好东西。不能抽象、笼统谈民主，民主有品质的优劣。只有能够带来国家兴盛、人民幸福的民主才是优质民主，那种只会使国家四分五裂，社会动乱不堪的民主就是劣质的民主。而民主是优是劣，一个核心判断标准就是看这种民主是不是符合本国国情。大量非西方国家、第三世界国家，特别是东欧国家和非洲落后国家离开本国国情，迷信和照搬美式民主，其结果一个比一个糟糕，不少国家从希望到失望，从失望到绝望。

二是把民主等同于选举，过度迷恋选举，使民主演变成"选举游戏"，使社会演变为"选举社会"。美式民主有一项明确的主张，即实行民主就必须搞竞选，否则就不是民主国家。罗伯特·达尔提出的六要素，前两个要素都是选举。西方政治社会一般都把民主主要定位在"选举民主"（"程序民主"）和多党竞选制度。民主=竞选，这已成为西方国家的基本政治公式和盛行于西方的"民主教条"。竞选成了政

---

① "颜色革命"是指20世纪末期开始发生在中亚、东欧独联体国家的一系列以颜色命名、以和平非暴力方式进行的政权变更运动。这一运动跨越欧亚非三大洲，有向其他地区广泛漫延的趋势。以美国为首的西方国家，通过发动"颜色革命"，大力实施"民主扩展"与"和平演变"战略。参见张志洲：《"颜色革命"的深层原因与教训》，《人民日报》，2015年6月14日。

② 罗伯特·达尔：《多元主义民主的困境》，求实出版社1989年版，第11页。

治生活的主要内容，一些国家和地区一年中的大部分时间都在搞竞选。各政党、各政治集团、各利益集团都在绞尽脑汁经营竞选，没有上台的希望通过竞选上台，竞选获胜的一上台又开始谋划下一次竞选。民众也总是希望通过竞选选出一个好总统和一届好政府。但选来选去，选举获胜的有许多是精于投机的政客人物。大量非西方国家、第三世界国家在迷信和照搬西方民主时，当然首先也是迷信和照搬竞选。结果又怎样？东欧国家二三十年没有选出一位优秀的政治家，在大量落后国家中，贿选盛行，国家因为竞选陷入混乱，社会因为竞选产生撕裂，种族、部落矛盾因为竞选进一步加深，这些国家深受民主教条主义之害。把竞选等于民主，这是一个世界性的政治误导，谁上当，谁吃亏。选举制度是民主政治制度的一项重要内容，是政治文明进步的一个重要标志，但不等于民主政治。竞选是选举的一种重要形式，但竞选依赖于一定的环境和条件，离开环境和条件，时时处处搞竞选、什么情况下都搞竞选也是不行的。公司不能靠一人一票来选CEO，军队不能靠竞选来选司令官。国家完全依靠竞选来产生优秀的领导人，也是一件很难的事情。中国主张选举民主与协商民主紧密结合，在不断完善民主选举的同时，不断完善"选贤任能"的民主协商机制，这是产生于中国国情的中国智慧。普京是俄罗斯人比较认可的一位领导人，普京当了总统当总理，当了总理又当总统，形式上是选举，这当中也会有协商。

三是听信"休克疗法"，一步放开"民主化"。美国人为推销自己的政治模式，为其大量追随者设计了改革的"休克疗法"。东欧国家、大量的第三世界国家照此办理，在政治改革上追求一步到位，一下子放开民主化，结果付出了沉重的代价，国家不是解体就是陷于混乱。原因何在呢？因为这些国家中经济、文化、社会、教育、法治普遍落后，没有比较成熟的不受政治社会过多左右的市场经济体系，没有比较成熟的市民社会和社会自我调节系统，没有比较成熟的法律体系，同时，中产阶级没有成为社会的主体，这些国家也缺乏数量充足、能够支撑各主要行业运行的精英阶层。没有这些条件，一步放开民主化，国家和社会必然乱套。如果这些条件具备了，不论怎么闹民主，不论怎么搞竞选，不论谁上台，经济、社会都不会停止基本的运转，国家都不会出现大的混乱。美国等西方国家大搞竞选，几乎每天都有游行示威，白宫吵翻天，国家社会照常运转，因为他们早就具备了以上条件。他们是在实现现代化具备以上条件后才搞一人一票的竞选和放开民主化的，他们却要求落后国家也这样做。不具备这些条件的国家听信他们这样做，结果必然乱套。

认真研究近几十年来世界各国政治体制改革的经验教训，我们将会获得人类政治文明进程中的一笔宝贵财富。在政治体制改革中，拨开西方民主的迷雾，打破西方民主的教条，科学认识民主及民主进程，坚持一切从本国国情出发，坚持改革循序渐进，这就是我们从总结各国政治体制改革中所受到的重要启示和得出的基本结论。

第十一章　法治良序

一、总抓手·总格局·总目标

建设法治中国，有必要提出"法治良序"的概念。

法治良序，指的是这样一种状态：治党治国治军、内政外交国防、改革发展稳定都在法治轨道上运行，一切治国理政和社会治理的重大问题都用法治思维和方式去解决，科学立法、严格执法、公正司法、全民守法交汇于社会公平正义有序推展，办事依法、遇事找法、解决问题用法、化解矛盾靠法形成健全的机制并成为全社会的自觉行动。法治良序就是这样一种全面依法治理的秩序状态。

建设法治中国是构建法治良序的目标取向，法治良序是法治中国的表现形态。建设法治中国，必须着力构建法治良序。没有法治良序，就没有法治中国。

依法治国的顶层设计，明确了建设法治中国和构建法治良序的总抓手、总格局和总目标。

全面推进依法治国，构建法治良序，总揽全局、牵引各方的总抓手就是建设中国特色社会主义法治体系。依法治国各项工作都要围绕这个总抓手来谋划、来推进。① 总抓手就是"牛鼻子",也就是工作的主线条。

中国特色社会主义法治体系是一个内涵十分丰富的有机整体,这个法治体系的构建,具体推展为五个方面的体系建设。一是完备的法律规范体系建设。完备的法律规范体系是法治体系的第一要素,主要包括宪法法律、行政法规、行政规章、各类地方性法规在内的法律规范体系。根据宪法和法律所制定的市民公约、乡规民约、行业规章、团体章程等社会规范起着重要的辅助作用。二是高效的法治实施体系建设。徒法不足以自行,法律的有效实施,是全面推进依法治国的重点和难点。建设高效的法治实施体系,要求着力构建以宪法实施为核心的执法、司法、守法等方面的制度机制,不断深化法治实施的制度创新,努力加强法治实施的能力建设和队伍建设。三是严密的法治监督体系建设。严密的法治监督是全面依法治国的关键所在。构建严密的法治监督体系,要求把各方面监督贯通起来,增强监督合力,实现监督的全面覆盖和权威高效。四是有力的法治保障体系建设。这是依法治国的重要标志和依托,缺乏保障的法治是靠不住的,没有支撑的,法治保障包括依法治国的思想保障、政治保障、制度保障、组织保障和物质条件保障等多方面的保障,其中任何一种保障都不可或缺。五是完善的党内法规体系建设。② 将党内法规体系建设纳入整个法治体系建设,是一大创新、一大优势和一大特色。以上五大体系是中国法治体系的五大支柱,缺一不可,其共同构成中国特色社会主义法治的完整体系。这五个体系建设的全面推展,使中国特色社会主义法治体系建设这个总抓手转化为具体抓手,实现落地生根,转化为全

---

① 习近平:《关于〈中共中央关于全面推进依法治国若干重大问题的决定〉的说明》,载《中共中央关于全面推进依法治国若干重大问题的决定》,人民出版社2014年10月版,第50—51页。

② 《中共中央关于全面推进依法治国若干重大问题的决定》,人民出版社2014年10月版,第4页。

面的法治实践。

与总抓手紧密联系的是总格局。全面依法治国、构建法治良序的顶层设计,既要有总抓手,也要有总格局。总抓手明确牵引主线,总格局围绕主线实现面上工作一盘棋。全面依法治国、构建法治良序的工作总格局,是由这样三个方面的总体考虑构成的:共同推进依法治国、依法执政、依法行政;一体建设法治国家、法治政府、法治社会;实现科学立法、严格执法、公正司法、全民守法。①

提出"共同推进""一体建设",首先是因为相关各方面在许多基本点上是"共同"的,它们具有价值取向、原则要求上的高度一致性;同时也是因为它们在许多基本方面又是"一体"的,具有运行机制、运行规则的紧密关联性。这就决定了它们之间的内在统一和紧密结合。它们相互融合,相互促进,相互依赖,相辅相成,共生共长,缺一不可。因此,在运行上它们之间是不可分割的,必须通盘谋划、共同推进、一体建设,一张蓝图、分头施工。这样,才能防止工作"碎片化"和"缺胳膊少腿"现象的出现,确保依法治国一盘棋的全面推进。"共同推进,一体建设",体现了我们对全面推进依法治国的规律的认识和把握。

强调科学立法、严格执法、公正司法、全民守法,这既是对过程提出的要求,也是对目标提出的要求。四项要求涵盖了法治建设的全部流程和各主要环节,明确了各主要环节的基本要求和规格标准。在立法环节,必须坚持科学立法,同时要坚持民主立法、依法立法,提高立法质量,确保良法之治;在执法环节,行政机关必须严格、严明和严肃地执行国家法律,严格坚持执法标准,严明执法纪律,严肃履行执法责任,确保公正执法和文明执法;在司法环节,必须坚持公正

---

① 《中共中央关于全面推进依法治国若干重大问题的决定》,人民出版社2014年10月版,第4页。

司法，努力让人民群众在每一个司法案件中感受到公平正义；在守法环节，要努力使全体公民都成为社会主义法治的自觉遵守者和坚决捍卫者，特别是要解决好领导干部带头守法的问题。法治国家、法治良序的目标在哪里落脚？在法治建设的各主要环节落脚。

集过程与目标要求于一体的科学立法、严格执法、公正司法与全民守法，也是我国新时期法治建设的基本方针。党的十一届三中全会提出"有法可依、有法必依、执法必严、违法必究"的十六字方针。党的十八届四中全会《决定》在过去十六字方针的基础上提出新的十六字方针。新老十六字方针在基本精神上是一脉相承的。相对而言，新十六字方针的要求更加全面、更加明确和定型，任务和目标也更加刚化。但这并不意味着老的十六字方针就过时了。在按照新十六字方针推进法治建设的过程中，我们仍然要坚持强调有法可依，有法必依，执法必严，违法必究。

总抓手，总格局，对准的是总目标。

全面推进依法治国，总目标是建设中国特色社会主义法治体系，建设社会主义法治国家。① 这一规定说明，全面推进依法治国的总目标，是由法治体系、法治国家两个层次的目标构成的。建设中国特色社会主义法治体系，既是目标，又是重点工作和总的抓手。建设社会主义法治国家才是最终的目标。

"社会主义法治国家"与"法治中国"的表述在本质上是一致的。2013年1月，习近平在做好新形势下政法工作的批示中提出"法治中国"建设，② 其后来载入十八届三中全会《决定》。"法治中国"目

---

① 《中共中央关于全面推进依法治国若干重大问题的决定》，人民出版社2014年10月版，第4页。

② 《法治中国，走向更美好的明天——党的十八大以来我国全面推进依法治国综述》，《人民日报》，2017年8月18日。

标的提出，是对建设法治国家目标的进一步明确和强化，更鲜明地体现了党和国家厉行法治的信心和决心。当然，它在本质上、基本内涵上是与"法治国家"相一致的。近年来，在一系列重要文件和讲话中，法治中国、法治国家、法治政府、法治社会成了高频词，在此基础上，我们党还进一步提出了依规治党、法治军队等目标概念。这些概念的提出，大大强化了我们对全面依法治国目标的认识。

全面依法治国，全面深化改革，是"四个全面"战略布局中的两大姊妹篇。从过程上看，二者是同步实施、同步推进的；从目标上看，全面依法治国的总目标与全面深化改革的总目标是相适应、相统一的。这就决定了，一方面，必须通过改革的深化来全面落实依法治国，努力建成社会主义法治国家；另一方面，必须运用法治的力量来闯关夺隘，为深化改革保驾护航，以加快实现国家治理体系和治理能力现代化。

法治建设的总目标服从和服务于新时代中国特色社会主义的总要求、总目标。在党的十九大报告提出的"十四个坚持"[①]中，第六个坚持即"坚持全面依法治国"，这高度概括了党的十八大以来关于法治建设最重要的思想成果、制度成果和实践成果，构成了新时代全面推进依法治国的重要指导思想。其他十三个坚持，特别是坚持党的领导、坚持以人民为中心、坚持人民当家作主、坚持社会主义核心价值体系等，也都是新时代法治建设的重要指导思想。新时代、新思想、新征程，赋予了全面推进依法治国总目标新的思想内涵和新的任务使命，对全面依法治国提出了更高要求，法治建设要更好地服从和服务于新时代中国特色社会主义的宏伟事业。

我国法治建设的目标设计是十分严密的，是高水准的，我们要建

---

① 习近平：《决胜全面建成小康社会 夺取新时代中国特色社会主义伟大胜利——在中国共产党第十九次全国代表大会上的报告》，《人民日报》，2017年10月28日。

设的社会主义法治国家是世界上最先进的法治国家。这个目标不是镜花水月,而是具有现实的基础;不是遥遥无期,而是具有明确的时间表。

按照党的十九大的部署,在全面建成小康社会以后,建设社会主义法治国家的目标分两个阶段来推进。

第一阶段,从 2020 到 2035 年,奋斗十五年,"法治国家、法治政府、法治社会基本建成,各方面制度更加完善,国家治理体系和治理能力现代化基本实现"。① 这个目标与"基本实现社会主义现代化"的目标是相适应的。对于其中的"法治政府"要求更高,党的十八大报告就明确提出,到 2020 年实现全面建成小康社会目标时,要基本建成法治政府。可见法治政府建设的任务更繁重。

第二阶段,从 2035 年到本世纪中叶,再奋斗十五年,"把我国建成富强民主文明和谐美丽的社会主义现代化强国。到那时,我国物质文明、政治文明、精神文明、社会文明、生态文明将全面提升,实现国家治理体系和治理能力现代化"。② 十九大报告虽未明确用"建成社会主义法治国家"的表述,但报告中"政治文明全面提升""实现国家治理体系和治理能力现代化"的表述,体现了法治国家的实质内涵,因此实际指明了"建成社会主义法治国家"的目标定位,同时"现代化强国"也就意味着"法治国家"。

因此,在全面建成小康社会以后,我们要用十五年时间基本建成社会主义法治国家,再用十五年建成社会主义法治国家。从新中国成立到本世纪中叶,除去 1957 年至 1976 年的二十年,认真抓法治(制)的时间前后约为八十年。如果目标预期实现,一个世界上人口最多的国家用几十年时间就建成了现代法治国家,这将是人类政治文

---

①② 习近平:《决胜全面建成小康社会 夺取新时代中国特色社会主义伟大胜利——在中国共产党第十九次全国代表大会上的报告》,《人民日报》,2017 年 10 月 28 日。

明史上的一个奇迹。

两个十五年,将是中国法治建设扬鞭蹄疾、奋力冲刺的两个十五年,是闯关夺隘、破冰前行的两个十五年,也一定是法治中国建设灿烂辉煌的两个十五年。

2020年11月,党的历史上首次中央全面依法治国工作会议召开,这次会议将习近平法治思想明确为全面依法治国的指导思想。习近平发表重要讲话,对当前和今后一个时期推进全面依法治国要重点抓好的工作提出了11个方面的要求①,使我们实行全面依法治国的目标和任务更加明确。2021年1月,中共中央印发《法治中国建设规划(2020—2025年)》,进一步细化了近五年法治中国建设的各项任务和措施。

从目标来看,我们要建设的社会主义法治国家,是人类历史上最优品质的法治国家。富强、民主、文明、和谐、美丽的社会主义现代化强国必然是最优品质的法治国家。什么叫"最优品质"?怎样才能够得上"最优品质"?按照法治国家的一般要求,结合中国的实际国情,我们要建设的社会主义法治国家,必须具备以下基本要素:

法律至上。坚持宪法法律至上,切实树立宪法和法律的极大权威,这是社会主义法治国家的首要标志和最基本的要素。中国过去的法制建设有很多教训,最根本的原因在于没有把宪法法律的权威真正树立起来,甚至是"根本大法,根本无用"。全面推进依法治国,建设社会主义法治国家,必须对权威有一个正确的认识,在全社会真正树立起宪法和法律的权威。我们要牢记邓小平的告诫,绝不能把党和国家的前途命运主要寄托在一两个领导人的个人身上,而是要运用法

---

① 《人民日报》评论员:《坚持习近平法治思想——论学习贯彻习近平总书记在中央全面依法治国工作会议上的重要讲话》,《人民日报》,2020年11月20日。

律制度来构筑党和国家长治久安的坚实堤坝。我们讲宪法、法律至上，同时也就是在讲必须树立起法治信仰。建设法治国家意味着树立起全民族坚定的法治信仰。法治信仰不仅是法治国家建设的精神支柱、思想动力和文化力量，而且是整个法治国家的精神要素和灵魂所在。精神要素是在各种要素中起支撑和统领作用的要素，缺少了它法治就缺少了精气神。因此，必须把培育法治信仰作为建设法治国家的基础工程。

人人平等。坚持法律面前人人平等，既是法治国家的重要标志，也是厉行法治的基本原则。法治社会无法外之人，无法外之地，任何组织和个人都必须遵守宪法和法律，都不能置身法外或凌驾于法律之上。法律对每一个人实行平等保护，平等制裁，没有给予任何人法外特权。法律既不袒护强者，也不欺负弱者。平等是资产阶级在革命时期提出的重要口号，革命胜利以后，平等由口号转化为制度，成为与封建专制相区别的根本标志。法治的基本价值是公平正义，公平正义的基本尺度是人人平等。讲公正必须首先讲平等，公正的前提是平等，本质也是平等。没有人人平等，就没有公平正义，离开公平正义，就没有现代法治。建设社会主义法治国家，必须坚持法律面前人人平等的基本原则。

良法之治。实行法治，须有良法，法治就是良法之治，没有良法，则无善治。建成法治国家的首要前提是要有一个科学完备的法律体系。一流的法治国家，必须首先具有一流的法律体系。其不仅要制定大量的法律，所有的法律还必须是优质的。优质立法首先要充分体现民意，符合客观规律；同时严密、统一、配套，不能有漏隙，也不能划领地。我们要坚决防止立法上的政出多门，坚决反对地方保护主义和部门保护主义，反对立法上的随意性。建设社会主义法治国家，首先要建立一个更高水准的法律体系。

法治政府。建设法治国家，法治社会，首先要建设法治政府。政府掌握重要资源，处在执法的关键位置，政府严格执法，才有全社会的依法治理。政府如果不依法办事，为所欲为，横行霸道，这个社会一定不可能是法治社会。行政专横是法治的天敌，依法行政是法治的前提。要坚决防止政府权力膨胀和脱缰，坚决反对政府擅权和选择执法、懈怠执法、徇私执法、扭曲执法、越权执法。

司法公正。公正司法是法治国家的突出标志和鲜明符号，是社会公平正义的最后防线。一个司法不公、冤狱充斥的社会是根本谈不上法治的，司法不公导致公平正义的直接损伤，导致法治的全线崩溃。司法是公正还是不公正是通过每一个案件来体现的，是老百姓通过每一个案件来感知的，因此要坚决杜绝办人情案、关系案、金钱案、等级案，坚决惩治司法腐败。既要保证依法独立行使审判权和检察权，又要对司法权力进行严格的监督约束。

法治信任。法治国家、法治社会意味着全体社会成员忠实地用法、坚决地护法和自觉地守法，这就要求我们不断提升全民的法治素养，不断丰富社会法治文化，而最根本的是使全体社会成员建立起对法治的充分信任，普遍具有对法治的信仰。没有对法治的信仰，法律就缺乏信誉，就没有尊法、用法、护法和守法。在一个人们根本不信法，无视违法成本的社会中，是根本谈不上法治的。培育法治信任是建设法治国家的基础工程，领导机关和领导干部带头守法是培育社会法治信任的关键措施。

权力制约。法治的基本功能是约束政治权力，保护人民权益。只有把权力关进制度的笼子里，实现对政治权力的有效制约，保证各种权力依法行使，才能最终实现对人权的保护。厉行法治的关键是依法治官，依法治权。管不住权力，就管不了社会。在法治面前，只有法本位，没有官本位。要坚决杜绝官员不守法、弄权毁法、以权压法、徇私枉法的现象。坚决惩治权力腐败，是法治的关键战役，是最有力量的法治。

社会诚信。诚信是做人的基本品质，也是法治社会的道义基础，法律中的很多问题，都是诚信问题，贯穿基本法律关系的形成和维系中的基本要求就是诚信。因此，法治国家的基本要素中，必然且必须包括社会诚信。在一个诚信缺失、欺上瞒下、到处是假冒伪劣和"老赖"横行的诚信空心社会里讲厉行法治，是一件不可思议的事情。建设社会主义法治国家，必须夯实社会道义基础，在全社会形成诚信守法的自觉习惯和良好风气。

综上可见，法律至上、人人平等、良法之治、法治政府、司法公正、法治信任、权力制约、社会诚信，既是现代法治的基本标志，也是社会主义法治国家的必备要素。这些要素缺一不可，只有同时具备才能称得上社会主义法治国家。

研究和提出法治国家的必备要素是具有重要意义的，既帮助我们明确了法治国家的规格和标准，也实际指出了建设法治国家必须清除的障碍和顽疾。有哪些障碍和顽疾呢？一是法治权威缺失；二是等级特权；三是治无良法；四是行政专横；五是冤狱无治；六是法无信任；七是权力腐败；八是诚信缺失。这八个方面是中国法治的"八忌"，也是中国法治的"八害"。不破不立，不止不行。努力建设法治国家，破和立、止和行的工作必须同时进行。

二、良法善治与公平正义

建设法治中国，构建法治良序，有一个评价标准问题。我们当然可以说，明确了法治国家的基本要素，就已经明确了总的标准。我们也可以说，科学立法、严格执法、公正司法、全民守法的提出，也已经明确了总的标准。但是，这个标准还需要具体化。

只有进行具体化，才可以对法治建设实际成效进行如实的评估。比如，只有对立法、执法、司法、守法四个环节都设定具体的指标体系，才能检验其实际状况，这是一种从主要环节入手的思路。另一种思路就是从法治的功能入手来考虑评价问题，一是看对权力的规范和约束是否到位，权力滥用是否得到了有效控制；二是看对人权的保障是否到位，各种侵权行为是否得到了及时、公正的纠正；三是看社会秩序和公共安全状况是否良好，保障机制是否健全，社会风险防控体系是否形成并有效运行。

还可以有多种角度。但无论哪种角度，都要立足于人民群众的评价。人民群众的角度，老百姓的角度，是最重要的角度。

老百姓怎么看法治呢？其实很简单，就是两个字：公正。也就是说，老百姓对于法治的评价高低在于其能否从中感受到公平正义。有没有法治良序，核心是有没有公平正义。

制定的法律好不好，要看法律的规定公不公，老百姓的利益在法律中看不看得见。一些立法体现部门利益，不拿老百姓的利益当回事，老百姓当然有意见。过去一些关于收容、拆迁的规定，剥夺老百姓的自由，忽视老百姓的权益，老百姓当然要反对。

执法严格不严格，老百姓是有判断的。行政机关要坚决杜绝选择执法、扭曲执法、徇私执法、懈怠执法、越权执法。特别是选择执法，选择不同的对象、不同的尺度，严重损害了执法的严肃性和公正性。一些政府部门，一方面清理和下放行政审批事项，另一方面又变相回收行政审批事项，千方百计要把权力控制在自己手中。一些部门和干部，总是希望更多的人来求他们，什么事情都要向他们汇报，该管的不管，不该管的使劲管。有些人是以父母和子女的关系、施恩者与受惠者的关系来看待政府与人民的关系的，并总喜欢以"父母官"自居，在老百姓面前"官气"十足，有的越没有水平官气越大，有的越年轻套话越多。最令人反感的是说一套做一套，说是公正，但对不同的人不同的处理，不同的单位不同的对待。这样的部门和官员，当然是少数。尽管是少数，其却严重地损害了执法的严肃性和公正性，损害了政府的公信力。

司法公正不公正，老百姓也是能感受到的。近年来，各级司法机关为追求和实现司法公正付出了很大努力，并取得明显成效。但不能回避的是，司法活动中有违正义、有失公平、有悖平等的现象仍然较为突出。司法没有完全摆脱利益以及其他社会因素的影响,"关系案""人情案""身份案""等级案"仍有存在,司法腐败现象时有发生。在老百姓中经常有一种议论,某某人贪污二三十万判了十年八年,某某人贪污几百万甚至上千万也只判了十几年。类似这种议论几十年前就有,直到今天仍然有。同一个话题在几十年不绝于耳,是应当引起重视的。从二三十万到几百万甚至上千万的不同贪污数额,对应同一个刑期,这在老百姓那里实在是难以解释。老百姓判断司法公正不公正,是从每一个司法案件出发的。老百姓虽不是法官,但不要忘了,老百姓是善于对同类案件进行比较的,一比就比出了公正不公正。同吏治腐败一样,司法腐败也是极端的腐败。为什么极端,就因为它对公平正义带来了致命的破坏。

正义是法律的灵魂,公平是法治的生命线。公平正义也是老百姓判断法治优劣的第一标准。进入新时代,随着社会主要矛盾的变化,广大人民群众对于公平正义寄予了更多的期待。

建设法治中国,构建法治良序,必须适应我国社会主要矛盾的新变化和人民群众对公平正义的新期待,围绕立法体制的完善深入推进科学立法、民主立法、依法立法,围绕政府职能转变全面推进严格执法,为适应人民群众新要求努力提升司法公信力,切实解决法律失信、执法不严和司法不公等问题。

根据古希腊思想家亚里士多德的论述,"法治"包括两层基本含义:"已成立的法律获得普遍的服从,而大家所服从的法律又应该是本身制定得良好的法律。"① 这说明,法治就是"良法之治",只有良法,才能善治。

---

① 亚里士多德:《政治学》,商务印书馆2017年版,第202页。

"法律是治国之重器，良法是善治之前提。"① 党的十八届四中全会《决定》在中央全会文件中首次正式使用"良法"的概念，这充分说明了立法的重要，充分说明了提高立法质量的重要性。在现阶段，人民群众在意的已经不是立法有没有，而是其好不好，管不管用的问题。不是什么法都能治好国，不好的法律不仅不能治国，相反还会误国。我国当前立法中的问题，主要还是立法质量的问题，包括科学性、有效性不足，针对性、可操作性不强，部门化倾向突出，地方保护主义仍然存在等。实践经验告诉我们，依法治国越往前推进，越是要提高立法质量。立法工作永无止境，立法质量必居首位。

在我国社会主要矛盾发生变化以后，社会质量问题大大凸显，立法质量问题也被赋予了更重要、更丰富的时代内涵，这向立法工作乃至整个法治建设提出了更高要求。

社会质量问题是世界面临的共同问题。20 世纪 90 年代，欧洲国家针对经济与社会的协调发展问题，提出了"社会质量"的理论。他们提出的社会质量概念主要有 4 个维度：社会经济保障、社会凝聚、社会融合和社会赋权。社会经济保障是指人们获取可用来提升个人作为社会人进行互动所必需的经济资源和其他资源的可能性，包括收入保障、工作机会、居住条件以及教育、医疗、社会网络、可支配时间等。社会凝聚指向社会的团结和整合问题，强调通过个人、群体和社区的整合，最大限度地减少社会排斥和分化。社会融合关注的是人们在何种程度上可以实现个体平等的权利和价值以及获得来自制度和社会关系的支持和包容，减少社会排斥。社会赋权则指个人的能力水平和借助社会关系提高其行动能力的程度，其主要着眼点为发展公民积极参与公共事务所需的社会技能，强调人是作为发展的主体而存在，而非被动地接受慈善的客体。20 多年来，社会质量理论已逐步转化

---

① 《中共中央关于全面推进依法治国若干重大问题的决定》，人民出版社 2014 年 10 月版，第 8 页。

为广泛的社会实践，并已形成一整套社会质量的评价指标体系。社会质量理论所涉及的问题与我国主要矛盾变化以后社会建设中的民生问题、社会公正、社会诚信、民众参与等问题具有很大的关联性，其中的一些思路、对策和操作规程对于我国社会发展质量的提升不无借鉴意义和参考价值。[①]

社会质量问题的凸显，对社会的全面发展，治理体系和治理能力的提升提出了更高要求。这要求我们在发展理念中进一步强化"质量"意识，在发展目标中进一步强化"质量"标准，在发展过程中进一步强化"质量"监控，将"质量提升"贯穿到发展工作的各个方面。法治建设当然也要适应这一要求，特别是立法工作更要主动适应这一要求。

怎样才能提高立法质量？最基本的要求是三条：一要尊重规律，二要体现民意，三要依法进行。因此，必须坚持推进科学立法、民主立法、依法立法。科学立法的核心在于尊重和体现客观规律。要切合客观实际，坚持从国情出发，从需要解决的现实问题出发进行立法，立法工作既要具有预见性和超前性，又要增强针对性和实效性。民主立法的核心在于为了人民，依靠人民。这就要求我们要恪守立法为民理念，完善民主立法的制度机制，创新公众参与立法方式。我们还要强调依法立法，立法必须严格按照《中华人民共和国立法法》（以下简称《立法法》）的规定来进行，这是科学立法、民主立法的重要保证。科学、民主、依法立法是产出良法的重要途径和保障。

在推进科学立法、民主立法、依法立法过程中，要进一步落实立法体制机制改革的要求。要健全有立法权的人大主导立法工作的体制机制，建立由人大专委牵头组织起草重要法律草案制度以及重要立法事项第三方评估制度。明确地方立法权限和范围，依法赋予设区的市

---

① 杨泉明等著：《中国特色社会质量研究》（序），四川大学出版社2017年12月版，第2页。

地方立法权，禁止地方制发带有立法性质的文件。国家现行立法权限划分最深刻的变化是赋予地方以更大的立法权。2015年修改后的《立法法》，赋予所有设区的市以地方立法权。全国人大的修改决定还赋予广东省东莞市、中山市和甘肃省嘉峪关市、海南省三沙市4个不设区的地级市立法权。这就进一步扩大了地方立法权的行使主体，适应了各地改革发展对立法的需求。地方立法在促进经济社会发展中发挥了十分重要的作用。近年来，北京市把保证国家法律实施、促进首都科学发展、加强城市管理服务、保障公民合法权益、规范约束权力运行等方面的立法作为地方立法的重点，在推动科学发展方面制定了《城乡规划条例》《绿化条例》《湿地保护条例》《中关村国家自主创新示范条例》等地方性法规，成效显著。上海市的立法除了服务于建设具有全球影响力的科技创新中心，还以改革发展、民生改善、城市管理、社会治理以及民主法治建设为重点。广东省地方立法则把农村管理、土地管理、劳动关系和信访管理等作为近年立法的重点事项。①全国其他省、自治区、市，也都确立了自己的立法重点。

要进一步加强重点领域的立法。加快完善保障公民权利，体现权利公平、机会公平、规则公平的法律制度，加快完善社会主义市场经济、社会主义民主政治、社会主义文化发展、保障和改善民生、推进社会治理体制创新等方面的法律制度建设，加快构建国家安全法律制度体系，加快建立促进绿色发展、循环发展、低碳发展的生态文明法律制度。

为了确保立法工作质量，必须大力推进合宪性审查工作。在科学立法、民主立法基础上，增加依法立法的要求，并强调推进合宪性审查工作，这充分体现了对立法质量问题的进一步重视。合宪性审查以及各类规范性文件的审查备案工作，是维护宪法权威、确保立法质

---

① 陈俊：《彭真与中国特色社会主义法律体系的形成和发展》，《湖湘论坛》，2017年第3期。

量、保证良法善治的重大措施，必须作为刚性要求落实到位。

新时代赋予我国立法机关更重要的使命，立法机关也面临新的挑战和考验。我国立法体制机制改革的一个基本考虑就是人大主导立法和加强地方立法。这对人大系统的压力是不小的。最大的压力是队伍及其能力建设的压力，即如何尽快建设一支适应新要求的高素质立法工作者队伍。特别是地方立法主体大规模增加以后，各个立法主体普遍存在专门人才匮乏的问题。任务繁重，人手欠缺，形势逼人，这要求加快建设一支高素质的立法工作者队伍。我们既要加大力度培养引进专门人才，又要增加有法治实践经验的专职常委，建立健全立法专家顾问制度，多管齐下，力求快速提升。

从很大程度上说，社会公平正义的权柄是操在政府手中的。

政府是执法主体，政府是否严格执法，直接决定"良法"能不能走向"善治"，直接决定社会公正能不能兑现。

严格执法，依法行政，是人民主权原则的必然要求。政府执法必须遵循的基本理念是：政府处理公共事务的权力来自人民的授权；政府处理公共事务必须严格以法律为依据；政府只有依法行政、依法处理公共事务，其权力才具有合法性。全面推进依法治国，建设社会主义法治国家对政府提出的要求概括起来就是：深入推进依法行政，加快建设法治政府。法治政府的内涵和要素是：职能科学、权责法定、执法严明、公开公正、廉洁高效、守法诚信。

对于老百姓来说，政府的执法是具体的，是天天看得见的。

前些年中，有两部与老百姓直接相关的法律的执行状况出现两极分化。一部是《道路交通安全法》，其被誉为我国史上最严厉的道法；一部是《环境保护法》，它曾经被视为中国最不管用的法律。

道路交通管理是过去长期存在的一个老大难问题，特别是酒后驾车屡禁不止，导致大量交通事故和人员伤亡。通过前些年严厉整治，酒后驾车得到有效遏制，驾车不饮酒已成为人们的一个自觉习惯。对酒驾的整治，对《中华人民共和国道路交通安全法》（以下简称《道路交通安全法》）的严格执行，其意义并不只在于改善了交通安全状况，而是远远超出了实施一部具体法律的范畴，它是对"执法不严"难题的破解，是对法治权威的恢复和维护。

环境保护同样是一个过去长期存在的老大难问题。我们早在改革开放初期就颁布了《中华人民共和国环境保护法》（以下简称《环境保护法》），曾对这部法律的实施寄予厚望，有宣传，也有执法检查。但出于多种原因，特别是由于环境保护并不直接带来GDP的增长，因此在单纯追求经济指标的背景下，《环境保护法》是肯定要受冷落的，它的大量规定并没有被严格执行，比如"三同时"原则、"谁污染谁治理"的原则等，都没有得到很好的落实，特别是责任追究往往是缺失的。我国过去长期环境污染、破坏严重，我们的发展受到资源和环境两大瓶颈的约束，与此是直接相关的。大家过去讲地方选择性执法时，举例的法律往往就是《环境保护法》。选择性执法的实质就是执法逐利，即执法者对有利可图的法律、直接带来GDP增长的法律、有利于政府管理的法律就认真执行，否则在执行中就大打折扣，过去的《环境保护法》就是在执行中大打折扣的法律。选择性执法的主体当然是有权执法的机关，老百姓没有条件搞选择性执法。我们有很多法律实施状况不佳都与选择性执法有关，落实"执法必严"，必须清除选择性执法。在环境保护方面，后来我们的执政理念发生了重大变化，在金山银山不如绿水青山的思想指引下，生态环境保护进入了"五位一体"总体布局，生态文明也作为文明的一种重要形态被列入了建设现代化强国的重要目标。上上下下开始重视环保了，蓝天保卫战、绿水青山保卫战打响了，《环境保护法》也长出"铜牙铁齿"了。近几年环境保护督查和责任追究力度的加大，令全体国人耳目一新。《环境保护法》有了应有的权威，今天它也变成了"最严厉的法律"。

《环境保护法》从"最不管用的法律"变为"最严厉的法律"，是我国法治建设不断得到加强的一个缩影，反映了执法从不严格走向严格的发展趋势。这说明，无论什么法律，只要站对立场，决心和力度到位，都是能够被严格执行的。《环境保护法》执行状况的根本改变，其关键因素一是执政理念的根本转变，二是领导机关的高度重视和全力推动。这两条也是我国严格执法的根本条件和保障。广大人民群众热切希望我国所有的法律都能像《道路交通安全法》和《环境保护法》那样得到严格执行。加强这两部法律的执行过程带有明显的集中整治的特点，现在的任务就是要把这种局部的集中整治变为执法全局的一种常态，这无疑是一项十分艰巨的任务。根据我国执法的现状，在各种不当执法中，选择性执法具有全局性的危害，应当成为整治的重点。管老百姓的法律比较好执行，管机关组织和官员的法律实施状况不佳的现状应当得到根本改变；不把老百姓的权益当回事，在涉及老百姓生命健康安全的执法监管方面严重失职缺位甚至徇私枉法的现象应当得到最严厉的追究和彻底的整治。

2018年，我国严厉查处了吉林长春长生生物问题疫苗案件，2019年2月初公布了查处结果。吉林长春长生公司问题疫苗案件发生后，党中央高度重视，国务院派出专门调查组进行了全面调查，中央纪委国家监委开展了监管责任调查和审查调查，对6名中管干部作出予以免职、责令辞职、要求引咎辞职等处理，对涉嫌职务犯罪的原国家食品药品监管总局党组成员、副局长吴浈给予开除党籍处分并将其移送检察机关依法审查起诉。同时，有关部门和地方依规依纪依法对涉及此案的42名非中管干部进行了严肃处理，对涉嫌职务犯罪的移送检察机关依法审查起诉。① 这是广大人民群众拍手称快的一件事情。长春长生生物科技有限责任公司违法违规生产疫苗的行为，性质十分恶劣，触目惊心。中央到地方高度重视，严肃追究了一大批相关

---

① 《长春长生公司问题疫苗案相关责任人被严肃处理》，《人民日报》，2019年2月3日。

责任人的责任,维护了广大人民群众的生命健康安全。这一案件的发生,也使人们看到了广大人民群众生命安全和健康底线所受到的极大挑战和威胁。违法违规疫苗的生产上市,说明在市场经济的条件下,总有丧失天良的不法之徒铤而走险,也说明我国的药品管理法律法规实施和执行不到位,在涉及广大人民群众生命健康安全方面的监管还有严重的漏洞:一是违法违规生产,二是监管严重失职渎职。人民群众在生命和健康方面的权益是公民最基本的权益,对人民生命和健康的维护是一个国家最基本的责任。我们讲底线,这底线,那底线,广大人民的生命健康安全才是最重要的底线。如果这条底线守不住,我们就没有守住国家的安全底线。在广大人民群众看来,药品、食品中的假冒伪劣是最恶劣、最可怕也是危害最大的假冒伪劣,特别是针对少年儿童的药品、食品的假冒伪劣和违法违规,更是使广大老百姓深恶痛绝。当长春长生生物疫苗案件披露以后,到处都能听到"这些人都应该枪毙""这些人都应该千刀万剐"。这是全社会对邪恶的谴责,也是全社会对政府的期盼,对药品、食品安全的呼唤。痛定思痛,面向未来,我们的政府一定要守好广大人民生命健康安全底线,把维护人民群众的生命健康安全放在一切工作的首位,为人民群众创造一个安全、放心、可信的生存环境。这才是最基本的执政理念。因此,有关药品、食品的法律法规应该成为执行最严厉的法律法规,对药品、食品的监管应该是没有丝毫漏洞的监管。对于一切制售假冒伪劣药品、食品者,我们都要严惩不贷,绝不姑息;对于各种药品、食品监管失职渎职行为,我们都要进行最严厉的问责。绝对不能再有长春长生生物违法违规疫苗之二、之三了。通过对长春长生生物违法违规疫苗案件的严厉查处,可以推动换来药品食品领域的海晏河清,筑牢广大人民群众生命健康安全的法治防线,这实在是中国百姓之大幸。

从政府监管方面看,长春长生生物违法违规疫苗这类案件既可能因为选择执法而造成,也可能由懈怠执法和徇私执法而造成。懈怠执法是指行政机关及其工作人员,怠于行使法律的"授权",不履行自己的法定职责，对危害社会和他人的行为不加制止，使违法犯罪者横行，导致社会和公民的权利、利益受到严重侵害。这些年来社会上出现的毒奶粉、毒鸡蛋、地沟油、劣质酒以及其他有毒食品，另如长春长生生物违法违规疫苗等各种问题疫苗、问题药品以及各种假疫苗、假药品，都可能因懈怠执法而造成。这类案件的产生也不排除选择性执法和徇私枉法的因素。行政机关为了保护本地的食品、药品业而选择"放宽"政策，行政执法人员为了谋取私利而不履行监管职责，不执行相关法律，或者违规审批和放行的情况，也不是不可能发生的。选择性执法、懈怠执法造成的危害都是全局性的。徇私执法往往具体针对特定企业、特定人和特定项目，但其危害往往也是大面积的。因此，落实"严格执法"，必须坚决杜绝选择执法、懈怠执法和徇私执法。选择执法、懈怠执法、徇私执法是破坏法治政府建设的三大敌人，我们必须充分认识其危害，牢牢构筑其防线。去掉此三者，法治政府建设就成功了一大半。

司法是体现社会公平正义的第一窗口，也是维护社会公平正义的最后防线。英国哲学家培根说："一次不公正的裁判，其恶果甚至超过十次犯罪。因为犯罪虽是冒犯法律——好比污染了水流，而不公正的审判则毁坏法律——好比污染了水源。"① 这说明，司法不公对社会公正的伤害，其对法治的破坏是致命的。全面推进依法治国，建设社会主义法治国家，对司法公正提出了更高要求，概括起来就是："努力让人民群众在每一个司法案件中都感受到公平正义。"所有司法机关都要紧紧围绕这个目标来改进工作，司法体制改革的各项工作都要紧紧围绕这个要求来深入推进，以重点解决制约司法公正和影响司法公信力的深层次问题。

---

① 弗兰西斯·培根：《人生论》，何新译，华龄出版社1997年版，第206页。

当前，我国司法领域存在的主要问题仍然是司法不公、司法公信力不高的问题。这个问题已经是几十年的老问题。改革开放之初，这个问题就已被明确指出。几十年来，党的代表大会报告、人大工作报告，特别是法院、检察院的工作报告，很少有不讲这个问题的。全党全社会和各级司法机关为追求和实现司法公正也作出了积极的努力。情况怎么样呢？党的十八届四中全会习近平在《关于〈中共中央关于全面推进依法治国若干重大问题的决定〉的说明》（以下简称《决定说明》）中指出："当前，司法领域存在的主要问题是，司法不公、司法公信力不高问题十分突出"①。"十分突出"的判断说明，司法不公、司法公信力不高问题不仅仍然存在，而且已经到了非常严重的程度，必须对此高度警觉。

司法不公、司法公信力不高的表现是多方面的。既有司法受权力、利益等因素的左右、腐败等仍然较为突出的问题，也有办案质量和水平不高、案件久拖不决、判决执行不到位等方面的问题。这表现，那表现，最主要的表现是"一些司法人员作风不正、办案不廉，办金钱案、关系案、人情案，'吃了原告吃被告'"。这同样是党的十八届四中全会《决定说明》中所作的判断。②这当中的"一些司法人员"，主要指法院、检察院中的人员，也指侦办刑事案件的公安机关人员和反腐败案件中的监察人员。这样"一些司法人员"的问题就出在办案上，可见"办案"是产生司法不公的要害环节。群众也惯常通过案件办理来判断司法公与不公。案件发生在群众身边，群众自然关注案件的办理。至于办理结果怎么样，懂法者用法条去衡量，不懂法者就与同类案件作比较，一比较就比较出到底公平不公平。这种对公平不公平的印象，不仅仅是对案件的，也是对司法的，还是对整个社

---

①② 习近平：《关于〈中共中央关于全面推进依法治国若干重大问题的决定〉的说明》，载《中共中央关于全面推进依法治国若干重大问题的决定》，人民出版社2014年10月版，第55页。

会的。我们说司法是体现社会公平正义的第一窗口，实际上，对老百姓来说，案件是第一窗口。这告诉我们，抓司法不公，抓司法腐败，要高度聚焦案件办理，坚决守住案件办理的公正性。

司法不公、司法公信力不高的原因是多方面的。其产生既有司法自身的原因，也有外部环境和条件等方面的原因。这原因，那原因，深层次原因还在于司法体制不完善、司法职权配置和权力运行机制不科学、人权司法保障制度不健全等方面。拿办金钱案、关系案、人情案来说，既有司法人员思想不纯、作风不正的原因，也有司法权力运行机制有漏洞、司法权力监督制约有缺失、司法的政治生态受影响等方面的原因。相比之下，后者对于司法公正的影响更为重要。因此为了保证司法公正，必须完善司法管理体制和司法权力运行机制。要确保审判权和检察权依法独立公正行使，建立领导干部干预司法活动责任追究制度，建立健全司法人员履行法定职责保护机制。要优化司法职权配置，推进以审判为中心的诉讼制度改革。要保障人民群众参与司法，加强对司法活动的严格监督，推进审判公开、检务公开、警务公开、狱务公开，强化对人权的司法保障。要进一步强化司法责任制，固化员额制、司法责任制改革成果，严格实行办案质量终身负责制和错案责任倒查问责任，以零容忍的态度查处司法腐败和清除害群之马。还要正确处理网络时代司法与舆情之间的关系，既要利用和发挥网络舆情对于司法公正的推动作用，又要切实保证司法不受某些情绪化、非理性的舆情所左右。既要重视舆情，又不能被舆情牵着鼻子走。

人民群众是社会公平正义的享有者，也是社会公平正义的维护者、捍卫者。

建设法治中国，构建法治良序，不仅要科学立法、严格执法、公正司法，还必须要全民守法。全体人民自觉守法，自觉维护法治良序和社会公平正义，同破坏法治良序和社会公平正义的行为进行斗争，是一个伟大的力量。我国国家和社会治理一个总的要求是坚持党的领导、人民当家作主和依法治国的统一。人民怎么当家作主？总起来说，一方面要积极主动参与，另一方面要自觉遵守法律，自觉维护法治秩序。自觉遵守和维护也是重要的参与。

什么叫公平？我听到过一名社区干部的解释。她说，颠倒就是公平。乍听起来，不好理解，但她的解释把道理说得很实在。她的意思是说，一个人要经常作换位思考，不能光为自己想，也要为别人想，为社会想。你要别人对你公平，你也要对别人公平，你要社会保证你的公平，你也要维护社会的公平。话很朴实，道理深刻，这是社会基层的公平观。

公平观实际上也是权利义务观。在全面依法治国的背景下，权利义务是互为基础、互为前提的。没有无权利的义务，也没有无义务的权利，权利是义务的基础，义务是权利的前提；任何人不能只享受权利不履行义务，任何人也不会只履行义务不享有权利；国家采取各种措施保证广大公民享有充分的权利，任何公民在行使自由和权利之时，不得损害国家的、社会的、集体的利益和其他公民的合法的自由和权利。这种正确的权利义务观，是作为一名合格公民必须具备的。正确的权利义务观，应当作为普法宣传教育的核心内容。

权利义务观实际上又是秩序观。坚持正确的权利义务观，意味着对良好的法治秩序的营造和维护。民主、法治、秩序是紧密联系的，民主必须法治化，法治必须秩序化。从静态看，民主、法治、秩序本质同一，从动态看，民主、法治、秩序不断转化。从民主到法治，再从法治到法治秩序，表现为一个现实的客观过程：民主—法治—秩序。在这个过程的一极，法治秩序形成和建立起来，其不仅体现民主的实现，又为民主内容的扩大创造了有利的社会环境。扩大了的民主又会向法治和法治秩序提出新的要求，新的过程又会开始。民主—法治—秩序—民主……这一过程循环往复，呈现出不断前进和上升的趋势。正是在这种上升趋势中，民主得到升华，不断向高层次发展。从这种转化的过程可以看出，不仅民主的实现依赖法治秩序，民主的扩大与发展同样离不开良好的法治秩序。社会公平正义的政治基础是民主政治，没有民主政治，就没有社会的公平正义。民主、法治、秩序的关系正好说明了公正、法治、秩序的关系。发扬民主，实现公正，都必须按照治理体系和治理能力现代化的总体要求，建立完备的法治和严密的秩序。对每个公民来说，遵守和维护良好的法治秩序，就成为更好地享有民主和公正的必备条件。因此，在法治文化建设中，正确的秩序观的培育与正确的权利义务观的教育应当是紧密结合的。

正确的秩序观倡导的是这样一种理念：办事依法、遇事找法、解决问题用法、化解矛盾靠法。在利益多样化、观念多元的今天，针对各种维权和利益诉求，无论是征地，拆迁还是信访，法治手段已被证明是最优解。在依法解决各种利益诉求的过程中，要注重引导群众纠正权利保护问题上的认识误区。以人为本不是每个人想怎么样就怎么样；不能重演"大民主"和"闹而优则仕"的悲剧，要切实纠正现实存在的"大闹大解决，小闹小解决，不闹不解决"的现象。

法治良序是维护社会公正的必备环境，全民守法是实现社会公正的必备条件。

建设法治中国，构建法治良序，需要动员各方面的力量，需要提供多方面的保证。这力量，那力量，最根本的力量在人民；千保证，万保证，最可靠的保证是人民。列宁曾经针对宪法实施的保证说："什么是宪法？宪法就是一张写着人民权利的纸。真正承认这些权利的保证在哪里呢？在于人民中意识到并且善于争取这些权利的各阶级的力量。"[①] 列宁所称"各阶级的力量"，就是指广大人民群众的力量。列宁所讲宪法的保证，实际上也就是整个法治的保证。在我国，14亿人民

---

① 列宁：《列宁全集》（第12卷），中共中央马克思恩格斯列宁斯大林著作编译局编译，人民出版社2017年版，第50页。

养成人人遵守宪法和法律、维护宪法和法律的观念和习惯，自觉同违反宪法和法律的行为进行斗争，这是一个伟大的力量。我国法治最根本最可靠的保证是人民的力量，是广大人民的守法与护法。人民守法即广大人民群众自觉遵守宪法和法律，使宪法和法律的规定扎根于社会，变为亿万人民的具体行动，转化为实际的社会生活。人民守法要求一切组织和一切个人都必须遵守宪法和法律，任何组织和个人都不得有超越宪法和法律的特权。人民护法即广大人民群众通过监督国家机关等权力组织、各种社会组织和各类社会成员贯彻执行宪法和法律，并同各种违宪违法行为进行坚决斗争，从而成为维护法治尊严的坚实的社会支柱和强大的基础力量。人民护法要求任何组织和个人在依法办事上都自觉接受人民的监督，并要求不断完善人民监督的机制和条件。人民守法、人民护法的基础是要具备良好的公民意识、公民素养。公民意识、公民素养都是讲作为一个法治社会、文明社会的公民所必须具备的观念和行为习惯。如果不具有这些必备的观念和行为习惯，就是一个不称职、不合格的公民。公民不称职、不合格，既是社会的问题，也是自身的痛苦。合格公民必须具备的观念和行为习惯有哪些呢？从大的方面来说主要是两个方面，一是崇尚法律的观念和行为习惯，二是崇尚文明的观念和行为习惯。崇尚法律和崇尚文明，二者既相区别，又紧密联系。二者是相互影响，相互作用，相互渗透，互为条件的。法治国家的建成，社会文明的进步，都取决于全体社会成员这两个方面的观念和行为习惯的养成。

习近平指出："当高楼大厦在我国大地上遍地林立时，中华民族精神的大厦也应该巍然耸立。"[①] 这里强调的是精神文明建设必须与物质文明建设相统一、相协调。当中国的物质财富急速增长，社会物质生活发生翻天覆地变化的时候，我国的精神文明，人们的观念习惯

---

① 见《人民日报》评论员：《让民族精神大厦巍然耸立》，《人民日报》，2017年11月18日。

也应"水涨船高",大大提升。在改革开放 40 多年中,这两者是不是完全匹配呢?我想人们对此都会有一个判断和回答。对此的判断可分为两个基本方面,一是国人的素养得到不断提高,二是国人的素养与发展还不相适应。遵纪守法、文明进步的社会风气的不断形成,见义勇为先进典型和道德模范的大量涌现,是广大人民群众基本素养不断提高的充分体现,是令人可喜的;而大量不文明、不健康行为的存在又是令人担忧的。当 2018 年 10 月重庆万州公交车坠江事故发生以后,社会文明问题更加引起全社会的广泛关注和忧虑。

重庆万州公交车坠江事故的直接原因并不复杂:车内一名乘客与正在驾车行驶中的公交车司机发生激烈争吵、互殴,导致公交车坠入江中。[①] 此事故涉及三个方面的人员:一是乘客刘某,其为了实现自己的无理要求,打骂行车中的司机;二是司机不顾乘客安危在行车中与刘某拉扯互殴;三是车上乘客人人"高高挂起",没有任何人及时出面干预刘某与司机的互殴行为。从法律和道德来衡量,三个方面的人员均负有法律和道义的责任,当然责任大小是有不同的。事后人们普遍说,刘某绝不应打骂司机,司机绝对不应不顾乘客安全与人互殴,乘客绝对不应无动于衷。这些是非观念在当事人头脑中是并不具备的,因此一场本可不发生的事故发生了,并造成如此惨重的后果,这是人们为自己是非观念的缺乏所付出的血的代价。重庆万州公交车坠江事故可说是涉及公民法律和道德观念习惯的一个典型案例,集中反映了我国社会当前部分社会成员在基本素养方面存在的严重问题。

重庆万州公交车坠江事故发生以后,全国各地为了防止此类事件再次发生,纷纷研究出台对策措施。如南京、北京、重庆、西安、武汉、长沙等多个城市的公交部门,纷纷出招防止"车闹"。多个城市推出或计划为公交车司机安装防护栏,并设立司机与乘客的安全警戒

---

① 《人民日报》评论员:《追问重庆公交坠江悲剧:我们是否需要一场文明革命?》,《人民日报》,2018 年 11 月 3 日。

线,张贴警示标识标语,以确保司机驾驶安全;有的地方公交公司还为公交车安装"一键报警"装置;有的地方公交公司对司机开展心理疏导和应急演练;有的地方还专门设立了公交司机"打不还手、骂不还口"的"委屈奖"。客观地说,这些措施都是有益的,但更多的还是属于治标性的措施,我们还必须将其与治本性的措施结合起来,坚持标本兼治才能长远奏效。更根本的还是要立足于提高全体社会成员的法治观念和道德水准,也就是努力提升人的素质。我们要以一场文明的革命,构建起与我们不断提升的物质文明相适应、与我们大国身份相匹配的精神文明。①

毋庸置疑,现阶段人的素质已有了很大提高,但社会上不文明、不健康行为仍大量存在。老人摔倒不扶、目睹行窃不管、高铁公交"霸座"、乱扔垃圾、随地吐痰、乱闯红灯、乱停乱放、打骂医务人员、景区乱刻乱画、公共场所吸烟、遛狗不牵绳、因延误大闹机场、面对警察正常执法胡搅蛮缠撒泼打滚等时有发生,还有外国人最头疼的排队和公共场所高声喧哗的现象。有学者把排队作为文明指数,对世界各国的排队进行观察打分,满分为 5 分,中国人的排队只能得 2~3 分。人多要争先恐后,人少也要争先恐后,哪怕只有几个人也有人要向前挤。一位外国朋友说,中国人不应在大庭广众下喧哗和吵架。他的意思是,中国是文明古国,也已经很发达了,不应再有这类现象。可见,清除社会上不文明、不健康的行为,仍然是摆在我们面前的一项艰巨任务。不文明、不健康的行为看似问题不大,甚至人们似乎已经司空见惯,但其对社会的消极影响和危害是巨大的,是与现代化强国和法治国家的要求是格格不入的。如不认真对待和切实解决,将给两个百年目标的实现和民族复兴伟业带来极大的负面影响。没有人的素质的全面提升,就没有全面的现代化,也就没有法治国家

---

① 《人民日报》评论员:《追问重庆公交坠江悲剧:我们是否需要一场文明革命?》,《人民日报》,2018 年 11 月 3 日。

可言。好在社会文明进步已成大势，社会风气不断好转，社会中不文明、不健康的行为已为越来越多的人所不齿。但其彻底根除仍待时日，为实现这个目标，必须采取更加有力的措施。

我们要把人的素质的全面提升，把社会不文明、不健康行为的清除，既作为精神文明建设的一项重大任务，也作为法治建设的一项基础工程和法治文化建设的一项根本性任务落实到位。要将切实有效的教育引导和更加严格的规范约束结合起来，应像建立诚信档案那样对于社会成员建立文明行为档案，加大对文明守法行为的褒奖，对不文明不守法行为的惩戒。

三、安邦定国之基

2014年1月，一个新设立的机构引起了世人的高度关注，这就是"中国共产党中央国家安全委员会"。

从这个机构的领导人，就可以看到它的重要性。主席：中共中央总书记、国家主席、中央军委主席习近平；副主席：中央政治局常委、国务院总理李克强，时任中央政治局常委、全国人大常委会委员长张德江。① 就是说，新成立的"中央国安委"，由党和国家一号领导人担任主席，党和国家二号、三号领导人担任副主席。国安委还下设常务委员和委员若干名，外交、公安、国安、对外经贸、总参等重要部门首长都是它的成员。中央国家安全委员会作为中共中央关于国家安全工作的决策和议事协调机构，向中央政治局、中央政治局常务委员会负责，统筹协调涉及国家安全的重大事项和重要工作。②

设立如此高规格、高层级的国家安全委员会是由国家安全工作的极端重要性所决定的。国家安全体现国家的最高利益、核心利益。国

---

①② 《中共中央政治局召开会议　研究决定中央国家安全委员会设置》，《人民日报》，2014年1月25日。

家安全是国家和民族安危之所系，是安邦定国的重要基石。维护国家安全是全国各族人民根本利益之所在。统筹发展和安全，确保国家安全，是我们党治国理政的一项重大任务和重大原则。设立中央国家安全委员会的目的就是要建立集中统一、高效权威的国家安全体制，加强对国家安全工作的领导。这有利于提高国家在面临各种安全危机和挑战时的应变能力，也代表着我国在捍卫国家安全和国家利益方面的决心和意志。

早在2000年，中央就设立了中央国家安全工作领导小组，与中央外事工作领导小组合署办公。职权涵盖涉外事务和国家安全事务，组长由总书记担任，成员包括主管外事的副总理或国务委员，外交、国防、商务、公安、国安等部门负责人以及军队有关部门的高级将领。2012年下半年，在周边海洋领土争端频发、海洋权益保护问题凸显的背景下，中央又设立了中央维护海洋权益工作领导小组，负责海洋权益事务的议事和协调，中央维护海洋权益工作领导小组办公室与中央外事领导小组办公室合署办公（党的十九届三中全会决定不再设立此小组，其工作纳入中央外事工作全局）。2014年2月，中央又成立了网络安全和信息化领导小组，负责统筹协调各领域网络安全和信息化重大问题。2018年2月，党的十九届三中全会决定，将中央网络安全和信息化领导小组、中央外事工作领导小组改为委员会。此次决定由小组改为委员会的还有中央全面深化改革领导小组和中央财经领导小组。中央相关领导机构更名和职责的调整，进一步推动了我国国家安全体制机制的完善。

在我国国家安全体系中，中央军委、公安部、国防部、国家安全部、武警部队等，都是重要的骨干力量。中央军委领导全国的武装力量，公安部领导和管理具有武装性质的国家治安行政力量，国防部统一管理全国武装力量的建设工作，国家安全部是国家反间谍机关和政治保卫机关，在维护国家安全的总体格局中，这些机关各自发挥着重要的职能作用。武警部队也是国家安全体系中的一支十分重要的力量。2018年1月，中共中央决定调整武警部队的领导指挥体制，党中央和中央军委对武警部队实行集中统一领导，实行中央军委—武警部队—部队领导指挥体制。2018年1月10日，中央军委向武警部队授旗的仪式在北京举行，习近平向武警部队授旗并致训词，要求武警部队要全面贯彻总体国家安全观，按照多能一体，有效维稳的战略要求，加快融入全军联合作战体系，加快构建军地协调联动新格局，努力建设一支强大的现代化武装警察部队。①

中央国家安全委员会的设立，有利于进一步统筹各方面的力量，把各类相关工作领导小组和各类相关机构的工作更好地统一和协调起来，实现国家安全领导管理体制的集中统一和高效权威。

中央国家安全委员会成立伊始，2014年4月15日主席习近平主持召开了第一次会议。这是一次中央安委会工作起步的会议，也是一次对国家安全工作作出全面部署的重要会议。习近平发表重要讲话，首次正式提出并全面阐述了"总体国家安全观"，提出了坚持总体国家安全观的"五项原则"和必须处理好的"五大关系"。"五项原则"即以人民安全为宗旨，以政治安全为根本，以经济安全为基础，以军事、文化、社会安全为保障，以促进国际安全为依托，走出一条中国特色国家安全道路。"五大关系"即既重视外部安全，又重视内部安全；既重视国土安全，又重视国民安全；既重视传统安全，又重视非传统安全；既重视发展问题，又重视安全问题；既重视自身安全，又重视共同安全。②"五项原则""五大关系"体现了总体国家安全观最重要的内容和要求。这次会议指出要进一步明确中长期重点领域安全目标和政策措施，提高应对各种风险挑战的能力；加强国家安全科技和装备建设，建立健全国家安全监测预警体系，提升安全信息搜集分

---

① 《习近平向武警部队授旗并致训词》，《解放军报》，2018年1月11日。
② 《习近平谈治国理政》，外文出版社2014年版，第200—201页。

析和处理能力；加强重大安全风险监测评估，制定国家安全重大风险事件应急处置预案。此后，中央还多次就国家安全问题作出重要部署，涉及军队和国防建设与改革、反恐工作以及网络安全、核安全、国防安全以及公共卫生安全等多方面。

党的十九大对国家安全作出了进一步部署。十九大报告关于国家安全工作的部署有两个突出的亮点。

一是将"坚持总体国家安全观"列入"十四个坚持"的基本方略，并进一步明确了总体国家安全观的基本内容和要求。国家安全，"总体"为要。怎样把握"总体"？最重要的是按照十九大报告精神，坚持国家利益至上，以人民安全为宗旨，以政治安全为根本，统筹外部安全和内部安全、国土安全和国民安全、传统安全和非传统安全、自身安全和共同安全，完善国家安全制度体系，加强国家安全能力建设，坚决维护国家主权、安全、发展利益。总体国家安全观也是大安全观。这就进一步提升了国家安全的战略地位。

二是明确提出要"加强国家安全法治保障"，提高防范和抵御安全风险能力。这就进一步把国家安全工作纳入全面依法治国的战略布局，指明了构建国家安全体系的法治化道路。在总体国家安全观中，报告已经明确提出了完善国家安全制度体系，制度体系显然包括了法律制度体系。因此，"加强国家安全法治保障"无疑也是总体国家安全观的重要内容。

关于加快国家安全法治建设的问题，在党的十八届四中全会《决定》中就提出来了。该《决定》指出："贯彻落实总体国家安全观，加快国家安全法治建设，抓紧出台反恐怖等一批急需法律，推进公共安全法治化，构建国家安全法律制度体系。"党的十八届四中全会的明确提出，十九大的进一步强调，充分说明了国家安全法治建设的重要性。

近年来，我国国家安全法治建设取得了长足进步。特别体现在党的十八届四中全会前后的两年中，密集出台相关法律和制度文件。

2014年11月,《中华人民共和国反间谍法》颁布实施。

2015年7月,新的《中华人民共和国国家安全法》颁布实施。

2015年12月,《中华人民共和国反恐怖主义法》颁布,2016年1月1日起实施。

除了以上重要法律,还出台了一批重要的行政法规和规章。

在抓紧立法的同时,还抓紧制定国家安全的重要制度性文件。2015年1月,中央政治局审议通过《国家安全战略纲要》(以下简称《纲要》)。《纲要》强调要大力推进国家安全各种保障能力建设,把法治贯穿于维护国家安全的全过程。《纲要》是一个全面系统的国家安全战略规划,其为我国新形势下的国家安全勾画了蓝图,提供了制度支撑。

制度支撑和法治保障,将使我国国家安全得到全面维护,走向更加巩固。

2020年12月11日,中共中央政治局就切实做好国家安全工作举行第26次集体学习,中共中央总书记习近平发表重要讲话,就贯彻总体国家安全观提出十点要求。党的十九届五中全会《建议》首次把统筹发展和安全纳入"十四五"时期我国经济社会发展的指导思想,并列专章作出战略部署,进一步突出了国家安全在党和国家工作大局中的重要地位。

我国国家安全战略中的一项重要任务就是严密防范和坚决打击各种形式的恐怖主义。

恐怖主义严重危害公共安全,是影响世界和平与发展的一块"毒瘤",其对国际社会构成了严重威胁和挑战,是世界的公敌。

澳大利亚著名智库——经济与和平研究所,自2012年以来连续发布数份全球恐怖主义指数报告,对世界各国近年来恐怖活动进行了客观的量化分析。① 我国国防大学马愿对经济与和平研究所近年发布的全球恐怖主义年度指数报告进行了逐年分析和解读。②

2012年报告指出,"9·11"后,全球恐怖活动进入新的高潮,以"基地"组织为代表的伊斯兰极端圣战组织成为国际恐怖活动的"引领者",恐怖袭击数量和致死人数屡创新高。

根据2014年报告分析,自2013年起,国际恐怖活动进入高发期,恐怖活动数量一年内增加61%,因恐怖袭击死亡超过50人的国家由15个上升至24个。全球恐怖活动的66%由"伊斯兰国"、博科圣地、塔利班和"基地"组织等发动。恐怖主义的成因除伊斯兰宗教极端教义之外,还包括民族矛盾、种族矛盾、国家间的暴力冲突、人权侵犯、有组织犯罪、薄弱的政治体制、法制不健全以及教育缺失等。恐怖活动的强度正在不断加大,恐怖组织的触角正在向全球扩散,恐怖主义的诱因也在不断增多。

2015年报告对2014年世界162个国家面临的恐怖威胁进行了量化分析。2014年全球恐怖活动的数量飞速上涨,比上年增加80%,因恐怖活动而死亡的人数达到32765人,比2000年增长了9倍,死亡超过500人的国家由5个上升至11个。博科圣地成为当年最血腥的恐怖组织,仅2014年一年该组织就造成6118人死亡。2014年因恐怖袭击造成的全球经济损失达529亿美元,比上年增长了61%。

2016年报告对全球163个国家面临的恐怖威胁以及2015年全球

---

① 澳大利亚经济与和平研究所从2012年至2018年共发布6份全球恐怖主义指数报告,除2013年外每年一份。2014年指数报告是在2012年报告基础上作出的,这份报告包括了2013年全球恐怖主义的相关指数分析。

② 马愿对澳大利亚经济与和平研究所指数报告的解读,分别形成了《〈2016年全球恐怖主义指数报告〉解读》《〈2017年全球恐怖主义指数报告〉解读》《〈2018年全球恐怖主义指数报告〉解读》,先后发表于《国际研究参考》2017年第3期、2018年第2期、2019年第2期。其中2016年解读报告包括了对2012年、2014年、2015年指数报告的解读。

恐怖活动的情况进行了梳理和量化打分。报告以 10 分为满分对 163 个国家进行评估，8 分以上的为恐怖主义高风险国家，2 分以下为低风险国家。据报告，2015 年全球共有 6 个国家在 8 分以上，分别为伊拉克、阿富汗、尼日利亚、巴基斯坦、叙利亚以及也门。伊拉克连续 12 年成为全球受恐怖主义危害最严重的国家，其死亡人数占这一时期死亡总人数的 30%。中国以 6.108 分位居第 23 位，属于恐怖主义较高风险国家。研究报告指出，恐怖活动不断向全球扩散，2015 年有 92 个国家发生过恐怖袭击事件。恐怖袭击在全球呈"多点开花"之势，在"伊斯兰国"极端思想的蛊惑下，社会边缘人员策划实施的"独狼"式恐怖袭击数量大幅上升。

2017 年报告着重分析了 2016 年至 2017 年上半年国际恐怖活动的总体情况，量化分析了全球 163 个国家面临的恐怖威胁，指出了全球恐怖活动的新特点及其发展趋势。2017 年全球恐怖活动数量和死亡人数有所下降，但恐怖主义对人类的威胁依然严峻。全球部分国家的情况有所好转，但 58 个国家的情况出现了恶化。在恐怖风险的排位上中国较上一年下降了 8 位，但仍属于恐怖主义风险较高的国家。

2018 年报告通过研究国际地缘政治演变、恐怖组织及其袭击方式的变化，指出 2017—2018 年随着"伊斯兰国"在中东地区的全面溃败，全球恐怖活动连续第三年呈下降趋势，国际涉恐安全形势明显好转，但国际恐怖活动仍然是影响全球安全稳定的主要变量，仍有 46 个国家的指数出现上升。中国以 5.108 分位居第 36 位，较上年下降 5 位，首次从较高风险国家下降为中等风险国家。

澳大利亚经济与和平研究所关于全球恐怖主义的研究报告，其客观性和公正性的认可度是相对较高的。① 他们的研究报告还会持续作下去。"高潮期""高发期""上涨""扩散"一类概念在报告中是多年出现的。恐怖主义给国际社会带来了严重危害,世界各国都在加大对其打击的力度。当前国际社会安全虽有所好转,但恐怖主义对国际社会的威胁仍然严重存在。打击恐怖主义必须国际联手,根除恐怖主义必须标本兼治,这已逐步成为普遍的国际共识。

根据国际社会的评估,中国多年属于恐怖主义较高风险国家,这与我们自己的判断是大体吻合的。根据澳大利亚经济与和平研究所发布的2018年全球恐怖主义指数报告,我国首次从较高风险国家下降为中等风险国家,这从一个侧面反映了近年来我国反恐力度的加大。随着我国国家安全体系的加强,反恐力度的加大和各方面工作的加强,就恐怖事件发生的频率看,我国属于安全情况比较好的国家,但这仅仅是相对于高风险国家而言的。在全球恐怖的笼罩之下,我国仍然面临严重的恐怖威胁,我国的反恐形势同样不容乐观,对恐怖主义我们任何时候都不能掉以轻心。

近年来,我国多次发生恐怖袭击事件,造成严重的人员伤亡、财产损失,以及人民正常生活秩序和社会秩序的严重破坏。据不完全统计,2009年的新疆"乌鲁木齐7·5恐怖事件"造成1700多人受伤,197人死亡;2012年的"2·28喀什暴力砍杀事件"造成民众15死14伤;2013年的"3·8库尔勒袭击事件"造成人员4死8伤,该年"4·23巴楚县暴力恐怖事件"造成民警在内的15人死亡;2014年

---

① 澳大利亚经济与和平研究所总部位于悉尼,是一家独立智囊机构。其报告的数据主要来源于美国马里兰大学恐怖主义及应对策略全国研究联盟的全球恐怖主义数据库。该数据库收录了超过16万起左右的恐怖主义袭击事件数据,被认为是当今世界恐怖主义研究领域最集中最全面的数据库。因此,相对于美国《全球恐怖主义形势报告》等,该研究所的报告更具客观性和公正性。见马愿:《〈2016年全球恐怖主义指数报告〉解读》,《国际研究参考》,2017年第3期。

"3·1云南昆明火车站暴力恐怖事件"造成31人死亡141人受伤；2017年的"1·18广东佛山公交车爆炸事件"造成6人受伤，该年"2·14新疆皮山县暴徒砍杀事件"造成5死5伤。还有2013年10月北京天安门金水桥发生的暴力恐怖袭击事件，2015年中国驻索马里使馆所在酒店遭遇的恐怖袭击，2016年中国驻吉尔吉斯斯坦大使馆遭汽车炸弹袭击等。[①]

综合分析我国近年发生的恐怖袭击事件，可以发现恐怖主义在我国的明显特点和变化趋势。包括：从边疆不断向内地渗透；恐怖袭击往往以无辜平民为作案目标；恐怖主义威胁来源日益复杂化；恐怖势力内外勾结，恐怖袭击的手段多样；恐怖分子出现低龄化、多样化趋势；互联网等技术使恐怖活动增加了技术含量。要特别指出的是，近年来，"东突"恐怖主义已经成为我国主要恐怖威胁，新疆境内连续出现的数起恐怖袭击、北京天安门防护栏被闯、昆明暴力伤害无辜百姓案都与"东突"恐怖势力相关。"东突"恐怖势力以民族分裂为借口，组织结构高度严密，并与境外势力相勾结，其恐怖活动都经过精心策划，反侦察能力极强，造成的危害极大，必须作为我国反恐打击的重点。

面对恐怖主义的威胁，我国政府的态度十分鲜明，坚决反对和打击一切形式的恐怖主义。

我国在反恐的总体布局上，国家将反恐怖主义纳入国家安全战略，综合施策，标本兼治。

我国在反恐的基本原则上，坚持专门工作与群众路线相结合，防范为主、惩防结合和先发制敌、保持主动的原则。其中专门工作与群众路线相结合是最基本的原则。一方面，加强专门机构建设，"9·11"事件后，国家在公安部设立了反恐怖局。2013年，成立了国家

---

① 见陈晨、周航宇：《我国恐怖主义的防控与惩处措施研究》，《法制与社会》，2016年第20期。

反恐怖工作领导小组，作为国务院的议事协调机构，其前身是2001年成立的国家反恐怖工作协调小组。国家反恐怖工作领导小组成立后，各省相应领导小组也陆续成立。另一方面，充分发扬专门机关、职能机关以外的一切组织和广大人民群众的重要作用，群防群治，协调联动。

我国在反恐的措施手段上，既强调综合施策，又坚持依法进行。在各种措施、手段中，最基本的手段是法律的手段。《中华人民共和国反恐怖主义法》规定了反恐怖主义的工作体制机制，明确了反恐怖主义工作领导机构和相关部门的职责任务，同时对恐怖认定、安全防范、情报信息、调查、应对处置、国际合作、保障措施、法律责任等问题作出了明确规定，是我国反恐怖主义的基本法律依据。反恐怖主义工作应当依法进行，对恐怖主义的活动应依法追究法律责任。将反恐怖主义工作纳入法治轨道，是反恐工作的客观需要，既是世界各国的通行做法，也适应了我国治理体系和治理能力现代化的客观要求。

中国是负责任的大国，大力推动国际反恐是我们的一贯立场。中国目前是联合国维和任务的第二大出资国，派出3000多人参与10个任务区的维和工作。我国根据缔结或者参加的国际条约，或者按照平等互惠原则，与其他国家、地区、国际组织联合开展反恐怖主义合作。

2018年7月6日，美国对中国340亿美元输美商品加征关税的决定正式生效，这意味着人类经济史上规模最大的中美贸易战正式打响。中美贸易战的拉开，对我国经济安全乃至整个国家安全提出了新的严峻挑战。

美国要同中国打贸易战，美国主动挑起这场贸易战，其理由主要有三条：一是中国对美长期保持大量贸易顺差，中国占了美国很大的便宜。二是中国搭了WTO的便车，而中国加入世贸后，不履行WTO承诺，不按WTO的规则做事。三是中国通过不公正手段取得美国技术，强迫外国来华企业转让技术。对于美国政府的挑战及其违背事实的强词夺理，中国政府当然要进行坚决而有理有利有节的回击。2018年9月24日，国务院新闻办发布《关于中美经贸摩擦的事实与中方立场》的白皮书，以澄清事实，阐明立场，推动问题合理解决。2019年6月2日，国务院新闻办又发布《关于中美经贸磋商的中方立场》白皮书，这是继2018年9月发布《关于中美经贸摩擦的事实与中方立场》白皮书后，中方再度就中美经贸问题发表白皮书。白皮书强调，中国的态度是一贯的、明确的。中美合则两利，斗则俱伤，合作是双方唯一正确的选择。对于两国的经贸分歧和摩擦，中国愿意采取合作方式加以解决，推动达成互利双赢的协议。但合作是有原则的，磋商是有底线的，在重大原则问题上中国决不让步。对于贸易战，中国不愿打，不怕打，必要时不得不打，这个立场一直不会变。①

从国家安全战略的层面看这场中美贸易战，其看似是经济战，贸易战，实则是政治战。美国提出的理由，看似是从经济、贸易和技术层面的问题出发的，实质却是出于美国国家安全战略的考虑。

中国是世界上最大的发展中国家，美国是世界上最大的发达国家。两国合作互利，不仅有利于两国人民，对于整个世界的和平稳定发展都是十分重要的。因此，长期以来，中国政府致力于推动两国关系的正常发展。美国前几届政府也总体上看到了这一点。在克林顿时期，美国把中国定位为"战略合作伙伴"；小布什时期美国视中国为"负责任的利益攸关方"；奥巴马时期提出要共同建设"相互尊重、互利共赢的合作伙伴关系"。到了特朗普时期，情况却逐步发生了改变。2017年新一届美国政府上任以来，美国在"美国优先"的口号下，大力推行单边主义、保护主义和经贸霸凌主义。

---

① 国务院新闻办两份白皮书全文及相关报道分别见2018年9月25日、2019年6月3日《人民日报》。

2017年底，新的《美国国家安全战略报告》（以下简称《报告》）出炉。这份报告是由美国总统特朗普签署发布的。《报告》明确地写道："中国和俄罗斯挑战美国的实力、影响和利益，企图侵蚀美国的安全和繁荣。"这一判断明白无误地把中国和俄罗斯放在了挑战和侵蚀美国的对手位置上。在美国的安全战略中，中国、俄罗斯、朝鲜、伊朗和跨国犯罪集团被列为美国的五大竞争对手，其中中国名列第一。①

过去的"战略合作伙伴""利益攸关方"变成了头号"竞争对手"。中国过去40年的高速发展和我们自己近年的一些宣传，使美国人不断感受到来自中国的"威胁"，遏制中国的发展必然成为美国政府的头等大事和最高战略。因此，美国挑起中美贸易战，其实质动因就是要遏制中国的发展。

这场中美贸易战迟早要来，早来比晚来好。早来可以帮助我们及时地冷静思考诸多问题。这场贸易战告诉我们，当前"和平与发展"的世界总体格局中出现了重要的阶段性特征，中美等大国之间的全面竞争是不可避免的，最为激烈的竞争将发生在经济领域，同时会涉及其他各个领域，影响我国国家安全的内外因素将比历史上任何时候都要复杂，因此我们要适应新的形势，进一步完善以经济安全为基础的总体国家安全观。通过这场贸易战，我们要清醒地认识到我国在高端制造、科技创新等领域同美国的巨大差距，进一步完善发展战略和对外经济政策，大力推动新一轮改革开放，继续韬光养晦，集中精力办好中国自己的事情，使我们在发展中更居主动。

中美贸易战还提醒我们，国家利益高于一切。美国人首先关注的就是他们的国家利益和国家实力。不论你搞什么主义，搞什么法治，搞什么模式，只要你碰了他划定的区域，触犯了他的利益，他都不同

---

① 王延春：《中美贸易战打响　中国如何迎战？——访中国社会科学院学部委员余永定》，《财经》，2018年第16期。

意。相反，只要你顺从他，听他的话，跟着他的屁股转，照顾了他的利益，他就拿你当朋友。美国主动挑起贸易战，主要关注的还是他们的国家利益，既有当前的国家利益，更有长远的国家利益。

我们推进依法治国，必须坚持法治建设服从国家利益、维护国家利益。国家利益，代表着全体中国人民的整体利益、根本利益和长远利益，因此必须坚持把国家利益放在第一位。在国际舞台上和国际事务中，我们要敢于拿起法治的武器，善于运用法治的力量和手段。既要善于运用立法、执法、司法手段维护我国企业和公民的合法权益，又要善于运用《联合国宪章》、世贸组织法律框架等保护我们的国家利益。具体说，要加强涉外法律工作，运用法律手段维护我国国家利益和公民、法人、侨胞的正当权益；要加强涉外法律法规体系建设，积极参与国际规则制定，依法处理涉外事务，提升我国在国际法律事务中的话语权和影响力；要加强执法、司法安全和反腐败国家合作，共同打击跨国犯罪，加大追赃追逃。

当前，我们正日益走向世界舞台的中心，国家安全的内涵和外延比历史上任何时候都要丰富，时空领域比历史上任何时候都要宽泛，内外因素比历史上任何时候都要复杂。我们必须坚持总体国家安全观，坚定奉行独立自主的和平外交政策，既积极参与全球治理体系改革和建设，推动建立和平稳定的国际秩序，又坚持国家利益至上，不断完善国家安全制度体系，努力提升国家安全的治理能力和水平，以坚决维护我国的安全局面和安全的国际环境。

四、政治稳定　人民居安

实施国家安全战略，必须维护国家政治安全。实现政治安全，必须保持政治稳定、社会稳定。稳定对于中国的现代化建设来说，是命运攸关的大事情。

早在改革开放之初，邓小平就提出改革发展稳定的问题。关于发展，邓小平说，落后就要挨打，发展才是硬道理；关于改革，邓小平说，不改革死路一条；关于稳定，邓小平说，稳定压倒一切。这些人们广为知晓、反复引用的论断，构成了邓小平理论的重要支撑，也为正确处理改革、发展、稳定的关系提供了根本遵循。邓小平在领导改革开放的伟大事业中，在对一系列重大关系的处理上，始终把改革、发展、稳定的关系排在第一位，它是邓小平考虑最重也是最经常的一个问题。

中国必须稳定，稳定是改革发展的前提条件，是改革发展的重要保障。稳定是福，动乱是祸。只有稳定，才能聚精会神搞建设，一心一意谋发展；只有稳定，社会才能安定和谐，人民才能安居乐业，国家才能长治久安。改革开放40多年正反两方面的经验都证明，加快发展和深化改革必须有一个安定团结的政治局面和稳定的社会环境，否则一切都无从谈起。改革、发展、稳定的关系，始终是中国现代化建设中总揽全局的重大关系。正确处理改革、发展、稳定的关系，实现目的、动力与保障的统一，是我国改革开放和现代化建设的重要成功经验，也是我们党必须长期坚持的一项重大方针。

中国绝对不能乱。这不仅是老一辈人的政治共识，也是中国年轻人的政治共识。

要深刻汲取苏联解体的历史教训。苏联解体后，长期流亡国外的不同政见作家，号称"俄罗斯良心"的诺贝尔文学奖得主索尔尼仁琴兴致勃勃地回国参加"民主建设"，但在目睹"市场化"后俄罗斯的惨状以后，却悲愤地写出了回国后的第一本书《崩溃的俄国》、短篇小说《在转折关头》和《论俄罗斯现状》等文，他的笔下，充满了对过去的怀念和对现状的愤懑。他通过作品主人公之口说："党是我们的杠杆，是我们的支柱！可是把它搞垮了。"他把在苏联发生的事情称为"二十世纪九十年代的一场大灾难"，把"民主化""市场化"后的俄罗斯社会叫作"残酷的、野蛮的、犯罪的社会"。俄罗斯媒体的民意调查也表明，民众普遍怀念过去强大的苏联。

第十一章　法治良序

普京也曾说:"苏联的解体,是20世纪最严重的地缘政治灾难,对于俄罗斯人民来讲,它是一场真正的悲剧。"俄罗斯在剧变和激进改革造成的政治和社会经济动荡中已经筋疲力尽,其社会濒临崩溃,在经济上、政治上、心理上和精神上濒于崩溃。①

中国有关人士则分析说,中国若动荡,下场只会比苏联更惨。因为苏联资源丰富,解体后可以靠卖资源支撑危局。而中国的人均资源很贫乏,现在中国是世界上第二大石油进口国,大部分资源的第一大进口国。俄罗斯的资源与中国的相比,石油储量是中国的40倍,天然气193倍,煤炭7倍,人均国土面积17倍。如果中国一样崩溃,一样去工业化,中国撑不过"漫长的冬天",中国会惨若干倍。

戈尔巴乔夫也不无友好地说:"我给中国朋友的忠告是:不要搞什么'民主化',那样不会有好结果!千万不要让局势混乱,稳定是第一位的。"他还说:"我深深体会到,改革时期,加强党对国家和改革进程的领导,是所有问题的重中之重。在这里,我想通过我们的惨痛失误来提醒中国朋友:如果党失去对社会和改革的领导,就会出现混乱,那将是非常危险的。"②

"千万不要让局势混乱,稳定是第一位的",这是苏联曾经的最高领导人、苏联解体的当事人和亲历者向我们发出的忠告,这无疑也是他对自己、对自己所领导的党、领导的国家所作出的沉重的反思。

戈尔巴乔夫在回忆录中说:"在我的政治仕途中存在这样一个有趣的规律:由于某些情况我担任某一个职位是出乎人们的意料。我本人也常常感到意外。"③ 这是仕途上一帆风顺、青云直上的戈尔巴乔夫的内心话。44岁任苏共中央委员会书记,54岁任苏联最高领导人。

---

① 黄星清:《从苏联解体看新自由主义对社会主义改革的危害性》,《红旗文稿》,2015年第11期。

② 《戈尔巴乔夫后悔了》,《环球人物(专访)》,2006年第5期。

③ 《戈尔巴乔夫回忆录(上)》,述涛等译,社会科学文献出版社2003年版,第489页。

他由于缺乏磨炼，缺乏经验，意志不坚，最后随波逐流地走上了极端化的改革道路。俄罗斯《独立报》曾发表社论说："正是戈尔巴乔夫造成了苏联的混乱，而混乱毁灭了这个帝国。他在试图消除极权主义时扼杀了共产主义；他在试图将自由引入国家时扼杀了国家；他在试图使社会习惯于民主时破坏了社会；他试图在原有的疆界内放松帝国时，既打破了疆界，又打破了帝国。人们不理解，到底是他缺乏领导能力呢，还是原本就想那样做。"①

使苏联解体恐怕不是"原本就想那样做"，而是因为他缺乏领导能力，缺乏磨炼，缺乏像中国老一辈革命家邓小平驾驭政治局势、驾驭改革发展稳定大局那样的丰富经验和高超智慧。

"稳定是第一位的"。这是苏联血的教训。戈尔巴乔夫把自己的反思和总结，变成了对中国朋友的忠告。

我们今天所讲的政治稳定，首先是毫不动摇地坚持我们的政治制度，绝不把西方政治模式看成是所谓"幸福的普世价值彼岸"，绝不按西方政治模式那一套搞所谓"民主化"。在此基础上，我们进一步完善国家和社会治理，全面推进依法治国，努力构建法治良序，努力形成既依法有序又充满生机与活力的社会运行状态。因此，我们今天讲的社会政治稳定，不是封建社会那种社会控制，也不是传统意义上的社会管理。

实现社会政治稳定，就要完善社会治理体制，打造共建共治共享的社会治理格局。党的十八大提出加快形成党委领导、政府负责、社会协同、公众参与、法治保障的社会管理体制。在过去社会管理体制基础上增加"法治保障"，这是十八大的一个重要创新。党的十九大进一步明确了这一体制，并将"社会管理"改为了"社会治理"。将

---

① 转引自黄苇町：《苏共亡党十年祭》，江西高校出版社2002年版，第62页。

"管理"改"治理",一字之差,却体现了观念的重大创新。十九大报告还明确提出打造共建、共治、共享的社会治理格局,提高社会治理社会化、法治化、智能化、专业化水平,实现政府治理和社会调节、居民自治良性互动。这就在观念上实现了对传统社会管理的超越。

实现社会政治稳定就要创新社会治安综合治理。社会治安综合治理是根据改革开放条件下社会治安的新形势而提出的重要方针,是适应我国国情的社会治安治理方略。社会治安综合治理的思路最早是在青少年违法犯罪的防治工作中产生的。1977年和1978年,我国违法犯罪出现了"文化大革命"后的第一个高峰期,刑事犯罪,尤其是青少年违法犯罪相当严重。根据北京市统计,1977年、1978年,青少年犯罪人数分别占全市刑事犯罪总人数的78.8%和79.8%,天津市同期同比为75.9%和78.8%,可见当时青少年违法犯罪成为危害社会安定的最突出问题。[①] 1978年10月,中共中央批转《第三次全国治安工作会议纪要》时提出,要统筹解决社会治安问题。1981年5月,中央正式把"综合治理"作为解决社会治安问题的重要方针。之后,社会治安综合治理广泛地见诸各种文件、文章和著作中。1991年2月,中共中央、国务院和全国人大常委会分别作出《关于加强社会治安综合治理的决定》,这一年,从中央到地方普遍成立了综治工作机构。1992年,党的十四大把"加强社会治安综合治理"写进了党章,将其作为全党在新时期的一项重点工作。此后,社会治安综合治理不断深化。

社会治安综合治理的基本方针是"打防并举,标本兼治,重在治本",工作范围包括"打击、防范、教育、管理、建设、改造"六个方面。专门机关和群众路线相结合是它的重要原则和显著特征,这一

[①] 《改革开放30年社会治安综合治理发展历程》(平安福建建设课题组),《福建警察学院学报》,2008年第6期。

原则的一个重要体现是"群防群治"。① 社会治安综合治理与改革开放同步同行，是由实践证明了的符合我国国情的社会治安治理方针方略。社会治安综合治理与维护社会稳定紧密联系，总是相提并论，在社会治安治理和社会稳定维护中发挥了重大作用，积累了丰富的经验。

社会治安综合治理和维护社会稳定工作也要与时俱进，对其进一步加强的基本思路就是整合资源、集中力量、增强合力。党的十九届三中全会决定不再设立中央社会治安综合治理委员会及其办公室，不再设立中央维护稳定工作领导小组及其办公室，有关职责和工作交由中央政法委员会承担。同时决定将中央防范和处理邪教问题领导小组及其办公室职责划归中央政法委员会、公安部。② 此次调整整合了资源，集中了政法工作力量，大大加强了中央政法委员会的责任，更有利于加强党对政法工作的统一领导，更有利于推动社会治安综合治理、维护社会稳定、防范和处理邪教的各项工作。因此，不再单独设立社会治安综合治理、维护稳定以及防范和处理邪教的领导机构，并不意味着这几个方面的工作不重要了，而是为了进一步加强这几个方面的工作。

中国特色社会主义进入新时代，对社会治安的治理和社会稳定的维护提出了全新的要求，我们在社会治安综合治理和维护社会稳定方面都必须进一步创新理念和机制，将其工作全面地纳入法治化轨道。

如何运用法治手段维护社会稳定，是一个重大的理论和实践问题。维护稳定有法治的手段、行政的手段、法治为主行政为辅的手段、行政为主法治为辅的手段等。我们过去长期运用的主要是行政的手段，即通过党委政府的统一部署，进行广泛的社会动员，调动各方

---

① 肖扬：《中国刑事政策和策略问题》，法律出版社1996年版，第122—126页。

② 《深化党和国家机构改革方案》，《人民日报》，2018年3月21日。

面的力量，动用一切条件和办法，把不稳定的因素消灭在萌芽阶段。这种办法应急管用。但未能很好解决长治久安的机制问题，整个工作总体上处在"消防队"状态，同时成本过高过大。维护社会稳定最终要全面走上法治的轨道，这是治理体系和治理能力现代化的必然要求，是构建法治良序的题中应有之义。

在我国现阶段政治稳定，各方面条件都比较完备的情况下，在全面深化改革、全面依法治国的大背景下，应抓紧建立健全维护稳定的法治机制。要进一步完善维护社会稳定的制度体系和依法治理的体制机制，运用法治思维切实解决高压锅的"出气孔"问题和蓄水渠的"泄洪道"问题，实现从"消防状态"到"依法治理"的根本转变。

居安思危，治而不乱。坚持底线思维，增强忧患意识，这是我们党治国理政的一条重要经验。2019年1月，在省部级主要领导干部坚持底线思维着力防范化解重大风险专题研讨班开班式上，习近平发表重要讲话指出：要深刻认识和准确把握外部环境的深刻变化和我国改革发展稳定面临的新情况新问题新挑战，坚持底线思维，增强忧患意识，提高防控能力，着力防范化解重大风险，保持经济持续健康发展和社会大局稳定。面对错综复杂的环境和局势，我们必须始终保持高度警惕，既要高度警惕"黑天鹅"事件，也要防范"灰犀牛"事件；既要有防范风险的先手，也要有应对和化解风险挑战的高招；既要打好防范和抵御风险的有准备之战，也要打好化险为夷、转危为机的战略主动战。习近平还特别强调，领导干部要提高战略思维、历史思维、辩证思维、创新思维、法治思维、底线思维能力，完善风险防控机制，建立健全风险研判机制、决策风险评估机制、风险防控协同机制和风险防控责任机制。① 五个"机制"的提出告诉我们，风险防范化解必须走上法治化轨道。既要有法治思维，更要有法治机制，要

---

① 《习近平在省部级主要领导干部坚持底线思维着力防范化解重大风险专题研讨班开班式上发表重要讲话》，《人民日报》，2019年1月22日。

依靠法治的力量有效防范化解各种风险。

· 政治稳定的最佳状态是"生动活泼的政治局面"。"生动活泼的政治局面"是毛泽东建国初期提出来的,是对社会主义国家政治运行状态的一种生动描述,充分体现了社会主义国家政治生活的鲜明特征,也是对国家政治稳定状态的一种理想设计。关于这一局面的内涵,毛泽东提出了三个方面的具体要求:既有自由又有纪律,既有民主又有集中,既有统一意志又有个人心情舒畅。只有实现了这三个方面的统一,才能称得上生动活泼的政治局面。也就是说,要形成生动活泼的政治局面,既要强调纪律、集中和统一意志,又要强调自由、民主和个人心情舒畅,只单纯强调哪一面都不行。这就意味着,在实行民主政治的社会中,要赋予社会成员广泛的民主权利,让社会成员具有意愿表达、情绪宣泄的渠道和平台,具有诉说委屈和卸压的地方。这是民主政治的一项基本要求,也是社会正常运行必不可少的条件。

这一基本要求在宪法中体现为公民的政治自由。我国现行宪法规定,公民享有言论、出版、集会、结社、游行、示威的自由。1975年、1978年宪法中还规定了罢工自由,由于不合国情,现行宪法未再作此规定,1954年宪法也未作这项规定。但言论、出版、集会、结社、游行、示威六项政治自由是《共同纲领》和几部宪法都一直规定的,也是世界各国宪法都要作出明确规定的。《共同纲领》当时还规定了思想自由。宪法作出这些规定,不是将其作为摆设,而是因为太重要,因为只要实行民主政治,就必须保证公民的政治自由。在我国,落实公民的政治自由,对于实现人民民主,推动社会有效治理,关系重大。

政治自由归结起来就是表达自由。表达顺畅,社会就富有活力,表达不畅,社会运行就会产生阻滞。

要认真总结恶性事件和群体性事件的深刻教训。2010年前后的一个时期,我国恶性事件和群体性事件频繁发生。一些事件震惊国内外，触目惊心。深挖这些事件的背景和原因，汲取其教训，对于加强社会治理是十分必要的。

恶性事件往往是个人或少数人所为，但给他人和社会带来极大危害。2009年6月5日成都9路公交车发生燃烧爆炸案，造成27人遇难74人受伤，该案告破系故意放火案，犯罪嫌疑人张云良当场死亡。时隔4年，2013年6月7日厦门又发生BRT公交车爆炸燃烧案，造成47人死亡34人受伤，这也是一起严重的刑事案件，嫌犯陈水总亦当场烧死。从这类事件的当事人来看，除恐怖袭击者外，有个共同特点，就是因生活不如意，悲观厌世，而泄愤报复社会。这些人往往有怨气、委屈，但遇到的是冷漠、推诿，诉求通道被堵死，于是从心灰意冷到心生歹意："你不要我活，你也别想活了""既然社会不给我一个说法，我就要给社会一个说法。"在厦门BRT公交案发生后，陈水总的家人曾提到他因低保被取消而上访的事，而一个未经正式证实的"陈水总微博"也讲述了他在申请低保时遭遇的种种推诿和刁难，警方也披露说陈水总案前"生活不如意"。个人生活遭遇挫折，就把死亡加诸无辜群体，受害者并不是他们的仇人，而是一些毫无相干的人，这是典型的反社会和迁怒型犯罪。两起纵火案都带有报复社会的恶劣性质。[1] 对于此类恶性犯罪的凶手，是必须严厉谴责和惩罚的。但我们也不能不重视案件背后的社会原因，更关键的是深刻反思与有效行动。[2] 成都公交案发生后，每辆公交车都备上了逃生锤，还有人主张配备快开窗，有人主张上公交车应安检，公交车上应安装扫描仪。厦门BRT公交案发生后，人们围绕公交安全、社会公共安全提出了更多的防范和处置措施，既有技术层面的，也有综合层面的，既有个人层面的，也有社会层面的。包括增加先进防控设备在内的各种

---

[1] 《厦门公交案的谴责与追问》，《京华时报》，2013年6月9日。
[2] 《公交起火爆炸案要谴责凶手更要安全反思》，《长江日报》，2013年6月13日。

措施都是必要的，而其中一个十分关键的措施就是要切实加强利益表达机制建设，畅通民众诉求表达渠道。要特别关注社会"底层群体"，这个群体生活的困难、艰辛和诉求往往更多一些，但绝大多数都是善良的人，如果他们有诉苦的地方，若社会对他们能多一份关心和温暖，多一些倾听，使他们不感到走投无路，那么是不会轻易走上危害社会的道路的。有减压的地方，有委屈的人能够找到表达诉求的地方，这个社会才是安全的社会。前些年，一些地方出现截访的事情，诉求通道被堵死，这是很危险的。

近年发生的群体性事件，一个突出特征就是"因小事大"。大量的群体性事件是以一起小的纠纷为导火索的，而大量无直接利益冲突的人员参加，使事态升级扩大，甚至演变成社会骚乱事件。2006年发生的四川巴中"7·19"事件和广安"11·7"事件，2007年四川大竹"1·17"事件，2008年发生的贵州瓮安事件、深圳暴力袭警事件、甘肃陇南事件等，都属于这类群体性事件。近年发生的较大规模的群体性事件，80%以上的参与群众与事件并没有直接利益关系，而这些参与群众的基础情绪往往是"仇富、仇官、仇不公"。这已经成为一个时期来我国群体性事件的一个突出特征。大量成为参与者的没有直接利益冲突的群众中，有趁火打劫的，有无意识盲从的，而大多数还是借此发泄不满的。可以说，群体性事件往往是社会不满情绪累积的结果，要杜绝群体性事件的发生，一个重要的方面就是要注意化解"仇富、仇官、仇不公"的社会心理。"三仇"（特别是仇富）是世界普遍现象，"三仇"从总体上看都是对社会公平正义不到位有意见，这种怨气在很大程度上与诉求表达不畅有关系。诉求表达不畅，群众就容易选择群体性事件来表达。因此，消除社会的仇恨心理，杜绝恶性群体性事件发生的一个重要措施就是进一步健全群众利益保护机制，畅通群众诉求表达渠道，推动社会真正实现公平正义。

近些年来，在维护社会稳定工作中，一些地方提出了"把问题消灭在萌芽状态"的思路。这一思路在一定程度上体现了工作的主动性和超前性，但如果要把这一思路上升为维稳工作的普遍性原则恐怕还需斟酌。关键要区分是什么问题。有些问题必须消灭在萌芽状态，比如对于那些破坏、扰乱社会的策动必须尽早处置，具有邪恶性质的势力必须露头就打。有些问题则不能简单处理，特别是涉及群众合法利益、合理诉求的问题，尤其是带有普遍性的群众利益问题，应该允许大家通过合法的形式把诉求表达出来。压不得，今天压下去了，明天还会冒起来。采取压的办法，总会出问题，甚至出大问题。

稳定是一种平衡，但不是静止不变的平衡，而是动态的平衡、过程的平衡，是在平衡中不断实现新的平衡。稳定是不断排除各种社会发展不利因素和不断疏导各种合理诉求的过程，这一过程的关键是对各种合理诉求的疏导，不是不准表达合理诉求，而是如何对各种合理诉求进行最有效的疏导。维护社会稳定，主要靠的是"疏"而不是"堵"。实践证明，流水不腐，户枢不蠹，"疏"稳"堵"乱。我国社会发生的大量纠纷，来自社会的大量诉求，都是群众之间或群众与政府部门之间的利益纷争，是利益性的而非政治性的，因而大可不必采取压的办法，堵的办法。如果长期堵压，积怨就会越来越深，使当事人转而寻求其他方式来表达，如当事人再被煽动，就很可能演变成恶性事件或群体性事件。因此，从很大程度上说，维稳的实质是维权，基础是维权，维权的基本方式是疏导，是化解。

我们经常讲"国泰民安"，意即既要保证国家政局稳定，又要保证百姓安全生活，人民安居乐业。基础是国泰，落脚在民安。对社会安全和稳定有一个很重要的评价指数，那就是广大人民群众的安全感。

安全感看似比较抽象，实则一个十分现实、十分感性的概念。人民群众的安全感是从身边的大事小事、从时间的分分秒秒的流逝中形成起来的，社会运行的方方面面都可能影响到老百姓的安全感。安全感也是随着社会的发展而变化的，今天的安全感与新中国成立初期的安全感已经大大不同了，其内涵和外延都发生了很大的变化。群众除了对传统的社会治安方面有安全的要求外，还有对健康生活的多方面要求，包括食品卫生和环境方面的安全，社会诚信交往方面的安全等。提升人民群众的安全感，需要从多方面作出努力，当然最基础的还是管好社会治安，严厉打击各种违法与犯罪。如果犯罪率上升，特别是杀人、放火、抢劫、强奸、拐卖妇女儿童等犯罪压不下来，黑恶势力猖獗横行，人们哪里会有安全感呢？

黑恶势力是社会肌体中最危险的毒瘤，必须成为打击的重点。综观世界各国，黑恶势力与腐败往往是联系在一起的，很多黑恶势力在政界都有保护伞。通过政界的保护，一些黑恶势力越做越大，横行一方或者控制一些行业和领域。如印度和非洲一些国家的出租车行业，在很大程度上被黑恶势力控制，"黑车"敲诈和抢劫经常发生。黑恶势力打不下去，社会最终只能垮掉。国民党政权垮台的时候也是黑恶势力最猖獗的时候。

前一个时期，我国社会的黑恶势力有所抬头，给社会造成了极大危害和威胁。一些涉黑涉恶组织通过拉票贿选、威逼利诱、围猎干部、裹胁群众等手段，渗透侵蚀党的基层组织，疯狂攫取非法利益；一些黑恶势力以经济组织、社会组织等合法形式作掩护，利用非法手段谋取非法利益，以黑护商、以商养黑，对经济环境和市场秩序造成严重破坏；① 一些黑恶势力横行乡里，欺压百姓，严重破坏社会秩序。2018年伊始，中共中央、国务院发出《关于开展扫黑除恶专项斗争的通知》，从"打"到"扫"，一字之差，彰显决心，振奋人心。根据中央部署，此次专项斗争中，参与部门从过去的10多个增加到近30个，更加重视综合治理、齐抓共管；与反腐败斗争、基层

---

① 《纵深推进扫黑除恶专项斗争》(《四川党的建设》编辑部)，《四川党的建设》，2018年第18期。

"拍蝇"有机结合,深挖"保护伞",更加强调源头治理、标本兼治。① 在中央高度重视下,职能整合以后的中央政法委精心组织部署扫黑除恶专项行动,2018年先后向各个省市区派出中央扫黑除恶督导组,深入开展扫黑除恶专项督导工作,动员广大人民群众举报发生在身边的涉黑涉恶线索,使黑恶势力无处藏身,这实际上是一场扫黑除恶的"人民战争"。中央和地方都成立了扫黑除恶专项斗争领导小组,集中组织和推动专项工作。这是改革开放以来,力度、广度、深度空前的一次扫黑除恶的全国专项行动,是全面推进依法治国,建设法治中国、平安中国的重大举措。2021年3月29日,全国扫黑除恶专项斗争总结表彰大会召开,会议通报了为期三年的扫黑除恶专项斗争取得的重大成绩,这些成绩中特别指出2020年下半年全国群众安全感达到98.4%,有95.7%的群众对专项斗争成效表示"满意"或"比较满意"。

党的十九届三中全会以来,按照中央统一部署,中央政法委全面整合维稳工作的力量资源,进一步完善维稳工作的体制机制,加强对维稳工作的统一领导和协调。强调要把增强忧患意识、防范风险挑战一以贯之,确保国家安全和社会稳定。要打好防范化解重大风险攻坚战,深入开展扫黑除恶专项斗争,深化社会治安综合治理,坚持发展新时代"枫桥经验",推进市域社会治理现代化,深入推进政法改革,提高执法司法水平,促进良法善治,切实维护国家安全和社会稳定。

通过多年努力,平安中国建设大大推进。经济持续健康发展,社会持续安全稳定,国际上普遍认为这是中国的"两大奇迹"。根据最高人民检察院工作报告(2020年5月),1999年至2019年,检察机关起诉严重暴力犯罪从16.2万人降至6万人,年均下降4.8%;被判处三年有期徒刑以上刑罚的占比从45.4%降至21.3%。严重暴力犯罪及重刑率下降,反映了社会治安形势持续好转,人民群众获得了

---

① 《织牢社会治安防控网》,《人民日报》,2019年1月13日。

实实在在的安全感。中国已成为世界上治安状况最好、人民群众最具安全感的国家之一。这是一件了不起的事情。在这方面做得比较好的还有瑞士、英国等为数不多的国家，其中瑞士的安全综合指数更高一些。中国公民在中国的绝大多数地方都会具有安全感，城市居民（包括年轻女孩）晚上散步总的说是没有顾虑的，女孩子晚上乘坐出租车、晚上进娱乐场所也是常见的。这对于世界大多数国家来说都是很奢侈、让人很羡慕的。社会治安的向好，人民群众安全感的提升，体现了中国治理模式的巨大成功。这是制度的优越，也是人民的福分。

"治政之要在于安民。"有安全的政治环境、稳定的社会环境、公正的法治环境、优质的服务环境，才有人民群众的获得感、幸福感、安全感。① 应当看到，我国广大人民群众对社会安全状况虽总体上比较满意，但仍有新的期待。在我国社会的主要矛盾发生变化以后，人民群众安全感的内涵和外延都在发生相应的变化。安全感的基础仍需巩固，安全感的含量和档次需要有新的提升。当前，除继续巩固扩大社会治安治理方面的成果以外，我们还必须下大力气解决人民群众对食品、药品、水、空气等不放心的问题，下大力气解决社会上各种假冒伪劣的问题。这些问题不解决，老百姓同样会感到不安全。新冠肺炎疫情发生后，人民群众对健康问题，对公共卫生安全问题更加关注，中央对此高度重视，对加强公共卫生安全体系建设作出全面部署。"安全"是全面的，既有生命的安全，又有生活的安全，既有治安的安全，又有其他各个方面的安全，才能称得上安全的社会，人民群众才具有完全意义的安全感。努力提升人民群众这种安全感，无疑是新时代社会治理的一个核心目标。

---

① 《坚持党对公安工作的绝对领导》（《人民日报》评论员），《人民日报》，2019年5月9日。

五、网络空间不是法外之地

网络化时代的到来，既给社会发展注入了新的动力和手段，又给国家和社会治理提出了严峻的挑战。

网络空间既是亿万民众共同的精神家园，又是各种意识形态激烈争夺的战场。构建法治良序，一个决定成败的全新命题和任务，就是网络媒体管理的法治化。

网络媒体管理，涉及的核心问题是意识形态管理。

意识形态决定文化前进方向和发展道路。当代中国语境下的意识形态，在改革开放与社会转型中，进行着不断地整合、转化与创新，显现出与时俱进、开放包容的特征。在经济全球化、网络信息化、政治民主化浪潮叠加的新形势下，我们党要牢牢掌握意识形态的领导权、管理权和话语权，要有效保证国家意识形态安全，必须充分发挥宣传、教育、行政、法律、技术等多种手段的综合作用。在意识形态管理中如何善于运用法治思维和方式，如何充分发挥法治的作用，有序推进意识形态的依法管理，是当前需要特别关注和深入研究的一个问题。

有人说，意识形态主要涉及思想问题。其实，意识形态既涉及思想，也大量涉及人们的行为，实施依法管理是十分必要的。做好新时期的意识形态工作必须增强法治思维和充分运用法治手段，这是上层建筑组成部分相互关系原理的题中应有之义，是对国家治理体系和治理能力建设提出的一项重要任务，是实现国家和社会治理全面法治化的必然要求，也是治理当前意识形态领域各种乱象的迫切需要。

当今世界，争夺话语权、网络控制权、信息发布权、规则制定权、文化领导权等"软权力"已成为国家综合实力竞争的焦点。基于国内外各种因素，中国被推到意识形态斗争的最前沿，其在意识形态领域面临各种乱象和诸多挑战。一方面，苏联解体、东欧剧变在一定程度上削弱了我国主流意识形态的信仰，同时使我国成为西方国家进行思想文化渗透的重要目标。近年来西方敌对势力竭力渗透西方价值观，试图从根本上否定中国社会主义的民主政治制度；利用现代文化传媒和宗教势力、非政府组织等各种手段进行政治渗透和价值观的推销，意识形态渗透十分明显。另一方面，随着信息传播的加速，社会透明度的增大，各种社会思潮和多元价值取向也一定程度上影响了群众对我国主流意识形态的权威认同，信息网络化对我国意识形态的管控力形成了挑战。谣言和不法言论传播也有了更大的市场，敌对分子与不法分子在意识形态领域的非法活动越来越猖獗，这极易造成不明真相的人群的盲动，影响社会稳定，严重阻碍社会的健康发展。意识形态领域的各种乱象，在相当大的程度上与法治不健全有关，治理这些乱象必须运用法治手段。

其实，在意识形态管理中运用法律手段也是世界通例。新闻出版是重要的舆论阵地，世界各国大多通过制定新闻法和出版法等法律来对意识形态实施管理。在英美法系国家，新闻出版等表达自由一般都由宪法及相关法律作出规定，并主要由法院的判例来进行规制。美国标榜表达自由，但美国的表达并不那么自由，很多人并不支持民众可以随意批评政府，相反大多数人支持政府有权以叛逆诽谤罪来限制民众对政府的攻击。美国国会通过的《惩治煽动叛乱法》规定，凡"意在诋毁政府或煽动人民仇恨（政府）的言论，均属犯罪行为，可以处以罚款或监禁"。在200多年的实践中，美国政府控制言论的基本方式主要通过美国联邦最高法院的一系列案例表现出来。在大陆法系国家，一般来说，一旦法院认定表达存在支持或引导反政府观点，从国家安全、领土完整、公共安全或防止骚乱与预防犯罪的考虑出发，就会限制相关表达自由。瑞典四部宪法性法律中，对表达自由进行规制的就有两部。为禁止传播与国家宗教和王权政治相对立的观点和思想，瑞典设立新闻检查署对国内出版商进行日常控制。其《出版自由法》禁止对君主政体进行批判，还规定了惩罚性条款，任何人胆敢指责政治秩序或损害王室权威，就会受到惩罚，图书出版者要对他们出版的每篇文章负责。可见，西方国家虽然推崇和宣扬表达自由，但实际上都通过立法和司法对不符合西方价值观和国家利益的表达实施了严格管理。

改革开放以来，对我国意识形态进行依法管理，逐步引起高度重视。我国宪法明确规定了党和国家的指导思想和四项基本原则，这对国家意识形态起着最高规制作用。我国宪法明确规定了"加强社会主义精神文明建设"的任务和内容，这不仅是宪法制度的重大创新，也是对我国宪法坚持社会主义意识形态的公开宣示。我国宪法对公民自由和权利的保护越来越重视，但也对自由和权利的行使设定了界限，提出了明确的要求。我国刑法坚持运用刑罚手段对意识形态管理提供保障，针对新时期出现的意识形态领域的各种犯罪，规定了煽动分裂国家罪、煽动颠覆国家政权罪、煽动民族仇恨民族歧视罪、诽谤罪、编造故意传播虚假恐怖信息罪，制造、贩卖、传播淫秽物品罪等犯罪的定罪和量刑。近年来，全国人大及其常委会从维护国家安全的高度积极回应互联网对意识形态工作的挑战，相继作出了关于维护互联网安全、加强网络信息保护的决定，并加快了网络安全的专门立法。国务院及相关部门围绕意识形态管理出台大量行政法规和部门规章，其内容涉及网络、出版、宗教等多方面。各地根据自身实际，还出台了大量相关地方性法规。总的来看，我国关于意识形态管理的法律制度框架基本形成。但立法还不能完全适应现代化治理的客观要求，特别是互联网领域的立法亟须大大加强。

人类社会已全面进入网络化时代。据2016年国际电信联盟公布的数据，全球网民已达35亿，其网民7.21亿的中国成为全球网民人数最多的国家。如何应对互联网这把"双刃剑"，闯过互联网这一关，是涉及党的执政基础和国家安全的重大挑战。运用法治的力量，维护网络空间安全，必然上升为重大的国家战略。

我国的互联网立法起步于20世纪90年代。1994年接入全球互联网以后,我国关于互联网的立法,围绕计算机病毒防治和软件保护、网络市场和经营场所管理、未成年人上网安全、信息保护与电子商务和知识产权保护、大数据、网络空间安全和"互联网+"等内容逐次推开和深化。1996年2月,国务院发布《计算机信息网络国际联网管理暂行规定》,这是我国接入全球互联网后,首次在国家层面出台关于信息网络的较为全面的规范性文件。2000年12月,全国人大常委会颁布《关于维护互联网安全的决定》,这是国家立法机关首次针对互联网进行立法。2004年的电子签名法,2006年的《信息网络传播权保护条例》,2012年的《关于加强网络信息保护的决定》,都是进入21世纪后较早的重要立法。2015年7月,国务院颁发《关于积极推进"互联网+"行动的指导意见》。2015年还颁布了《中华人民共和国国家安全法》《中华人民共和国反恐怖主义法》,将信息安全纳入国家整体安全战略。2016年11月,《中华人民共和国网络安全法》颁布,这是一部全面维护网络安全的重要法律,其对网络信息安全、网络运行安全、网络风险的检测预警都作出了明确规定。我国新修订的《中华人民共和国刑法》,增加了有关计算机和信息犯罪的内容,《中华人民共和国保守国家秘密法》《中华人民共和国合同法》《中华人民共和国预防未成年人犯罪法》《中华人民共和国商标法》《中华人民共和国专利法》等法律均设有网络安全的条款。同时,通过司法解释、地方性法规对网络安全立法加以补充和完善。截至2016年12月,我国有关互联网的专项立法共88项,其中包括4部法律、10部行政法规、29个部门规章、13个司法解释、32个规范性文件。[①] 20余年的立法实践,为实现网络空间的法治化奠定了重要基础。2018年8月,十三届全国人大常委会五次会议审议通过的《中

---

① 郭少青、陈家喜:《中国互联网立法发展二十年:回顾、成就与反思》,《社会科学战线》,2017年第6期。

华人民共和国电子商务法》（以下简称《电子商务法》）是本领域又一部重要立法。我国电子商务交易市场规模全球第一，《电子商务法》的制定，对于促进电子商务健康发展、维护消费者合法权益和市场公平意义重大。

随着立法的加强，互联网的管理也全面升级。近年来，各相关部门加大了对网络问题的治理力度，依法打击各种网络乱象，取得了明显成效。

一是依法打击网络谣言。近年来，极少数网民在网上散布各类谣言的情况不时出现，一些所谓"大V"账号以"求辟谣""求证"等方式故意扩散谣言，这损害了网络媒体的公信力，让社会公众深恶痛绝。曾经的大V薛蛮子也承认自己"在微博上不负责任、不加核实地转发负面信息"。从2013年开始，国家互联网信息办开展了打击网络谣言专项行动。2013年9月"两高"联合发布司法解释，明确了在信息网络中"捏造事实诽谤他人"的认定、入罪标准及适用公诉程序的条件，在入罪标准上规定诽谤信息被转发500次以上可判刑。网络推手"秦火火"和"立二拆四"被依法拘捕和判刑，引发广泛关注，有效抑制了网络谣言的蔓延。我国在全国范围内加强了对网络谣言的打击力度。

二是依法清扫网络淫秽色情信息。近年来，制黄传黄活动趋于多变、隐蔽，网络淫秽色情现象日趋严重，严重冲击社会主义核心价值观的培育，严重影响青少年健康成长。近年全国"扫黄打非"工作组办公室启动"净网"行动，开展了对网络淫秽色情信息的专项治理，依法关闭了一批违法网站、网站栏目和频道。

三是依法打击非法网站违规采访敲诈勒索。近年来，一些既未在工信部备案、也无互联网新闻信息服务资质的网站，打着网络媒体旗号违规进行"新闻采访"、借"曝光""爆料"负面失实信息敲诈勒索等违法行为，造成恶劣社会影响。2013年以来国信办开展规范互联网新闻信息传播秩序专项行动，一批编发负面虚假信息敲诈勒索的网站被依法关闭。

四是依法保护公民个人隐私信息,打击网络暴力行为。近几年来,一些黑客及网络欺诈者疯狂套取个人身份信息,在网上大量买卖,甚至形成了完整的地下产业链。2013年国信办开始集中清理涉及公民个人隐私权和名誉权的各类信息。相关部门坚决查处"人肉搜索"等网络暴力行为,对网络暴力行为的责任人依法予以严惩。

近年来,全国法院系统不断加大对新型网络犯罪的惩治力度。最高检明确要求对电信诈骗犯罪坚决做到"三个一律",即一律依法快捕快诉,一律组成专班集中办理,对重点整治地区,一律加大源头治理和综合治理力度。公安机关坚持侦查打击、重点整治、防范治理三管齐下,取得了显著成效。

通过全面整治,网络空间开始转向清朗。但网络乱象并未得到根治。网上不法分子往往借助一些社会热点问题、敏感问题制造谣言,挑起事端,扰乱公众视线,或者直接诋毁攻击一些机关部门、公务人员和普通民众,制造虚假、片面信息,大肆诋毁,恶毒攻击,使得虚假低俗广告、淫秽色情、负面新闻泛滥,造成各种客户端乱象、新闻来源乱象、跟帖评论乱象、标题乱象等层出不穷。网络收费花样翻新,网上百科内容杂乱,网络内容同质泛滥不仅扰乱网络公共秩序,而且严重影响社会稳定。

虚假信息大肆传播。一些不法分子和不负责任的网民通过发帖、微博、空间等网络平台传播各种虚假、片面信息,造谣中伤他人。一些网站出于牟取私利、博取眼球等目的,也肆意制造并传播虚假信息,造成极坏的社会影响。

非法网站屡禁不止。色情网站、钓鱼网站、诈骗网站,总是关掉一批,又冒出一批。利用不断涌现的新媒体渠道进行非法内容传播的网站也更具隐蔽性,治理难度加大。

网络侵权肆意蔓延。伴随着互联网的快速发展,大量网络侵权行为的滋生蔓延,已成为不容忽视的重要社会问题和法律问题。例如,网络名誉侵权人通过语言、文字等方式贬损他人，或通过捏造、散布虚假消息以及揭露他人隐私来贬低他人；网络盗版侵权人进行非法网络下载，或私自架设服务器，外挂软件程序，擅自利用互联网从事未获得授权的商业活动；博客侵权人采用写博客日志的方式，实施对他人合法权益的侵害等。

互联网不能成为法外之地。根治网络乱象，维护网络安全，固然需要综合运用行政、经济、法律、技术等多种手段，但最基本的手段还是法律的手段。我国互联网立法带有明显的滞后性。互联网的迅猛发展，使我国一开始就形成了管理滞后于发展的格局。管理滞后，立法也滞后，在互联网涉及的不少领域还存在立法空白和薄弱环节。我国在个人信息保护、知识产权保护、互联网不正常竞争、青少年上网安全等方面，还要加强专门立法；面对网络拍卖、网络直播等复杂问题，法律的回应尚显无力；对互联网监管、电子商务税务、虚拟财产等问题，还需进一步做细化规定。[①] 同时，国家统一立法不够，在现有立法中，属于国家"法律""行政法规"位阶的仅占 15.9%，大部分立法为部门规章和规范性文件。不少立法关心部门利益，从方便部门管理的角度出发制定规则，在管理方式选择上又主要以市场准入和行政处罚为主，对网络平台和用户等主体的权利保障不足。因此，不少立法之间缺乏系统性、协调性和权利义务对称性。互联网立法与国际社会接轨更任重道远，目前国际规则仍由西方世界主宰。

当前面临的一项重大任务，就是按照前瞻性、整体性、系统性、协调性、开放性的要求，进一步加强互联网领域立法，完善网络信息服务、网络安全保护、网络社会管理等方面的法律法规，依法规范各种网络行为。这是建设法治中国、构建法治良序的一项战略性任务。

在加强立法工作的同时，还要进一步加强网络安全和信息化工作

[①] 张平：《互联网法律规制的若干问题探讨》，《知识产权》，2012 年第 8 期。

的统筹谋划和整体推进。中央对这项工作高度重视。2014年2月，中央成立了网络安全和信息化领导小组，2018年2月，党的十九届三中全会决定将中央网络安全和信息化领导小组改为中央网络安全和信息化委员会，同时加强和优化该委员会办公室职责。在此基础上，2018年4月，全国网络安全和信息化工作会议召开，习近平发表重要讲话，深入系统阐述了网络强国战略思想，对网络安全与信息化工作作出全面部署，① 这标志着我国已从网络大国向网络强国全面迈进。

与互联网管理紧密相关的一项工作是加强新闻媒体管理，形成健康有序的新闻秩序。

要强化媒体管理的制度化建设，积极构建"党委领导、宣传主责、各方参与"的媒体管理工作大格局。进一步规范新闻采编工作，加强新闻从业人员的管理和培训，健全准入和退出机制，引导新闻媒体和新闻从业人员秉持社会责任和职业道德。要发挥好媒体的政策导向和群众导向的"双导向"作用，既宣传好党和国家的方针政策以引导社会，又听取和反映人民群众的呼声，把民众的意愿和社会的诉求传递到党和政府，使其为政策的制定和完善提供参考。

要坚持建设和管理并重。应积极应对网络、手机、博客、播客、车载移动电视、分众媒体等新兴媒体，增强管理的前瞻性、科学性和法治化。

要加强对社会热点问题的引导。要按照"先评估、后启动"的原则，切实做好热点问题炒作风险评估，进行系统分析研判，尽可能从源头上预防和减少负面舆论炒作。立足于抓早、抓小、抓苗头，开展全天候舆论监测，第一时间发现可能引发炒作的苗头性、倾向性负面

---

① 《习近平在全国网络安全和信息化工作会议上强调　敏锐抓住信息化发展历史机遇　自主创新推进网络强国建设》，《人民日报》，2018年4月22日。

舆情信息，做到"未动先知，即动即知"，努力化解容易引发舆论炒作的案件事件。新闻媒体要杜绝恶意炒作。2015年12月《大学生在家门口掏鸟16只被判刑10年半》的新闻瞬间占据各大网站头条，引来群众对法院骂声一片，甚至对政府提出"人不如鸟"的质疑。原因就在于报道此事的媒体为了达到耸人听闻的目的，根本不提"国家二级保护动物、燕隼"等字眼，而是采用了"掏鸟窝"一词，从而对网民产生误导。直至法院公布查明事实才真相大白。媒体的这种恶意误导行为，是必须严加杜绝的。

要改进舆情应急处置工作。要第一时间发布权威信息，掌握舆论的话语权和主导权，解疑释惑，安定人心。要勇于应对舆情风险，第一时间回应质疑，澄清误解。要善于开展舆论斗争，既抓疏导，又抓管控，及时封堵删除有害信息，切断其传播渠道，并迅速开展网上侦查和落地查人，防止其对社会稳定造成现实危害。

在新闻媒体管理中的一个关键性问题是把握好"舆论监督"。舆论监督是人民群众参与国家管理的必要形式，是社会主义民主法治的重要环节，是人民群众督促干部严格遵守宪法和法律的有力手段，也是我国监督体系的重要组成部分。舆论监督的状况在不小的程度上反映了国家的民主程度和法治水平，它具有监督干部依法办事，纠正决策失误的特殊作用。法国大革命时期的政治活动家罗伯斯庇尔认为，舆论是鞭挞专制主义最可怕的鞭子，拿破仑也曾说过三家敌对的报纸比一千支枪更可怕，不少西方国家则把舆论监督视为立法、行政、司法之外的第四权力。

我们也需要舆论监督，需要充分发挥舆论监督的作用，利用新闻舆论加强批评报道，揭露不正之风和违法犯罪，谴责各种社会不良行为。但我国的舆论监督，在其基础、原则和导向等诸方面，都根本区别于西方国家的"新闻自由"，我们必须坚持新闻舆论的党性原则和正确导向。我国的新闻舆论监督还有待进一步加强和改善。我们既不能因为加强管理的需要窒息新闻舆论监督，又不能因为管理不到位、不科学搞乱新闻舆论监督。根本出路同样在于提升管理的法治化水平。

在党的工作全局中，舆论工作是十分重要的。毛泽东曾把我们党的主要工作概括为三个方面，一是出主意，二是用干部，三是造舆论。我们党无论是在革命、建设还是改革中，都充分发挥了舆论的作用。

重视舆论是我们的传统优势，但不能把这个传统优势用过头了，一味地搞舆论造势。舆论造势，过度宣传，夸大宣传，往往适得其反。比如在对外宣传上，你搞过度宣传、夸大宣传，就会触动很多人。本来就有人要遏制你，听了你的造势，就感到有威胁，就更要遏制了。有学者说，我们自己还说不清"中国制造2025"是怎么回事，但在美国政界，《中国制造2025》可是一件了不得的事情，美国朝野一致认为这是一份指导中国掌握核心技术以使中国在高技术领域取得支配地位的纲领，而我自己还真不知道可以在哪里找到这样一份文件，中国在过去40年的高速发展和我们自己的宣传可把美国吓坏了。

在全面推进依法治国的进程中，舆论宣传应该多一些法治的声音。现在一些电视台没有专门的法治频道，法治专栏、法治节目也比较少，这是与法治建设的要求不相适应的。电视和报纸都应该有普及法治知识的专门阵地和平台，通过这些平台，经常给老百姓讲一些案例，告诉老百姓如何防骗，大家遇到问题时怎么去找法，向全社会传播法治的理念和知识。2018年播出了两部法治方面的电视连续剧，一部是《阳光下的法庭》，一部是《执行利剑》，这是近年来在讲述法治方面少有的比较优秀的两部电视连续剧，传播了不少法治理念和知识，剧情比较自然，人们容易接受。像这样的艺术作品应该更多一些。

第十二章　法治信仰

一、信仰的力量

　　法治，一个闪光的词汇。为了它，多少人进行了艰辛的探索，多少人付出了毕生精力和智慧，多少人献出了热血和生命，又有多少人对它寄托无限的希望和梦想。这一切，都源自人们对它的崇高信仰。正因为有了对法治的信仰，也才有了今天的法治。

　　法治信仰体现人民对法治的认同，对法治的信任，对法治的崇尚和追求。它是人民对法治孜孜以求的一种执着的相信。

　　一个国家，一个民族，一个社会，一个人，不能没有信仰。信仰是支撑人们精神大厦的基石，是激励人们奋发前行的动力，是导航人们生命旅程的灯塔。一位诗人说过，人总是要相信些什么，否则就会跌入未知的黑洞里。

　　建设法治中国，也不能没有信仰。建立一个人格有尊严、权利有保障、发展有机会、未来有预期的法治中国是当代中国人的法治理想，而要实现这一理想，丝毫离不开法治观念、法治精神和法治信仰的支撑。法治信仰是建设法治中国的精神支柱和思想动力，是推动法治进程的重要文化力量。

　　法国著名启蒙思想家卢梭说："最重要的一种法律'既不镌刻在

大理石上，也不镌刻在铜表上，而是铭刻在公民们心里。只有它是国家真正的宪法。它每天都获得新的力量；在其他法律行将衰亡失效的时候，它可以使它们获得新生或者取代它们。它能使一个国家的人民保持他们的创制精神，用习惯的力量不知不觉地去取代权威的力量。"[①] 这是卢梭对法律信仰的评价。在他看来，公民的法律信仰不仅影响法律的权威和法治的进程，还会渗透到民族精神中，对民族的兴衰产生重大影响。

美国法学家伯尔曼说："法律必须被信仰，否则形同虚设。它不仅包含有人的理性和意志，而且还包含了他的感情，他的宽容和献身，以及他的信仰。"[②] 这是伯尔曼对法律信仰的评价。在他看来，离开法律信仰，法律就失去生命。

在中国历史上，具有不少涉及法律信仰的经典论述。诸如"唯奉三尺之律，以绳四海之人"（唐·吴兢《贞观政要》），"治国者，必以奉法为重"（《三国演义》），"奉法者强，则国强，奉法者弱，则国弱"（《韩非子·有度》）。"奉法"，就是指对法律的信奉和崇尚。中国同样是一个具有悠久的信仰法律的文化传统的国家。

在近代中国，维新派思想家梁启超第一个喊出"法治主义"的口号。戊戌变法的领导人大力主张奉行西方的民主与法治。梁启超凭借西方潘恩、卢梭、孟德斯鸠、戴雪等人的法治学说的影响，明确提出"法治主义，为今日救时惟一之主义"。并指出人治论者"恃人不恃法"，将国家的长治久安寄托在罕有的机会上面是靠不住的。维新派不仅广泛地传播西方民主法治，而且还发动了一场变法的实践。戊戌变法给万马齐喑的清王朝以极大的振荡，但由于其只争取到了光绪皇帝的支持，没有赢得广泛的群众支持，无法触动深厚的专制制度基础和守旧势力网

---

① 卢梭：《社会契约论》，李平沤译，商务印书馆2017年版，第61页。
② 伯尔曼：《法律与宗教》，梁治平译，商务印书馆2017年版，第7页。

罗，更无法驾驭听命于慈禧的官僚军事机构，因此变法的失败是不可避免的。维新派的"法治主义"主张也仅仅成为理想和信仰的口号。

孙中山是一位战斗的、真诚的革命民主主义者，也是一位法治的忠诚信仰者，他渴望建立一套民主、进步的新法制。早在1905年，他就为革命胜利后逐步走向"宪法之治"提出了设想和安排。孙中山最满意的是他的"五权宪法"设想。怎样实现"宪法之治"呢？孙中山认为：推行宪法之先决问题，首先在民众之能拥护宪法与否。他说："我们现在来讲民治，就是要把机器给予人民，让他们自己去驾驶，随心所欲，去驰骋翱翔。这种机器是什么呢？就是宪法。"[①]1912年3月，孙中山公布的《中华民国临时约法》（以下简称《临时约法》），这是近代中国第一个具有资产阶级性质的宪法性文件。《临时约法》宣告了封建专制的终结和中华民国的诞生。民国建立后的一个很长时期，孙中山用了极大精力，为维护革命法制的尊严进行了顽强斗争，这场斗争的重要内容就是维护《临时约法》。孙中山关于"宪法之治"和宪法必须被人民所拥护的思想，至今具有重要的启示意义。孙中山渴望建立革命新法制，并为维护革命法制的尊严而顽强斗争的精神，值得大力学习和弘扬。

在党和国家老一辈领导人中，最早提出法律信任、信誉和信仰问题的领导人是董必武。

董必武是中国共产党内老一辈领导人中少有的系统接受过法学专业教育的法律专家，也是中国共产党内一贯坚持主张实行法治的第一人。

董必武法律思想的核心就是"依法办事"。他认为依法办事是法制的中心环节，其既包括有法可依，也包括有法必依。

[①] 张国华主编：《中国法律思想史》，法律出版社1982年6月版，第498页。

董必武认为做到有法必依有一个重要的思想意识条件，就是人们必须信任法律，因此他提出了"信法"与"守法"这两个相关联的命题。他认为，人民要遵守法律，首先要信任法律，而要人们信任法律，法律自身必须讲信用、有信誉，这样才能"使人民从不信法、不守法变成为信法、守法"。① 董必武把"信法"与"守法"放在一起，并把"信法"作为"守法"的思想前提提出来，其认识是很深刻和很独到的。这一认识实际上揭示了法治信仰的核心内容。

该认识的深刻性还在于，董必武深刻地分析了不信法进而不守法的历史根源和社会根源。法治传统的缺乏，摧毁旧法、群众运动的客观影响，角色转换的不及时不到位等，构成了不信法不守法的历史根源。对于社会根源，董必武首先分析指出敌对阶级和敌对势力对我们的法制是怀着仇视心理的，是不会服服帖帖地遵守法律的，小资产阶级也不会愿意遵守我们的法律。而我们内部的不信法、不守法，则是因为一些人居功自恃，认为打天下者可以不守法。② 这些分析，十分深刻，也是符合当时客观实际的。

那么，怎样才能消除不信法、不守法的现象，使全民信法、守法呢？董必武从执法、普法等多方面做了回答，而他最为强调的是，党要严格遵守宪法和法律，国家机关工作人员，特别是党员领导干部要带头守法，坚持"己法自守"，这对于使人民信法、守法具有极其重要的意义；必须严格执法，依法办事，这是"清除不重视和不遵守国家法制现象的主要方法之一"，是使人们信法、守法的关键所在。

董必武在新中国成立初期提出的法律信任问题，直到今天仍然是法治建设中一个重大而严肃的问题。董老关于这一问题的分析论述，是从当时的客观实际出发的，其中所包含的必须建立法律信任和信誉的思想，守法以信法为前提的思想，执政党要严格遵守宪法和法律，领导干部要带头守法，坚持"己法自守"和严格依法办事等思想，在

---

①② 《董必武法学文集》，法律出版社2001年6月版，第195、197页。

我国今天的法治建设中，在对全社会法治信仰的培育中，仍然具有重要的指导意义。

特别是守法以信法为前提的思想和己法自守的思想，在法治信仰培育中是十分深刻而闪光的重要思想。守法以信法为前提，指出了法治信任、法治信仰的极端重要性，己法自守则揭示了建立法治信任、培育法治信仰的关键要素。社会守法建立在法治信任的基础之上，而法治信任又依赖己法自守。自己制定的法律自己要带头遵守，特别是领导干部要带头守法，这不光是在新中国成立初，在今天，甚至在将来，都是极端重要的。己法不自守就是自毁法治，自毁法治是对法治信任最致命的破坏，建立法治信任，关键在于杜绝己法不自守。这就是董必武法治信任思想的要义所在。

法律信仰问题，自20世纪90年代以来，逐步引起了我国理论界的广泛关注。对于有没有法律信仰、法律能否被信仰等问题，理论界一直存在一些不同的认识，总的看持肯定意见的学者居多。而即使认为"法律信仰不适应中国"的学者，也认为要有"法治认同"。①

在我国，首次以中央正式文件确立法律（法治）信仰的概念是党的十八届四中全会《中共中央关于全面推进依法治国若干重大问题的决定》（以下简称《决定》）。《决定》指出：法律的权威源自人民的内心拥护和真诚信仰。必须弘扬社会主义法治精神，建设社会主义法治文化，使全体人民都成为法治的忠实崇尚者、自觉遵守者、坚定捍卫者。《决定》不仅正式确立了法治信仰的概念，而且指明了法治信仰的内涵和要求。

早在《决定》公布之前，习近平就曾多次提出和强调法治信仰问题。他在2012年12月首都各界纪念现行宪法公布施行30周年大会

---

① 李春明、王金祥：《以"法治认同"替代"法律信仰"》，《山东大学学报》（哲学社会科学版），2008年第6期。

的讲话中指出:"宪法的根基在于人民发自内心的拥护,宪法的伟力在于人民出自真诚的信仰。"① 在2014年1月的中央政法工作会议上,习近平又指出:"要信仰法治、坚守法治,做知法、懂法、守法、护法的执法者。"② 党和国家最高领导人如此强调法治信仰问题,这是前所未有的。

在党的十八届四中全会结束当天,人民网即发表《让法治信仰镌刻在全民心中》的评论文章。文章指出:建设法治国家,每个公民都有责任。这就是要努力让法治知识、法治观念、法治情感和法治精神入脑入心,就是要努力树立法治信仰。法治信仰镌刻在人民心中,这是时代的呼唤,对于建设法治中国具有决定性意义。

建设法治中国,必须要有精神支柱、思想动力和文化力量,这种精神支柱、思想动力和文化力量,就是人们的法治信仰。

有了法治信仰,法治中国建设就有了精神旗帜和不竭动力。一个国家,一个民族,一个社会,一个人,都不能离开一定的精神力量而存在。无论是干革命还是搞建设,都不能没有信念的支撑和前进的航标,搞法治也不能没有理想和信仰。厉行法治需要"提神",法治信仰就是法治的精气神。只有对法治报以执着的相信,才会产生对法治的渴望与向往;只有对法治具有无限的崇拜和真诚的信仰,才有对法治的孜孜以求和坚定不移。作为推动文明进步的崇高事业,厉行法治必须具有精神旗帜的引领;作为承载重大使命依托的历史伟业,厉行法治又必须具有强大的思想动力,而法治信仰就是支撑法治伟业的精神力量和动力源泉。世界上没有离开法治信仰的法治,厉行法治必须坚定法治信仰。推进依法治国,建设法治国家,必须从法治信任、法

---

① 习近平:《在首都各界纪念现行宪法公布施行30周年大会上的讲话》,《人民日报》,2012年12月5日。

② 《习近平出席中央政法工作会议并发表重要讲话》,《人民日报》,2014年1月9日。

治信念、法治信仰抓起。法治信仰树不起来，法治大厦就立不起来。

有了法治信仰，法治中国建设就有了明确方向和必胜信念。法治是治国理政的基本方式，依法治理代表了现代国家和社会治理的基本方向，我们要坚持和把握好这个方向，必须具有坚定的法治信仰。对于执政党来说，法治信仰绝不是可有可无的，而是决定其执政基础、执政方向和执政命运的关键要素和砝码。选择了法治，既选择了希望，也选择了艰辛。对于执政者来说，人治、法治比较起来，搞人治相对容易，搞法治艰巨得多，困难得多。难就难在不能随心所欲，难就难在要依法治权，依法治官。因此搞法治总会有更多阻力，总会有更多困难，执政者必须有坚韧不拔、义无反顾的精神勇气，必须有闯关夺隘、破冰前行的必胜信念，而这种精神勇气和必胜信念只能来自坚定的法治信仰。也就是说，厉行法治是一项十分艰巨的事业，需要有理想、信念和意志的支撑，而法治信仰就集合了这种理想、信念和意志的力量。

有了法治信仰，全社会就有了追求法治的满腔热情和守法护法的自觉行动。法律的权威源自人民的真诚信仰，建设法治国家必须具有坚实的社会基础。只有充分调动起全体人民的法治积极性、主动性和创造性，汇聚起自觉守法护法的强大力量，才能建成法治国家。而人民群众的法治热情和自觉行动从哪里来呢？只能从对法治的了解、对法治的认同、对法治的信任和对法治的信仰中来。随着法治的推进，越来越多的社会成员认识到法律是治国的重器，也是维护自己权益的武器。不少人都认为自己要有能提供法律帮助的法律界朋友，这从一个侧面反映了人们法治认识的进步。随着社会主要矛盾的变化，人们对民主、法治、公平、正义、安全提出了更高的要求，这又反映了人们法治愿望的进一步提升。当全体人民充分认识法治的价值和作用，对法治表示出了高度的热情，从而成为法治的忠实崇尚者、自觉遵守者、坚决捍卫者的时候，我们离法治国家的目标也就不远了。

我们还要进一步看到，法治信仰既是法治国家建设的精神支柱、思想动力和文化力量，同时又是法治国家的精神要素和灵魂所在。法治国家有其自身的规格、标准和要素。这些要素有立法方面的，也有执法、司法、守法方面的，有硬件方面的，也有软件方面的。而一切要素中的重中之重是精神要素，这种精神要素是要素的核心，其不仅支撑和统领着其他各方面要素，还是整个法治国家的生命之魂，这种精神要素就是法治信仰。因此，没有法治信仰就没有法治国家，建设法治国家必须树立起全民族坚定的法治信仰。

中华民族的法治信仰作为重要的文化力量，源自坚实的文化自信。

文化自信是一个国家、一个民族发展中更基本、更深沉、更持久的力量。我们党在过去道路自信、理论自信、制度自信三个自信的基础上增加文化自信，凸显了中国特色社会主义的文化根基、文化本质、文化魅力和文化理想，标志着中国特色社会主义达到了一种更高的自信水平。[①] 中国特色社会主义不仅具有道路、理论、制度的支撑，而且是以文化这一更基础、更广泛、更深厚的力量为支撑的宏伟事业。

社会主义法治文化是中国特色社会主义文化的重要组成部分，法治文化体现先进的法治理念，是法治信仰的文化基础。

社会主义法治理念是以民主、法治、公平、正义为核心内容的观念体系，法治理念的展开构成中国特色社会主义法治理论。

中国特色社会主义法治理论坚持把马克思主义法治理论同中国具体实际相结合、同中华优势传统文化相结合。中国特色社会主义法治理论传承了中华传统法律文化的优秀成果，借鉴了西方法治理论的有益成分，总结了我国社会主义法治建设的成功经验，揭示了中国法治

[①] 冯鹏志：《从"三个自信"到"四个自信"——论习近平总书记对中国特色社会主义的文化建构》，《学习时报》，2016年7月7日。

建设的科学规律，涵盖了法治的全部领域和各个环节，是内涵十分丰富的科学理论体系。主要包括党的领导、人民当家作主、依法治国有机统一的理论；依法治国，建设社会主义法治国家的理论；社会主义民主制度化、法律化、程序化的理论；中国法治建设的总目标、总格局理论；中国法治道路和法治文化理论；科学立法、严格执法、公正司法、全民守法的理论；中国法治建设中若干重大关系和重大命题的理论；法治信仰、法治良序、法律权威的理论以及国际关系民主化、法治化的理论等。中国特色社会主义法治理论是一个扎根中国、面向世界，立足现实、走向未来的开放的科学理论体系，与时俱进是它鲜明的理论品格。

法治信仰、法治理念、法治文化、法治理论是一个紧密联系的有机整体，其中法治信仰带有引领性，在法治建设中发挥着"提神"的作用；法治文化带有总括性、基础性，是法治建设中最基本、最深厚、最持久的力量。

坚定法治信仰，必须大力弘扬社会主义法治理念，丰富社会主义法治理论，建设社会主义法治文化，努力增强文化自信。

二、信仰的培育

法治信仰需要培育，没有完全自然而然生长起来的法治信仰。

法治信仰的培育，不是一件轻而易举的事情。在过去相当长一段时间里，国人的法律意识是很淡薄的。造成这种淡薄的原因是多方面的。从客观上看，这是中国特殊的社会历史条件造成的。旧中国本来就缺乏真正民主与法治的传统和基础，近代的"伪法统"又使人们形成了一种蔑视法律的心理；小生产的家长制作风和封建特权思想与法律意识本来是不相容的，而革命的过程和革命的方法又使人们产生了一种轻视法律的"副作用"。从主观上看，这是由我们的认识与指导思想的偏差所致。除了新中国成立后的头几年，我们长时期内对法制都是不重视的,"文化大革命"时更是公然践踏法制,造成人们的法律意识更加淡薄。历史的教训告诉我们:第一,在一个轻视法治,法律无用,法治松弛的国家,不仅建设现代化强国的任务不可能完成,就连老百姓的吃饭、穿衣问题也得不到很好解决;第二,全社会特别是领导层的法律意识状况如何,不仅影响到法律的作用,而且影响到法律的生存;第三,在我们这样一个封建余毒很深的国家,培养全社会的法律意识,具有特别重要的意义。党的十一届三中全会以后,随着国家政治法律生活步入正轨,法治建设的全面加强,法治宣传教育的广泛开展,全社会的法治观念大大提升。但按照建设法治国家的要求来衡量,从观念层面的工作来看,进一步增强全体社会成员的法治观念,树立起全民族坚定的法治信仰,仍然是一项需要付出长期努力的艰巨任务。

培育法治信仰,关键是解决好"法治信任"问题。只有形成了对法治的认同和信任,才能产生对法治的崇尚、追求和信仰。

内心拥护是真诚信仰的基础和前提。缺乏信任的信仰不是真诚的信仰,这种信仰至多只是一句漂亮的口号。

从法治过程看,其既有立法信任问题,也有实施信任问题。

法治信仰来源于法律的神圣权威性,而法律的权威性则源自法律的公平正义性。只有反映人民根本利益,体现社会普遍良知的法律才具有神圣性,才能成为人们的精神寄托和情感归宿。良法产生对法律的信仰,恶法导致对法律的怨愤。我国的立法走到今天,已经不是"多不多"的问题,而是要重点解决"好不好"的问题。只有坚持科学立法、民主立法、依法立法,才能进一步解决好"立法信任"的问题。

"实施信任"的重要性丝毫不亚于"立法信任",甚至比立法信任更为重要。过去常讲,有法不依,等于无法。事实上,有法不依,不仅仅等于无法,甚至不如无法。因为没有法律的时候,人们对法律是抱有期盼的,人们希望早立法、快立法。而当法律制定出来却得不到严格有效实施的时候，人们对法律的期盼心理就会泯灭消失，法律的信任就会受到根本的伤害。一次不严格的执法，一次不公平的审判，不仅仅会给当事人带来利益的损害和心灵的创伤，而且使社会公众产生对法治的负面心理，因为这种执法和审判污染了"水源"，毁坏了人们对法律的信任和信誉。因此，在全面深化依法治国的实践中，严格有效的法律实施，应成为重中之重。只有严格实施法律，尊重和保障人权，保证人民依法享有广泛的权利和自由，保证公民在法律面前一律平等，才能让法律走入大众，深入人心，从而树立起全社会对法律的信仰。

从法治主体看，法治认同、法治信任涵盖所有社会组织和一切社会成员。

法治认同、法治信任首先是对领导机关和领导干部提出的要求。党的组织、立法机关、执法机关、监察机关、司法机关及其各级领导干部对法治的认同和信任，对于形成全社会的法治认同和信任具有关键性、示范性意义。要求领导机关和领导干部成为法治认同主体，就是要求领导机关和领导干部忠诚于宪法和法律，带头厉行法治，带头严格执行法律和自觉遵守法律。这类主体是否守法在很大程度上决定着法律至上观念和法治信仰的存废。如果这类主体不守法成为公众的普遍看法，那么关于法律的信任将会被彻底摧毁，人们会丧失对法治的信心和信念。要使公民产生法治认同和信任，首先就要执政党、国家机关及其工作人员信守法律。执政党要在宪法和法律范围内活动，立法机关要带头依法办事，行政机关要严格执法，监察机关要依法履职，司法机关要公正司法，各级领导干部要带头依法办事。特别是领导干部，他们是全面推进依法治国的重要组织者、推动者、实践者。领导干部要自觉提高运用法治思维和法治方式深化改革、推动发展、化解矛盾、维护稳定的能力，高级干部尤其要以身作则、以上率下。要把法治建设成效作为衡量各级领导班子和领导干部工作实绩重要内容，将其纳入政绩考核指标体系，把是否依法办事作为考察干部的重要内容和干部选任的重要标准和依据。① 有了这些要素，就容易建立起全社会的法治信任。

法治认同、法治信任当然也是对全体民众的普遍要求。法治社会无法外之地，也无法外之人，广大民众都是法治的主人。要当好法治主人，必须增强主体意识。法治主体意识核心是权利义务意识。人民权益要靠法律保障，法律权威要靠人民维护。我们必须使人民认识到法律既是保障自身权利的有力武器，也是必须遵守的行为规范，以此增强全社会学法、尊法、守法、用法意识。最核心的要求，就是依法享有广泛的权利，自觉履行应尽的义务。没有无权利的义务，也没有无义务的权利，依法享有权利是维护自身利益，遵守法律、履行义务也是维护自身利益，这是对全体社会成员法治认同的基本要求。

加强法治信仰的培育，需要充分发挥教育、制度和环境的综合作用。

教育在法治信仰培育中具有重要的基础性作用。要使人们信法、尊法和守法，首先要使人们学法、知法和懂法。要进一步健全法治宣传教育机制，形成多渠道、多系统、多角度、全方位的法治宣传教育格局，在空间上不留空白，在人员上不留盲群，把干部教育和国民教育作为重点抓手，把领导干部和青少年作为重点人头。要善于将法治教育和道德教育、优秀传统文化教育结合起来，善于利用新兴媒体和自媒体等，通过采取广大民众喜闻乐见的方式，提高法治宣传教育的易受性和有效性，不断增强全民的法治意识、法治情感、法治思维，铸造对法治的信仰之基。

制度在法治信仰培育中具有重要的支撑保证作用。法治信仰培育中的制度建设主要包括三类制度规定：一是维护宪法、法律权威的制度规定。如宪法关于宪法严格的修改程序和最高法律效力的规定及对

---

① 《中共中央关于全面推进依法治国若干重大问题的决定》，人民出版社2014年10月版，第36页。

国家宪法日制度、宪法宣誓制度的规定等。二是学法、用法和考核评价的制度规定。如国家工作人员学法、用法制度，领导班子和领导干部法治建设成效和工作实绩的考核评价制度等。三是保障法治有效运行的制度规定。如党领导依法治国的制度和工作机制，党委依法决策机制，科学民主立法的制度规定，行政执法责任制和责任追究制，办案质量终身负责制和错案责任倒查问责制，法律职业准入制度和职前培训制度，法治工作人员管理制度，守法诚信褒奖机制和违法失信惩戒机制，违法、违规执业惩戒制度，法官、检察官、行政执法人员、律师等以案释法制度以及国家机关"谁执法谁普法"的普法责任制等。这几个方面的制度，有的已经是法律的规定，有的政策性的规定要尽可能地成为法律的硬性规定。同时还要进一步健全和创新这方面的制度规定。

环境营造是法治信仰培育的重要生态条件。只有在良好的法治生态中法治信仰才能产生。社会成员信法守法，一般说来主要有几个方面的心理驱动：一是认为法律是公正的，是应该被尊崇的；二是环境的影响，众人守法必能形成守法氛围；三是基于自身主体价值意识和功利的考虑。其中，法治环境对于人们信法、守法有着直接的影响。如果整个社会法治意识淡薄，执法不严，司法不公，权益得不到保护，法律义务得不到履行，法治信仰也将失去生长的土壤。在一个潜规则横行、政府带头违法、违法收益大于守法收益、社会不以守法为荣、是非标准混淆、价值观念扭曲、法律被当作无用之物的社会，不要说法治信仰，就连起码的社会秩序也难维持。可见，法治环境、法治生态对法治信任、法治信仰的影响也是根本性的。树立全社会的法治信仰，必须大力加强法治环境、法治生态建设。实现法治生态的根本好转，需要综合施策，努力做到科学立法、严格执法、公正司法、全民守法，而党和国家机关及其领导干部尊法守法的示范作用发挥始终居于首位。

法治信仰的培育和生长，离不开健康的社会环境和思想文化生态，因此我们的一个重要任务就是彻底清除对法治信仰产生侵蚀和吞噬作用的错误思想观念。这些思想观念主要包括以下种种。

"人治"观念。中国是一个人治思想根深蒂固的国家，具有产生人治的深厚土壤。"人治"中的人不是指一般的人，不是人民群众，其最早指圣人、贤人，后来统指作为当权者的人。对这些人来说，天下是他的天下，臣民是他的臣民，他想如何就如何。"人治"夸大了当权者个人的作用，贬低了法律的作用，为个人独断专横打开了方便之门。我们今天少数干部，在口头上不能不讲法治，因为只有讲法治才能得分，但实际上还是迷恋人治，还是千方百计自己说了算。今天，公开讲人治的已经没有了，至少是很少了，但这并不等于人治观念就得到了根除。人治是法治的天敌，要建立对法治的信仰，必须首先根除人治观念。

"特权"观念。特权观念与人治观念是姊妹对。"人治"产生"特权"，"特权"支撑"人治"。人治贬低了法律的作用，就自然把个人置于法律之上。人治的实质是当权者个人说了算，特权的实质是当权者不受法律的任何约束，或者置身于法律之外，或者凌驾于法律之上。特权的观念同样根深蒂固，今天仍有少数干部，不展示一定的特权，心里总是不舒服，家里人也觉得其白当了干部。特权的利益化就是腐败，腐败就是追求法外的权利和利益。有一些搞腐败的人十分贪婪，骨子里还是特权思想在作怪，其总是认为手中有权，不捞点好处就是白费了。有了对特权的追求和庇护，就不可能有对法治的敬畏和信仰。

"父子"观念。父子观念用父母与子女的关系来看待政府与人民的关系。这一观念产生于农耕文明时代，从那时开始一个地方官被称作"父母官"。"父母官"的影响是很深的。邓小平说我是人民的儿子，但我们一些干部却喜欢别人称他是父母官，有时甚至洋洋得意地自称父母官。老农民富裕了，电视台去采访，采访人员先教老农民一番话，其大意是感谢父母官的支持，感谢政府的大恩，然后才开拍。"父子"观念的实质是一些官员以施恩者、造福者自居，一个重要的目的还是摆脱监督和约束：既然是施恩者、造福者，你就得听我的话，你就无权来批评和监督我。我作出了那么大贡献，我还像常人一样受那么多约束吗？可见，"父子"观念显然也是与现代法治精神格格不入的。

　　"变通"观念。在社会生活中，随时可以听到"变通"的说法。无论是什么硬性规定，都会有人提出对其"变通变通"。平头百姓之间的变通变通，一般伤不了大雅，领导层中的变通变通，则往往会产生实质性的改变。长期以来有一个很正规的说法，叫作原则性与灵活性相结合，这是对的。但一些官员总是以此为依据，万事总想搞变通。特别是在地方决策环节无章可循的情况比较突出，自由酌定的空间比较大，这就为变通留下了很大的余地。规则可以变通，变通有正常的变通、法律允许的变通，也有不正常的变通。不正常的变通往往就是对规则打折扣、作曲解甚至公然对抗。地方保护主义和部门保护主义的很多东西都是在变通的口号下形成的。有时变通也变通出腐败来。因此，在法治社会，要少一点变通，要严格规范变通。为了法治的完善，我们不能再为变通留下法外的余地。

　　"人情"观念。中国文化十分重视人脉关系，这有积极的一面，但在其影响下中国社会形成了很大的人情网、关系网。以亲戚朋友、同学同乡、战友同事、师生及上下级等各种关系为纽带的人脉关系，往往左右着对问题的判断和对事情的处理。在这种人脉关系面前，"一切皆有可能发生"，法院判的"人情案"也就是这样发生的。"人情"观念的浓厚，必然带来规则意识的淡薄。中国民众不少人不太看重规则而看重人脉，出了问题首先想到的不是去找规则而是去找关系。在过去很长一段时间内，规则往往是可以以人情去代替、去超越的，找到了对路的人，很多问题都可以摆平。在一个人脉重于规则的社会里，要实现依法治国是很困难的。要建成法治国家，必须改变

"人情社会"的状况。世界上法治比较发达的国家和地区，都是闯过了"人情关"的。

"疏法"观念。"疏法"中的"疏"，有疏远、轻看的意思，也有规避的意思。中国传统讲"洁身自好"，因此不少老百姓不大关心法律的事情，本来是案件的目击者，但就是不愿意去作证。一些人怕惹麻烦，老人倒了也不去扶一下。一些人厌讼，认为打官司丢人，一些人认为当被告丢人当原告不丢人。过去主动自觉学法的也不多，不到出了问题想不起去了解法律。有些人由于对社会公平有意见、有看法，因此仇富并进而仇官到仇法，认为法律并不能保护社会公平和正义，因而不看好法律，甚至质疑法律，轻视法律，疏远法律。有的人虽不疏远和轻视法律，但却想方设法规避法律，钻法律的空子。全面推进依法治国，必须改变这些观念习惯。

以上观念，有的产生于官员，有的产生于民众，有的是官员和民众都有的。法治信仰的培育生长过程，就是全社会自觉清除各种错误思想观念的过程。可以说，法治信仰的培育是一场深刻的观念革命。

法治信仰是一种伟大的力量。全面推进依法治国，必须把法治信仰培育作为最重要、最基础的文化工程。全社会树立起坚定的法治信仰，建设法治中国的宏伟目标就定能实现。

三、励志谱

法治信仰属于精神世界，但法治信仰需要实践的历练，需要转化为实际行动。

法治信仰主要不是写出来的，不是讲出来的，不是通过宣誓喊出来的，而是要经炉火锻造，在危难时刻，在生与死的关头表现出来的。

法治信仰不仅仅停留在理念中，停留在口头上，而是要通过行动展现出来。它表现为人们对法治的热切向往和执着追求，表现为人们自觉的用法实践、坚定的护法行动和忠实的守法行为。

第十二章 法治信仰

在党的革命史上,讲到信仰,总会讲到一个经典范例,那就是朱德坚定的革命信念使南昌起义的最后火种能够保留下来。

南昌起义失败后,队伍被敌人冲散,很多干部战士纷纷离队,剩下来的也要求分散行动,部队面临顷刻瓦解、一哄而散之势,革命火种有即刻熄灭的可能。

这时,在南昌起义中地位并不重要的朱德站了出来。在天心圩军人大会上,朱德沉着镇定地对大家说:

> 大家知道,大革命是失败了,我们的起义军也失败了!但是我们还是要革命的。同志们,要革命的跟我走,不革命的可以回家,不勉强!
>
> 1927年的中国革命,好比1905年的俄国革命。俄国在1905年革命失败后,是黑暗的,但黑暗是暂时的。到了1917年,革命终于成功了。中国革命现在失败了,也是黑暗的。但黑暗也是暂时的。中国也会有个"1917年"的。只要保存实力,革命就有办法。你们应该相信这一点。①

队伍中虽然没有几个人知道1905年的俄国革命,但人们已经从朱德那铿锵有力、掷地有声的话语中,感受到了他对革命火一般的激情和坚定不移的信念,也从中看到了胜利的希望。大家选择留下来,跟着朱德走。

这支1927年10月底在江西安远天心圩被朱德稳定下来的800人队伍,后来成为中国人民解放军建军的重要基础和战斗力的核心力量。解放战争中,指挥东北野战军的林彪,指挥华东野战军的粟裕当年就站在这支队伍中。

陈毅、王尔琢也站在这支队伍中,朱德讲话之后,他们也先后讲话,后来成为当时朱德的主要助手。

---

① 金一南:《浴血荣光》,北京联合出版公司2012年7月版,第104页。

陈毅后来说:"朱总司令在最黑暗的日子里,在群众情绪低到零度、灰心丧气的时候,指出了光明的前途,增加群众的革命信念,这是总司令的伟大。"

这是总司令的伟大,也是革命信仰的伟大。靠着坚定的信念,朱德将这支行将崩溃的队伍带上了井冈山,带向了新中国。

朱德总司令树起了一座革命信仰的丰碑。不管我们是在战争年代,还是在和平时期,无论是搞建设,还是搞法治,都应当学习朱德的精神。

在中国近代历史上,不少仁人志士都是法治的崇尚者。

梁启超用"法治主义"一词把法治信仰表达到了极致。

谭嗣同却用热血和生命把法治信仰表达到极致。他豪迈地说,为变法而流血,"请自嗣同始"!并在狱中留下了变法图存的千古绝唱:

> 望门投止思张俭,
> 忍死须臾待杜根;
> 我自横刀向天笑,
> 去留肝胆两昆仑。①

讲到谭嗣同,想到商鞅和苏格拉底。

公元前361年,秦孝公即位,为了富国强兵下令求贤,出身卫国的商鞅携李悝《法经》入秦,取得秦孝公信任,于公元前356年和前350年两次主持变法。变法内容主要包括改法为律、厉行法治,奖励军功、取消世卿世禄,奖励耕织、重农抑商,废除奴隶制的井田制、

---

① 张大可、王慧敏主编:《影响中国历史100名人》,民族出版社1999年7月版,第330页。

确立封建土地私有制，普遍推行县制、统一度量衡制度以及按户按人口征收军赋等。两次变法的广度和深度都是空前的。其中取消世卿世禄、废除奴隶制的井田制、确立封建土地私有制等内容，都从根本上冲击了旧制。商鞅变法顺应了历史发展，但却损害了贵族利益，如刑及太子师傅公子虔等，因此遭到贵族的强烈反对。商鞅矢志不移，长期推行变法。公元前338年秦孝公去世，商鞅被杀，并被车裂。

商鞅虽以身殉法，但变法使秦国后来居上，一跃而成为强国，这为后来秦统一中国奠定了基础。商鞅也以先秦法家中变法最有成效的政治家和法家思想体系的重要奠基者名垂青史，成为中国古代变法的标志性人物。

《简明不列颠百科全书》记载了古希腊哲学家苏格拉底为了维护法治尊严，不惜以生命为代价践行法治信仰的行为：

公元前399年他被控告为"不敬神"。苏格拉底不服申辩后，法庭以微弱的多数票通过判处苏格拉底死刑。友人劝他逃跑，但被他拒绝。理由是：判决虽然违背事实，但这是合法法庭的判决，必须服从。所以他安然服毒死去。①

包拯，北宋时期著名的司法、监察官，官至枢密副使。

很多人只知道包拯是清官——包公包青天，但并不知道包拯还是当时著名的法律思想家。包拯曾经提出过一项重要的立法原则，这就是"于国有利，于民无害"，即主张立法必须兼顾国家和人民、公与私两个方面的利益，如只顾国家利益不顾民众利益，势必酿成大害。在这一思想指导下，包拯经常深入民间，了解百姓疾苦，不停为民请命。

执法公平，赏罚分明，是包拯在执法和司法中坚持的基本主张；

---

① 《简明不列颠百科全书》（中译本），中国大百科全书出版社1986年版，第520—521页。

不畏权贵，执法如山是他追求的崇高精神。他查办了无数疑难案件，惩治了许多贪官污吏，使恶霸盗贼、贪官污吏闻风丧胆。手握全国财政大权的三司副使张尧佐、江南西路转运使王逵、淮南转运按察使张可久等贪官都是被他拉下马的。

人们把包拯树为清官的典型，赋予他一个崇高的称号"包青天"。包拯则留下遗嘱说：后代子孙做了官，如果犯了贪污罪，不许回老家；死了以后，也不许葬入包家的祖坟。

在中国古代历史上，还有一位与包拯齐名的著名清官，他就是明代嘉靖时期的海瑞。

海瑞先后担任过县令、户部主事、应天巡抚、南京吏部右侍郎、南京右都御史等职。"为官必惩贪和霸"是海瑞秉持的执政理念，执法如山，不畏权贵，不徇私情是海瑞遵循的办事准则。不论什么疑难案件，到了海瑞手里，必须水落石出。不论海瑞遇上什么贪官，必须一查到底，依法处置。他在任应天巡抚时，接到无数告发告老还乡的宰相徐阶霸占民田的状子，海瑞查实后遂令徐阶向百姓退田，直到其退出土地才算了事。

海瑞进入官场后，恪守"不受礼、不行贿"。他说过：若天下的官员都不送礼，也不见得都不升官；若天下的官员都送礼，也不见得就没有人被罢免。

老百姓把海瑞敬为"海青天""南包公"，海瑞自己则取号为"刚峰"。他取此号意即终生刚正不阿。

1993年3月，邹碧华当上了法官。他兴奋地将消息告诉远在江西的母亲，勤劳善良的母亲对儿子说："要做一个有良心的法官。"

2014年12月，身任上海市高级人民法院副院长，投身司法事业26年的邹碧华突发心脏病，经抢救无效因公殉职，终年47岁。邹碧华去世后，习近平批示称他为"新时期公正为民的好法官、敢于担当的好干部"。① 最高人民法院追授他为"全国模范法官",中组部追授他为"全国优秀共产党员",中宣部追授他为"时代楷模"。

是什么力量使邹碧华从"要做一个有良心的法官"到获得作为法官的最高荣誉?

生前,他给自己的微博微信起名"庭前独角兽"。他常说:"一颗没有精神家园的心灵,不可能思考自己生命的意义和价值。""庭前独角兽"正是他本人坚定法治信仰、恪尽法官职守的真实写照。

靠着这种精神力量,他以一颗大爱和公正的心面对和处理每一件上访和信访。为了宽慰一个与丈夫分居15年的上访妻子,他会带着信访干部亲自登门开导,从早上9点一直谈到下午3点;为了缓解一位老人对历史老案的内心纠结,他会耐心解释案件处理情况,直到老人打开心窗;为了让一名退休工人感受到尊重,他会将自己的名片送给老人,并主动提出交个朋友。

这位毕业于北京大学经济法系的"博士院长",每逢春节都会带着信访干部走访上访户。他在北京中央党校学习的一年,也不忘记给每位上访户写慰问信,而且每封信的内容都不一样。

不仅是信访,在邹碧华22年的法官生涯中,由他审理、参与审理和指导的民事、商事、执行、少年审判等案件,无一不体现出他的公正、睿智和对当事人的体恤。

特别是在司法改革中,邹碧华敢啃硬骨头,甘当"燃灯者",生动诠释了他对人民司法事业的忠诚。

在短暂的生命旅程中,他帮助了很多人,温暖了很多人,点亮了很多人。他曾这样写道:"当事人所面对的是充满人文品格的司法者,而绝非冰冷的法律适用机器。也正因如此,当事人所感受到的是法律对每一个人生命、人格、尊严、情感的尊重和保护,以及法律真正的

---

① 《习近平对邹碧华同志先进事迹作出重要批示》,《人民日报》,2015年3月3日。

强大的力量。"他说,当好一个法官光靠扎实的专业知识是不够的,专业知识如果不与社会生活相结合,如果没有人文精神的滋养,就会干瘪无味。

他的生命虽然短暂,但他的光亮,他的精神,他的力量长留人间。

在法官这个神圣岗位上,还有千万个邹碧华。

这是一个优秀的检察官群体。

与形形色色的罪犯对视,她以检察官的正气和干练,斗智斗勇,令一个个对手心理崩溃;与一念之差的失足者对话,她精准把握法律的量度,晓之以理,动之以情,让对方心服口服;面对无数个疑难案件,她排除干扰,扫清疑云,为无辜者澄清事实,将犯罪者绳之以法。在她的从检生涯中,身患妇科疑难疾病10年,隐瞒病情8年,历经大手术4次,她用惊人的坚毅和勇气,用忠诚和生命守护着检察官的天职,用公正和柔情诠释着法律的真谛。仅在侦查监督岗位工作的7年间,由她审查批捕的各类案件1099件1976人,追捕漏犯63人,成为有名的"办案状元",市检察院7次案件质量评比中,她的卷宗全被评为优秀。她12年如一日资助陕北一名家庭贫困学生从小学直到迈进大学的校门。她就是从河南走出来的全国模范检察官,全国五一劳动奖章、中国青年五四奖章获得者,党的十七大代表白洁。① 她的名字,她的心灵,一样美丽。

自1979年通过考试进入恢复重建的河北省邯郸市检察院,她以一身正气一路风尘地度过30多年的从检生涯。先后办理重特大公诉案件700多件,她所带领的办案组办案数量年年名列第一,急、难、险、重案件办理年年名列第一。出身舞蹈队员的她,用自己单薄的身躯与犯罪对峙,从未退缩;把自己的青春和智慧毫无保留地奉献给坚

---

① 《白洁:魅力幽香》,《检察日报》,2008年1月8日。

守正义的峥嵘岁月，无怨无悔。梅花香自苦寒，她就是第五届中国十大杰出检察官、全国三八红旗手、党的十六大代表贾春梅。①

"向腐败宣战，就需要抱定一种信念：舍得一身剐，定把贪官拉下马！"河北检察官安军旗的这番话，浓缩着他所经历的无数表现权与法的较量、正义与邪恶搏斗的惊险故事。22年扳倒438名贪官，安军旗凭借的就是这种精神信念。在与腐败犯罪零距离搏斗的22年中，由他主办和组织查办的贪污贿赂案件369件438人，其中大案193件，数量之多，在全国同行中十分罕见。安军旗同样进入了"全国模范检察官"名列。对他的评语是：守望忠诚与正义。②

在"改革先锋"百人名单中，新疆石河子市人民检察院检察员张飚名列其中。他始终把维护社会公平正义作为最高价值追求，坚持不懈地依法推动正义伸张，全力维护被监管人员合法权益，用实际行动唤起人们对法律的信仰和敬畏。他推动有关案件再审中启动的非法证据排除程序，被法学界认为具有严防冤假错案的风向标意义。他发现和纠正了大量减刑、假释和刑期计算错误，被誉为"冤案平反的幕后英雄"，荣获"全国模范检察官"称号。③

在最关键的时刻，在最危险的境地，也是时间的分分秒秒中，一支铁军始终站在守护社会安宁的第一线。

这是一支正气浩然、践行法治、捍卫正义的队伍，一支无限忠诚、铁骨柔肠、书写大爱的队伍，一支用赤诚和剑胆、热血和生命保卫人民生命财产安全和社会祥宁的英雄队伍。

2017年10月，公安部第二期全国"公安楷模"发布活动在北京

---

① 《剑锋梅香写春秋》，《民主与法制》，2004年第17期。
② 《安军旗：坚守公平与正义》，《党建》，2009年第10期。
③ 《模范检察官张飚荣获"改革先锋"称号》，《检察日报》，2018年12月18日。

举行。公安部刑侦局副局长刘忠义、北京市公安局海淀分局西山派出所民警黄文祝、吉林省吉林市公安局特警支队技术大队大队长朱建民、黑龙江省鸡西市公安局刑侦支队副支队长朱振龙、云南省玉溪市公安局禁毒支队副支队长李浏华成为又一批全国"公安楷模"。

他们是公安铁军的缩影。

在每一条执法战线上,都有大批楷模人物。

改革开放40多年来,在法治、法学领域涌现出了一大批先锋模范人物。2018年12月18日,在庆祝改革开放40周年大会上,中共中央、国务院隆重表彰了100名改革先锋人物。在改革先锋百人名单中,法治、法学领域的共有8人之多。他(她)们是:推动依法治国的理论创新者王家福、中国特色社会主义法律体系建设的积极推动者许崇德、司法体制改革的"燃灯者"邹碧华、维护社会公平正义的模范检察官张飚、基层社会治理创新的优秀人民调解员马善祥、对外开放法制建设的积极实践者张月姣、基层社会治理创新的优秀民警代表邱娥国、海洋维权的模范王书茂。

在新中国成立70周年之际,著名刑法学家高铭暄被授予"人民教育家"国家荣誉称号。

自2001年,每年的12月4日,即我国现行宪法颁布实施日,被赋予特殊的法律意义,这一天成为每年一次的"全国法制宣传日"(从2014年开始,我国又将每年12月4日设立为"国家宪法日")。从那时起,每年的这一天,全国普法办、司法部、中央电视台都会联合推出大型主题晚会《法治的力量》。晚会通过推出年度法治人物,从一个角度反映中国法治建设的年度成就。截至2019年,19年来共推出年度法治人物200多人。

透过CCTV年度法治人物的评选表彰及其事迹,我们可以聆听中国法治进程中全社会的脚步声。

公益律师佟丽华和他的团队,数年来默默地为400多个孩子提供法律援助，并在推动有关儿童保护和反家暴的立法中作出重要贡献。

人民调解员杨斌圣，30多年来一直工作在基层司法调解工作岗位上，调解各类矛盾纠纷3000余起，获得国家和省级荣誉40多项。通过他的春风化雨，多少矛盾尖锐的当事人和好如初，多少受遗弃的老人安度晚年。

公益法律服务工作者彭旭邦，个人出资320余万元举办法律援助工作站，为云南边疆困难和弱势群体提供法律援助。十多年中带领团队办理法律援助案件7000余件，为困难、弱势群体挽回经济损失1.5亿元，帮助农民工讨回工资8000多万元。

寻亲志愿者代表小梅、吕顺芳、张志伟，利用自己的特长传递温暖，与有关方面联手，将近年的打拐风暴推向一个新的高潮。

普通退休老人程世蓉，始终认准一个理，坚持申诉11年，义务推动陈满案的改正。

在法治进程的社会行动中，还有大批见义勇为者。他们用自己的壮举捍卫着法治的尊严，彰显着道义的力量。

法治信仰不是原始的图腾崇拜，不是趋势的迷信盲从，而是高度的理性自觉。法治信仰的形成丝毫离不开法治理论和法治文化的丰富和发展。

在中国特色社会主义法治理论的形成、丰富和发展过程中，一代又一代优秀的法学家和法学理论工作者进行了艰辛的探索，作出了重要的贡献。

在五四宪法制定时，中央决定由董必武、彭真等组成宪法研究小组，并聘任周鲠生、钱端升为法律顾问。董必武、彭真，是新中国法制建设的重要领导人，也是作出重大理论贡献的杰出法律思想家。周鲠生、钱端升能被聘为制定五四宪法的法律顾问，这本身就说明他们是当时学界的标志性、泰斗式人物。

在当时老一辈的著名法学家中，还有韩德培、梅汝璈、杨兆龙、王造时、谢怀栻等，由于其坚持正确的法治原则和观点，他们与钱端升一起1957年被错误的划为右派。

在当时的中青年学者中，王铁崖、沈宗灵、马克昌等，由于同样的原因，在"反右"中也未能幸免。这批学者历经磨难，在改革开放的新时期，大多成为其学科的领军人物。

新时期，也是人才辈出的时期，涌现出了大批优秀的法学专家。在20世纪90年代末，有学者对世纪之交的中国法学进行过流派梳理，分出红派、黄派、紫派、蓝派、彩派、绿派等流派。① 对法学流派的划分是一个仍需深入讨论的问题，但这一时期的法学不断走向繁荣，不同风格的理论共同支撑起法治建设的理论大厦确是不争的事实。这支队伍中的优秀代表之一便是中央表彰的推动依法治国的理论创新者王家福。

在中央领导集体数次集体学习中，一批优秀的法学专家先后走上中南海的讲台，为推动依法治国大政方针的形成作出了独特的贡献。

在近年CCTV年度法治人物的评选中，许崇德、巫昌祯、马怀德、陈卫东、刘晓红等法学家和学者名列其中。

通过数次评选表彰，人们从一批批优秀青年法学家身上看到了法学的未来。

几乎每一项重要立法和法治改革，都有法学家的重要参与和推动。

尤其是通过千千万万张三尺讲台，广大法学教育工作者日复一日，年复一年地辛勤耕耘，播撒着法治的种子，保证了人民的法治事业薪火相传。

人民是推动法治进程的最终动力，政治家和执政骨干队伍在法治

---

① 见匡克：《世纪之交的中国法学家流派》，《当代法学》，1998年第4期。

进程中发挥着关键性作用,特别是政治家的价值观对法治的影响举足轻重。

1782年5月,被北美民众奉若神明的大陆军总司令华盛顿收到一名老部下的来信,信中反映了各方面的强烈要求,力劝华盛顿登基称王,但他却立即回信拒绝了这份请求。他在信中对老部下说:如果你真正关心你的国家,关心你自己和子孙后代,或者你尊重我,那么,我恳求你从你的头脑中清除这些思想,而且绝不要让你自己或任何别的人去传播这样的思想。当时,华盛顿戴上王冠可说是易如反掌,但他既没有像英国克伦威尔那样从革命军的总司令演变成独裁者,也没有像法国的拿破仑那样利用自己的威望戴上皇冠,而是推动美国第一个废除君主制、实行民主共和制,第一个以成文宪法形式确立国家的根本制度。①

不当国王,人们又希望他终身担任总统,华盛顿也没有这样做。他连任不过两届的做法成为美国后来一项重要的宪法惯例。

崇尚民主与法治,拒绝当国王,又拒绝终身当总统,华盛顿的价值观成就了美国的新制度。

新加坡是小国家,李光耀却是大政治家。在西方人眼里,新加坡曾经如同其他华人社会一样,被视为"脏、乱、差"的聚集之地。李光耀带领以华人为主体的新加坡人民艰苦奋斗,最终把一个小渔村建设成为一个发达国家。新加坡的成就与李光耀毕业于英国牛津大学法律系,具有深厚、系统的法治思维和专业知识密切相关。

李光耀治国经验中的一个突出亮点就是厉行法治,并坚持法治与德治相结合。他通过严明法纪和制度,加强官员教育,成功地治理了贪污腐败。用他的话说惩腐就是"集中力量对付职位比较高的大鱼"。他坚持以身作则,官员队伍的依法治理带动了整个社会的依法治理。

---

① 郝铁川:《政治家在民主法治进程中的作用》,《法学》,2008年第9期。

李光耀在世界范围内产生了广泛影响。他的回忆录得到时任联合国秘书长安南、韩国总统金大中、美国前总统福特、英国前首相卡拉汉、西德前总理施密特等25位重要国际组织和国家领导人的强力推荐。①

有人说，罗马人有过三次征服世界，即罗马帝国征服世界，基督教征服世界，罗马法征服世界。罗马法征服世界，不仅在于罗马精致严密的法律制度对后世产生了深远影响，更在于罗马人塑造了对法律的崇拜与景仰，创造了灿烂的法治文化，这种文化对世界的影响更是深远的。

政治家的身后，是一个民族的法治信仰。

只有塑造起整个民族的法治信仰，才能形成推动法治进程的磅礴力量。

四、青年　青年

按照惯例，党的十九大报告在结尾部分针对青年讲了一段分量很重的话。报告指出：青年兴则国家兴，青年强则国家强。青年一代有理想、有本领、有担当，国家就有前途，民族就有希望……广大青年要坚定理想信念，志存高远，脚踏实地，勇做时代的弄潮儿，在实现中国梦的生动实践中放飞青春梦想，在为人民利益的不懈奋斗中书写人生华章！

党的代表大会报告的结尾部分就是压轴部分，在这个位置特别讲青年，足见青年之重。

关心青年，就是关心未来。赢得了青年，就赢得了未来。

---

① 郝铁川：《政治家在民主法治进程中的作用》，《法学》，2008年第9期。

第十二章　法治信仰

1957年11月,毛泽东第二次访苏期间,在莫斯科大学接见中国留苏学生代表时向在场的青年们说:世界是你们的,也是我们的,但是归根结底是你们的。你们青年人,朝气蓬勃,好像早晨八九点钟的太阳,希望寄托在你们身上。

长期以来,每当我们党在面向未来、展望未来的重要时刻和重要场合,每当五四青年节到来的时候,都要特别地寄语广大青年,勉励广大青年。

实现中华民族的伟大复兴,建设社会主义法治国家,是一代代中国青年的神圣使命。

向往美好生活,追求民主法治和公平正义,是一代代中国青年的强烈愿望。

今天,在法治建设的各条战线中,都少不了青年人这支生力军;在与邪恶较量的战场上、在见义勇为的行列里,都有大量青年人冲锋在前;不少感天动地的法治故事的主人公是青年人。广大青年在建设法治中国的伟大实践中,用自己的青春和热血,生动诠释着法治信仰,忠诚捍卫着公平正义。

在当代青年行列中,有一个特殊群体,这就是大学生群体。这个群体对民主、法治、公平、正义、安全、环境等方面寄予了更多的希望,有着更多的期待。

今天的大学生是明日的生力军。这同样是一个大可信赖的群体,充满希望的群体。

在各种普法宣传和法律援助的队伍中,在各类志愿服务的团队里,在不断涌现的见义勇为的英雄行列中,都有这个群体的身影。每当出现社会不平、不公时,都能听到这个群体正义的呐喊。

2009年的最后一天,当所有人都沉浸在迎接新年的欢乐中的时候,一位大学生却因抓捕小偷时被捅数刀,经抢救无效不幸离开了这个世界,他就是浙江工业大学化材学院大三学生、0701班班长杨济源。同室学友吴行回忆说：他在生活中的处处提供着无私的帮助，只要他能做到，就一定会帮助你。留在杨济源的人人网主页的最后的话是："男人可以没才，可以没钱，但是不可以没责任感。"正是这种责任感，使他作出了舍己为人的壮举。①

这类见义勇为行动，在大学生群体中是不少见的。

2003年3月，广州发生了轰动全国的孙志刚案。孙志刚案引发的悲剧，根子在于实行多年的收容遣送制度。自20世纪80年代初《收容遣送办法》施行以来，在各地收容站内多次发生工作人员侵犯所谓"三无人员"合法权益的案件。孙志刚案发生以后，各大媒体刨根问底，累积效应急剧爆发，瞬间许多类似恶性案件得到曝光，举国上下对收容遣送制度提出了普遍质疑，重新审视《收容遣送办法》的合法性已经刻不容缓。

首先站出来说话的是3名博士生。2003年5月，华中科技大学法学院的俞江、中国政法大学法学院的滕彪、北京邮电大学文法学院的许志永向全国人大常委会递交了审查《收容遣送办法》的建议书。建议书认为《收容遣送办法》中限制公民人身自由的规定，与我国宪法和有关法律相抵触，应予改变或撤销。几天以后，又有5名法学专家联合上书全国人大常委会，提请启动对孙志刚案及收容遣送制度实施状况的特别调查程序。全国人大常委会对3名博士、5名法学专家的建议、请求虽未作回应，但在仅约一个月以后的2003年6月20日，国务院颁布《城市生活无着的流浪乞讨人员救助管理办法》，同时宣布废止1982年5月12日国务院颁布的《收容遣送办法》。这部在特定历史时期公布实行的《收容遣送办法》被丢进了历史的故纸堆。② 从"收容遣送"到"救助管理"，是执政理念的重大变化，是依法执政的一个重大进步。

---

① 《追记浙江工业大学杨济源：勇斗歹徒 献出生命》，《中国教育报》，2010年1月4日。

② 金成波：《宪法的故事》，中国法制出版社2016年10月版，第87—88页。

在这一过程中，全社会的正义呼吁，包括3名博士的正义行动，无疑发挥了重要作用。

当代大学生是推动法治进程，维护社会公平正义的一支重要力量。

建设法治中国，是面向未来的宏伟事业。当代大学生，是承载未来的特殊群体。他们对待法治的态度如何，他们的法律知识、法治意识、法治信仰的状态如何，将对法治的未来产生根本影响。

我们面前有两份针对当代大学生法治意识现状的调查分析报告。

一份报告是吉林省社科院法学所宋慧宇2015年发表的。[①] 她的课题组选择了吉林长春三所不同层次高校的不同类别学生作为问卷调查对象，发放问卷600份，回收595份。在多项问卷调查中，有几项特别值得关注。

关于大学生对当前法律的信任度和整体评价，根据调查，近10%的学生对法律维护公民权益具有坚定的信心；67.28%的学生认同法律的功能，同时也认为法律具有局限性；3.88%的学生对法律完全持否定的态度；19.06%的学生对法律没有信心，认为其在很大程度上受金钱、权力和人际关系的影响。

关于大学生的护法意识，根据调查，有36.58%的学生在目睹交通肇事逃逸案件后，坚定地选择提供证言或出庭作证；近40%的学生选择匿名提供线索；22.74%的学生不能确定如何选择；1.37%的学生明确表示不会提供证言或出庭作证。

关于大学生对学校法治教育的看法，调查显示，超过50%的学生认为学校的法律公共课很有必要；38.7%的学生认为有必要，但作用不大，因为其不专业、简单枯燥、没有吸引力；7.7%的学生完全

[①] 宋慧宇：《大学生法治意识现状调查及培养模式的改革与创新研究》，《行政与法》，2015年第9期。

不重视或根本不关心。

另一份报告是四川高校人文社科重点研究基地基层司法能力研究中心课题组2017年发布的。[①] 该课题组选取四川5所不同类型高校的不同学生群体作为问卷调查对象，发放问卷1500份，回收1388份。其中有些问题与前项调查类似，值得关注的有：

对法律重要性的认识，调查表明，75.27%的学生认为法律很重要，16.48%的学生认为重要，8.25%的学生认为法律与自己没多大关系。

对法治现状和信心的认识，综合几组不同调查显示，对法律抱有坚定信心的学生占22.48%；认为法律既有正能量又有自身局限的学生占62.27%；另有部分学生对法律没有信心或持否定态度。

关于大学生的诉讼观念，综合几组不同调查显示，35.22%的学生认为"官司诉讼是正常的"；48.45%的学生认为"有官司诉讼丢人"；38.66%的学生认为"做被告丢人，原告不丢人"。

关于高校对法治教育的重视程度，32.65%的学生认为自己所在学校"很重视学生法治意识的提升"，而有54.75%的学生认为学校不重视或重视不够。

还有一项特别值得关注的调查数据，88.52%的学生认为政府存在执法不严、执法不公的现象；80.36%的学生认为当前社会权大于法的现象较为严重，这导致社会相当一部分人对法治产生了疑虑和担忧。

此类调查研究，近年不少高校都在进行。受调研的组织程度、问卷设计的科学程度等多方面因素的影响，每项调查研究不一定都能完全准确地反映客观实际，但总体上说，这类调研大体上客观反映了当代大学生法治意识的实际情况。

---

① 张端、龚旖凌：《当代大学生法治意识现状调查与分析》，《法制博览》，2017年第8期（上）。

当你阅读了这些调研报告，你一定有喜也有忧。当然，总体上喜大于忧。

近年来，随着普法宣传教育的深化，学校法治教育的加强，当代大学生的法律知识不断增长，法治意识不断增强，法治信仰不断形成，他们比历史上任何一代人都更加向往民主与法治，更加追求公平与正义。

但毋庸置疑，当代大学生在法律知识、法律文化，法治态度、法治意识、法治信仰等方面还存在一些缺失，还远远适应不了建设法治国家的需要。我们在如何解决好大学生的法律信任的问题上还面临艰巨的任务，全面深化高校法治教育改革的任务十分紧迫。

这是大可信赖的一代，大有希望的一代，也是在法治意识、法治信仰培育上需要大力加强的一代。

建造法治大厦，必须夯实全社会法治信仰培育这一基础工程。加强对大学生法治信仰的培育，是基础工程中的基础工程。

加强大学生法治信仰的培育，必须遵循大学生的成长规律和法治信仰的生长规律，不断优化教育格局，充分发挥学校教育和社会教育的综合作用。

高校肩负着培育一代法治新人的第一责任和主渠道功能。高校教育的成效如何，直接影响这一代人对待法治的基本态度。客观地说，近年来高校中并不缺少法治教育，但法治教育比较缺乏科学性、系统性和实效性。法治教育作为高校思想政治教育的一部分，并没有得到足够的重视，法治教育被放在德育教育，并不是独立的课程。按照教育部规定，全国高校普遍开设了"思想道德修养与法律基础"课程。然而，在教学实践中，由于法治教育并不独立，课时有限，因此其教学内容的设计，缺乏法治教育的完整性、系统性和专业性；在教学方法上，老师为完成教学任务，以灌输基本概念和知识为主，这样就使这门课程仅仅停留在法律普及的浅层面，很多学生也觉得学来枯燥无味而不感兴趣，以死记硬背来应付考试。要把高校法治教育办成学生真正喜爱并且终身受益的教育，必须按照优化课程设置、转变教育理念、更新教学内容、创新教学方法的总体思路，不断深化课程建设和改革。课程建设应当联通整个高校教育、社会实践教育和小学、中学教育，法治教育应渗透学校教育的全过程和社会实践教育的各方面，贯通到小学、中学和大学教育的各阶段。必须把法治教育纳入国民教育体系，从青少年抓起，在中小学设立法治知识课程。要建设法治中国，必须把法治教育办成优质教育，大中小学概莫例外。

社会在大学生法治信仰的培育中具有越来越重要的作用。社会法治环境如何，在很大程度上影响大学生是否信任法律和对法治是否有信心。在信息化和互联网时代，大学校园的围墙被完全打开，纷繁复杂、千变万化的社会生活进入了高校师生的视野。进入大学也就进入了社会，大学是相对理性的课堂，社会是更加感性的课堂，缤纷的社会生活主导了大学生的课余时间，社会每时每刻都在对大学生产生潜移默化的影响。大学生正处在美好的青春年华，朝气蓬勃而富有活力，大都有着"指点江山，激扬文字"的风发意气，容易接受新鲜事物。同时，大学生由于涉世不深，比较缺乏社会经验，容易受外界影响，思考问题容易情绪化，历来是各种势力争夺的重点对象。近年来，市场经济条件下的道德失范、诚信缺失、拜金主义、享乐主义等消极现象有所滋生和蔓延；一些居心叵测的人通过媒体把社会热点事件放大扭曲，蓄意抹黑我国立法和司法体制；特别是执法不严、司法不公的现象时有发生，这些都在大学生群体中产生了不小的负面影响。特别是执法、司法方面的腐败现象，直接影响了大学生对法律的信任度。因此，加强大学生法治信仰的培育，必须加大社会全面治理、依法治理的力度，加强全社会思想道德教育，打造清朗的网络空间，确保科学立法、严格执法、公正司法、全民守法，为大学生健康成长营造良好的社会法治环境，并为大学生开展法治实践教育提供多种平台和创造良好条件。

第十二章　法治信仰

法治中国，有源之水，有本之木。信仰使它活水长流，青年使它薪火相传。

大学生的法治信仰培育，是一种特殊的理想信念教育。在大学生培养教育中，理想信念教育居于核心地位。

理想的力量是无穷的。在现代社会各种力量中，理想和信仰是贯穿和统辖一切力量的最重要的力量。一部中国近现代史，就是无数仁人志士为了救国救民的理想和信仰而前仆后继、浴血奋斗的历史。美国记者哈里森·索尔兹伯里在其介绍中国工农红军长征的寻访集《长征——前所未闻的故事》一书的序言中写道："阅读长征的故事将使人们再次认识到，人类的精神一旦被唤起，其威力是无穷无尽的。"长征的精神就是贯穿长征的理想和信仰。

翻开历史的画卷，首先唤起"人类的精神"的，往往是一批又一批充满热血与献身精神的年轻人。《共产党宣言》发表时，马克思30岁，恩格斯28岁。列宁47岁领导俄国十月革命，斯大林42岁当上总书记。毛泽东34岁上井冈山，周恩来29岁领导南昌起义，博古24岁出任中共中央临时总负责人，党的创始人之一的李大钊1927年就义时37岁。邹容写作《革命军》时18岁，聂耳谱曲《义勇军进行曲》时22岁，陈天华去世时30岁。革命战争年代，中国共产党的战将大多是二三十岁的年轻人，那是一批在充满理想和信仰的年代为理想和信仰奉献全部热血和生命的年轻人。

有人做过追踪调查统计，世界上的诺贝尔奖获得者，特别是诺贝尔自然科学奖的获得者，其获奖成果很多都是获奖者40岁左右时作出的。这批人在年少时大都充满"科学的幻想"。

各类英杰的生命轨迹，一再显示出这样一条规律：无论是革命领袖、仁人志士，还是科学巨匠，其生命放出异彩，都与他们年轻时代充满理想密不可分。

无论是推动历史进步的伟人还是有益于社会的普通人，其成功都离不开理想和信念。李开复先生在其《做最好的自己》一书中提到，在哈佛大学的办学历史上曾经有过这样一个实例。1960年有学者对哈佛大学1520名学生进行了一次入学动机的问卷调查，题目只有一个：你上哈佛是为了赚钱还是为了理想？其中1245人选择"为了赚钱"，275人选择"为了理想"。当20年后跟踪调查当年这1520名学生时，发现有101人成了百万富翁，而其中的100人当年的选择不是"为了赚钱"而是"为了理想"。这个结果是很令人吃惊的，当然也绝不是偶然的，对于今天的大学生来说是极富启发意义的。这从一个角度告诉我们，理想在大学生成长成才中发挥着巨大的作用，当代大学生应该抛开世俗，放飞理想，为理想而奋斗。

"革命理想高于天"，这是革命战争年代老一辈人发自肺腑的感悟，它在今天仍然没有过时。在今天的学校教育中，理想信念教育应居于首要和核心地位。每一名有志青年和当代大学生，都须过好坚定理想信念这一关。要把个人的理想与国家、民族的理想结合起来，在为民族复兴而不懈奋斗中实现自己的人生理想。就法治建设来说，我们要不断坚定法治信仰，不断增强建设法治中国的信念和信心，努力为法治中国建设和社会公平正义的维护贡献自己的聪明才智和全部力量。

加强对大学生法治信仰的培育，既是建设法治中国所必需，也是保证大学生健康成长的需要。作为即将步入职场的人群，良好的法治意识是大学生必备的职业素养，对他们的一生都将产生重要影响。

法治社会法治人。面对法治社会，每一个社会成员都要努力成为法治人，特别是青年一代，更应立志成为优秀的法治人。社会主义事业的接班人，必须同时是优秀的法治人。

要成为优秀的法治人，就要不断增进对法律的信任，提振对法治的信心。充分认识到法治是人类社会的共同选择，是建设中国特色社会主义的必然选择；坚信中国特色社会主义法治品质的优越性和道路的正确性，坚信建设社会主义法治国家的目标一定能实现；客观全面地认识中国法治的进步与不足，把对法治的必然性认识与艰巨性、长期性认识统一起来，不断增强建设法治中国的信心和决心，立志献身于建设法治中国的宏伟事业。

成为优秀的法治人，就要不断增强护法意识，并且将其转化为坚决的护法行动。护法首先表现在主动参与。政府是推动法治进程的重要力量，但政府的推动离不开广大民众的积极参与，广大民众包括广大青年在立法、执法、司法、守法方面的积极参与是法治发展的不竭动力。护法更表现在公共利益受到侵犯、法律秩序受到破坏时，能够挺身而出同违法者作坚决的斗争，维护法律的至上权威和社会的公平正义。广大青年是坚决护法的一支重要力量。

成为优秀的法治人，就要不断增强守法意识，并且将其转化为自觉的守法行为。法律必须得到广大社会成员的自觉遵守才能转化为良好的社会状态和社会生活秩序。社会成员包括广大青年对法治最重要、最经常的参与和推动就是自觉守法，自觉守法是法治人的标志性特征。自觉守法既表现在自觉遵守法律各方面的规定，选择法律手段保护自己的合法权益，也表现在把见义勇为作为重要的责任义务，在公共利益、他人合法权益受到损害的时候，坚决为受害者提供帮助。

坚定的信法，坚决的护法，自觉的守法，这就是优秀的法治人。

时代为广大青年铺就了一条通向法治中国的辉煌道路。法治中国梦，是我们这一代的，更是青年一代的。

接力奋进，薪火相传，广大青年承载着建设法治中国的希望和未来。

青年朋友们，认清你的责任，肩负你的使命，拿出你的行动，实践你的信仰。

青年朋友们，高擎法治的火炬，挥洒青春的芳华，去迎接、拥抱法治中国的明天。